Wistoria

Zauberstab & Schwert

STORY FUJINO OMORI
ARTWORK TOSHI AOI

1

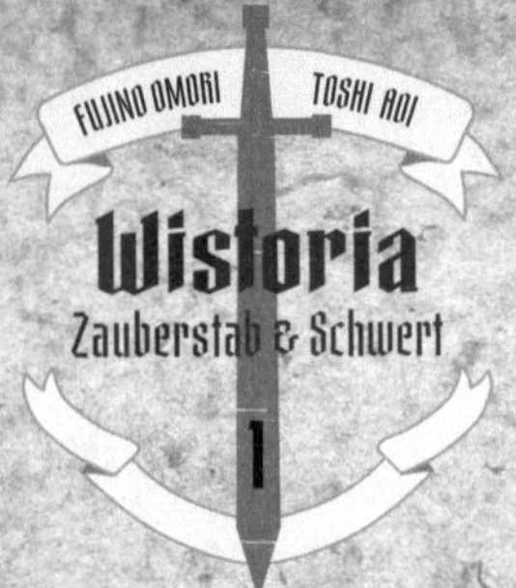

Inhalt

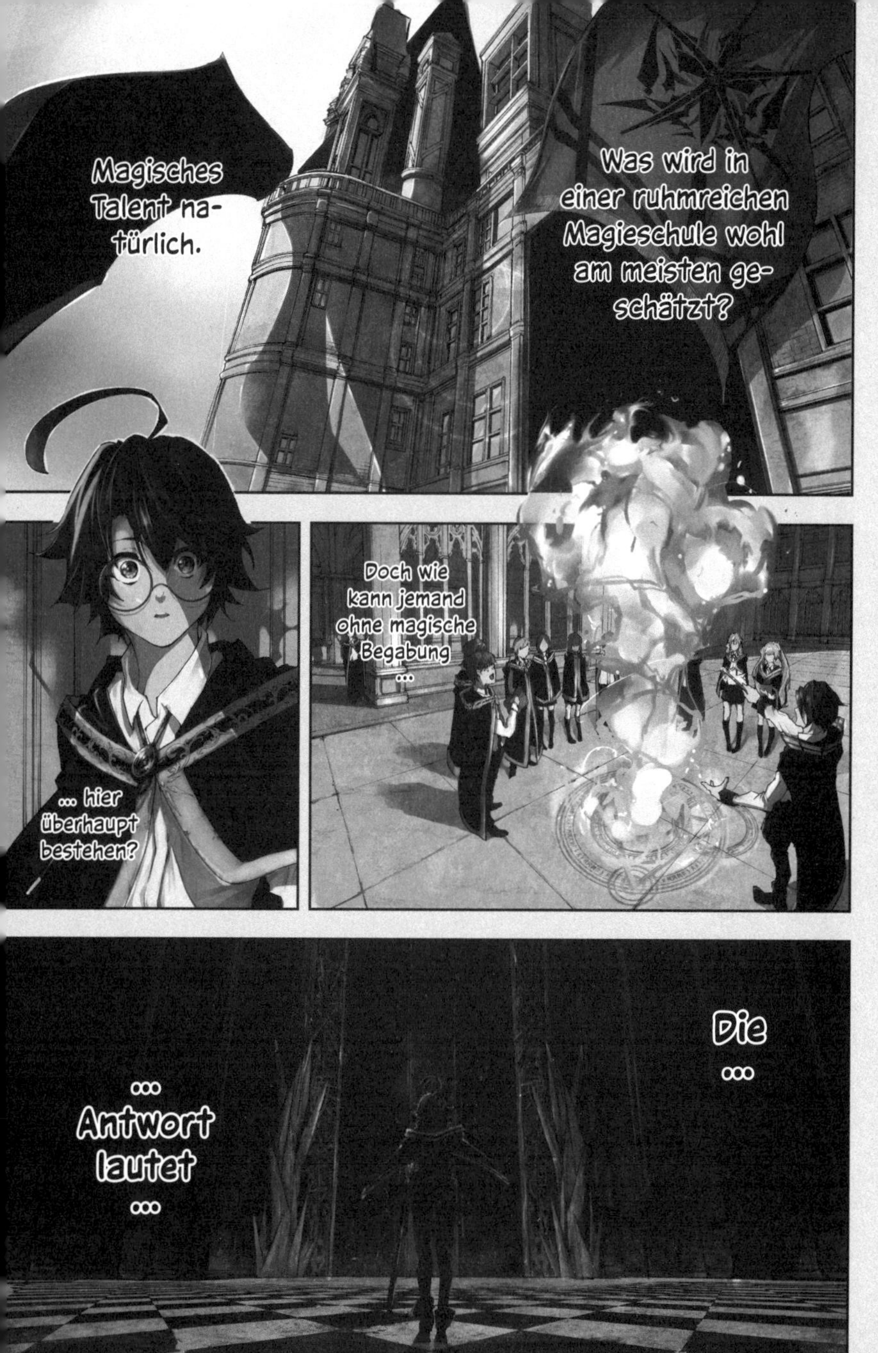
Magisches Talent na-türlich.
Was wird in einer ruhmreichen Magieschule wohl am meisten ge-schätzt?
Doch wie kann jemand ohne magische Begabung ...
... hier überhaupt bestehen?
Die ...
... Antwort lautet ...

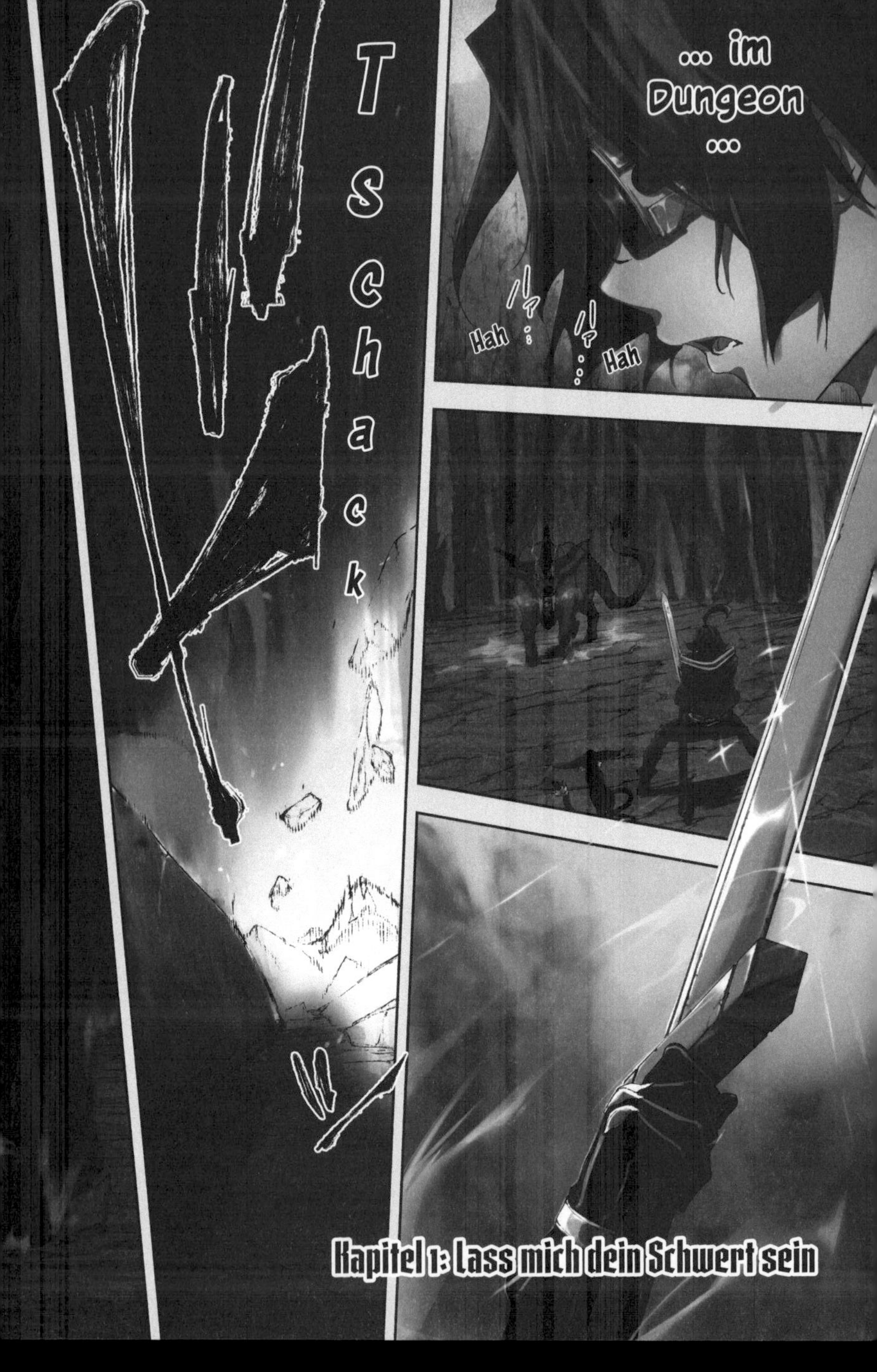

... im Dungeon ...
Hah
Hah
Tschack
Kapitel 1: Lass mich dein Schwert sein

... Monster ...

... zu er-
legen!

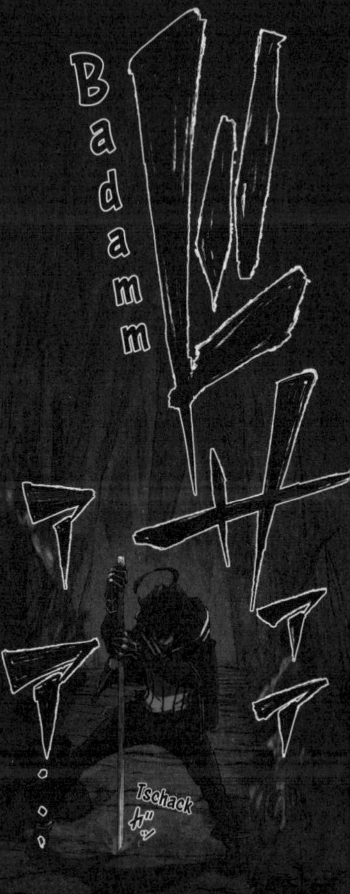
Badamm
Tschack

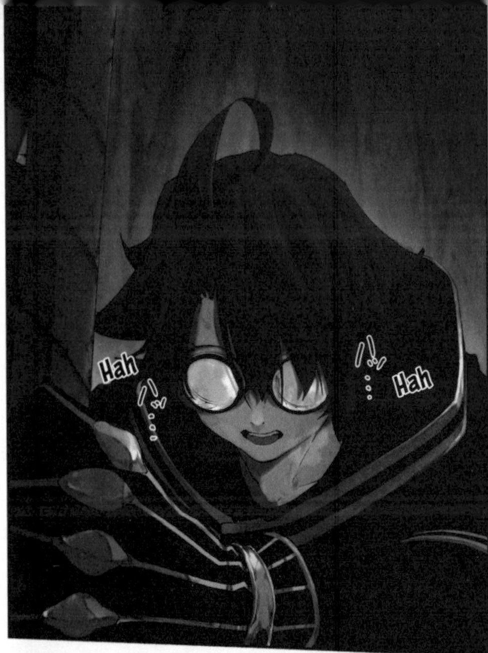
Hah
Hah

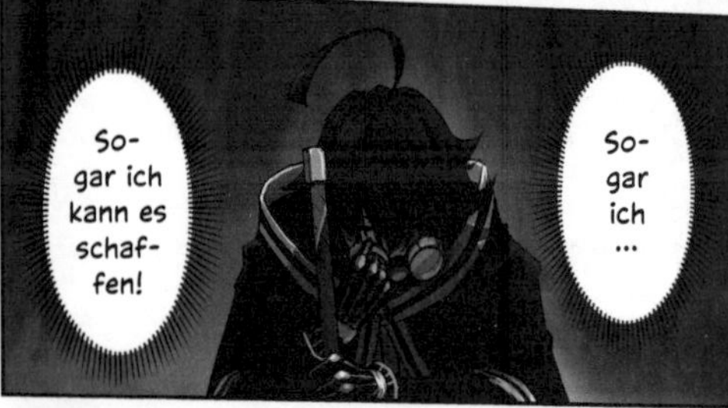
So-gar ich ...
So-gar ich kann es schaf-fen!

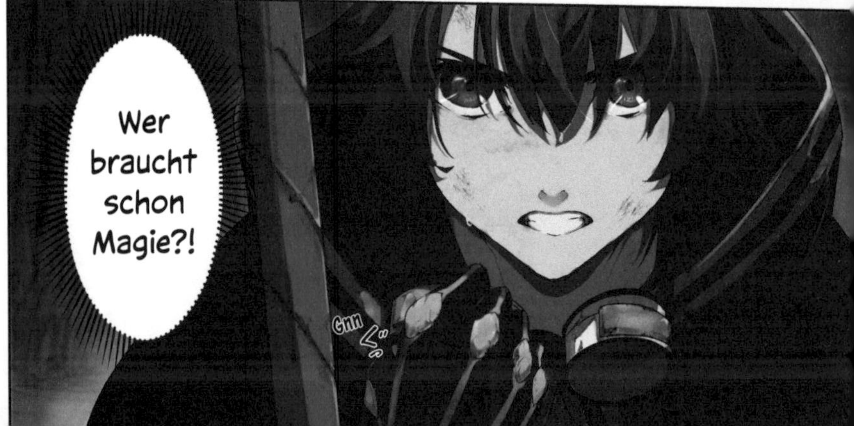
Wer braucht schon Magie?!
Gnn

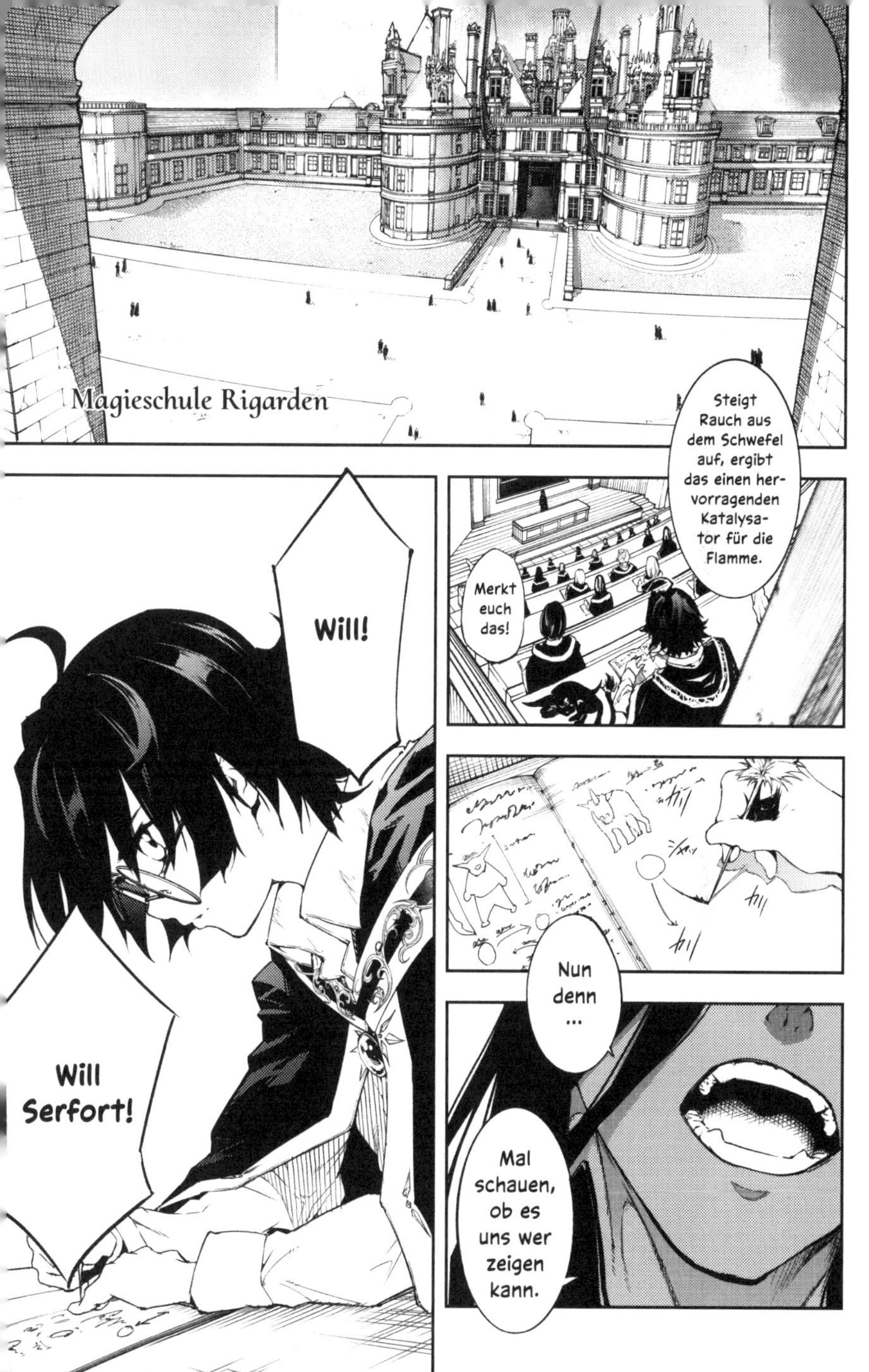

Magieschule Rigarden
Steigt Rauch aus dem Schwefel auf, ergibt das einen hervorragenden Katalysator für die Flamme.
Merkt euch das!
Will!
Will Serfort!
Nun denn …
Mal schauen, ob es uns wer zeigen kann.

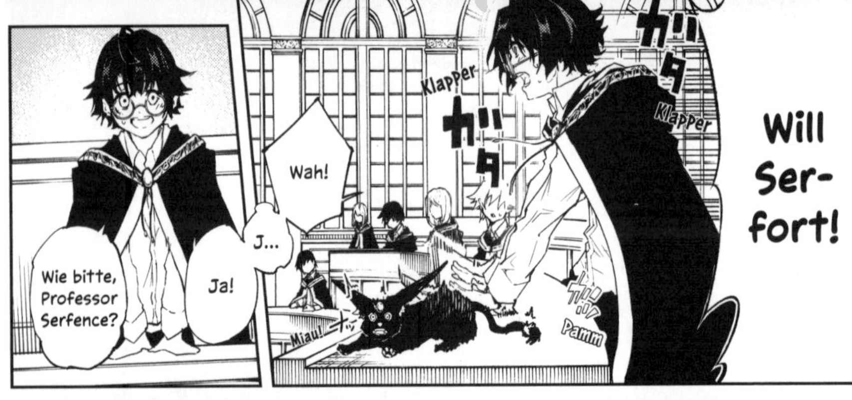
Will Ser-
fort!
Klapper
Klapper
Pamm
Miau!
Wah!
J...
Ja!
Wie bitte, Professor Serfence?

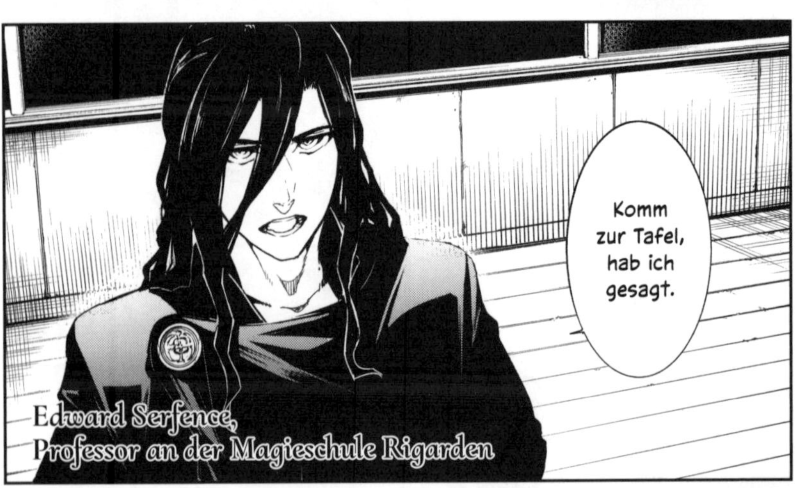
Komm zur Tafel, hab ich gesagt.
Edward Serfence,
Professor an der Magieschule Rigarden

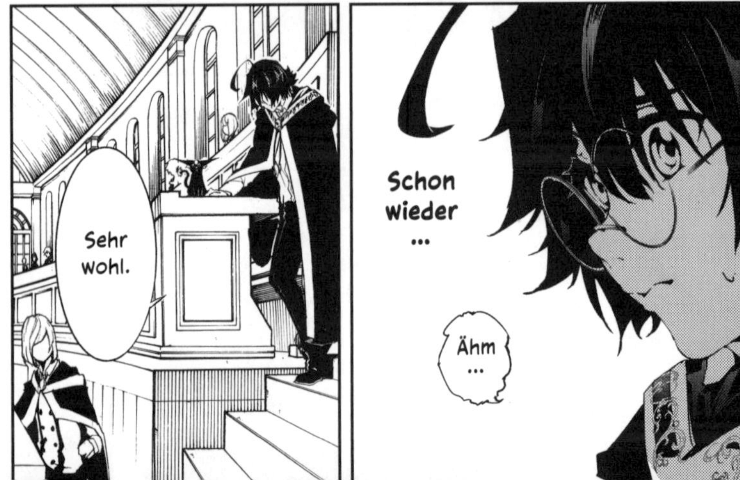
Schon wieder ...
Ähm ...
Sehr wohl.

Was ist los?

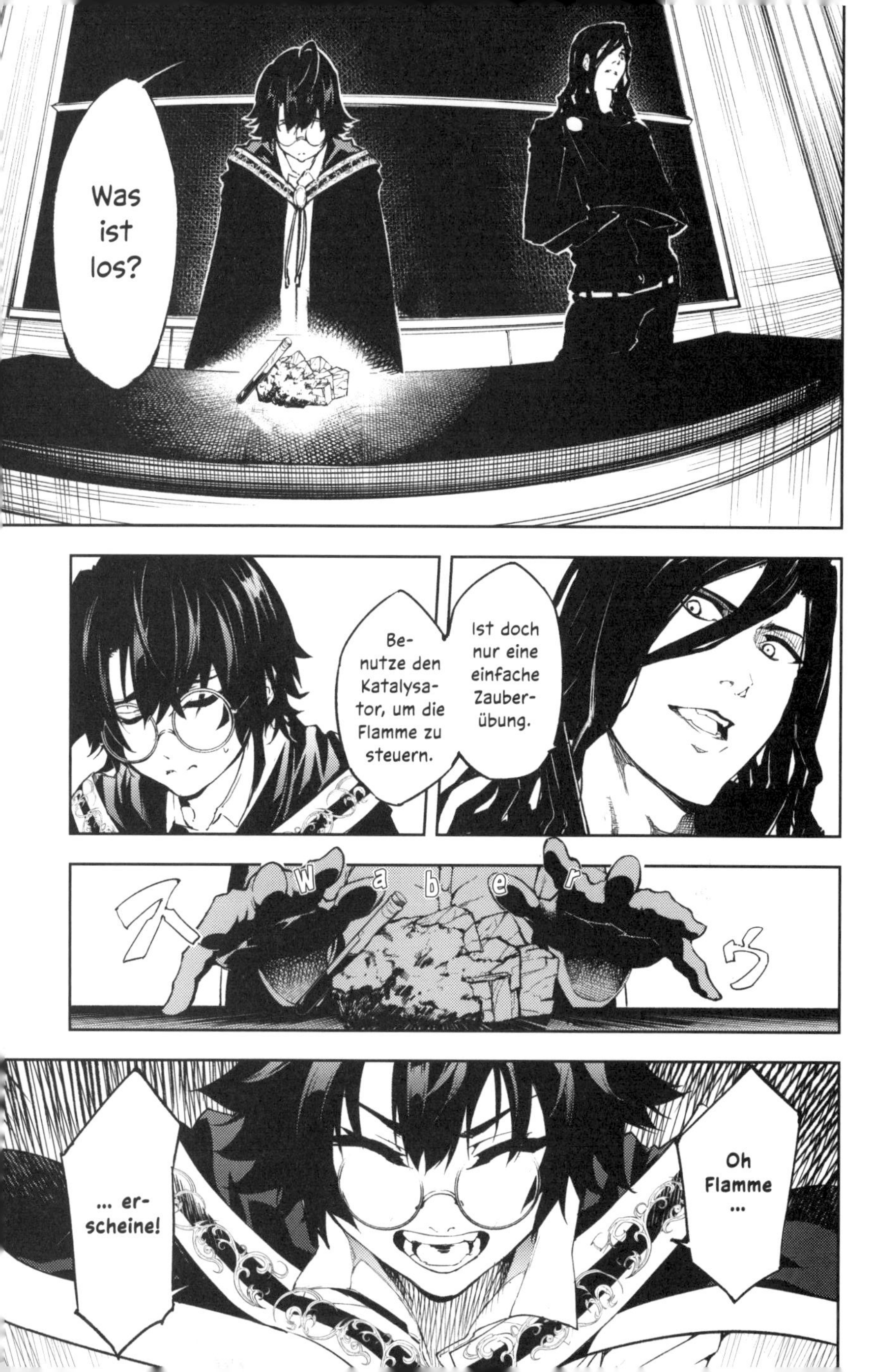

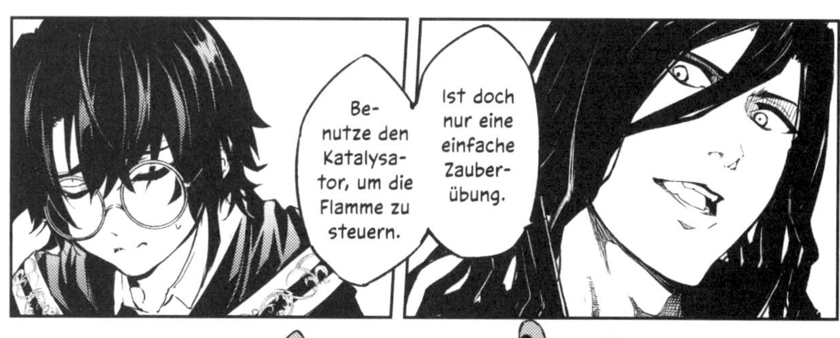
Ist doch nur eine einfache Zauber-übung.
Be-nutze den Katalysa-tor, um die Flamme zu steuern.

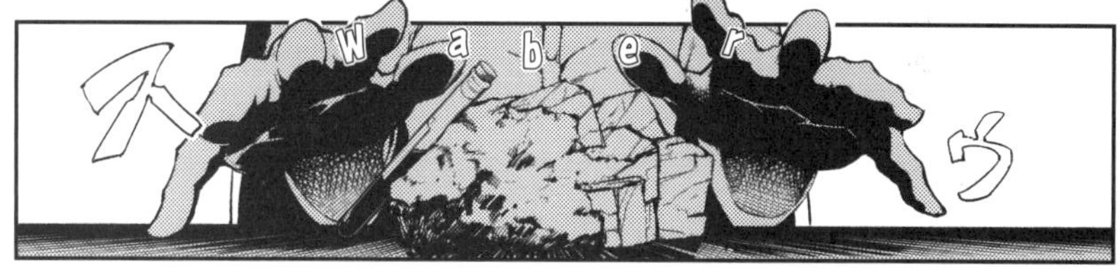
Waber

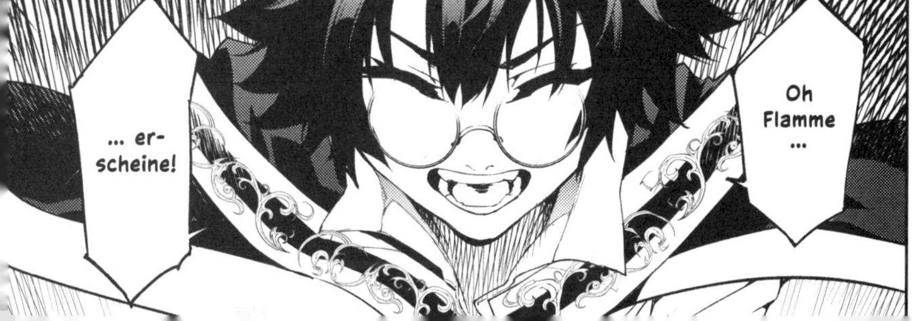
Oh Flamme ...
... er-scheine!

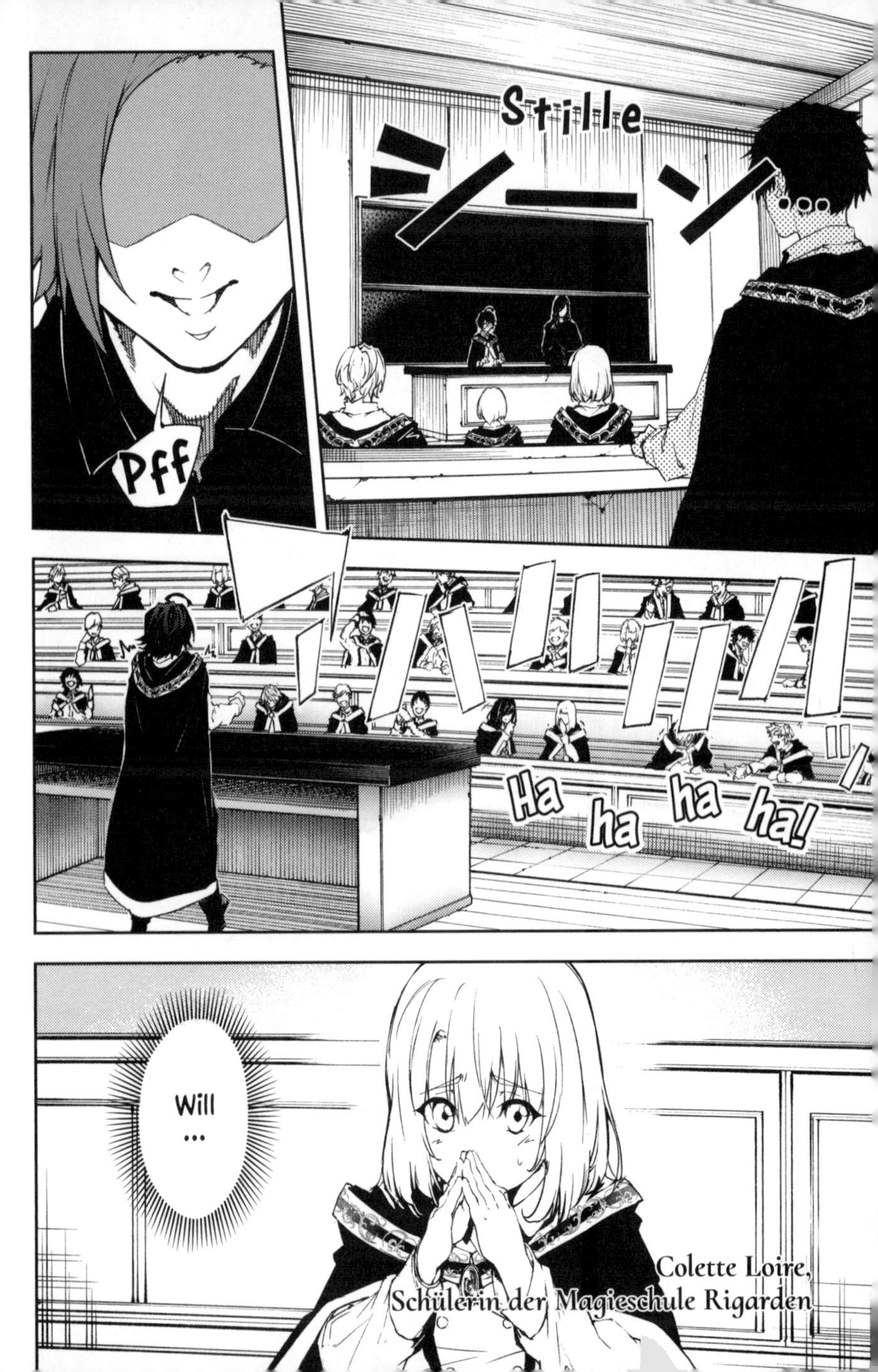

Stille
...
Pff
Ha ha ha ha!
Will …
Colette Loire,
Schülerin der Magieschule Rigarden

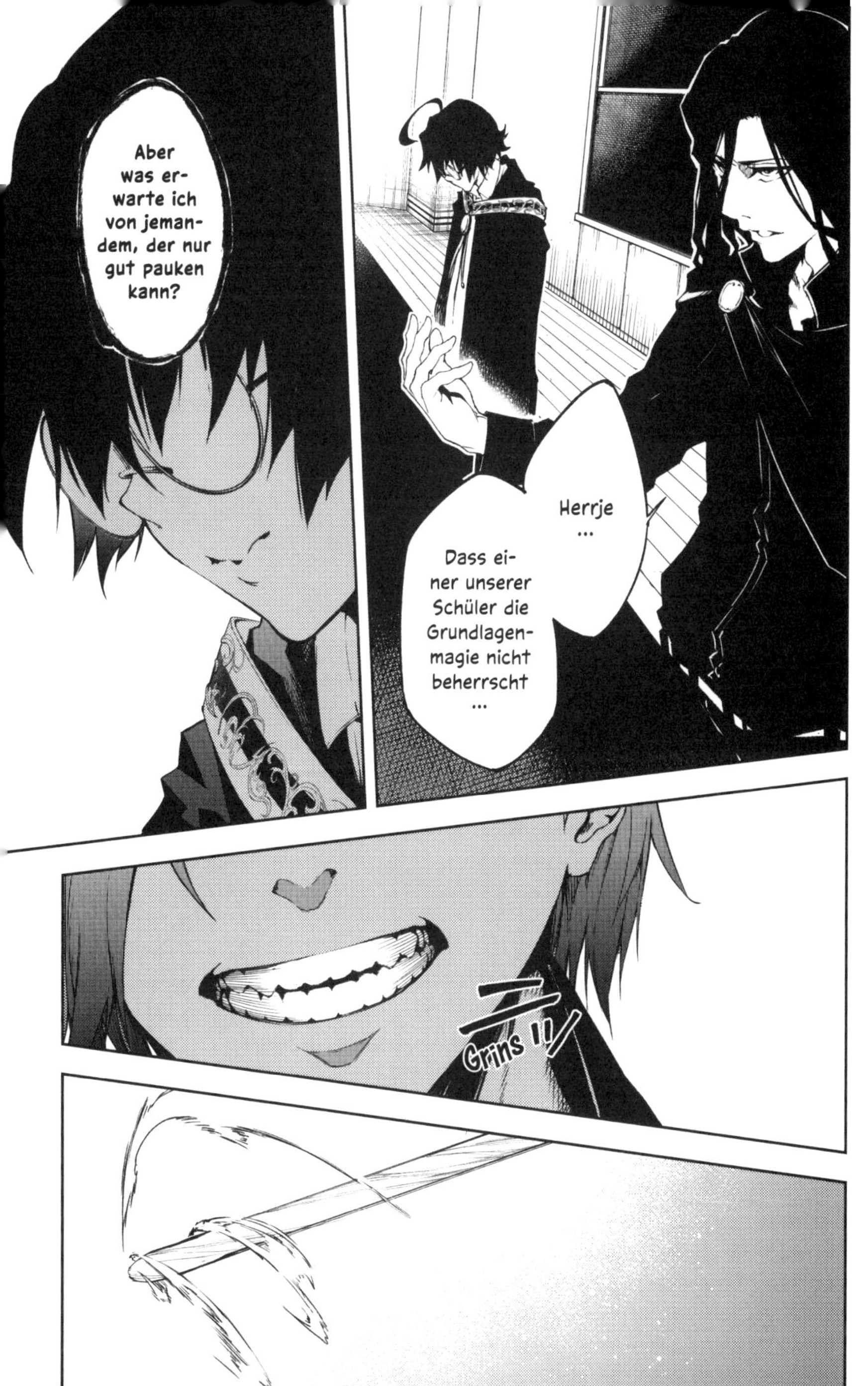
Herrje …
Dass einer unserer Schüler die Grundlagenmagie nicht beherrscht …
Aber was erwarte ich von jemandem, der nur gut pauken kann?
Grins

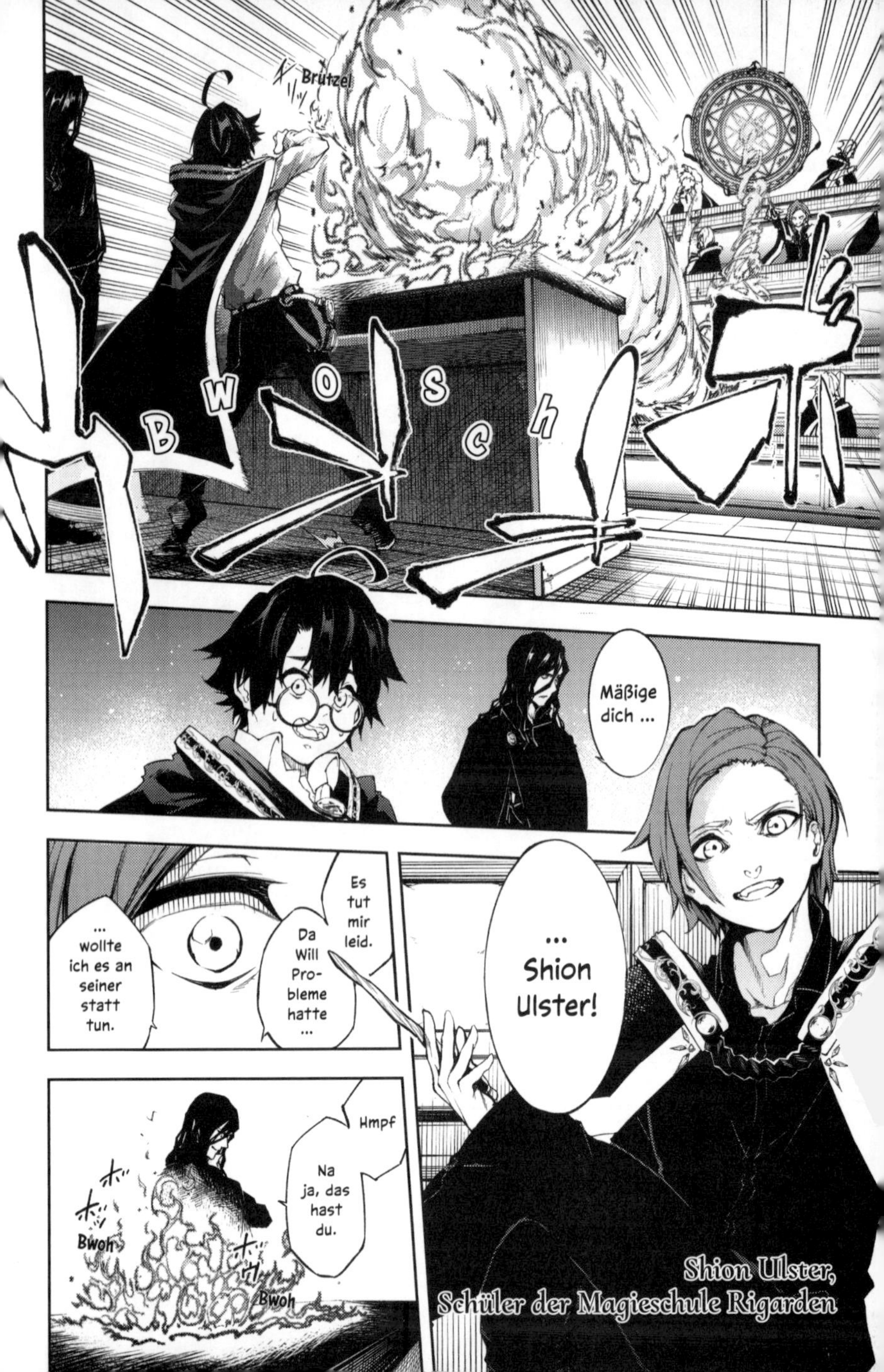
Brützel
Bwosch
Mäßige dich ...
... Shion Ulster!
Es tut mir leid.
Da Will Probleme hatte ...
... wollte ich es an seiner statt tun.
Hmpf
Na ja, das hast du.
Bwoh
Bwoh
Shion Ulster,
Schüler der Magieschule Rigarden

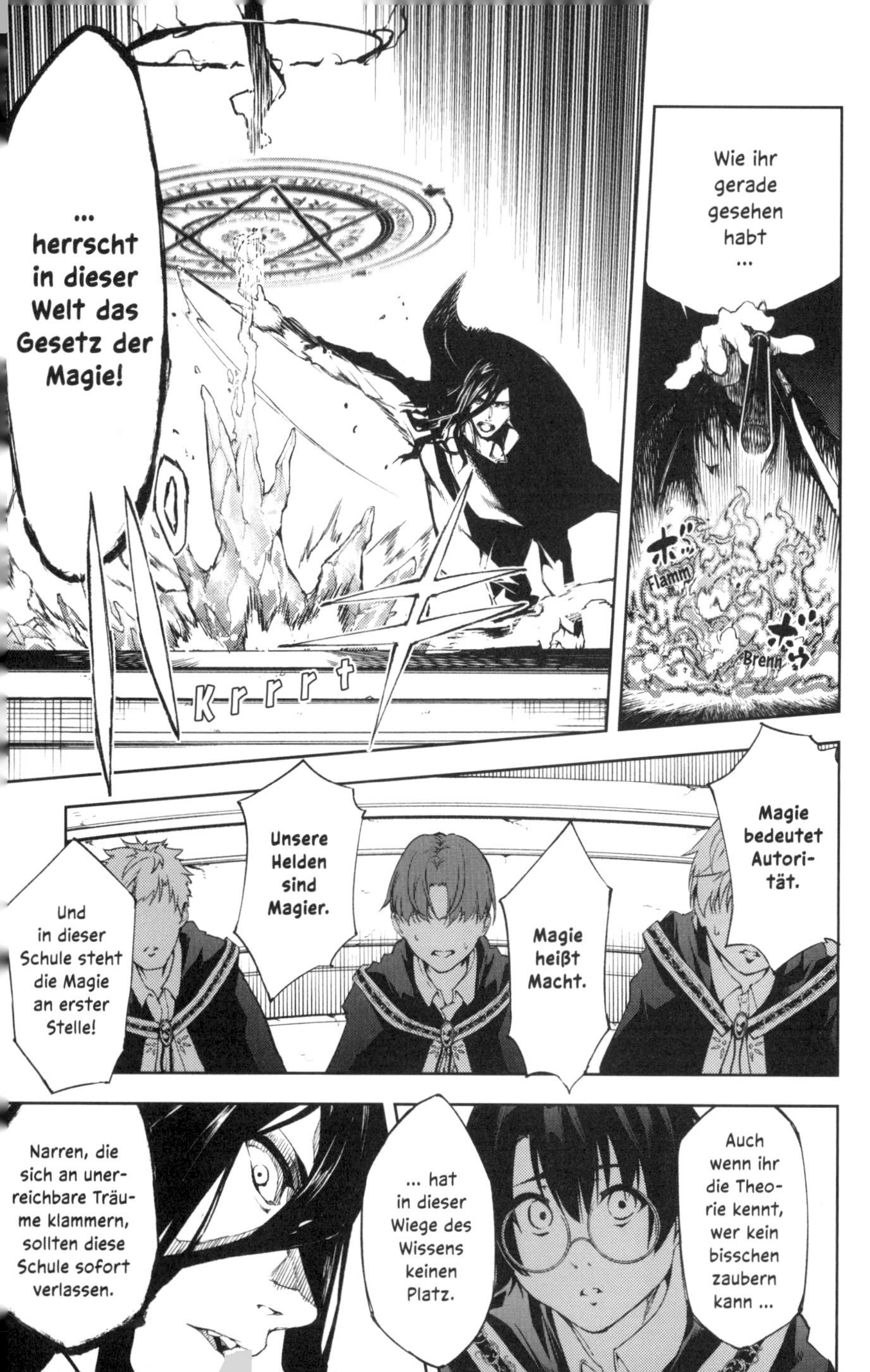
Wie ihr gerade gesehen habt ...
Flamm
Brenn
... herrscht in dieser Welt das Gesetz der Magie!
Krrrrt
Magie bedeutet Autorität.
Magie heißt Macht.
Unsere Helden sind Magier.
Und in dieser Schule steht die Magie an erster Stelle!
Auch wenn ihr die Theorie kennt, wer kein bisschen zaubern kann ...
... hat in dieser Wiege des Wissens keinen Platz.
Narren, die sich an unerreichbare Träume klammern, sollten diese Schule sofort verlassen.

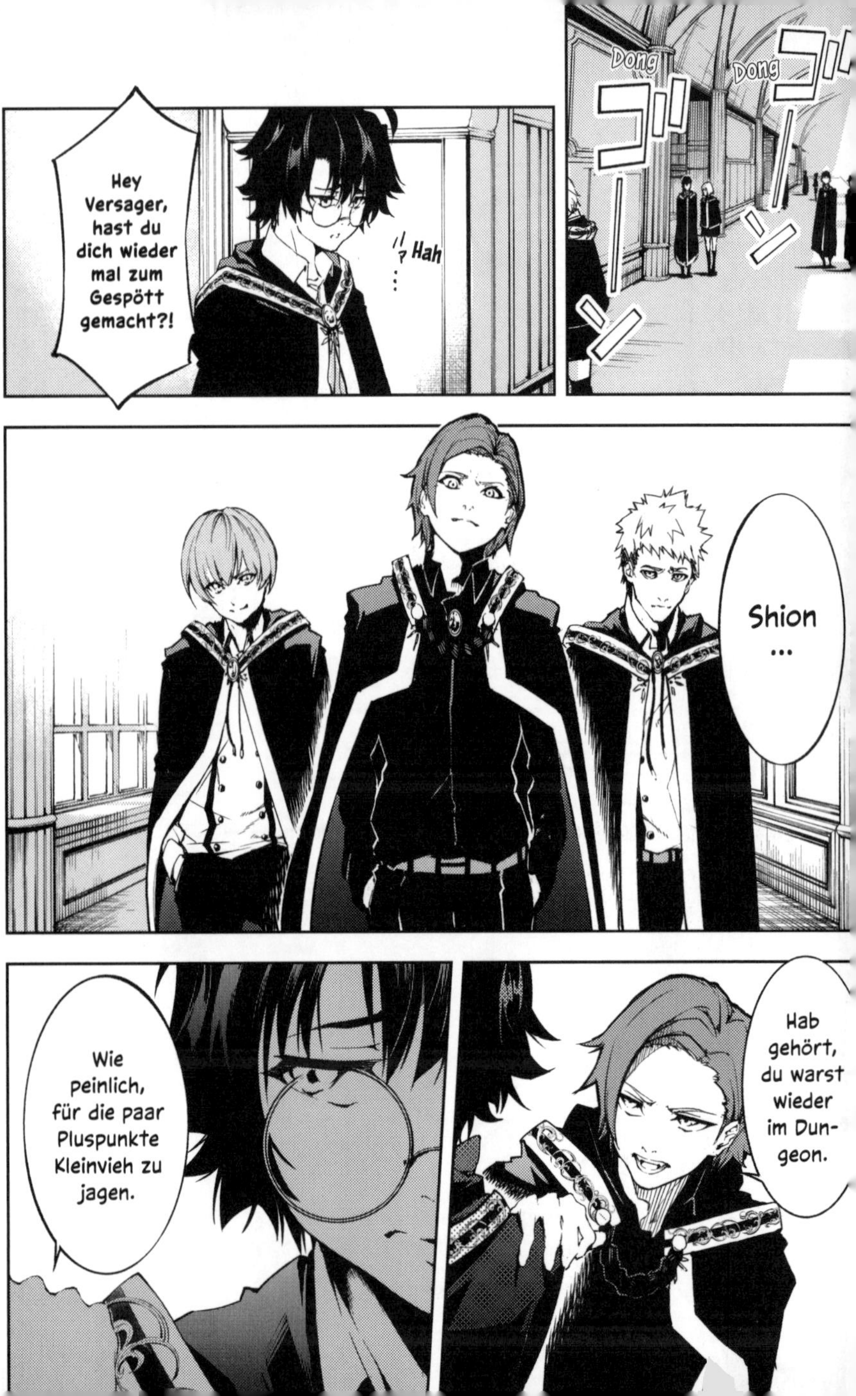

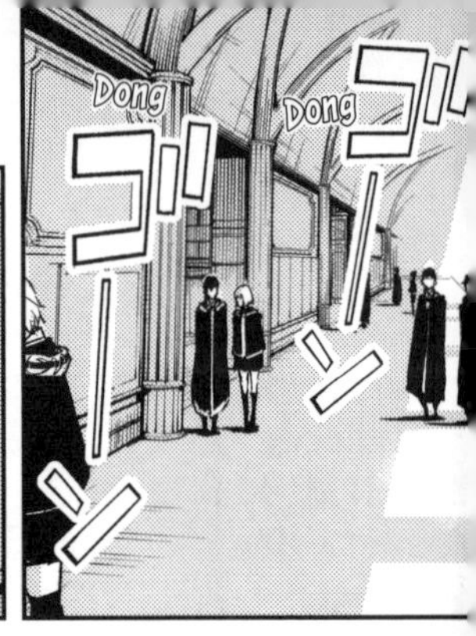
Dong
Dong

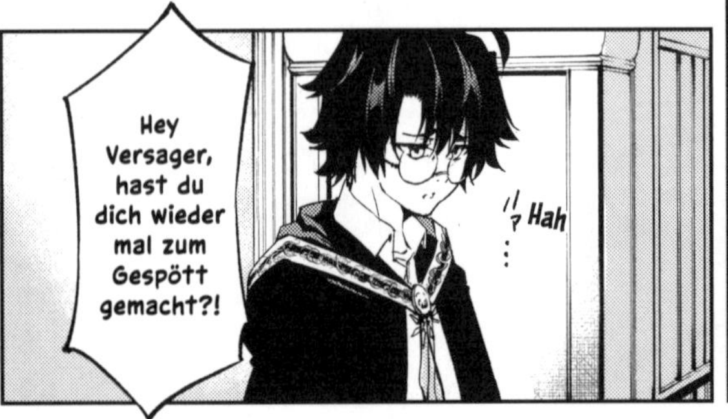
Hey Versager, hast du dich wieder mal zum Gespött gemacht?!
Hah ...

Shion ...

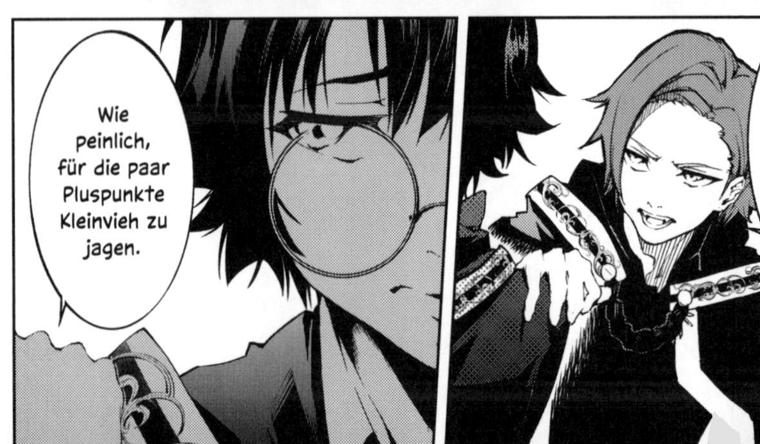
Hab gehört, du warst wieder im Dun-geon.
Wie peinlich, für die paar Pluspunkte Kleinvieh zu jagen.

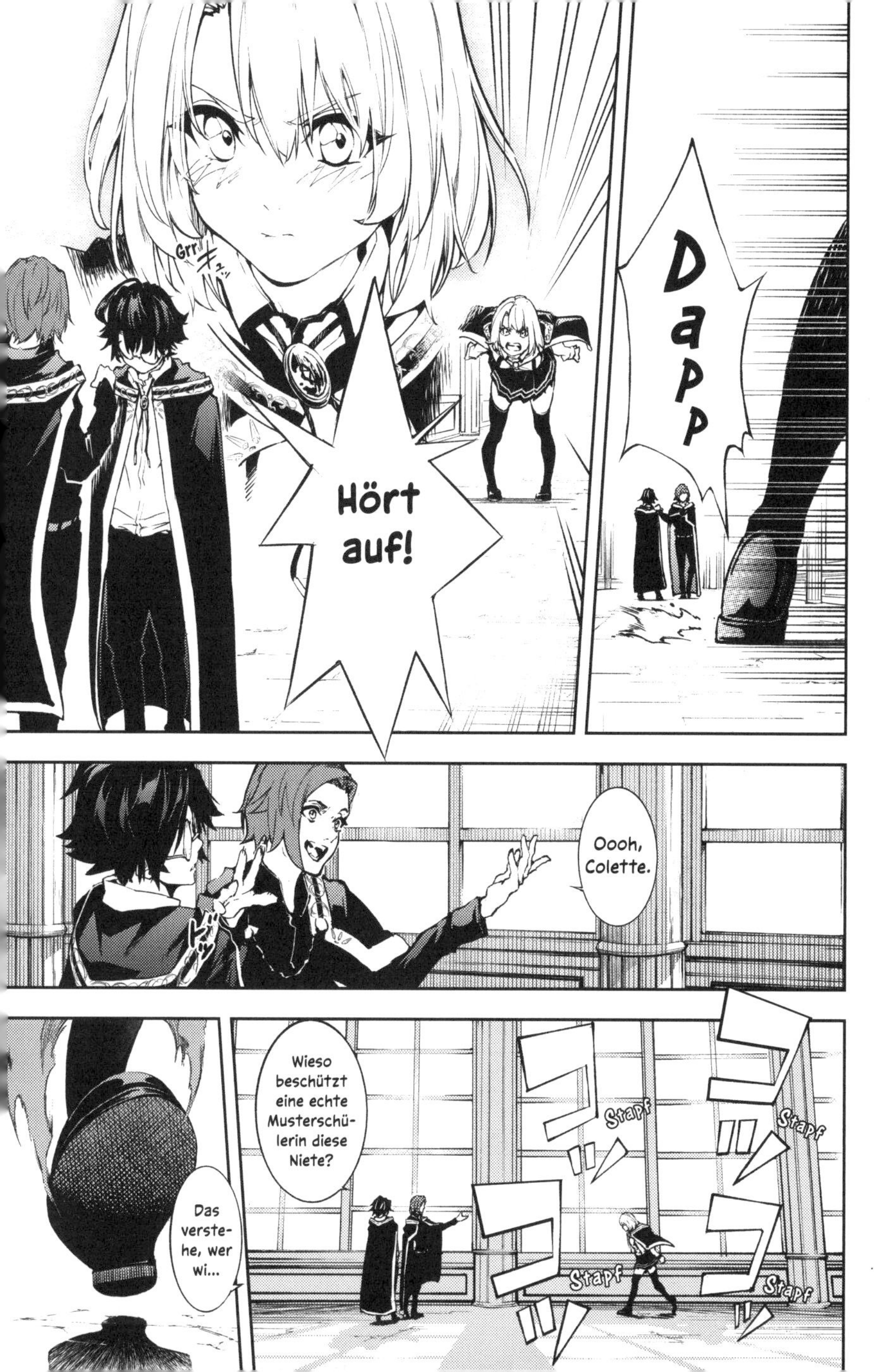
Dapp
Grr
Hört auf!
Oooh, Colette.
Stapf
Stapf
Wieso beschützt eine echte Musterschülerin diese Niete?
Stapf
Stapf
Das verstehe, wer wi...

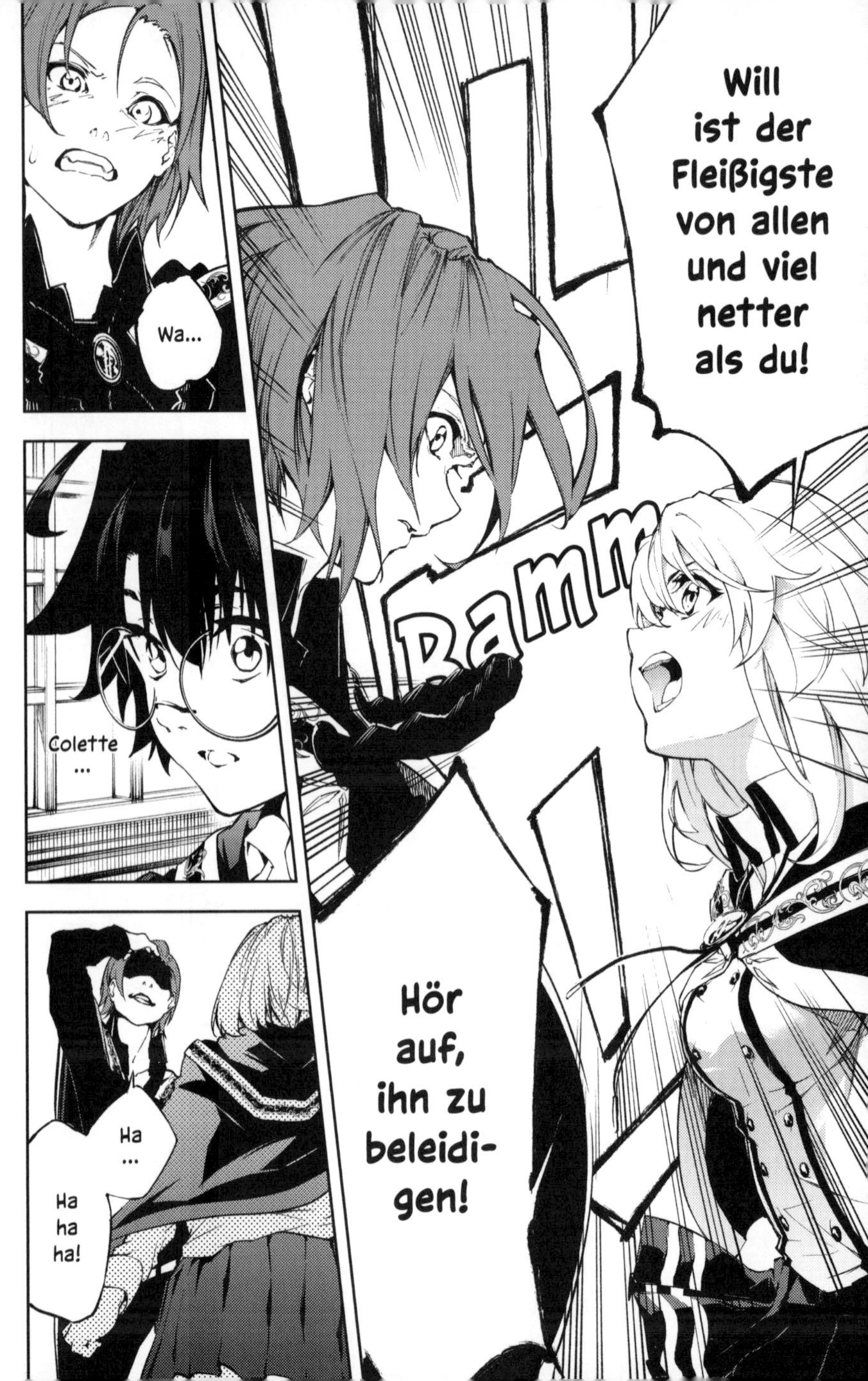
Will ist der Fleißigste von allen und viel netter als du!
Wa...
Bamm
Colette ...
Hör auf, ihn zu beleidi-gen!
Ha ...
Ha ha ha!

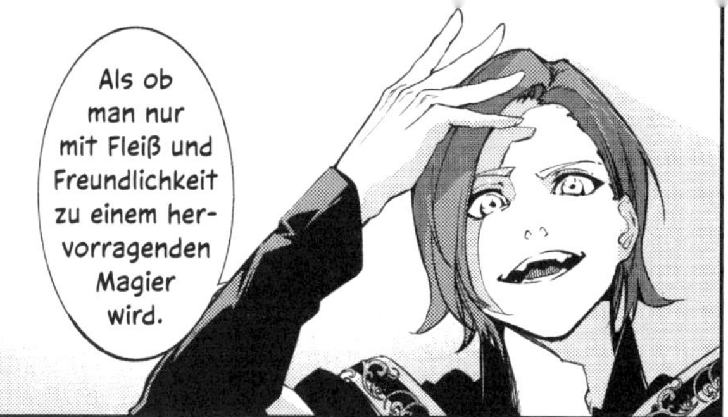
Als ob man nur mit Fleiß und Freundlichkeit zu einem hervorragenden Magier wird.

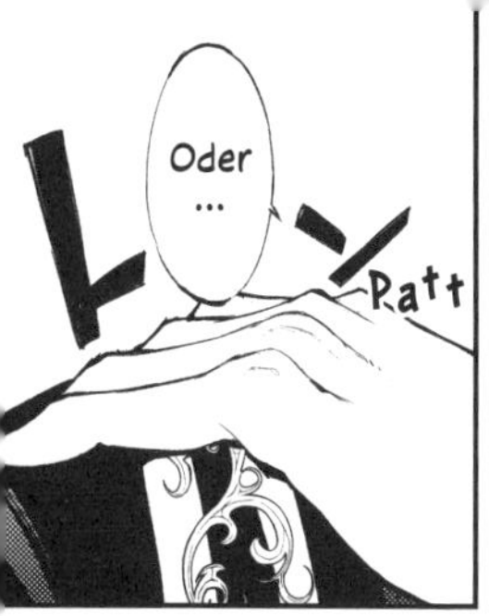
Oder ...
Ratt

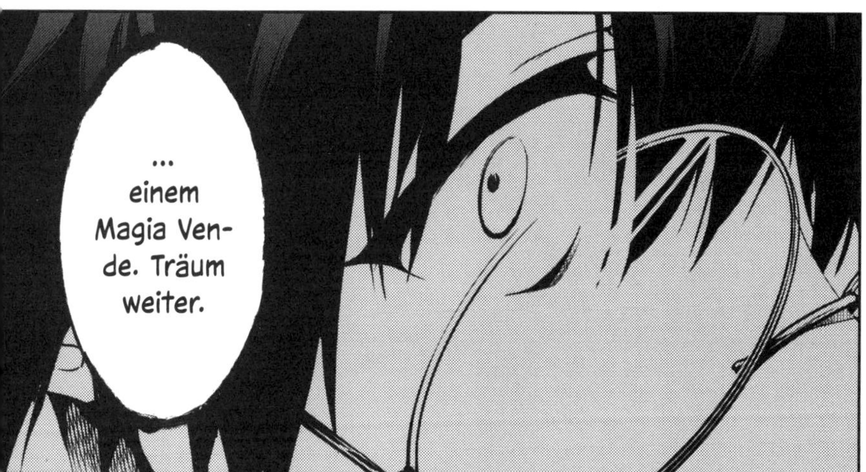
... einem Magia Vende. Träum weiter.

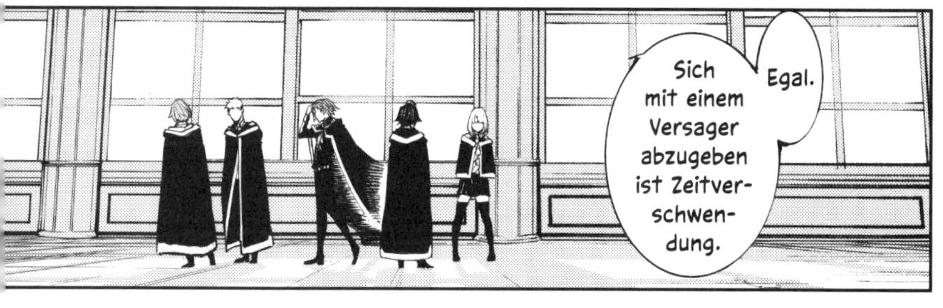
Egal.
Sich mit einem Versager abzugeben ist Zeitverschwendung.

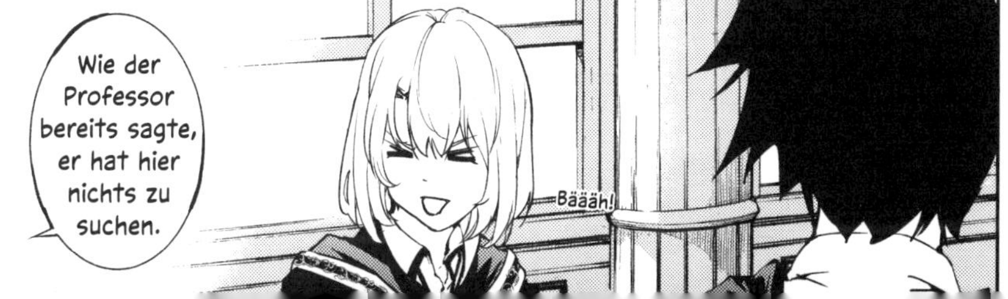
Bäääh!
Wie der Professor bereits sagte, er hat hier nichts zu suchen.

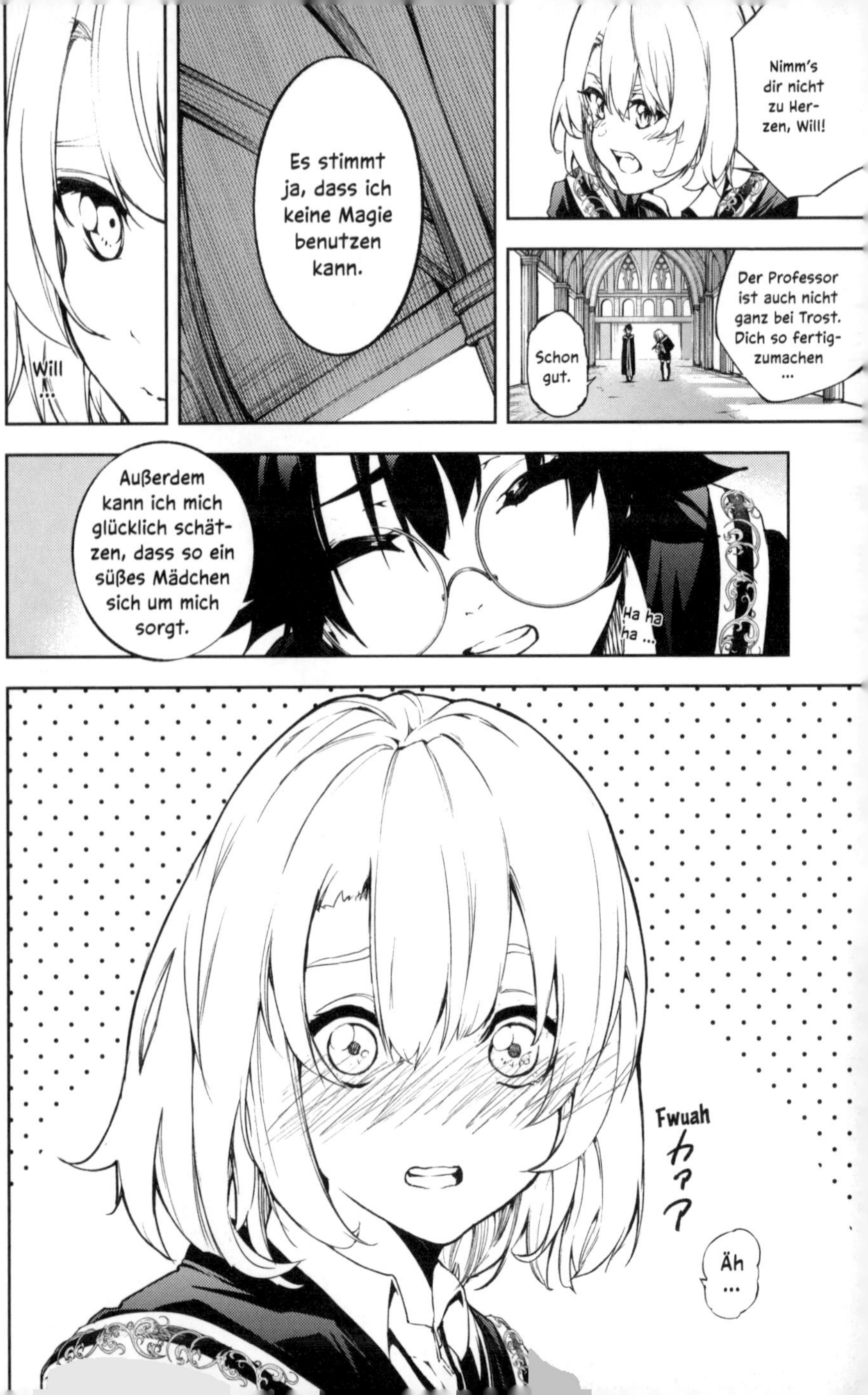

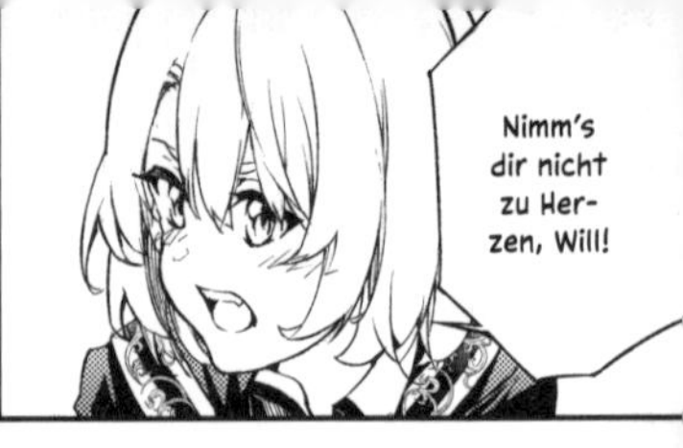
Nimm's dir nicht zu Herzen, Will!

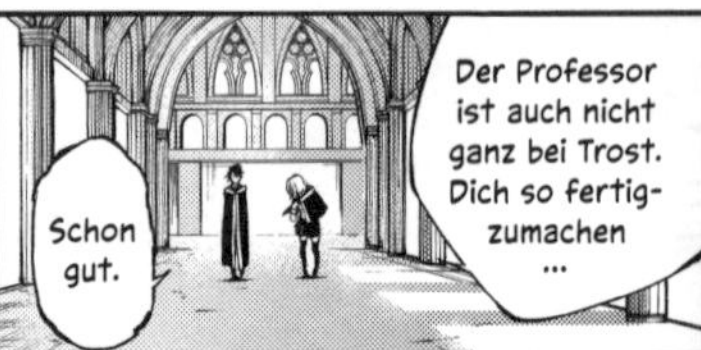
Der Professor ist auch nicht ganz bei Trost. Dich so fertigzumachen ...
Schon gut.

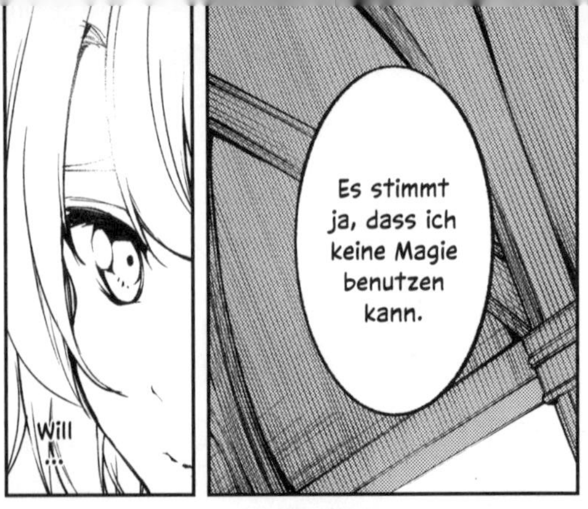
Es stimmt ja, dass ich keine Magie benutzen kann.
Will ...

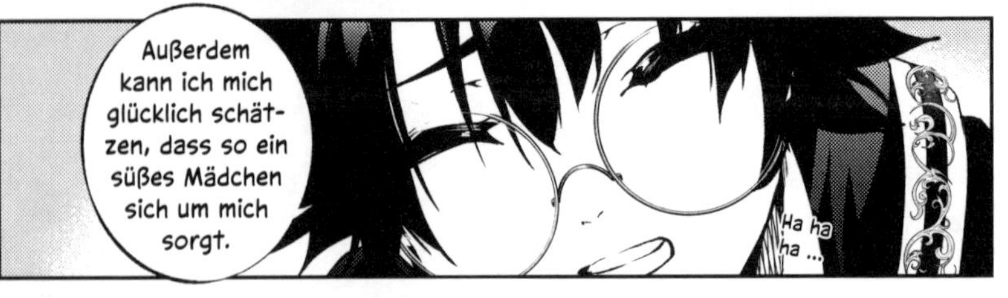
Außerdem kann ich mich glücklich schätzen, dass so ein süßes Mädchen sich um mich sorgt.
Ha ha ha ...

Fwuah
カァァ
Äh ...

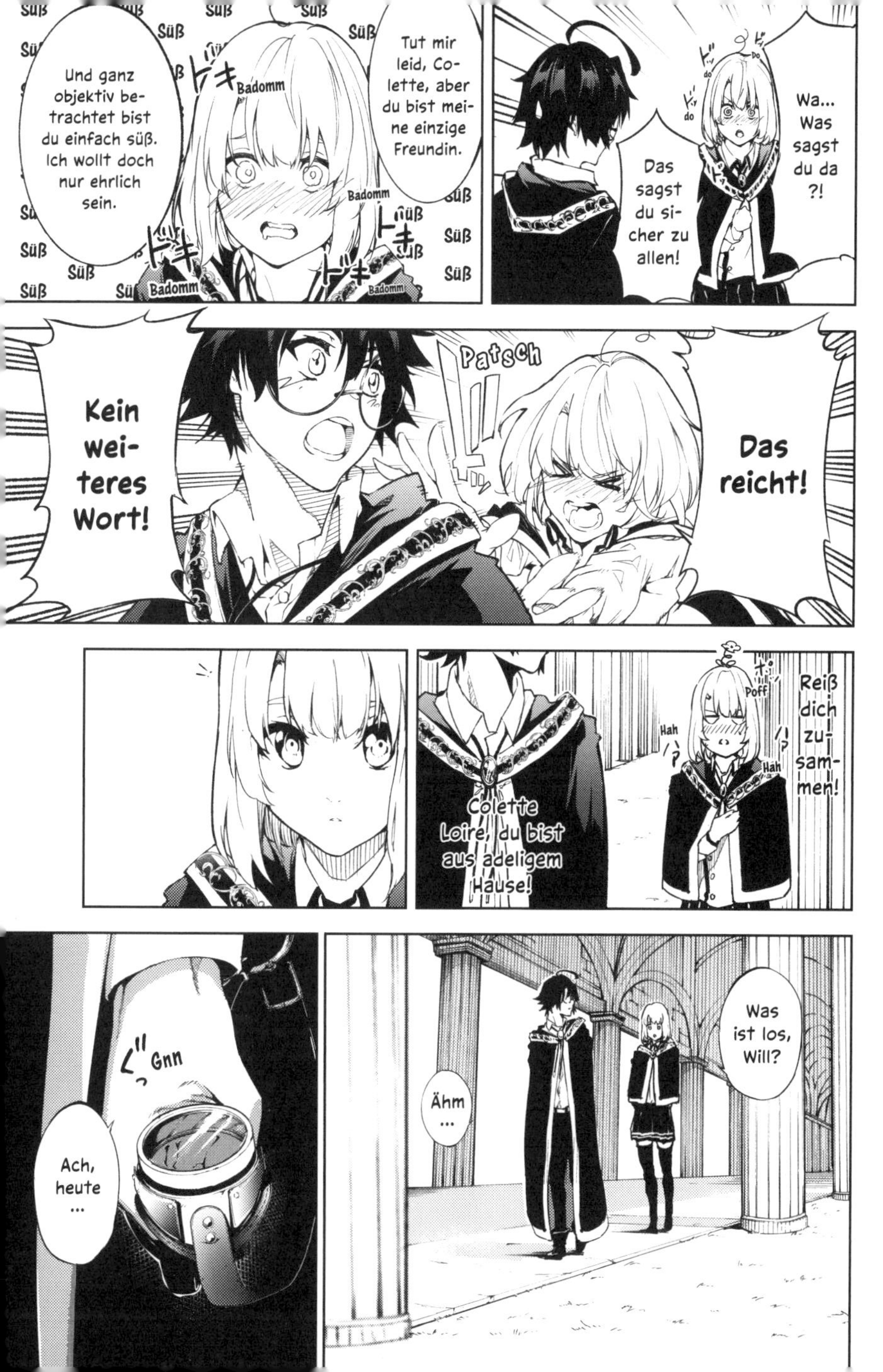

Do
do
do
Wa... Was sagst du da ?!
Das sagst du sicher zu allen!
Tut mir leid, Colette, aber du bist meine einzige Freundin.
Badomm
Badomm
Badomm
Badomm
Süß
Und ganz objektiv betrachtet bist du einfach süß. Ich wollt doch nur ehrlich sein.

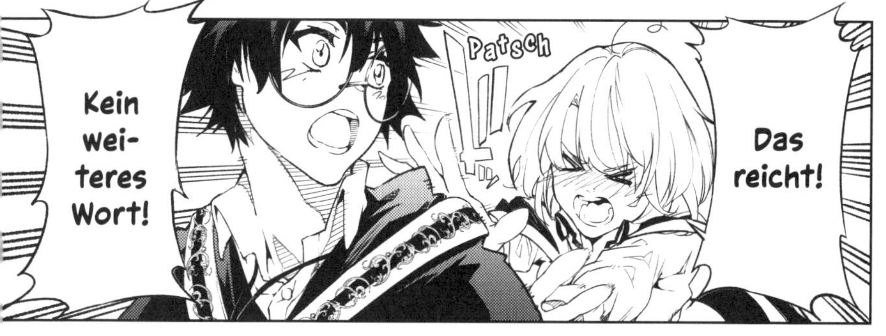

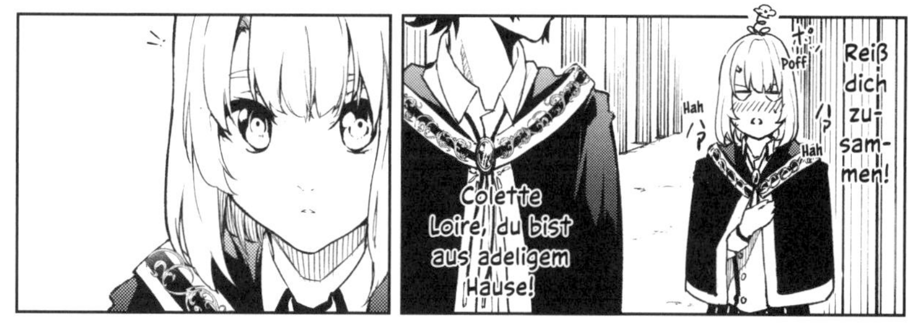

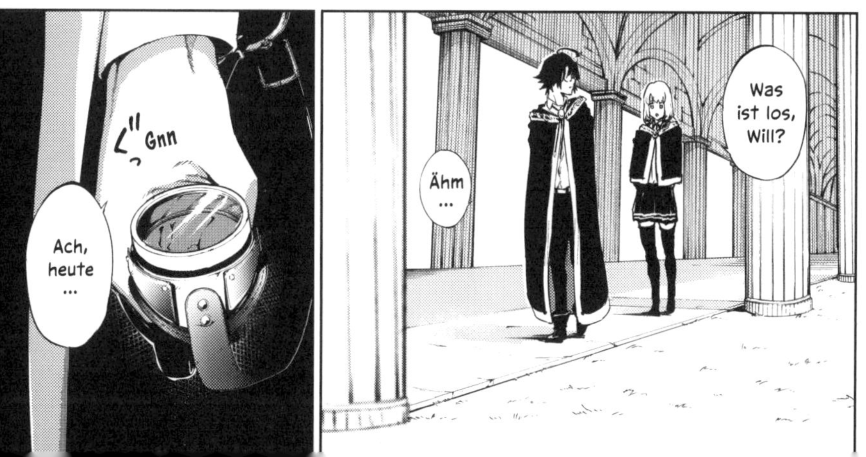

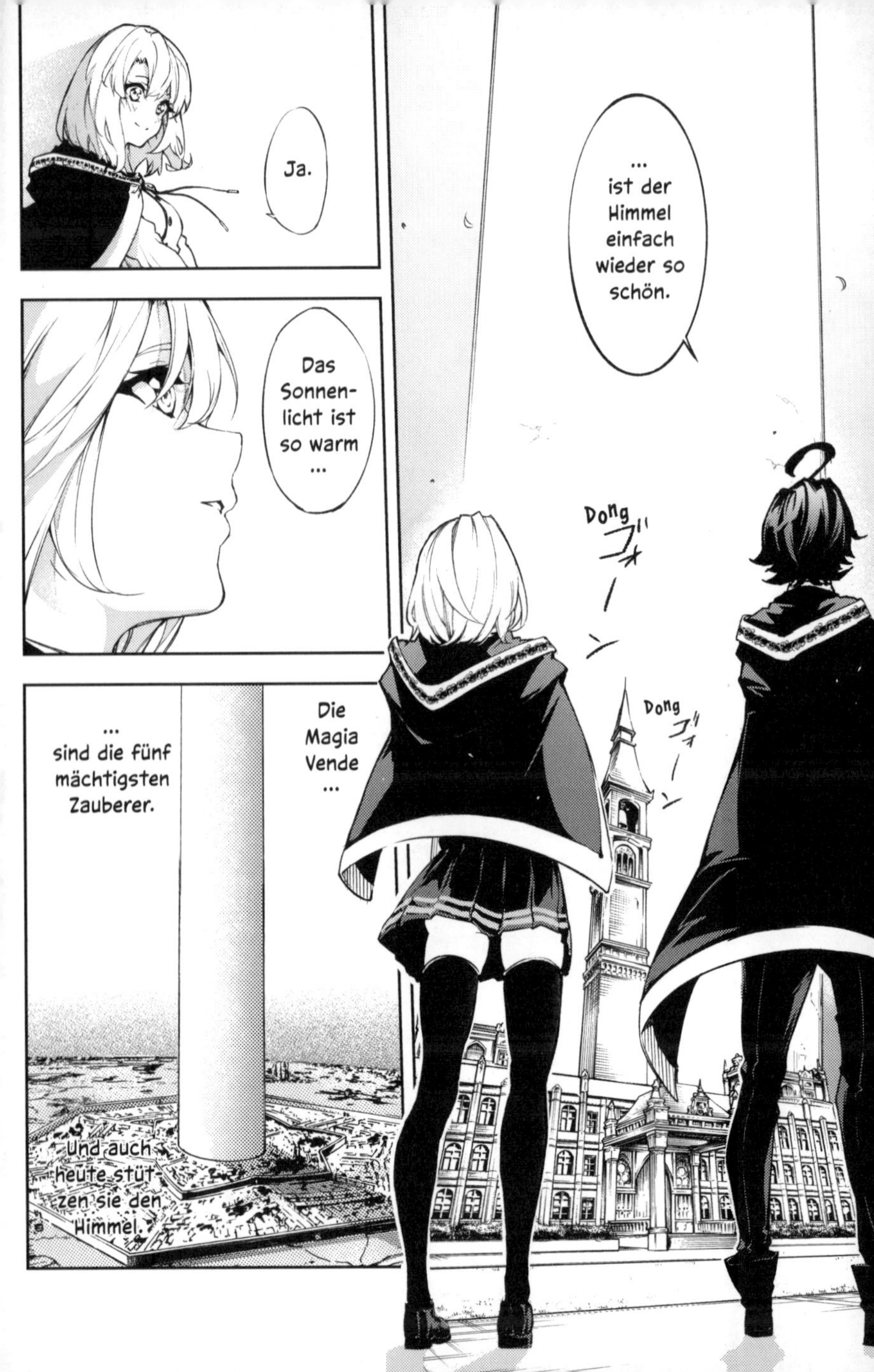
... ist der Himmel einfach wieder so schön.
Dong
Dong
Ja.
Das Sonnenlicht ist so warm ...
Die Magia Vende ...
... sind die fünf mächtigsten Zauberer.
Und auch heute stützen sie den Himmel.

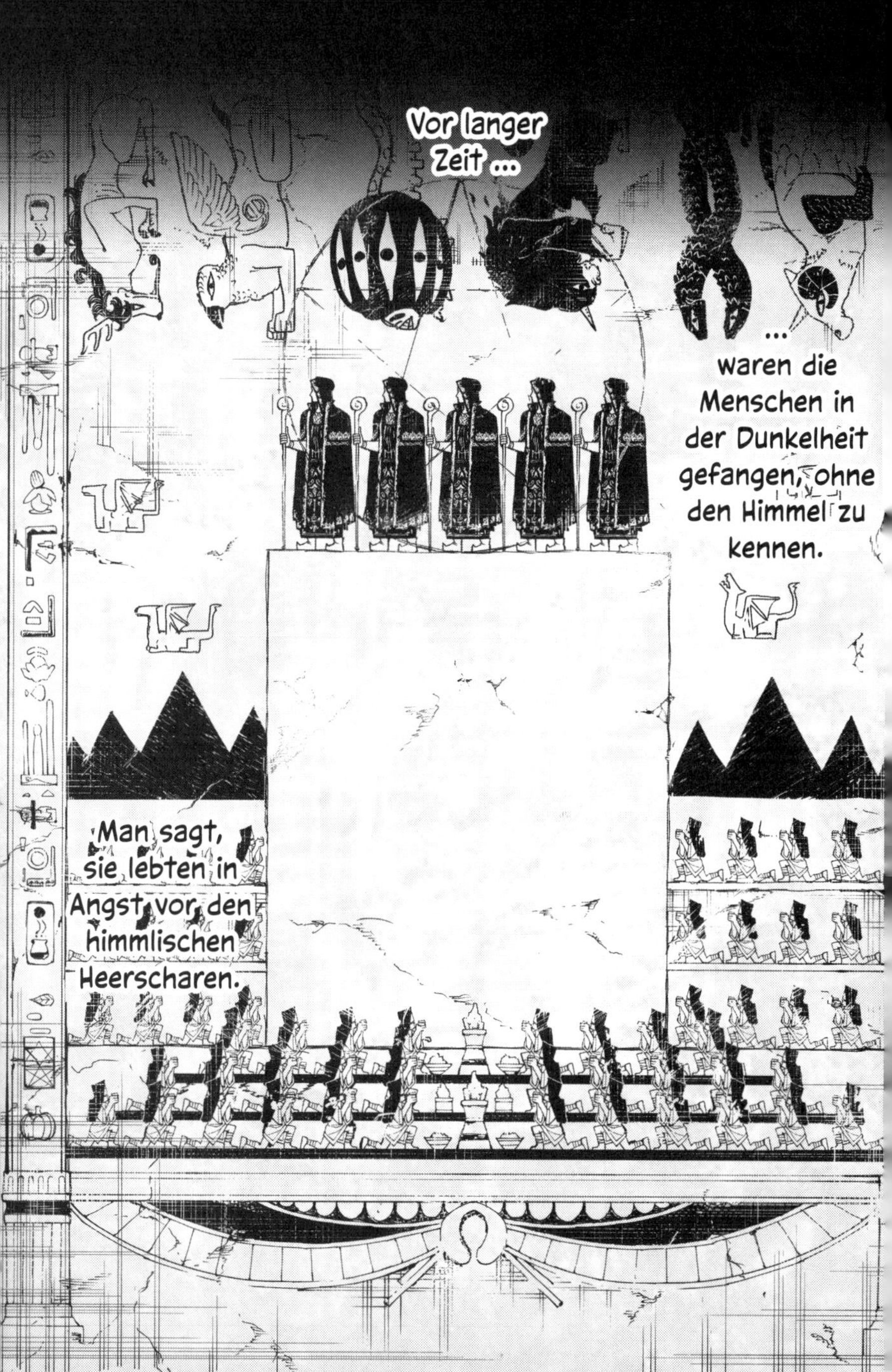
Vor langer Zeit ...
... waren die Menschen in der Dunkelheit gefangen, ohne den Himmel zu kennen.
Man sagt, sie lebten in Angst vor den himmlischen Heerscharen.

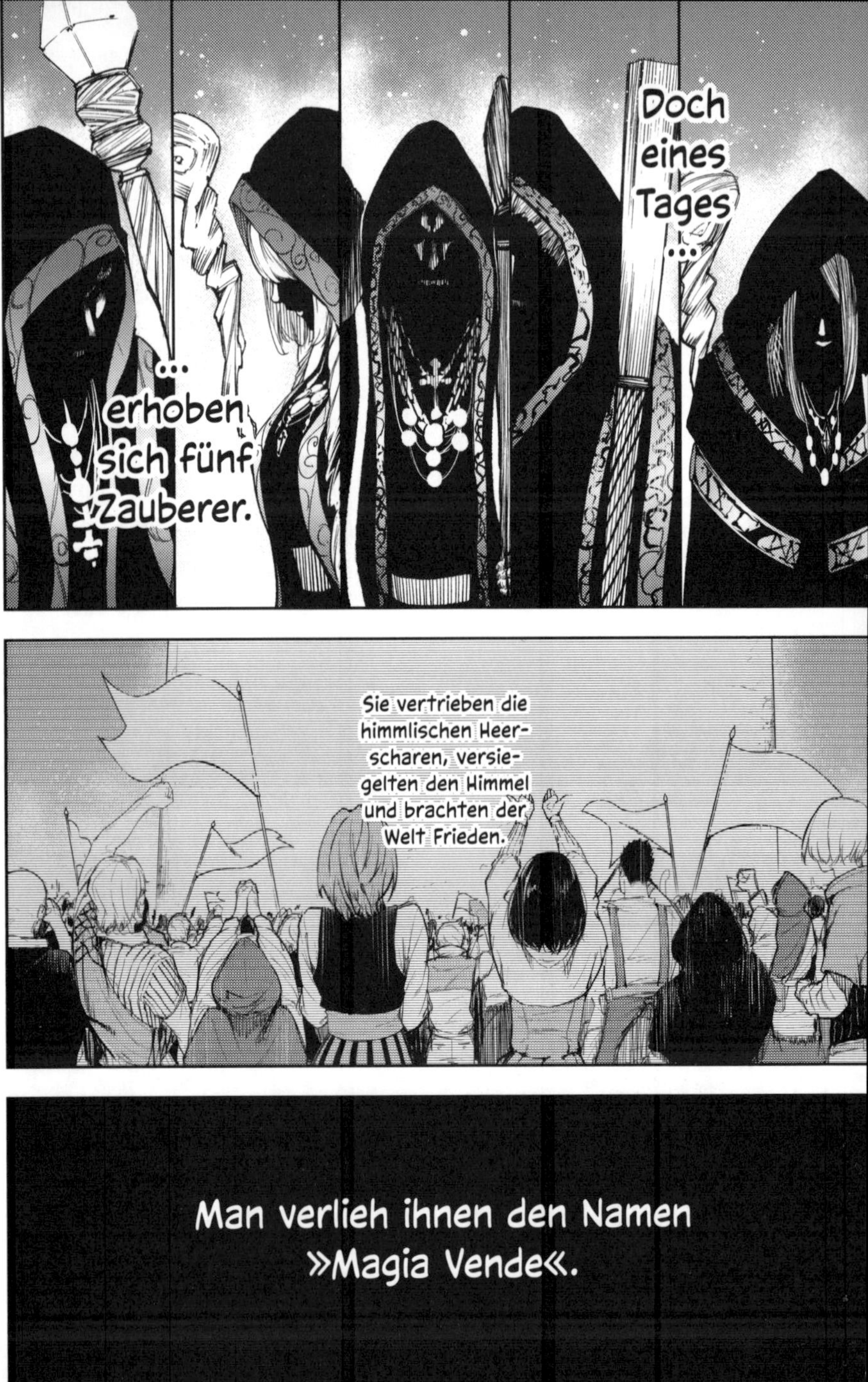

Doch eines Tages ...

... erhoben sich fünf Zauberer.

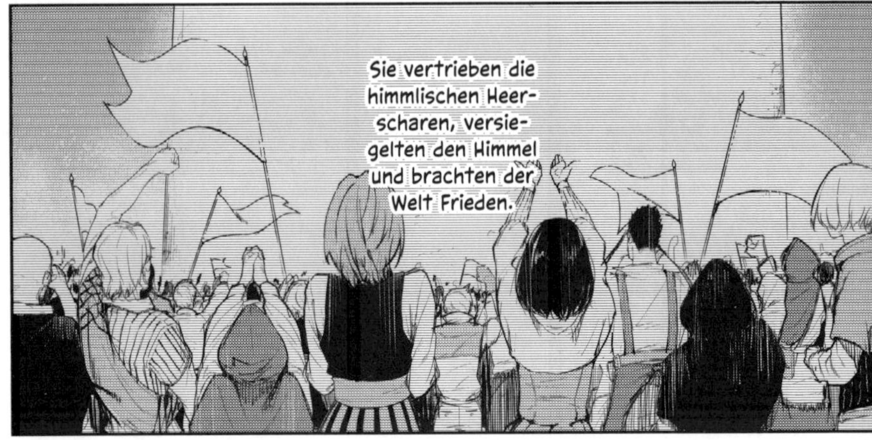

Man verlieh ihnen den Namen »Magia Vende«.

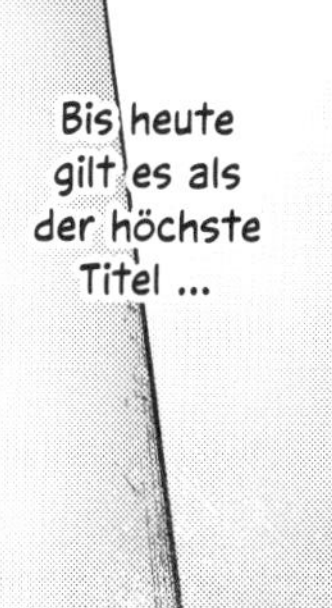
Bis heute gilt es als der höchste Titel ...

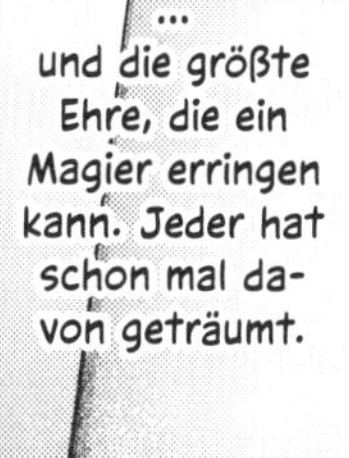
... und die größte Ehre, die ein Magier erringen kann. Jeder hat schon mal davon geträumt.

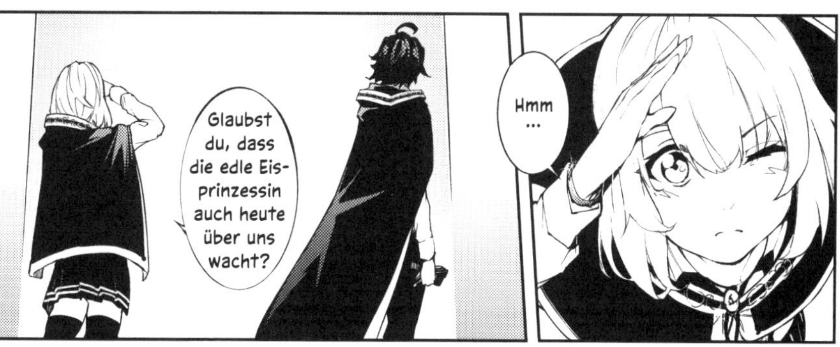
Hmm ...
Glaubst du, dass die edle Eisprinzessin auch heute über uns wacht?

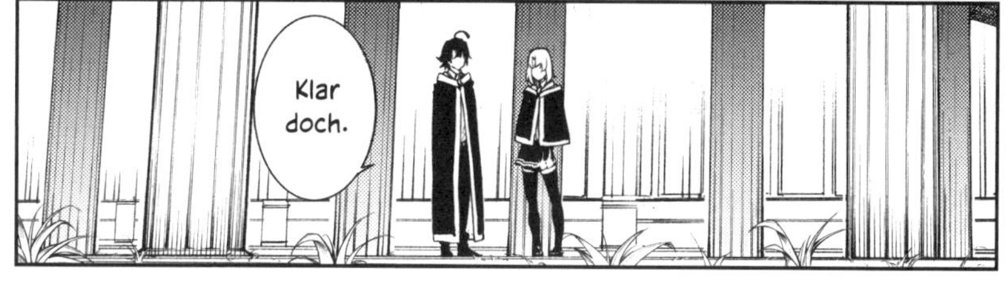
Klar doch.

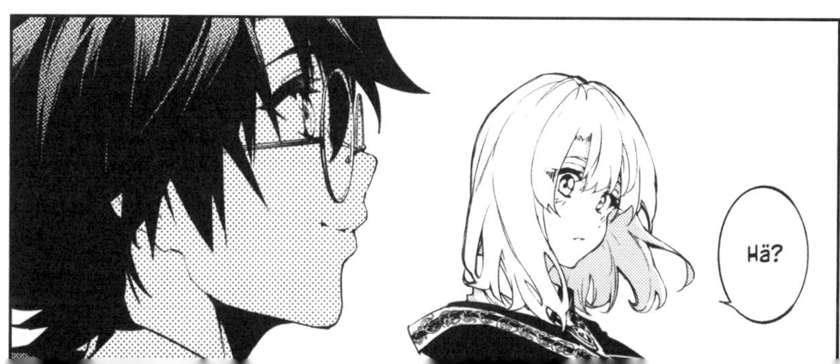
Hä?

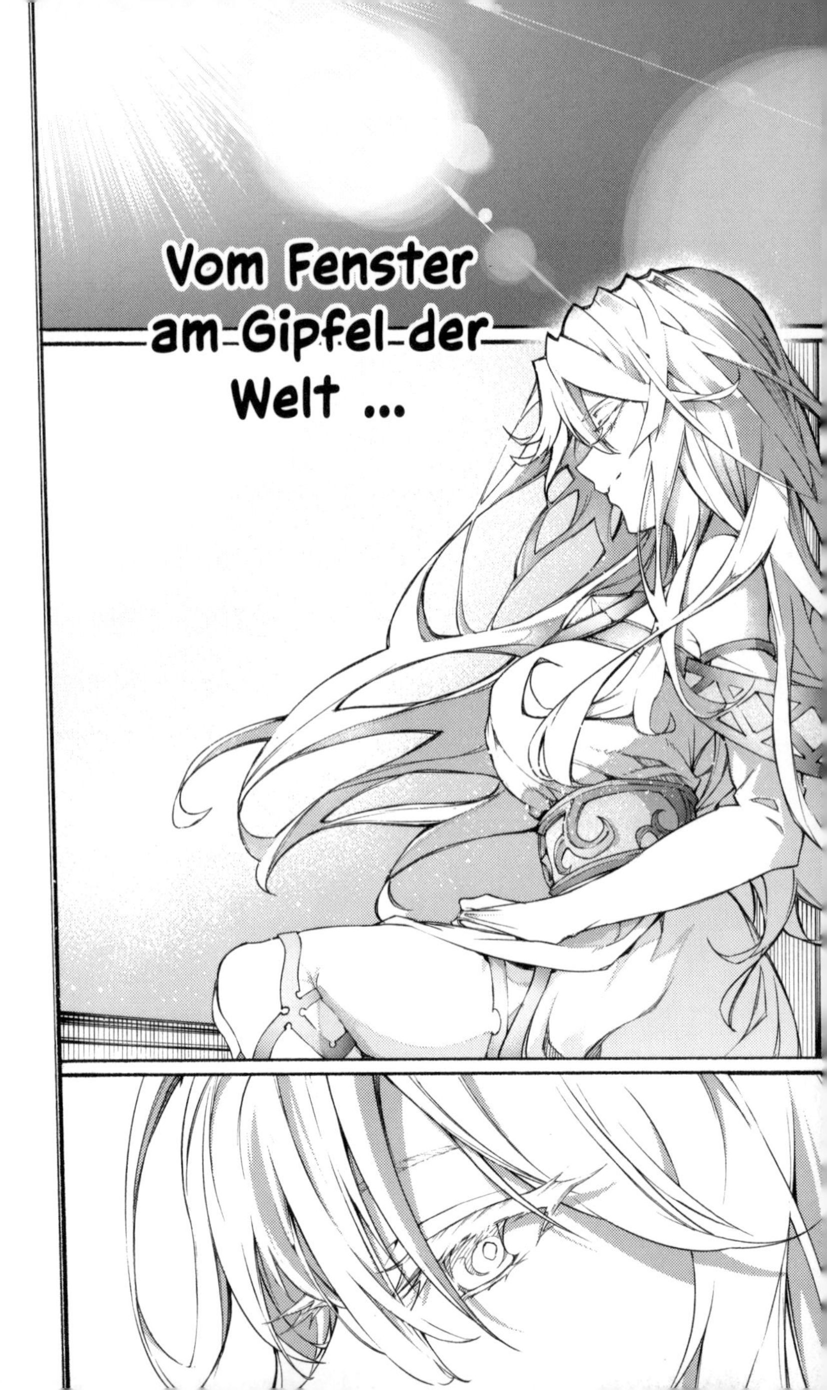
Vom Fenster am Gipfel der Welt ...

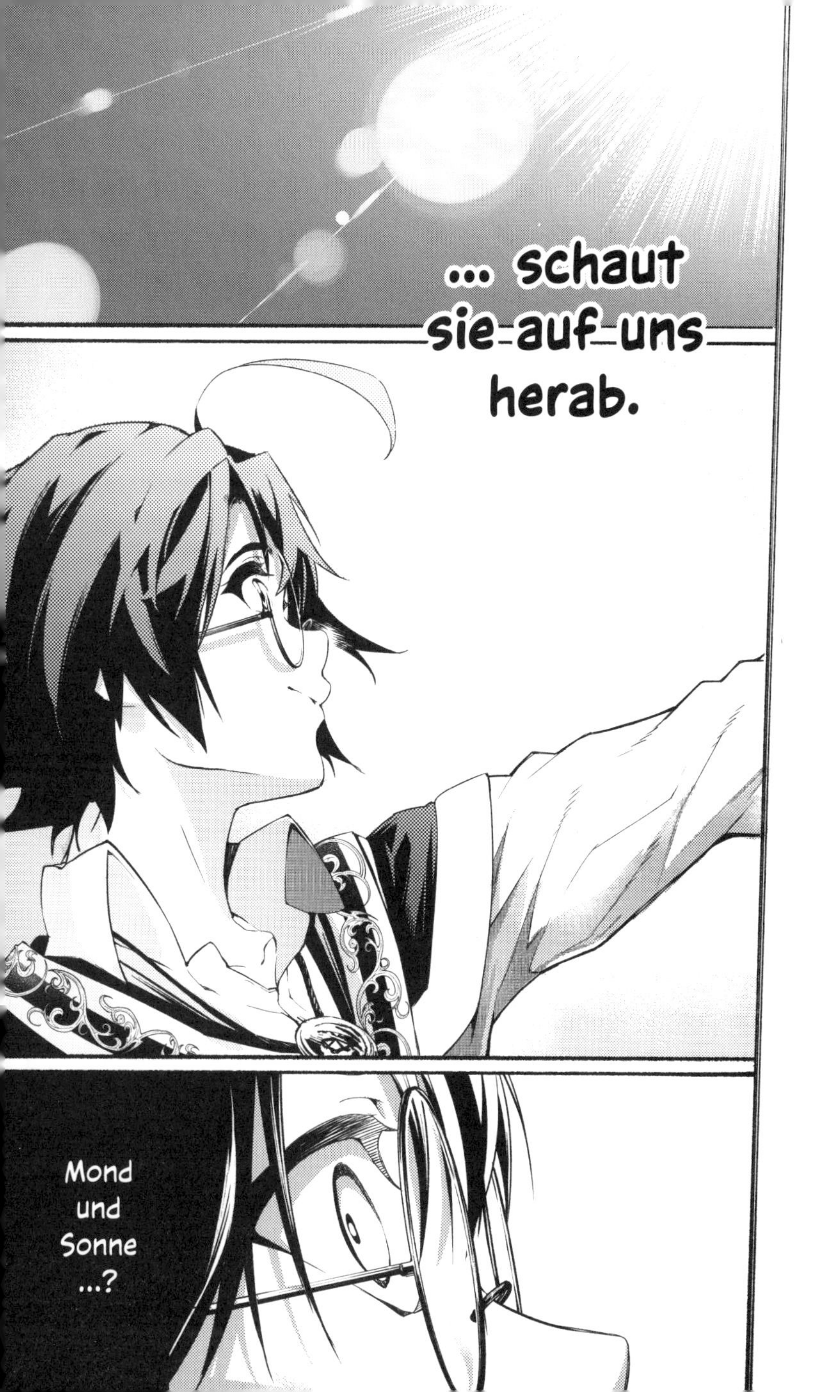
... schaut sie auf uns herab.
Mond und Sonne ...?

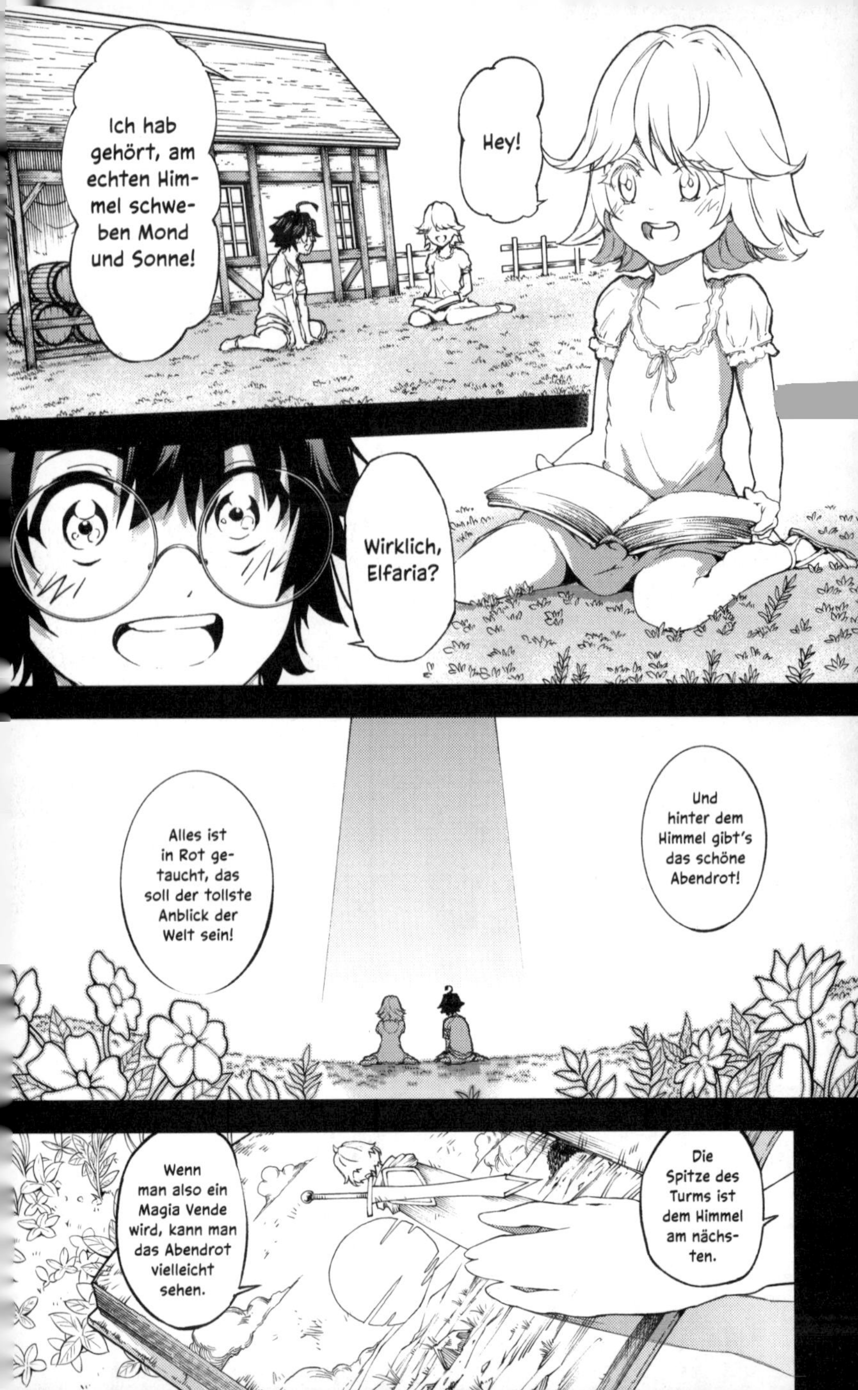
Hey!
Ich hab gehört, am echten Him-mel schwe-ben Mond und Sonne!
Wirklich, Elfaria?
Und hinter dem Himmel gibt's das schöne Abendrot!
Alles ist in Rot ge-taucht, das soll der tollste Anblick der Welt sein!
Die Spitze des Turms ist dem Himmel am nächs-ten.
Wenn man also ein Magia Vende wird, kann man das Abendrot vielleicht sehen.

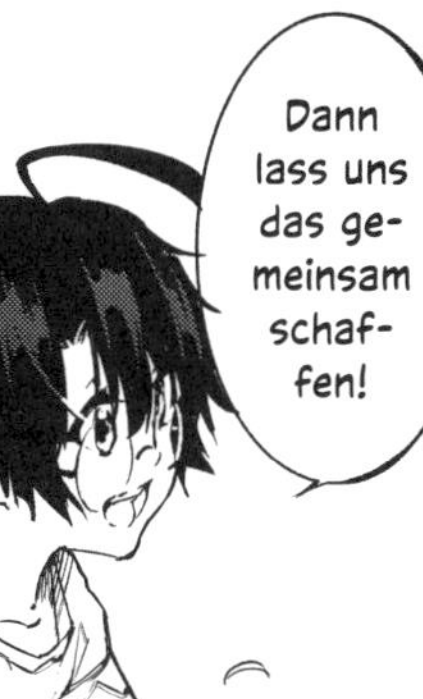
Dann lass uns das gemeinsam schaffen!

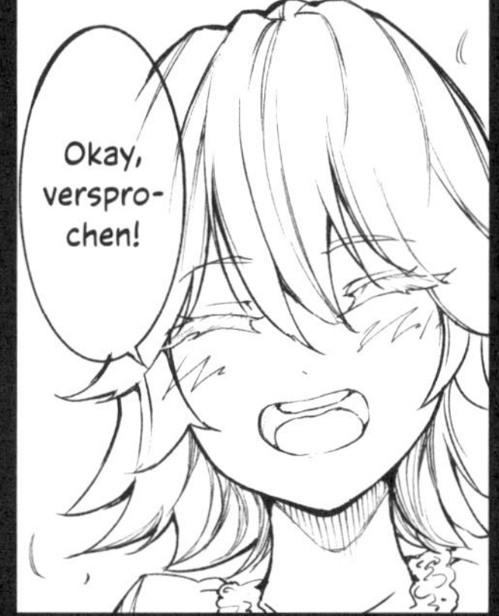
Okay, versprochen!

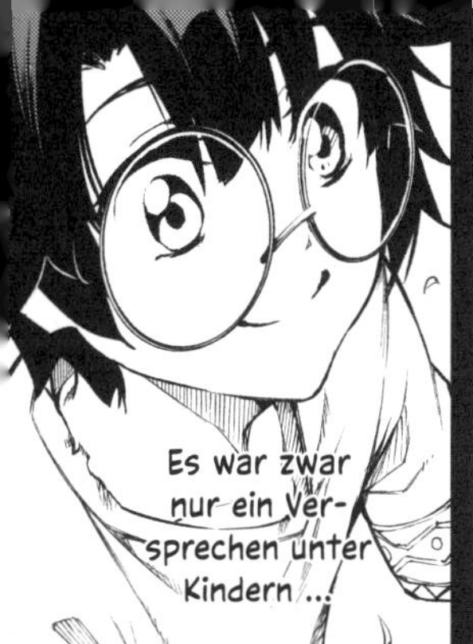
Es war zwar nur ein Versprechen unter Kindern ...

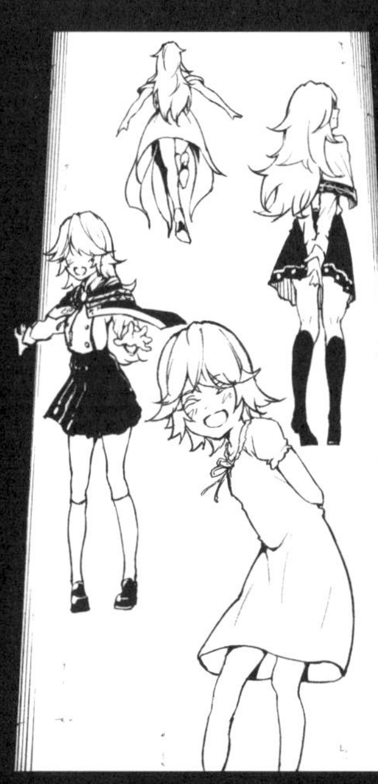
... doch sie war ein Genie.
Mit ihrem Talent wurde sie die jüngste Magia Vende und bald zur Turmspitze gerufen.

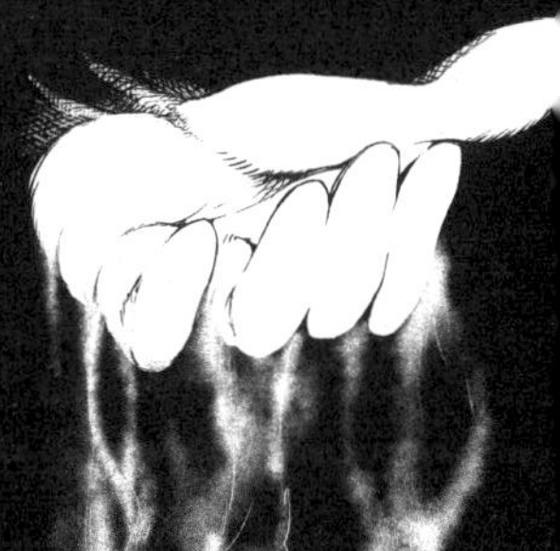

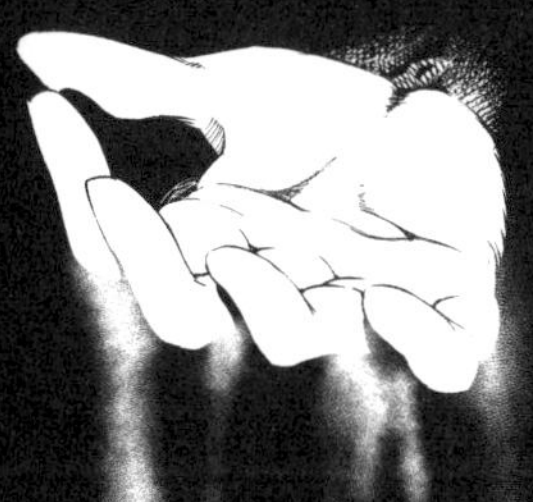
Ich dagegen war zwar auch kein Durchschnittskerl, aber ich war magisch unbegabt.

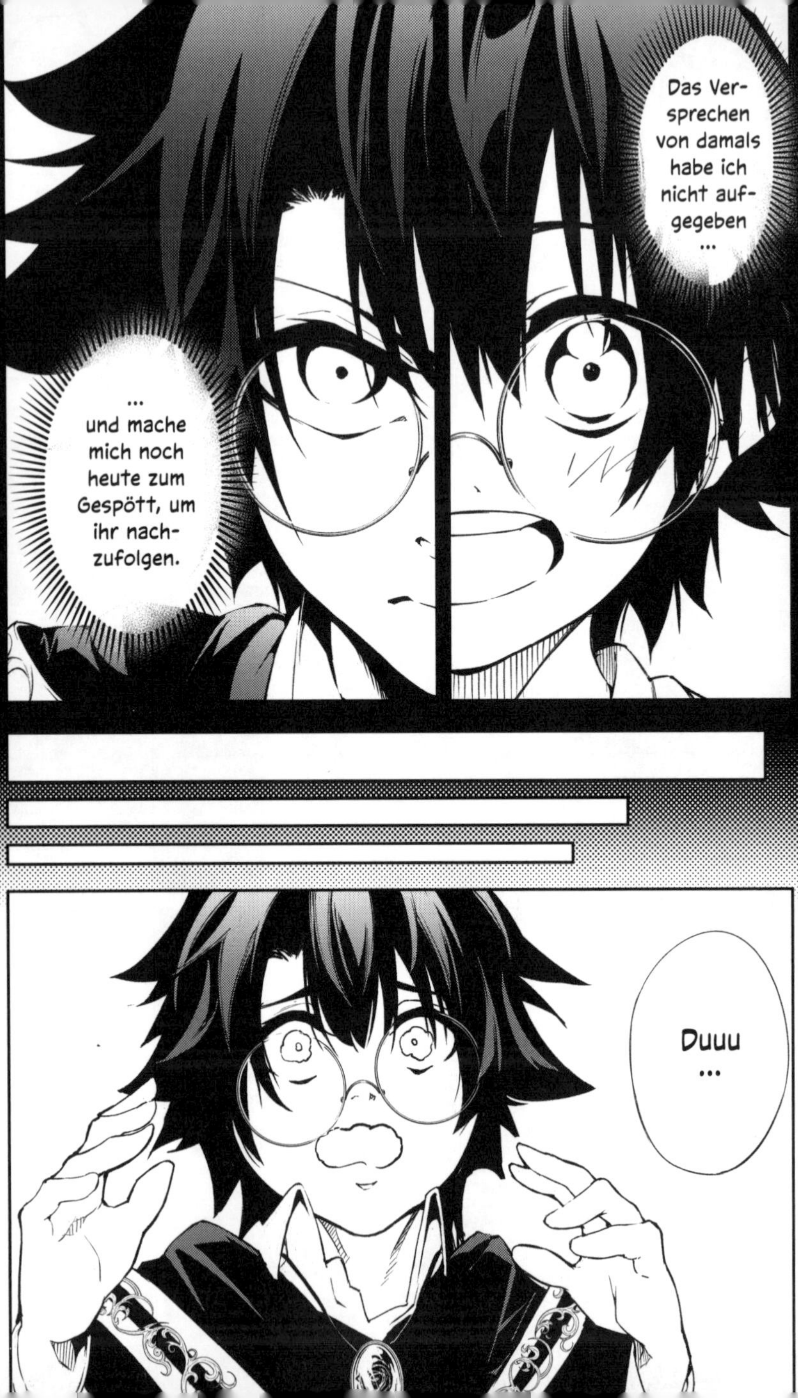

Das Versprechen von damals habe ich nicht aufgegeben …

… und mache mich noch heute zum Gespött, um ihr nachzufolgen.

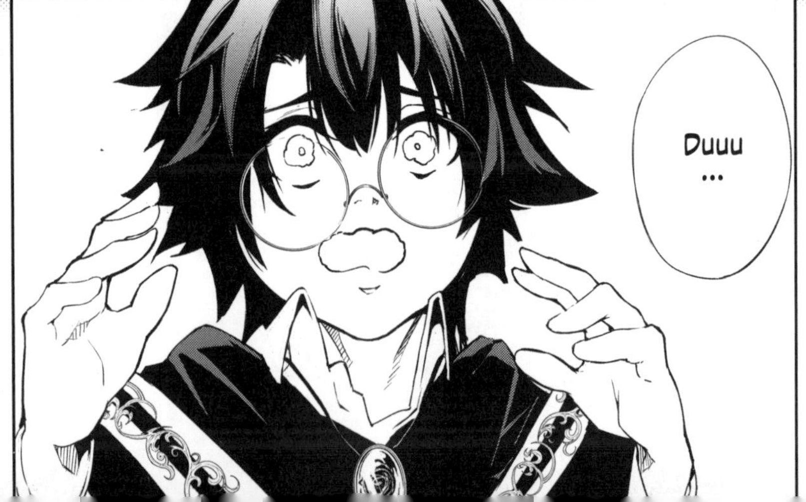

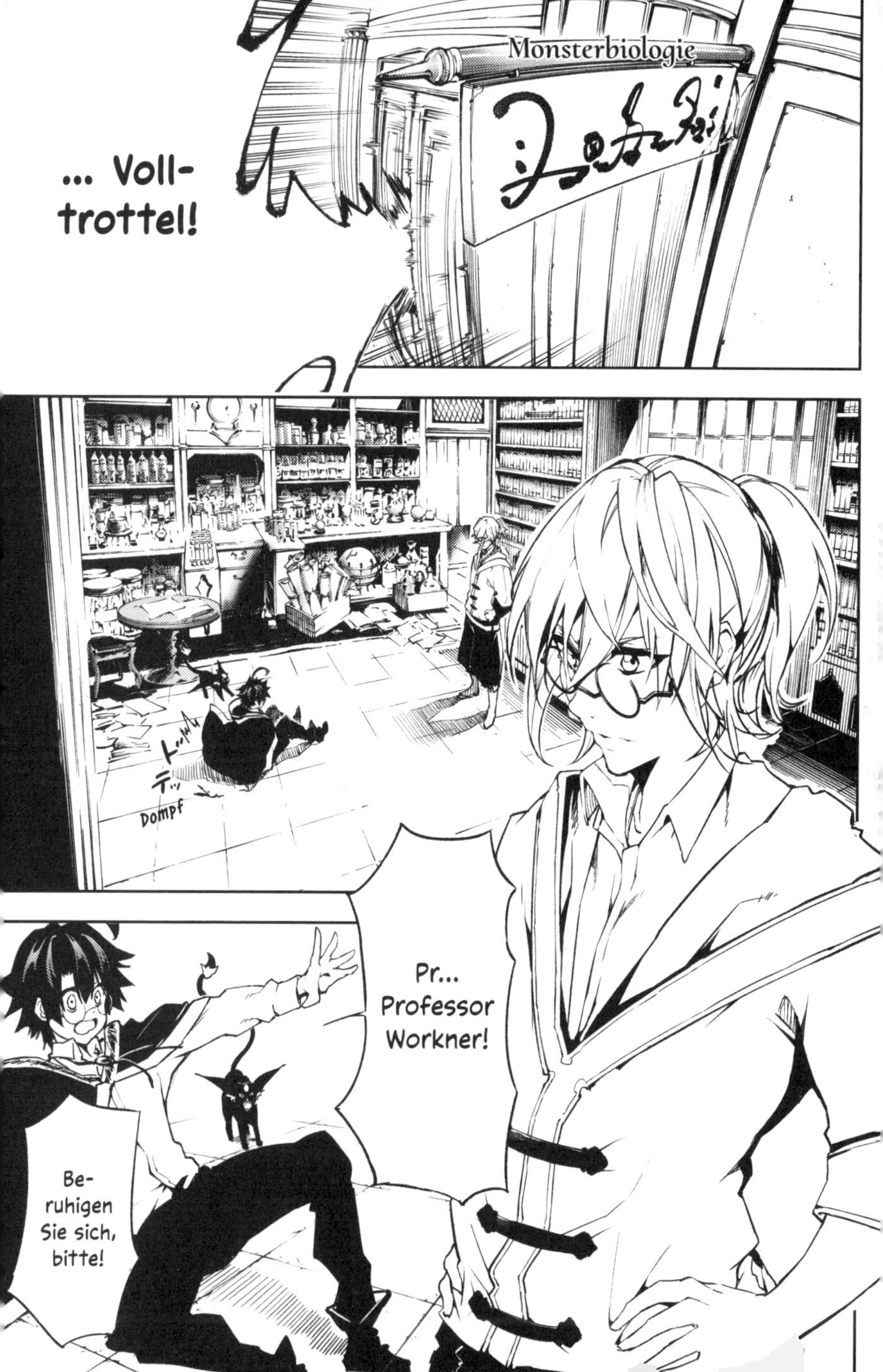
Monsterbiologie
... Voll-
trottel!
テッ
Dompf
Pr...
Professor
Workner!
Be-
ruhigen
Sie sich,
bitte!

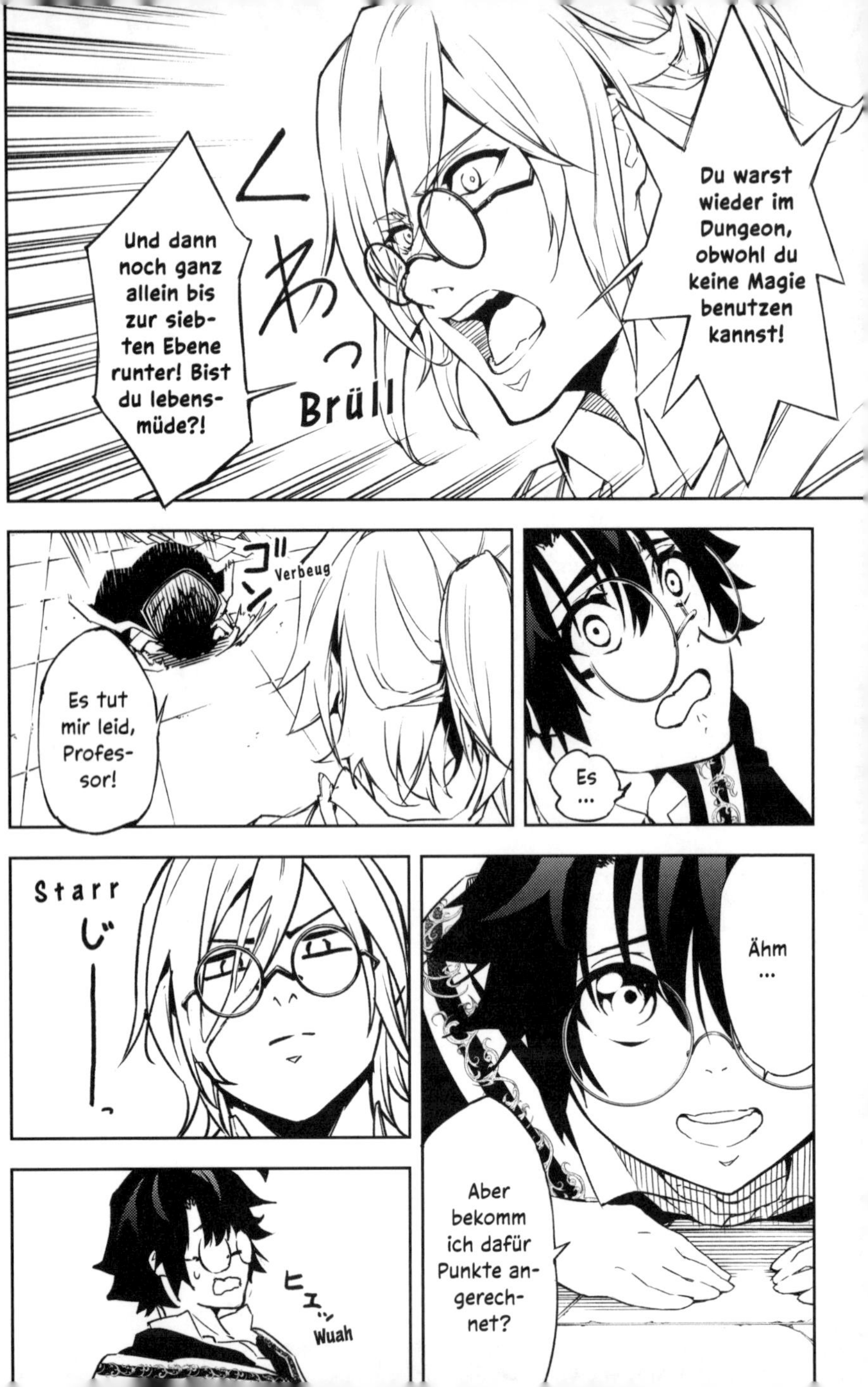

Du warst wieder im Dungeon, obwohl du keine Magie benutzen kannst!
Brüll
Und dann noch ganz allein bis zur sieb-ten Ebene runter! Bist du lebens-müde?!

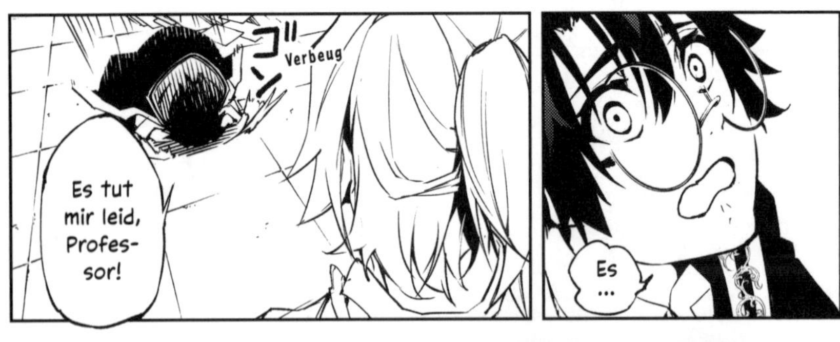

Ähm …
Aber bekomm ich dafür Punkte an-gerech-net?
Starr
Wuah

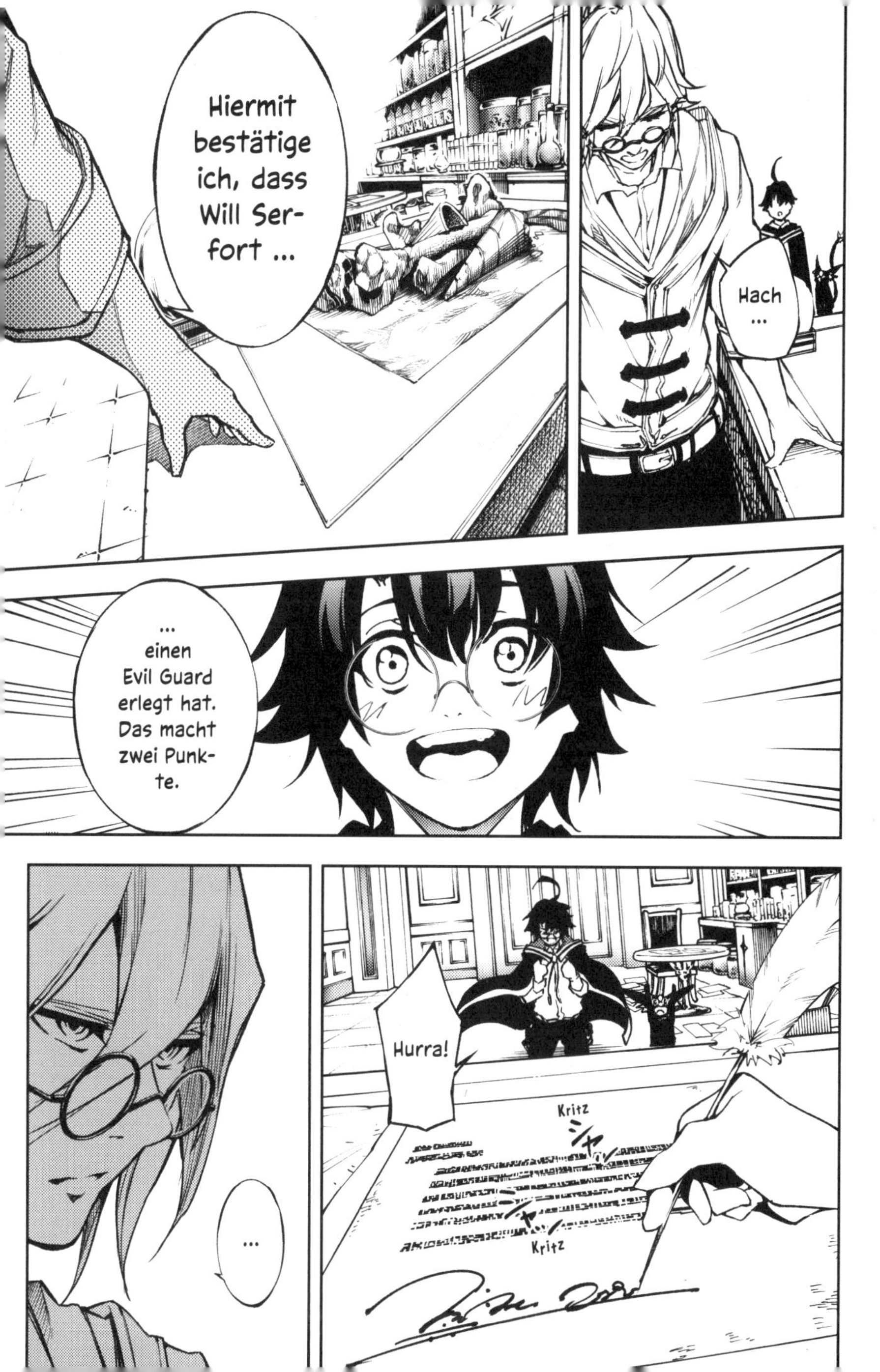

Hach ...

Hiermit bestätige ich, dass Will Ser-fort ...

... einen Evil Guard erlegt hat. Das macht zwei Punk-te.

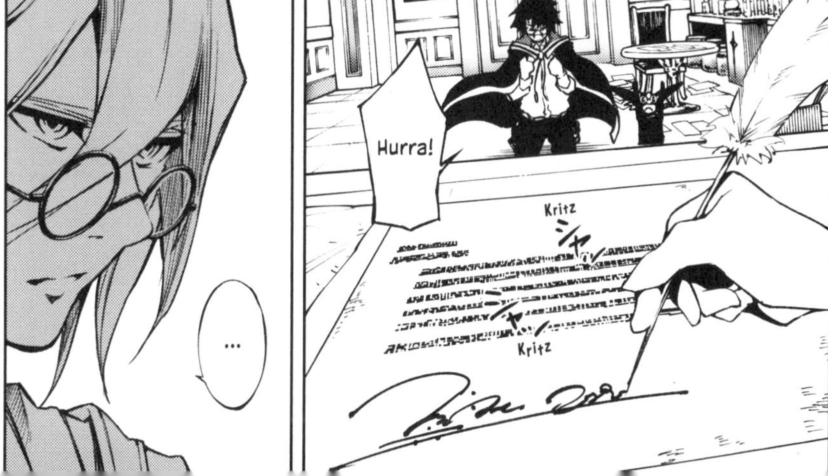

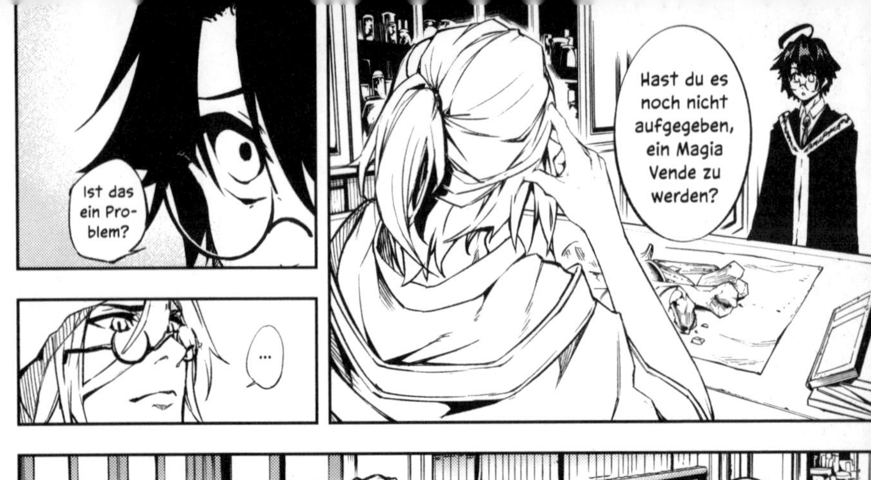
Hast du es noch nicht aufgegeben, ein Magia Vende zu werden?
Ist das ein Problem?
...

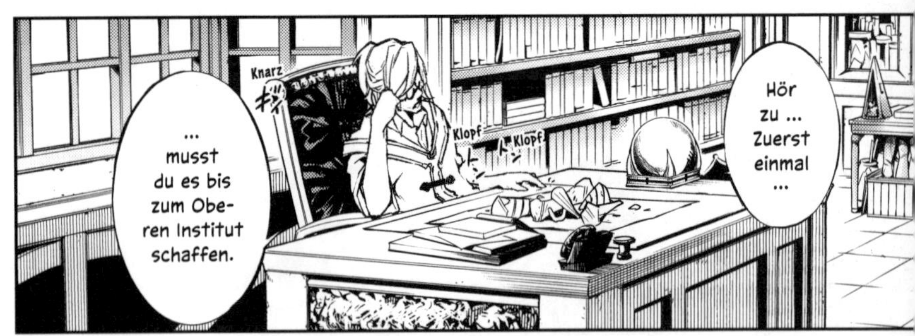
Hör zu ... Zuerst einmal ...
Klopf
Klopf
Knarz
... musst du es bis zum Oberen Institut schaffen.

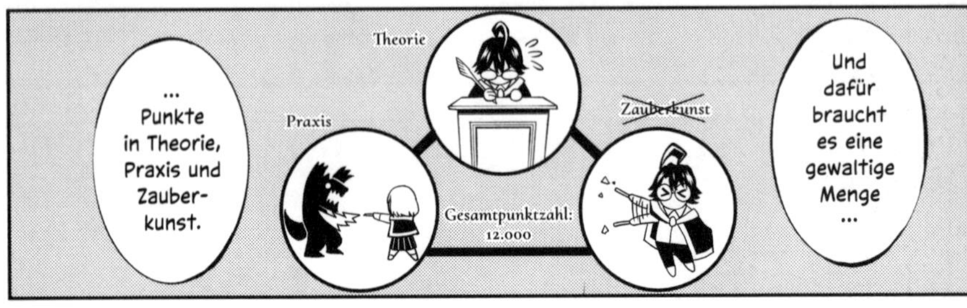
Und dafür braucht es eine gewaltige Menge ...
Theorie
Zauberkunst
Praxis
Gesamtpunktzahl: 12.000
... Punkte in Theorie, Praxis und Zauberkunst.

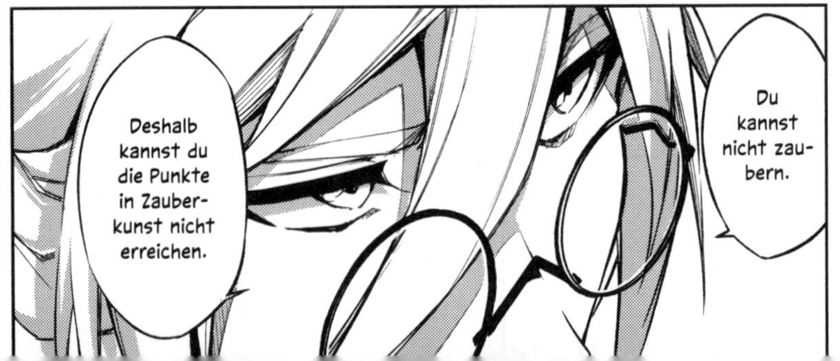
Du kannst nicht zaubern.
Deshalb kannst du die Punkte in Zauberkunst nicht erreichen.

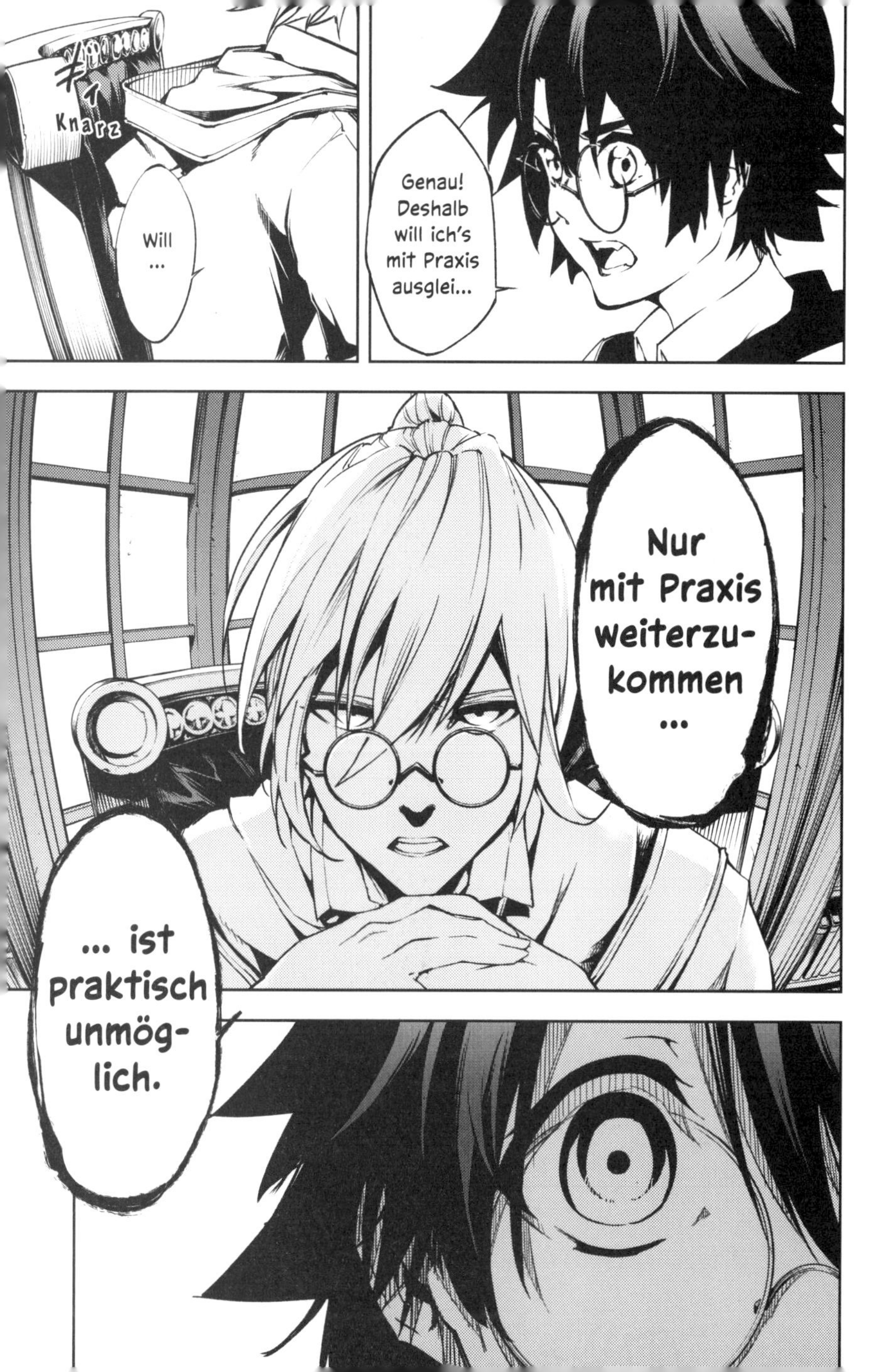

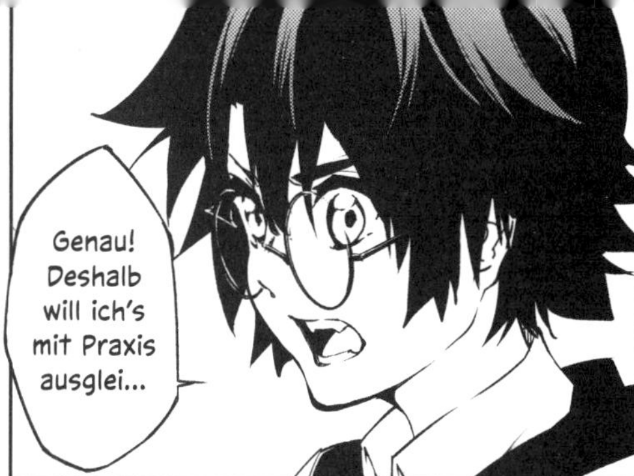

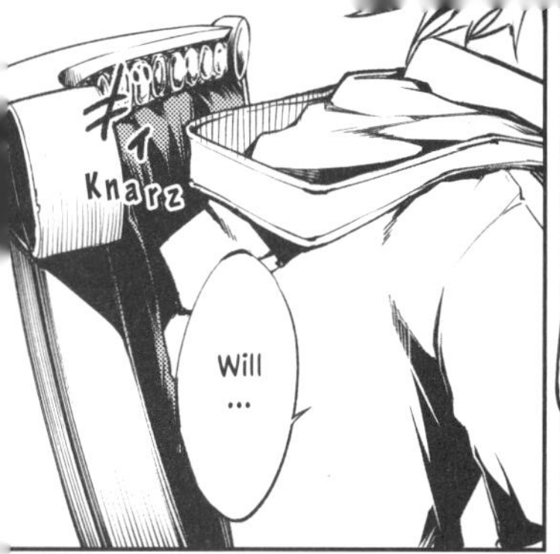

Nur mit Praxis weiterzukommen ...

... ist praktisch unmöglich.

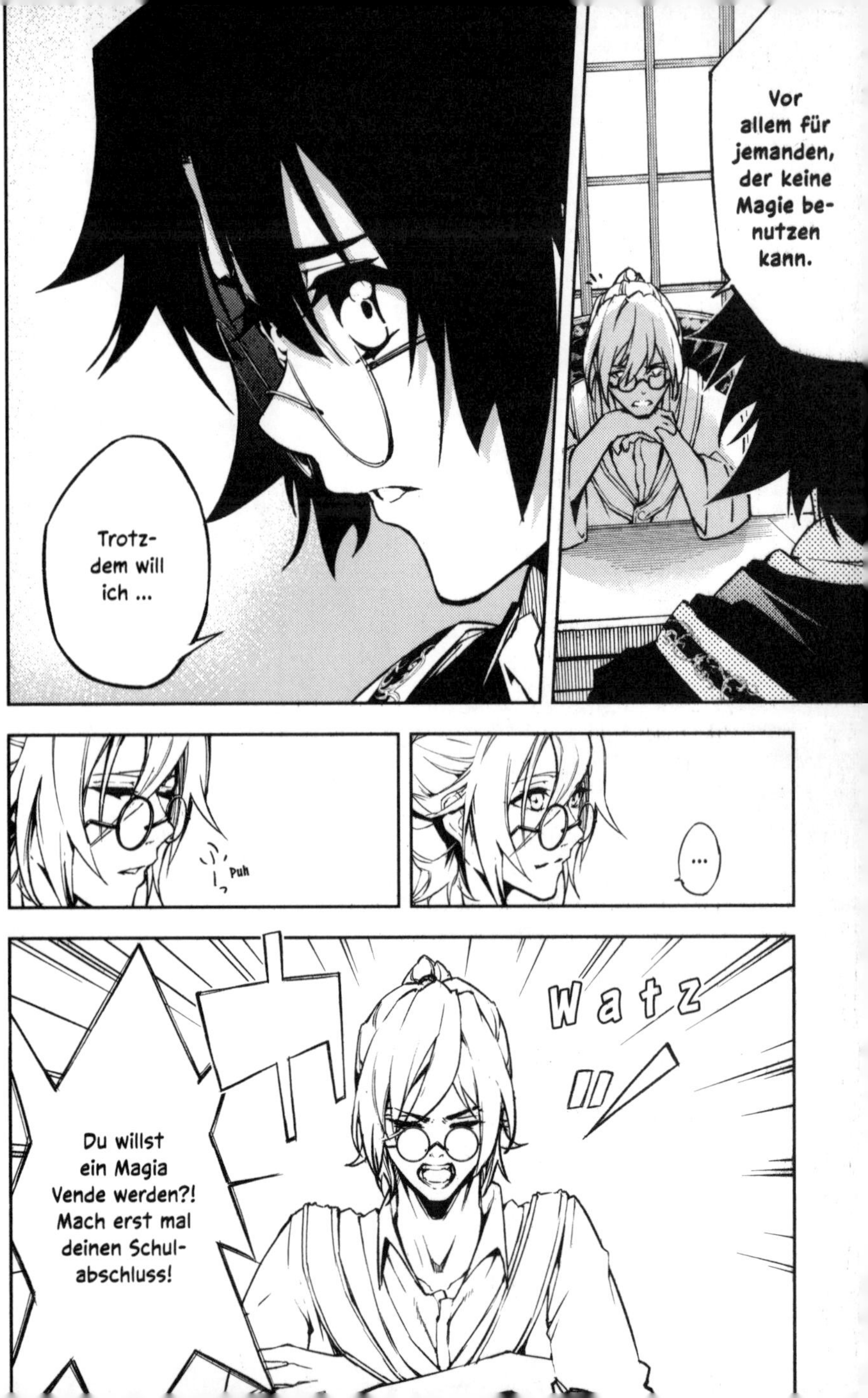

Vor allem für jemanden, der keine Magie benutzen kann.

Trotzdem will ich ...

...

Puh

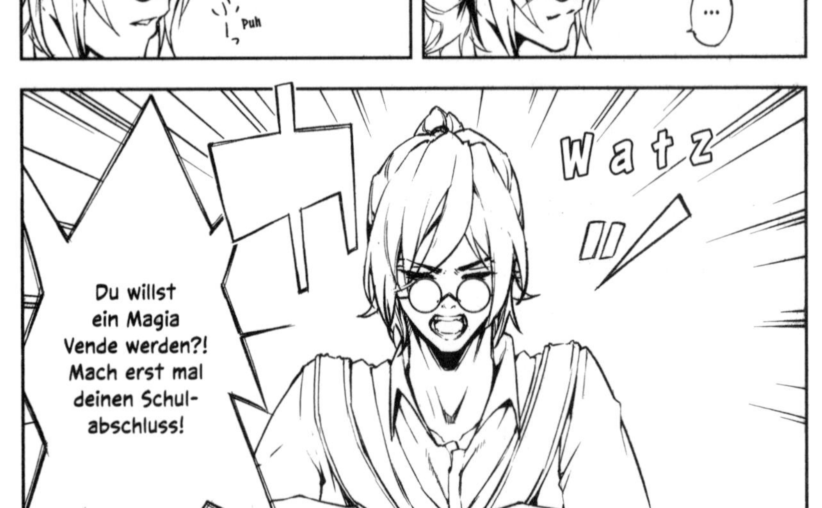

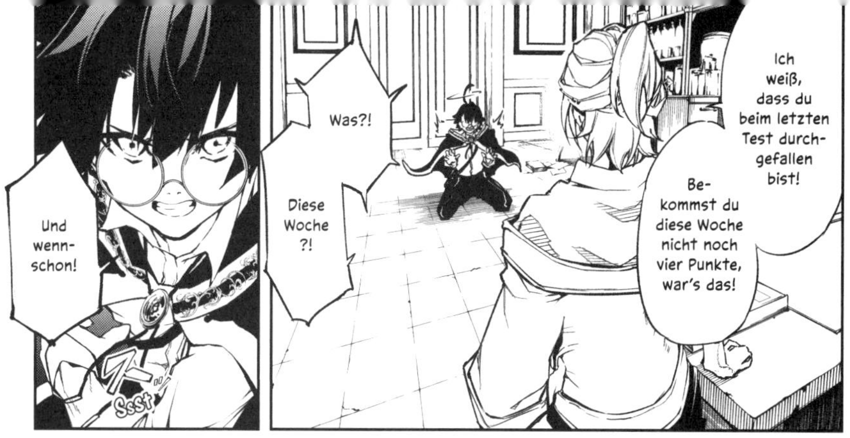
Ich weiß, dass du beim letzten Test durchgefallen bist!
Bekommst du diese Woche nicht noch vier Punkte, war's das!
Was?!
Diese Woche ?!
Und wenn-schon!
Ssst

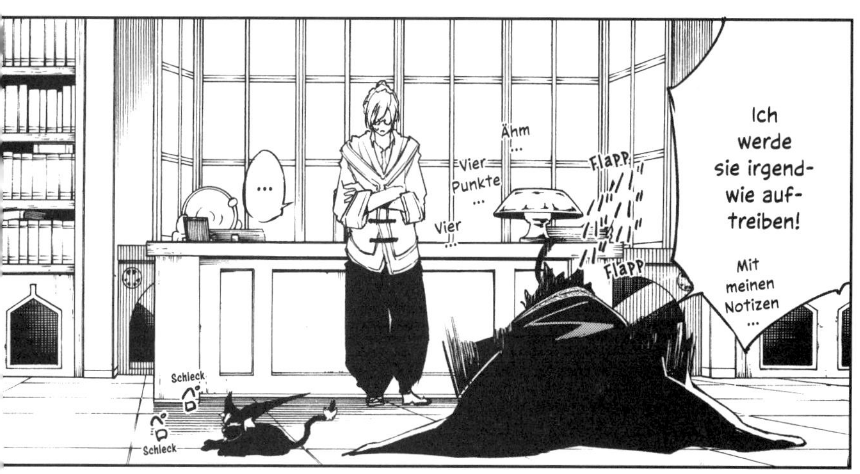
Ich werde sie irgendwie auftreiben!
Mit meinen Notizen ...
Flapp
Flapp
Ähm ...
Vier Punkte ...
Vier ...
...
Schleck
Schleck

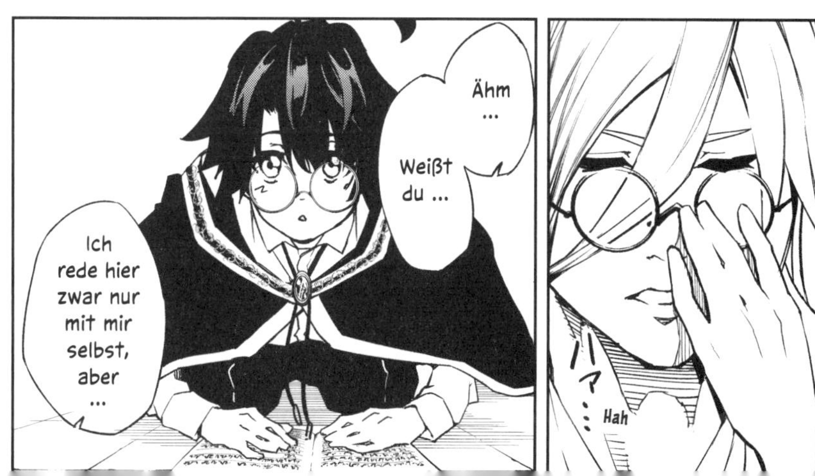
Hah
Ähm ...
Weißt du ...
Ich rede hier zwar nur mit mir selbst, aber ...

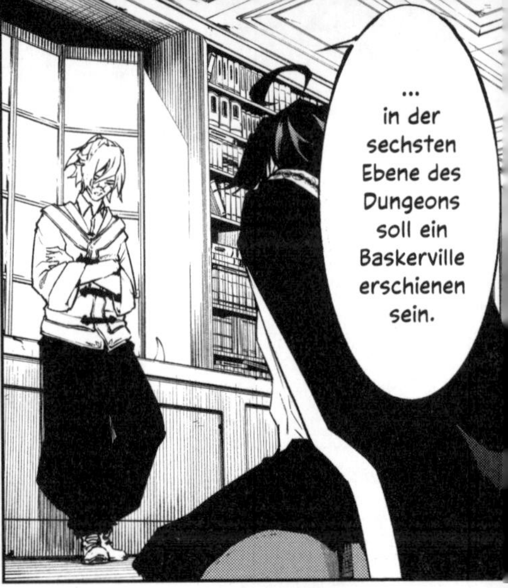
... in der sechsten Ebene des Dungeons soll ein Baskerville erschienen sein.

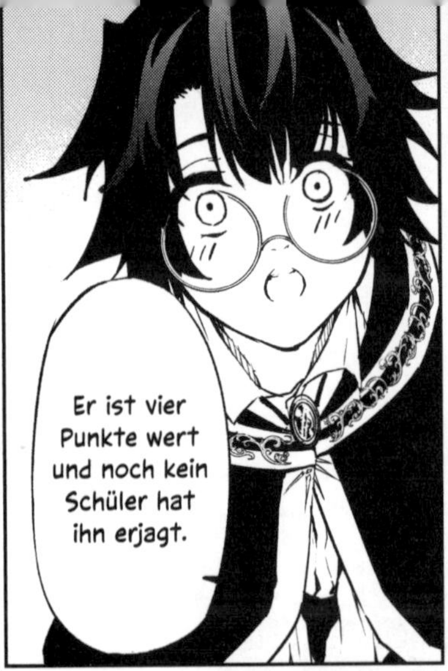
Er ist vier Punkte wert und noch kein Schüler hat ihn erjagt.

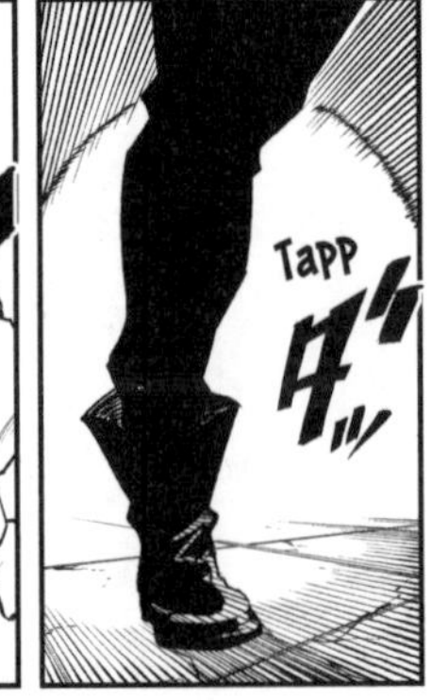
Tapp

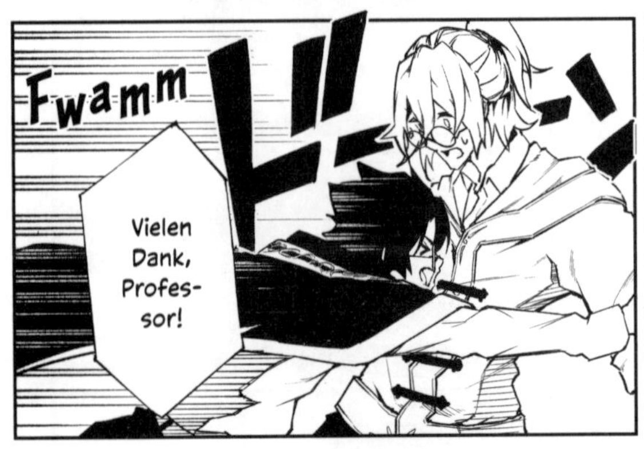
Fwamm
Vielen Dank, Profes-sor!

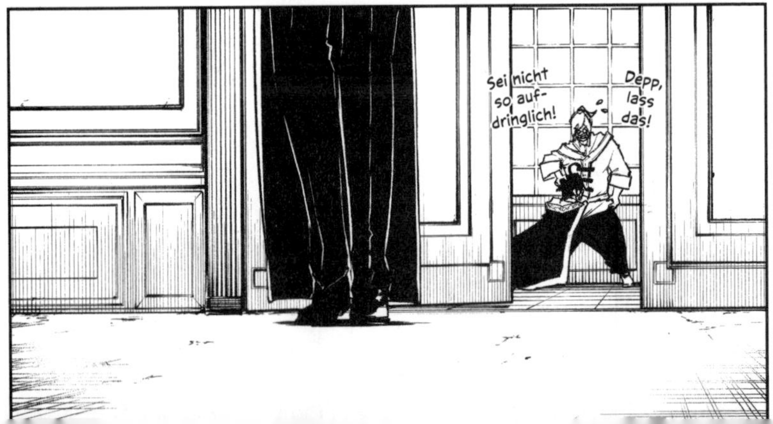
Depp, lass das!
Sei nicht so auf-dringlich!

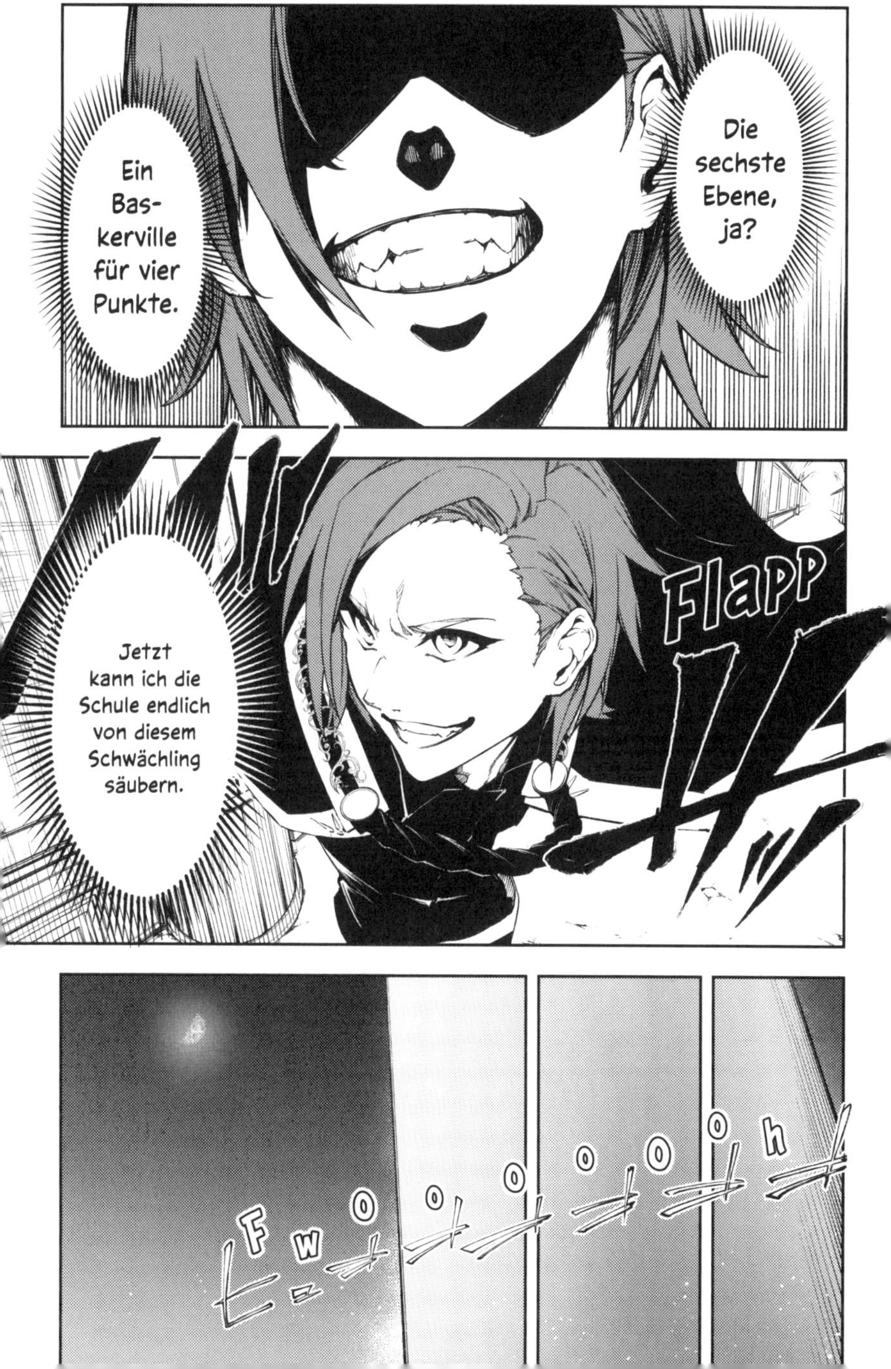

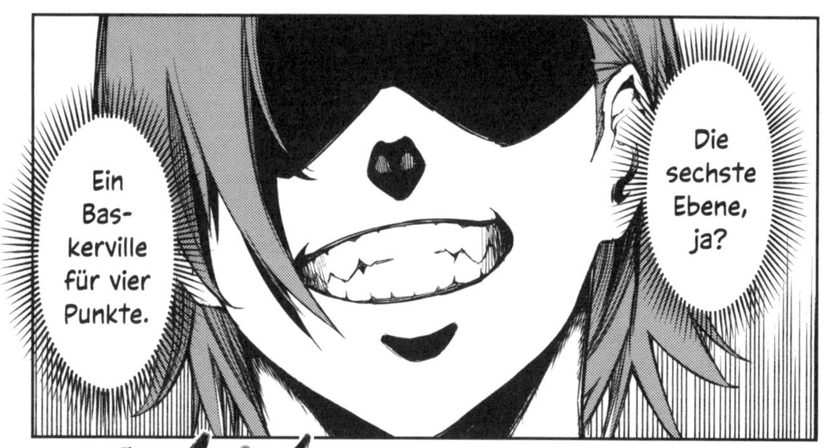
Die sechste Ebene, ja?
Ein Baskerville für vier Punkte.

Flapp
Jetzt kann ich die Schule endlich von diesem Schwächling säubern.

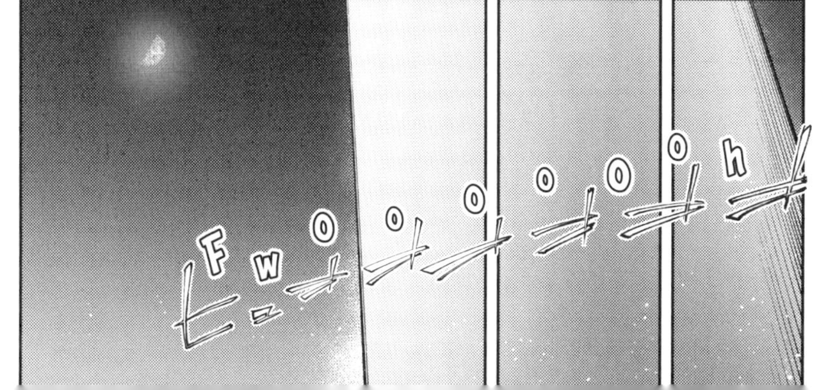
Fwoooooooh

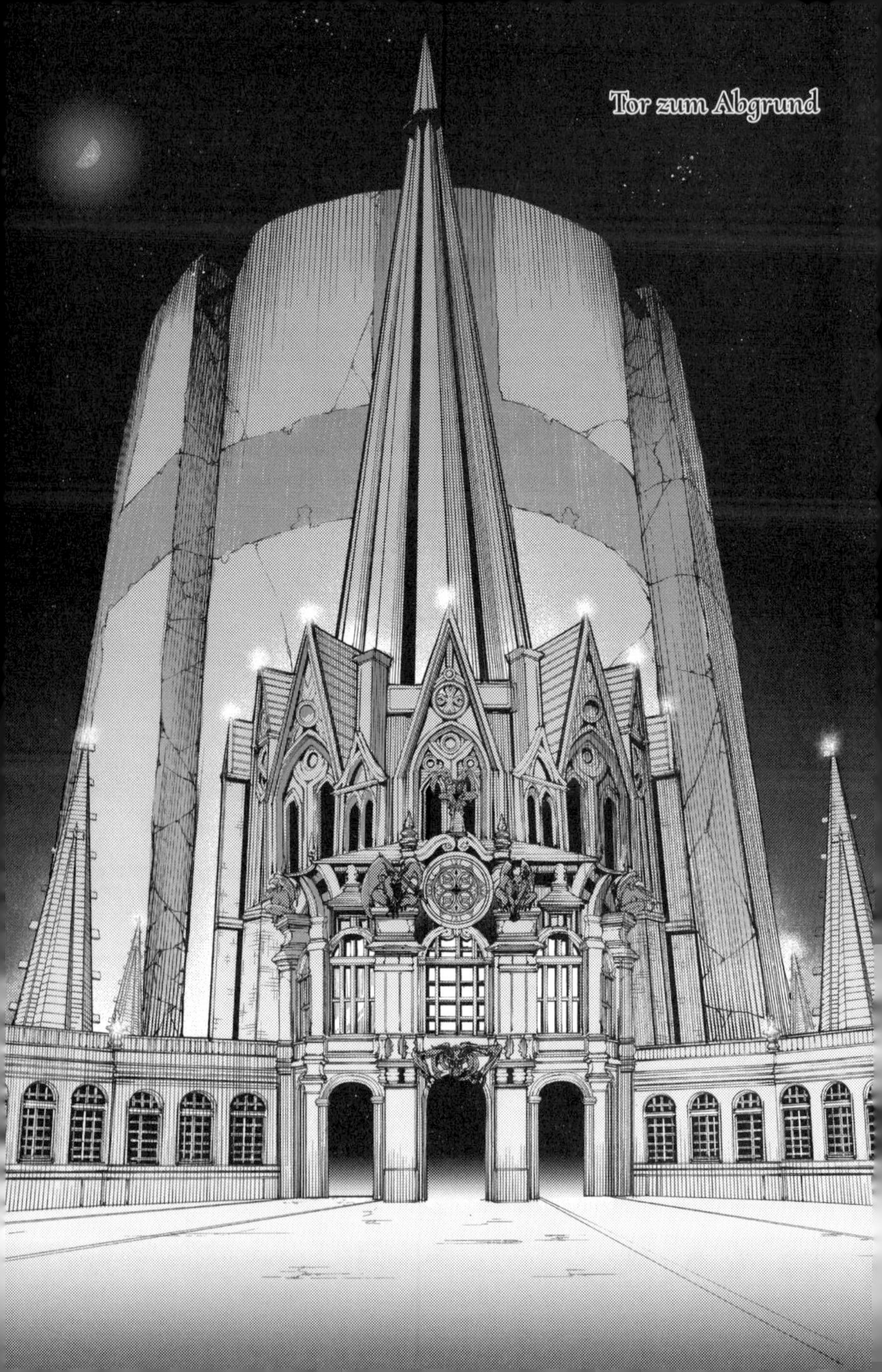
Tor zum Abgrund

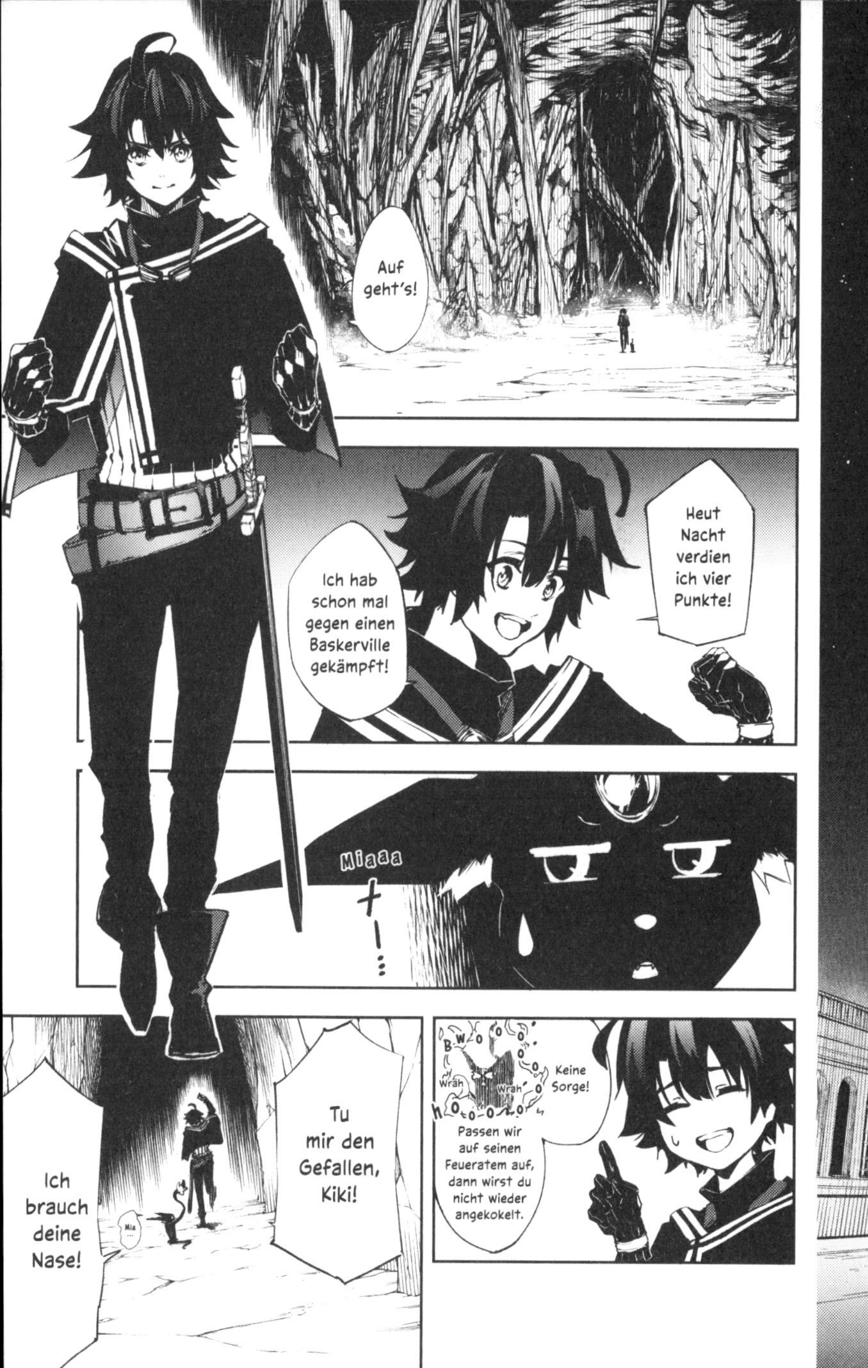
Auf geht's!
Heut Nacht verdien ich vier Punkte!
Ich hab schon mal gegen einen Baskerville gekämpft!
Miaaa
Wrah
Wrah
Keine Sorge!
Passen wir auf seinen Feueratem auf, dann wirst du nicht wieder angekokelt.
Tu mir den Gefallen, Kiki!
Ich brauch deine Nase!
Mia ...

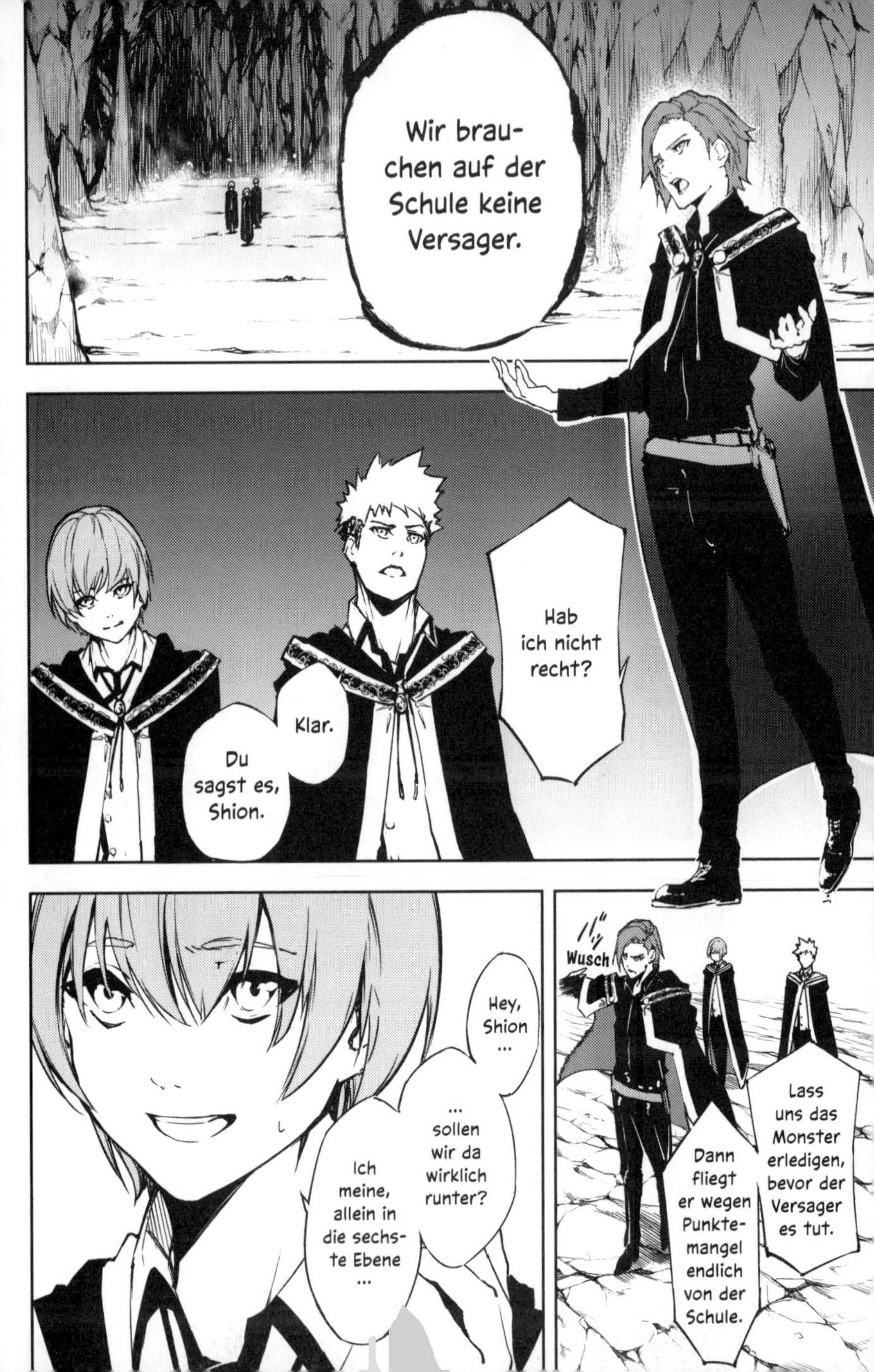
Wir brauchen auf der Schule keine Versager.
Hab ich nicht recht?
Klar.
Du sagst es, Shion.
Wusch
Lass uns das Monster erledigen, bevor der Versager es tut.
Dann fliegt er wegen Punktemangel endlich von der Schule.
Hey, Shion ...
... sollen wir da wirklich runter?
Ich meine, allein in die sechste Ebene ...

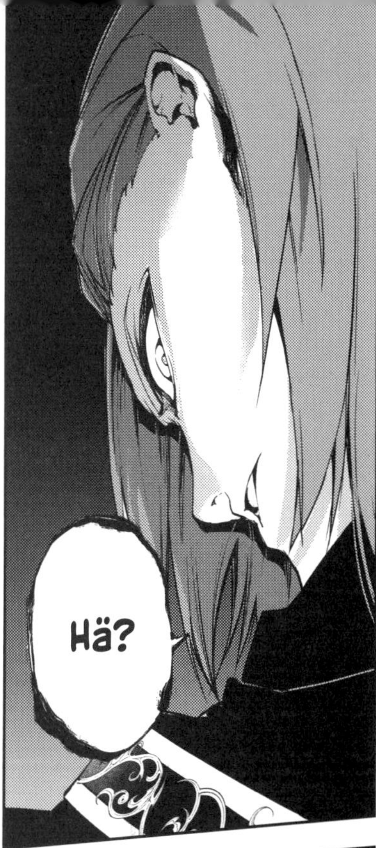
Hä?

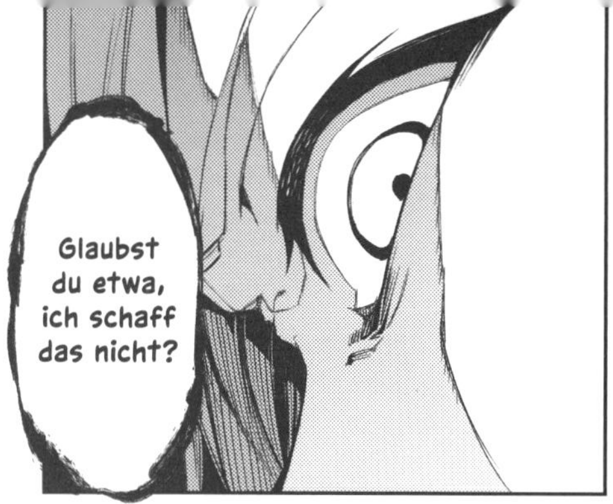
Glaubst du etwa, ich schaff das nicht?

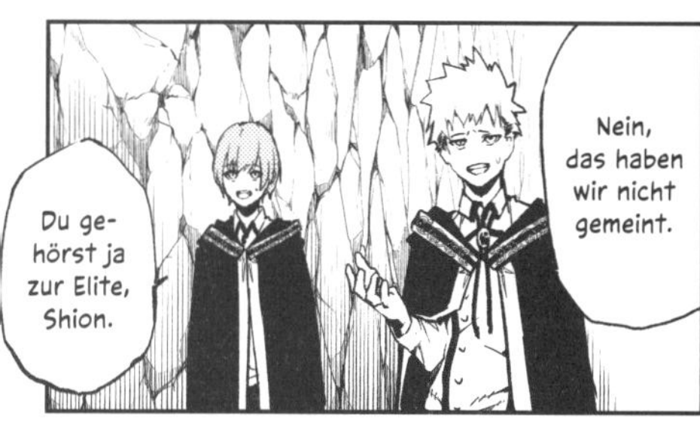
Nein, das haben wir nicht gemeint.
Du gehörst ja zur Elite, Shion.

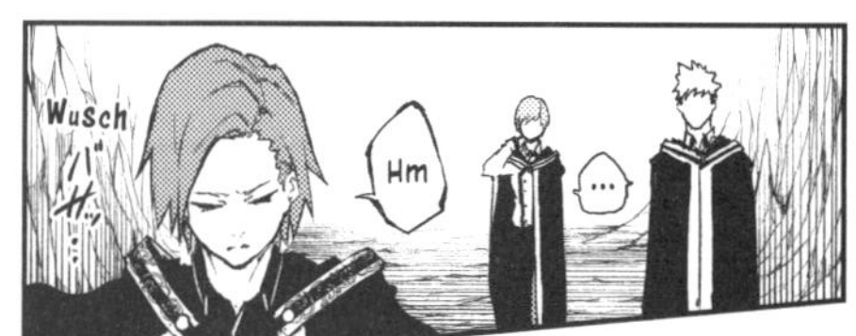
…
Hm
Wusch

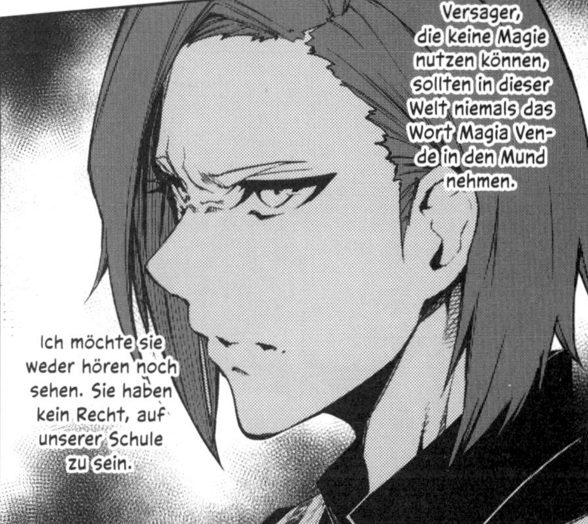
Versager, die keine Magie nutzen können, sollten in dieser Welt niemals das Wort Magia Vende in den Mund nehmen.
Ich möchte sie weder hören noch sehen. Sie haben kein Recht, auf unserer Schule zu sein.

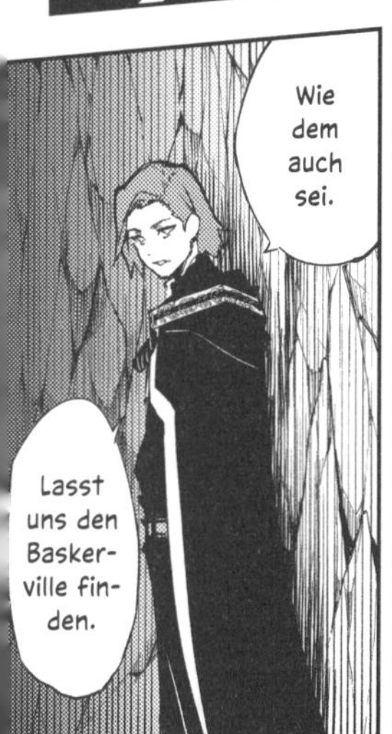
Wie dem auch sei.
Lasst uns den Baskerville finden.

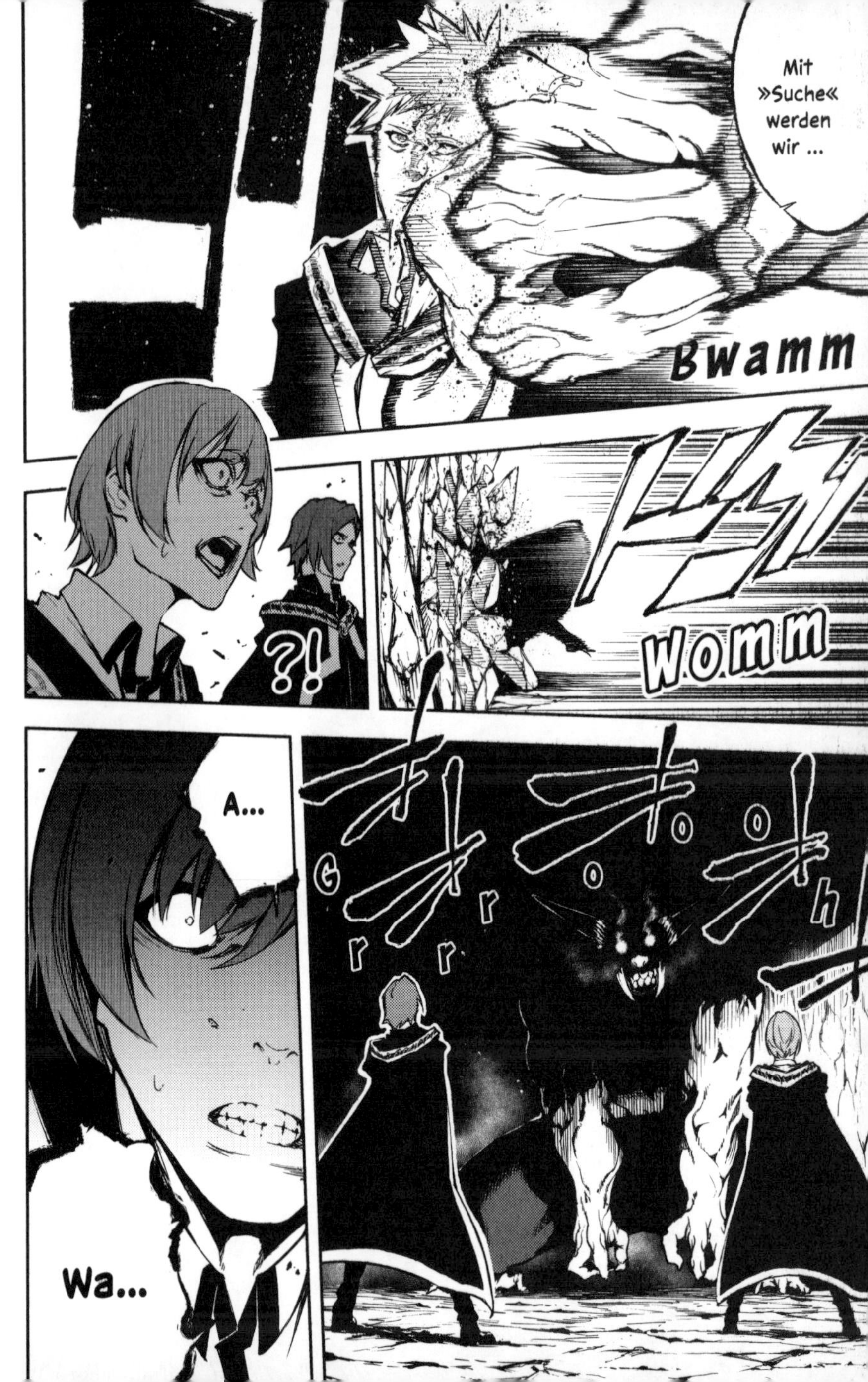
Mit »Suche« werden wir ...
Bwamm
Womm
?!
Grrrr
Grooooh
A...
Wa...

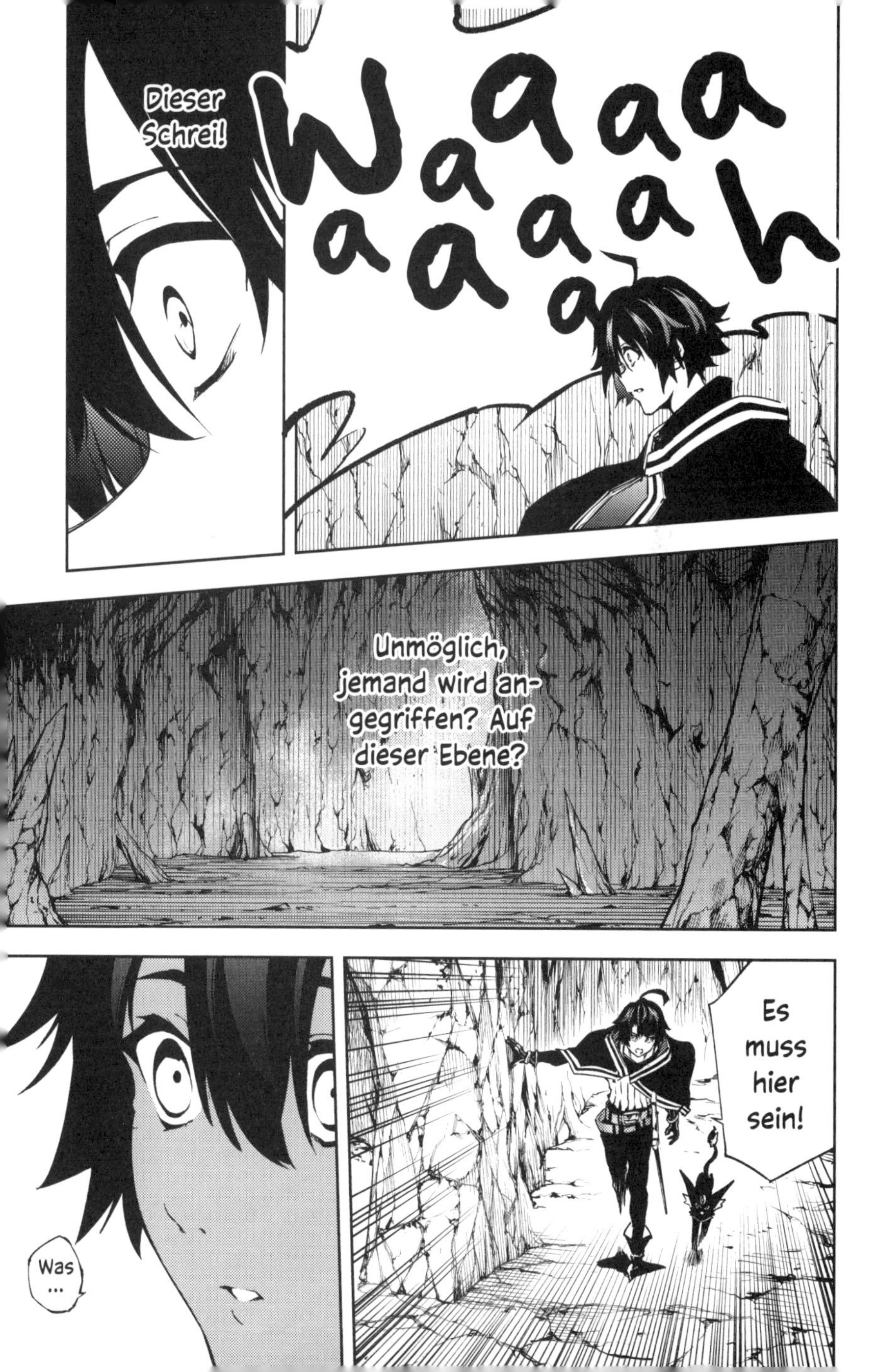

Waaaaaaaaaaah

Dieser Schrei!

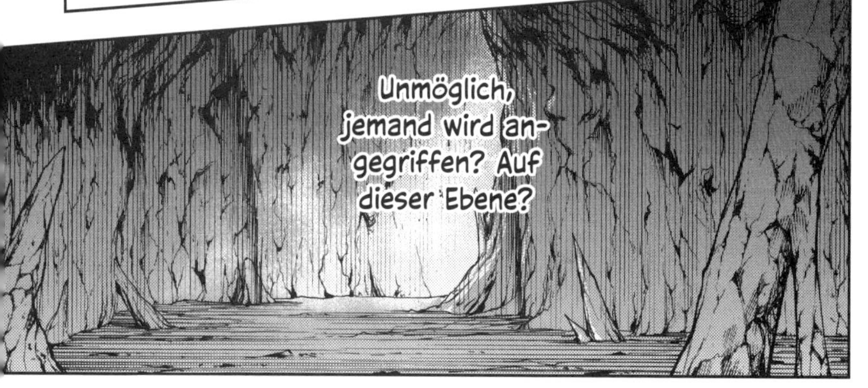

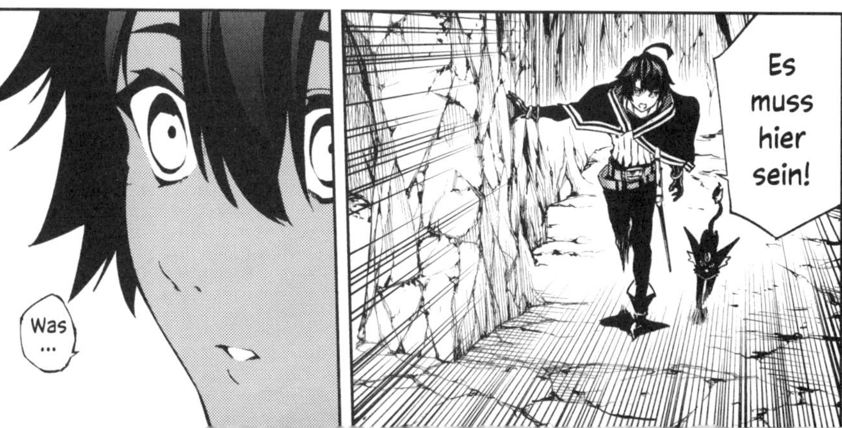

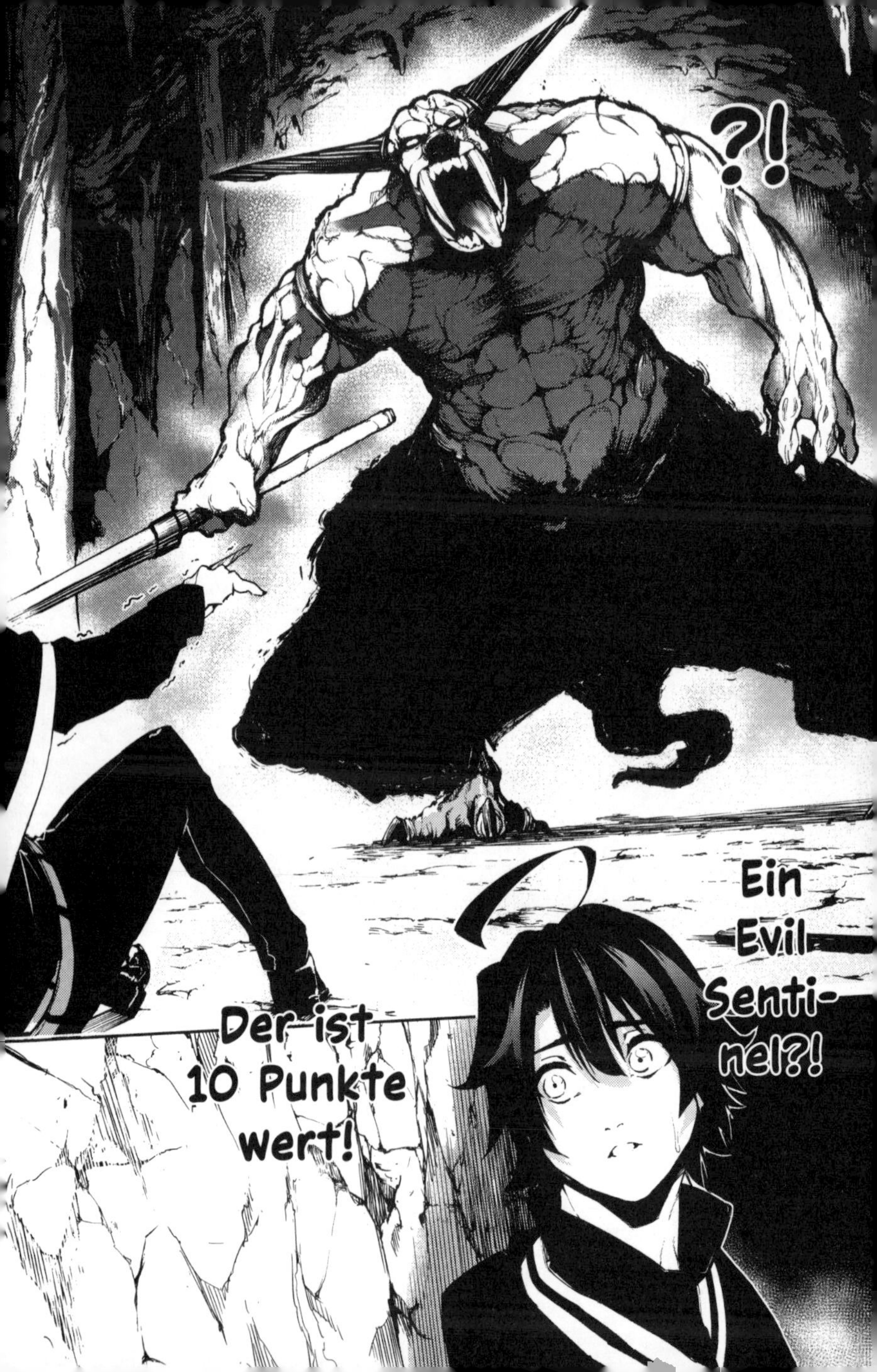
?!
Ein Evil Senti-nel?!
Der ist 10 Punkte wert!

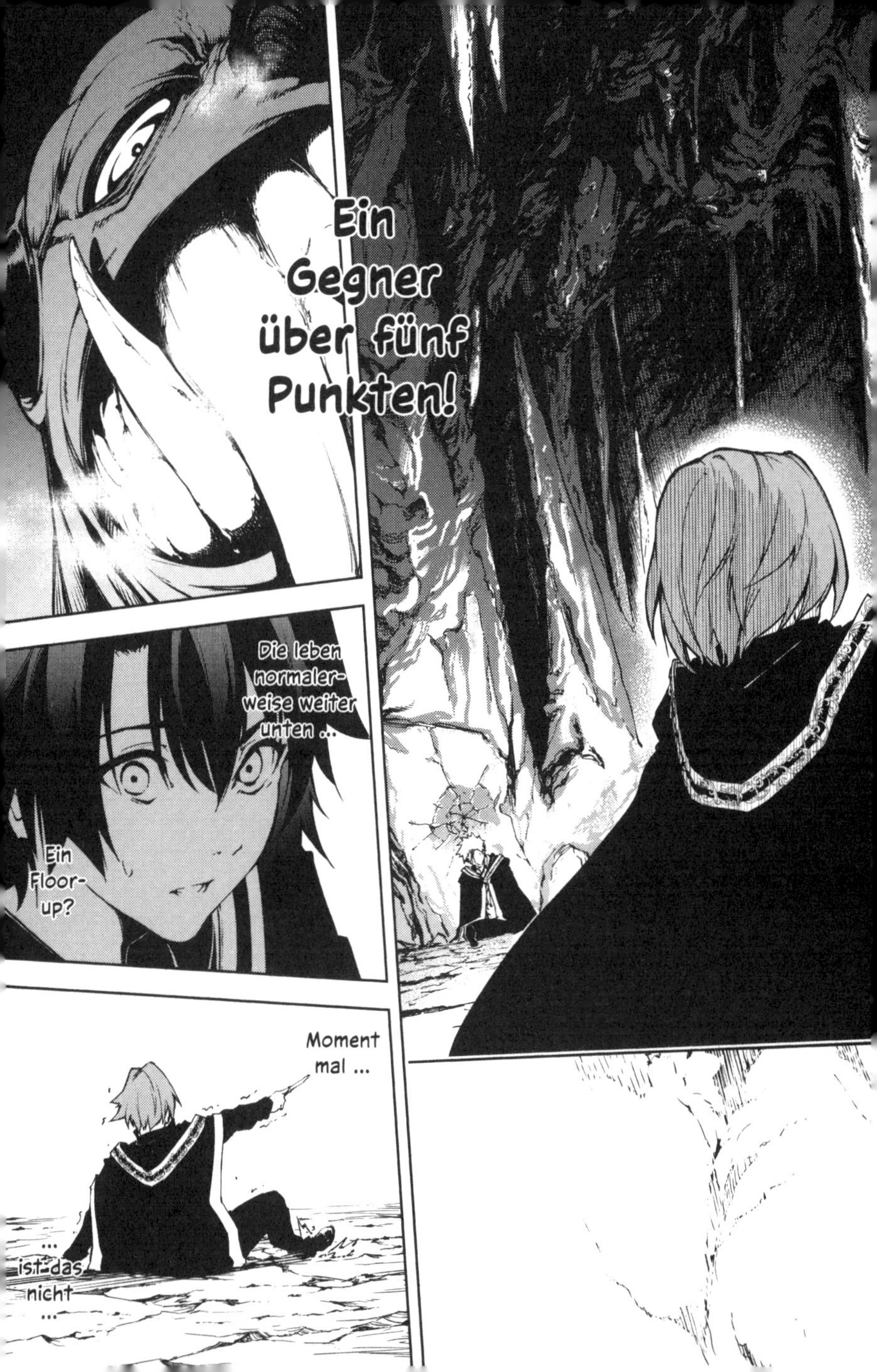
Ein Gegner über fünf Punkten!
Die leben normalerweise weiter unten ...
Ein Floor-up?
Moment mal ...
... ist das nicht ...

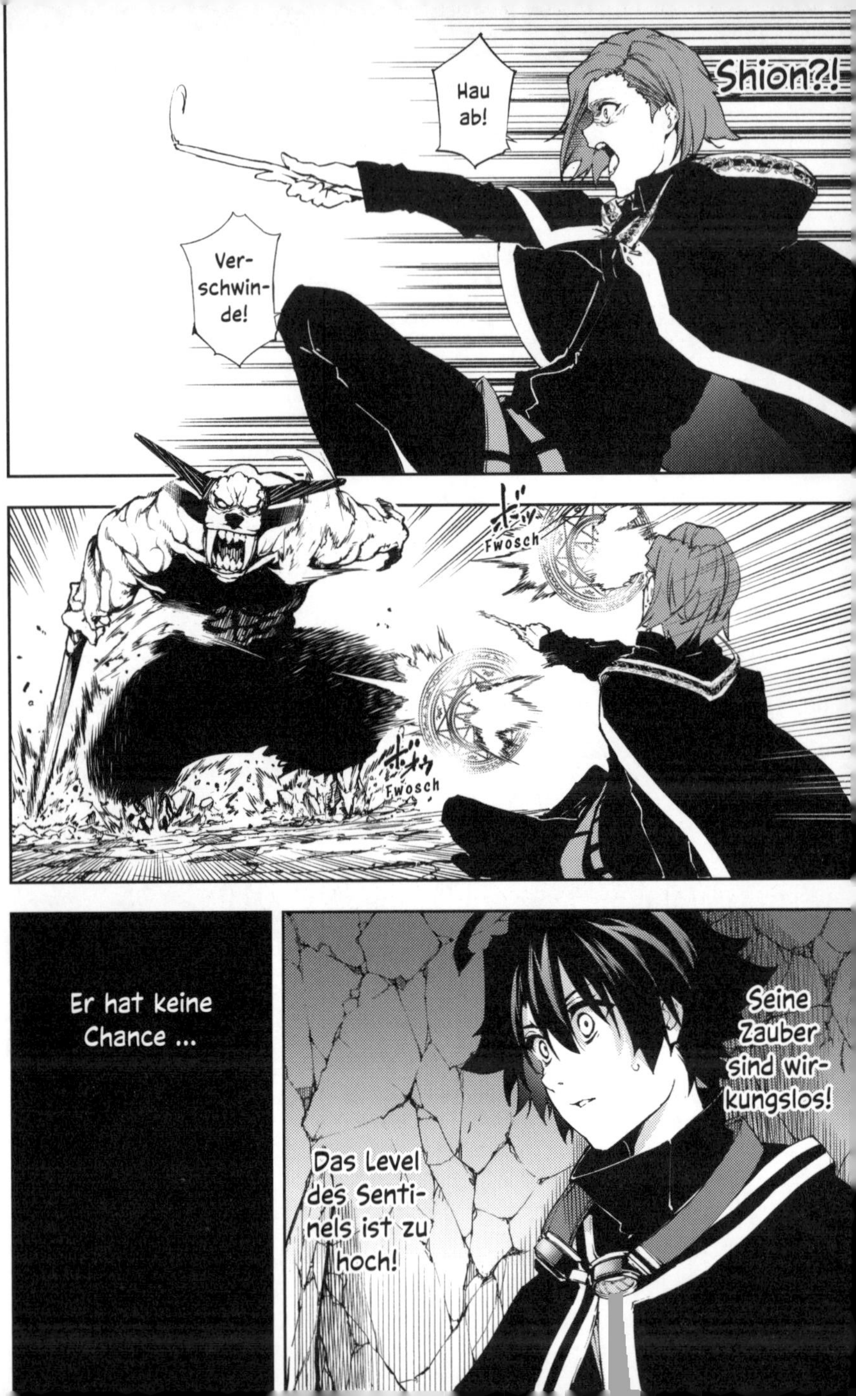

Shion?!

Hau ab!

Ver-
schwin-
de!

Fwosch

Fwosch

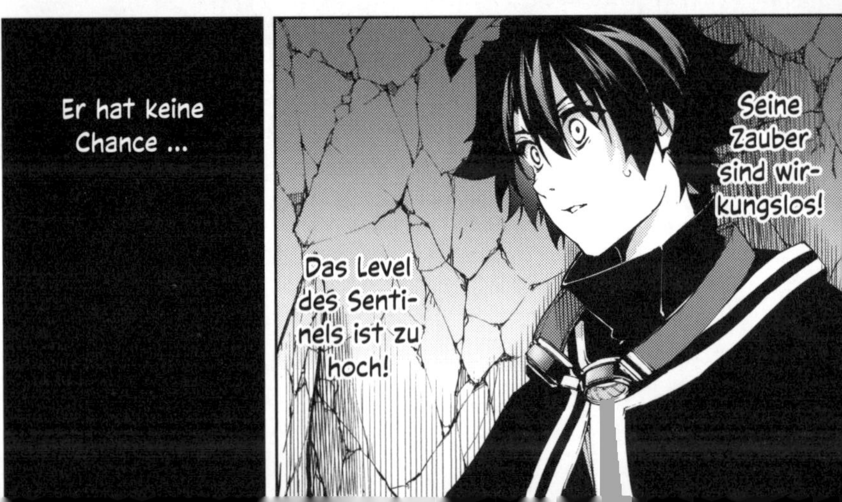

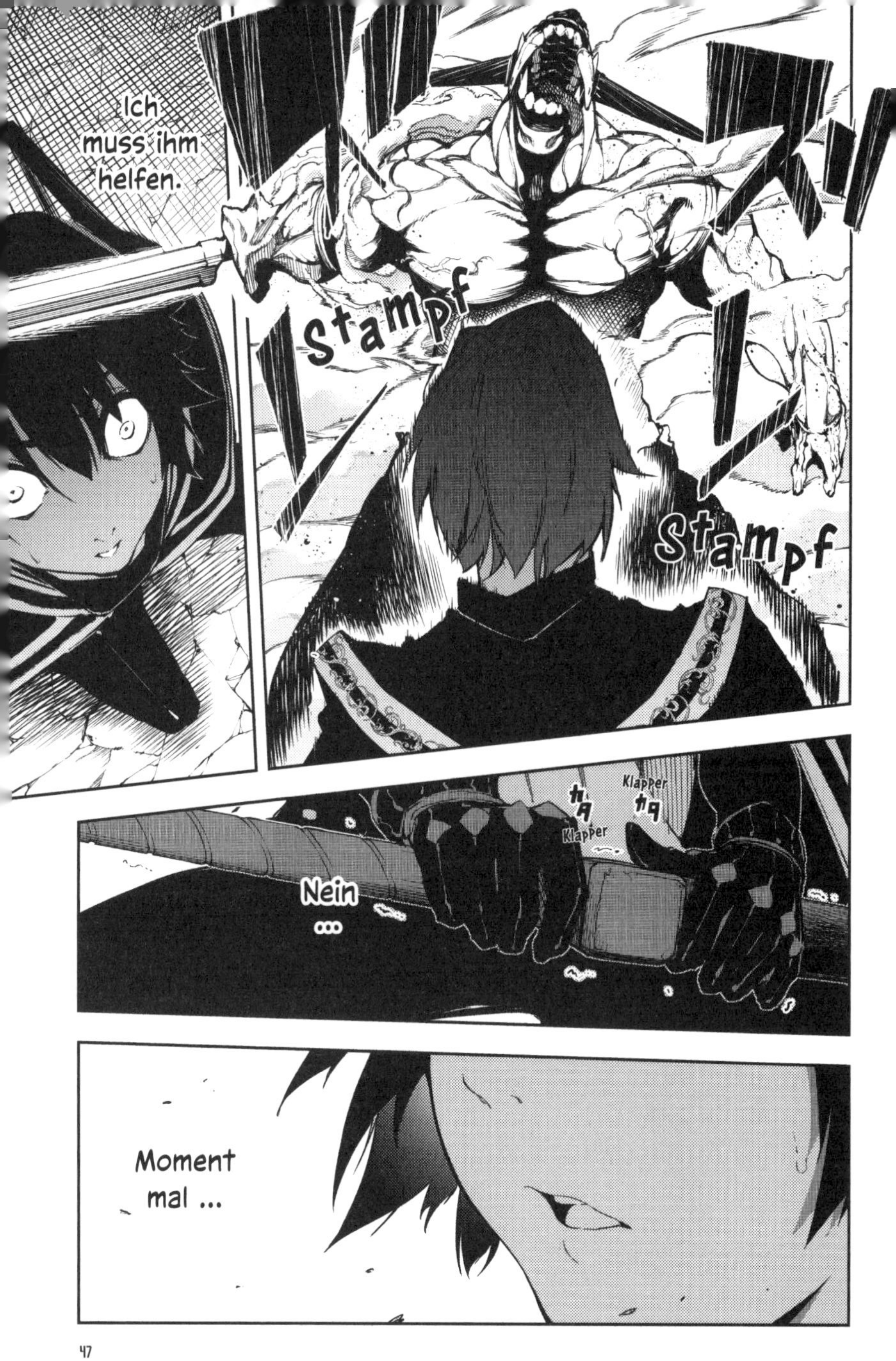

Stampf

Stampf

Ich muss ihm helfen.

カタ Klapper

カタ Klapper

Nein ...

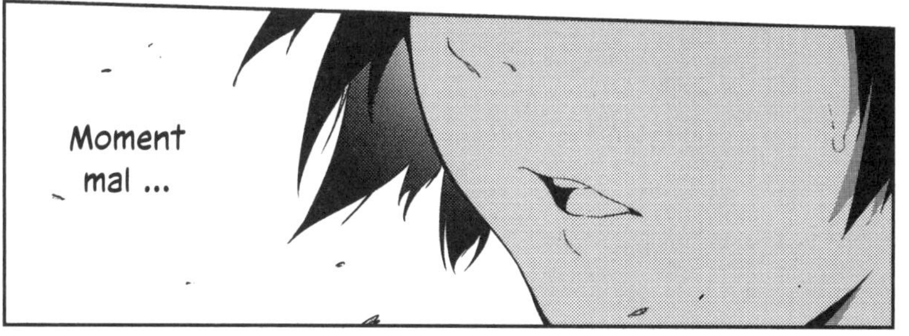

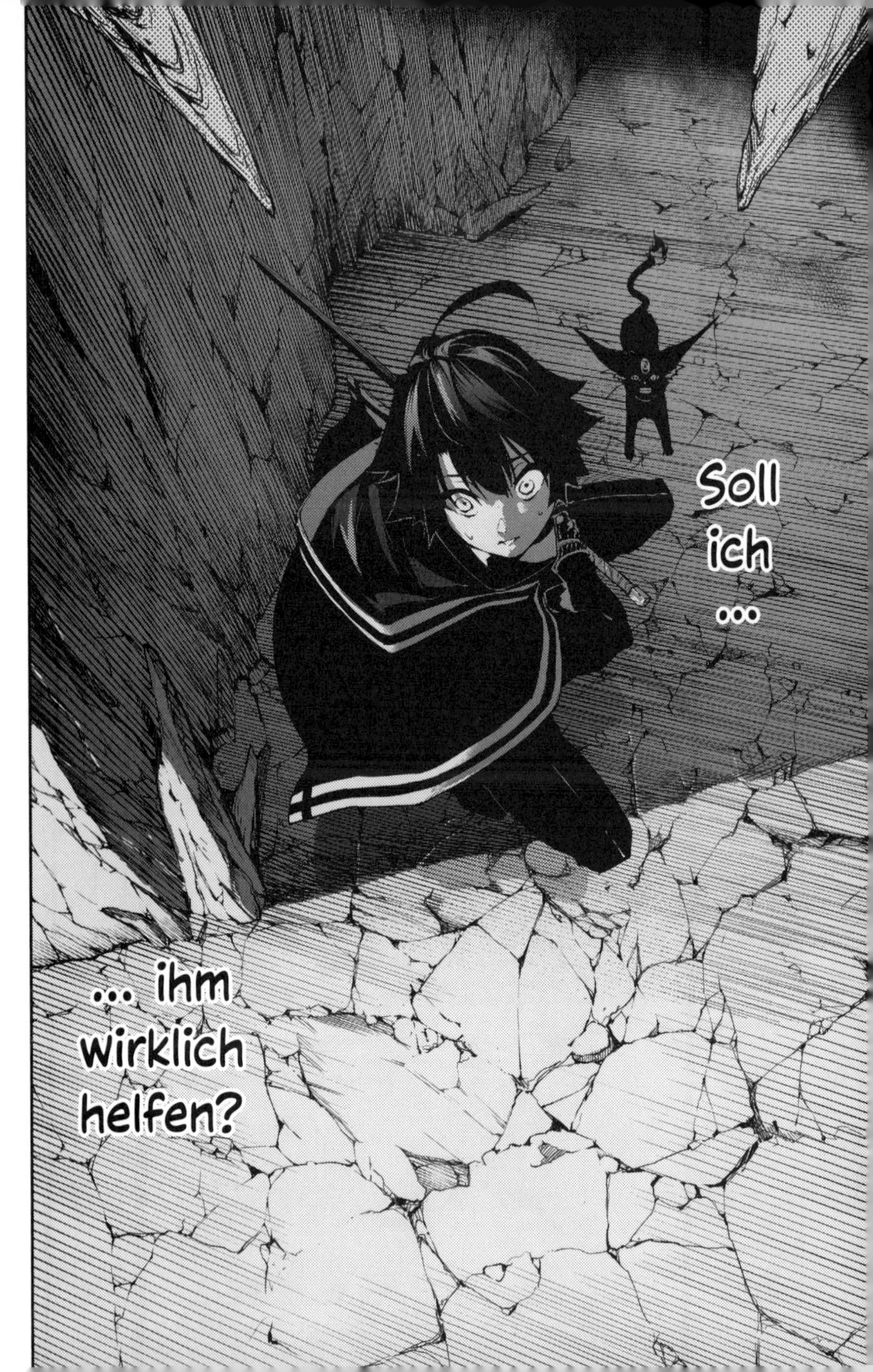
Soll ich ...
... ihm wirklich helfen?

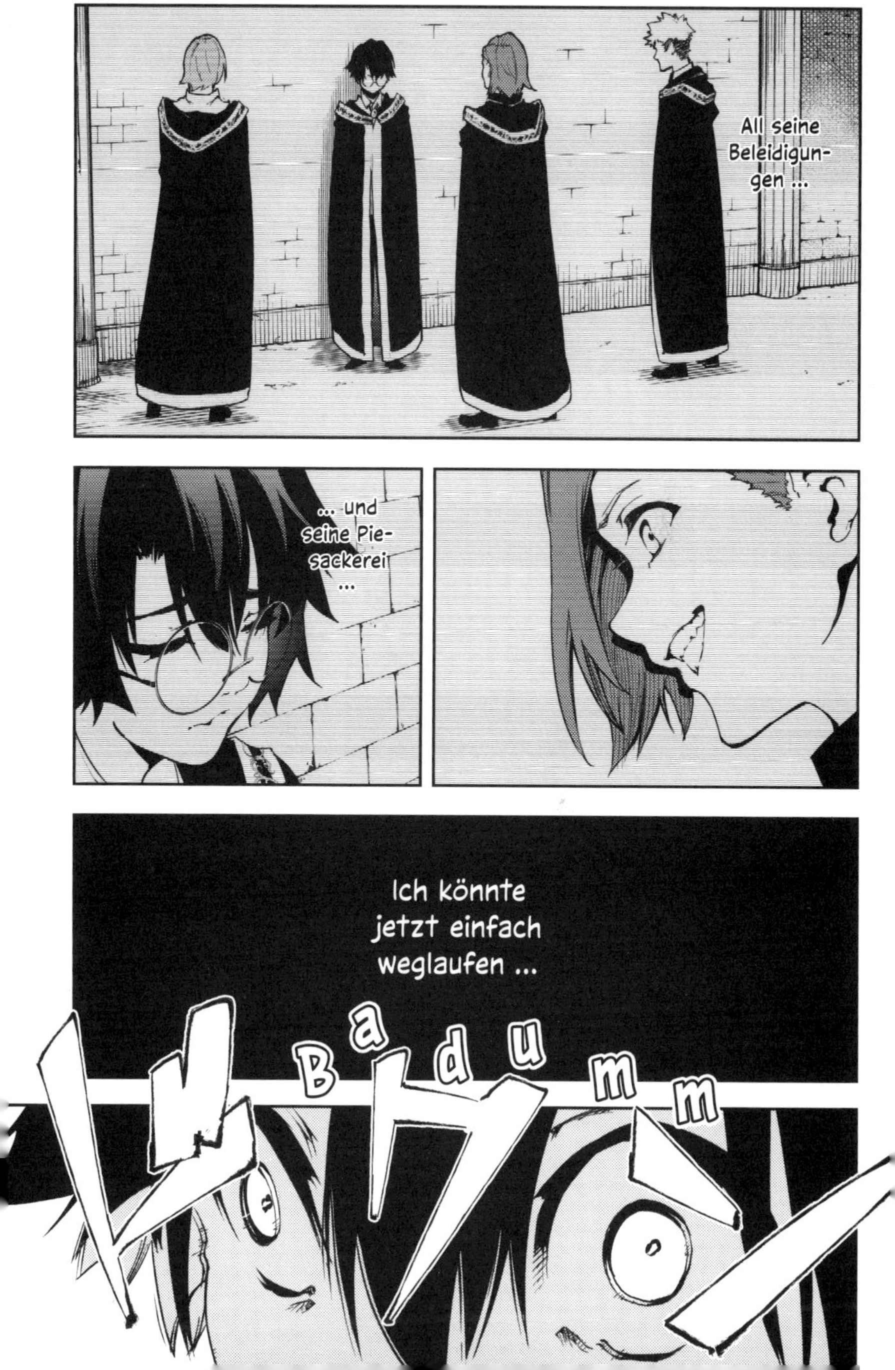

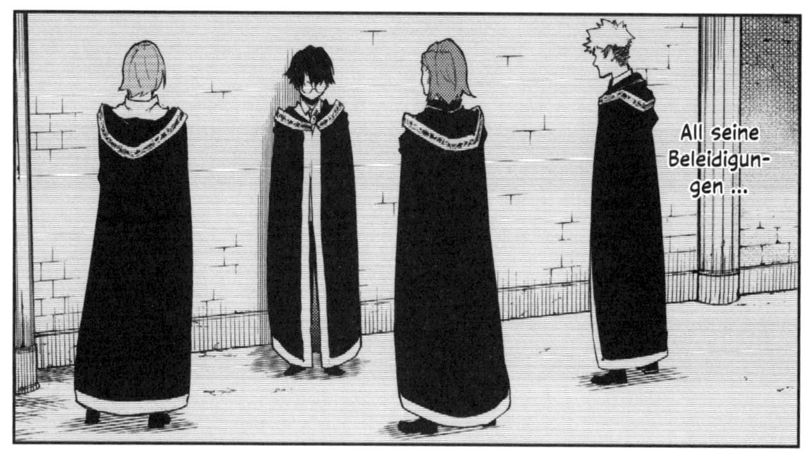

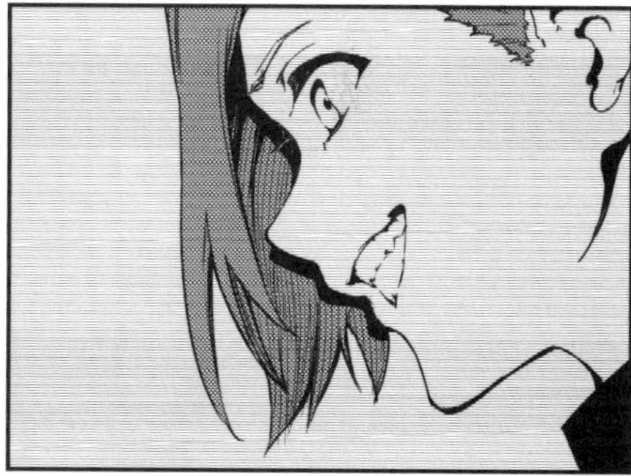

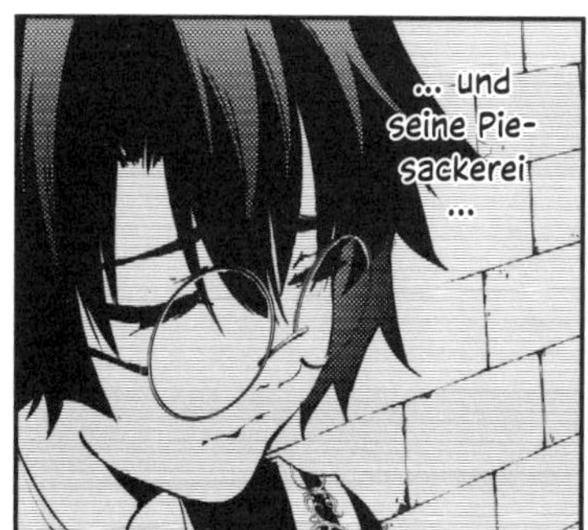

Ich könnte jetzt einfach weglaufen ...

Badumm

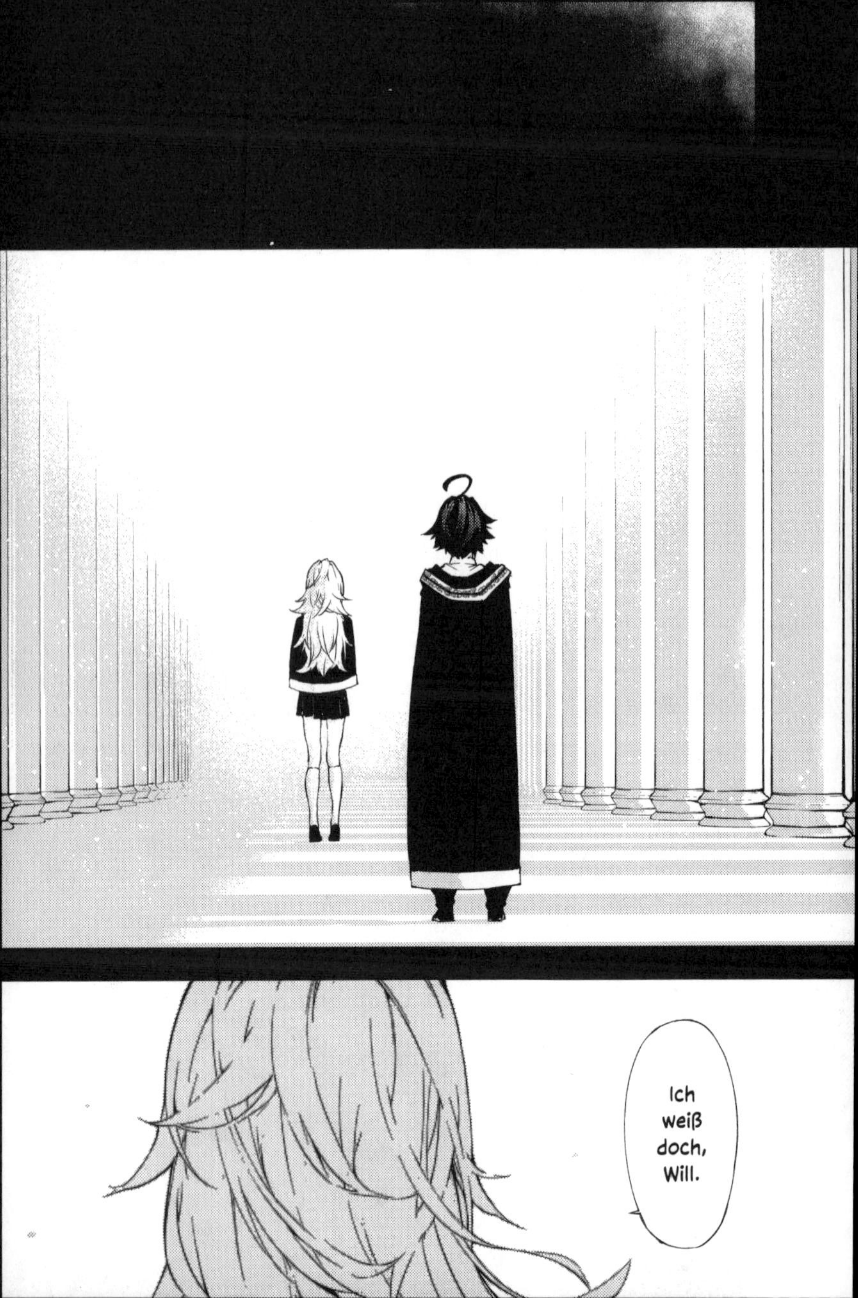
Ich weiß doch, Will.

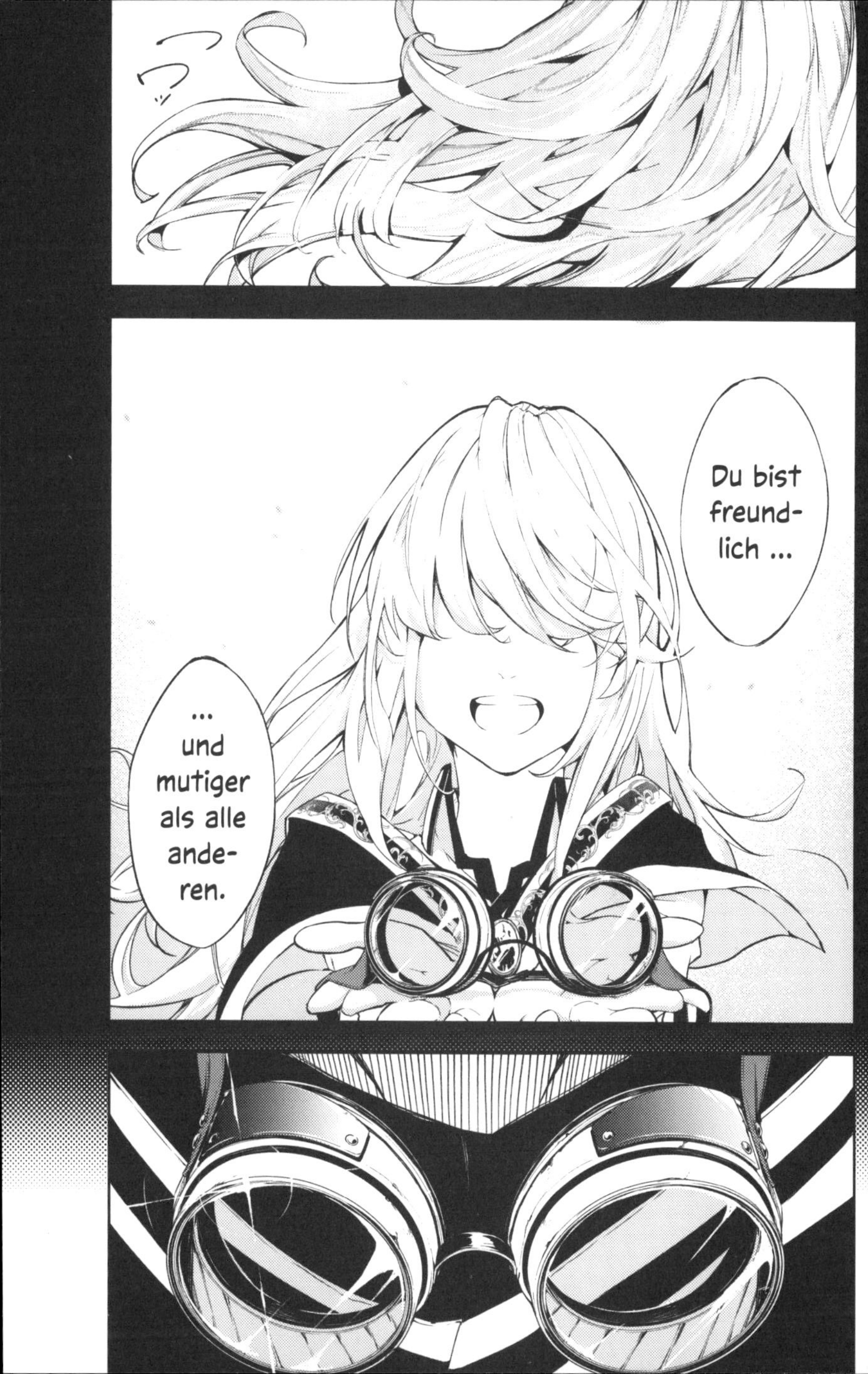

Du bist freund-lich ...

... und mutiger als alle ande-ren.

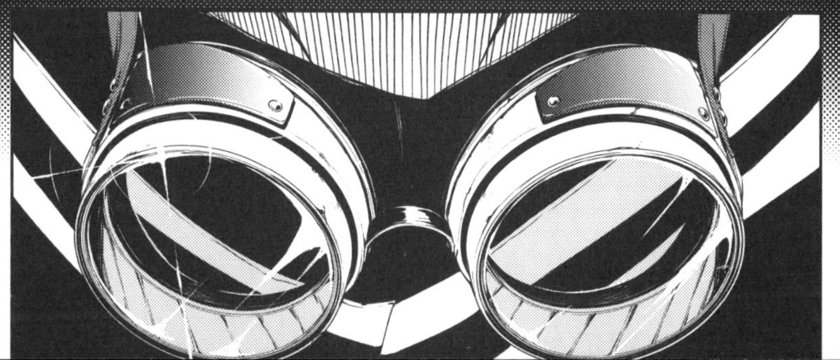

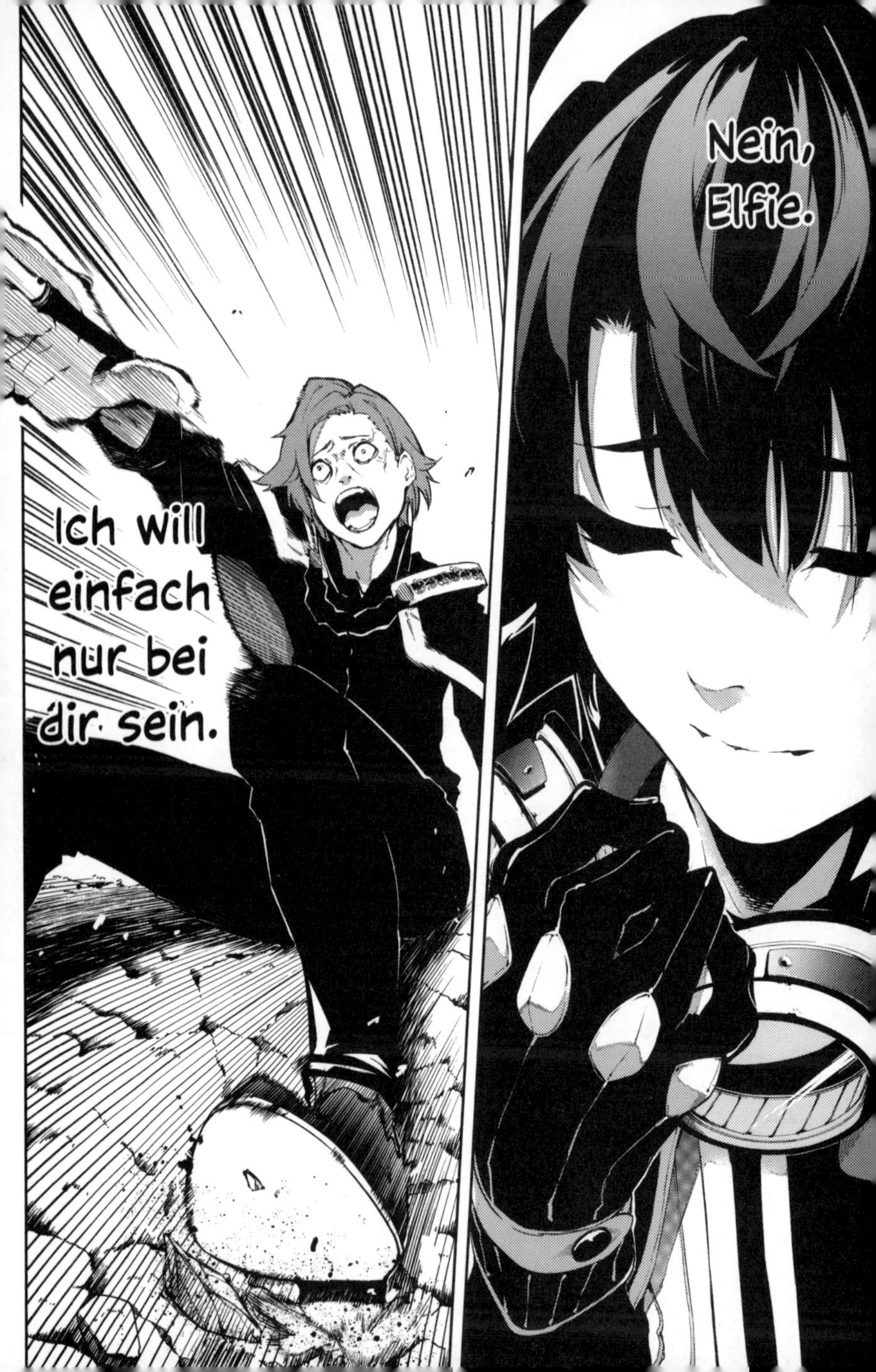
Nein, Elfie.
Ich will einfach nur bei dir sein.

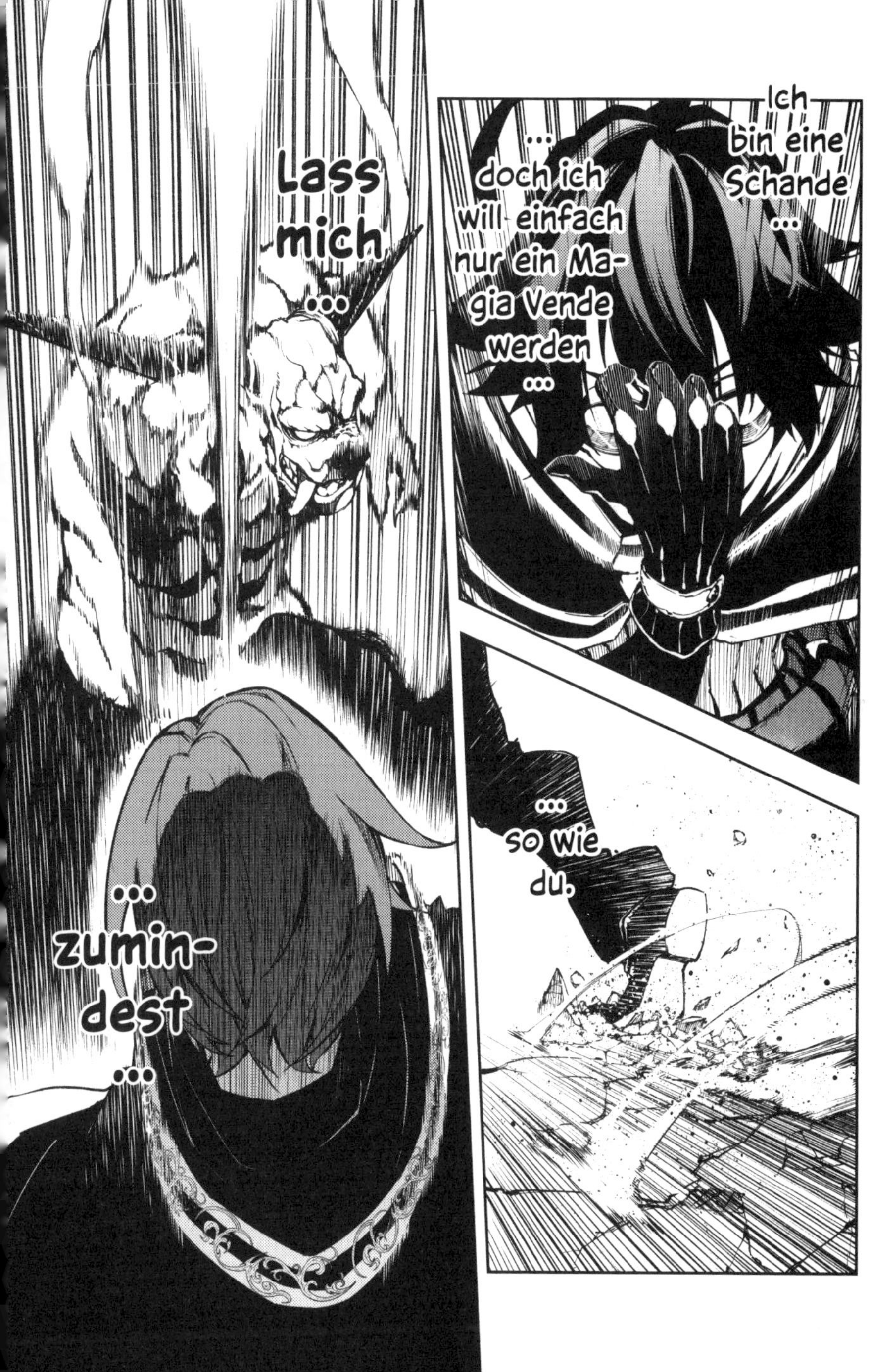

Ich bin eine Schande ...
... doch ich will einfach nur ein Ma-gia Vende werden ...
... so wie du.
Lass mich ...
... zumin-dest ...

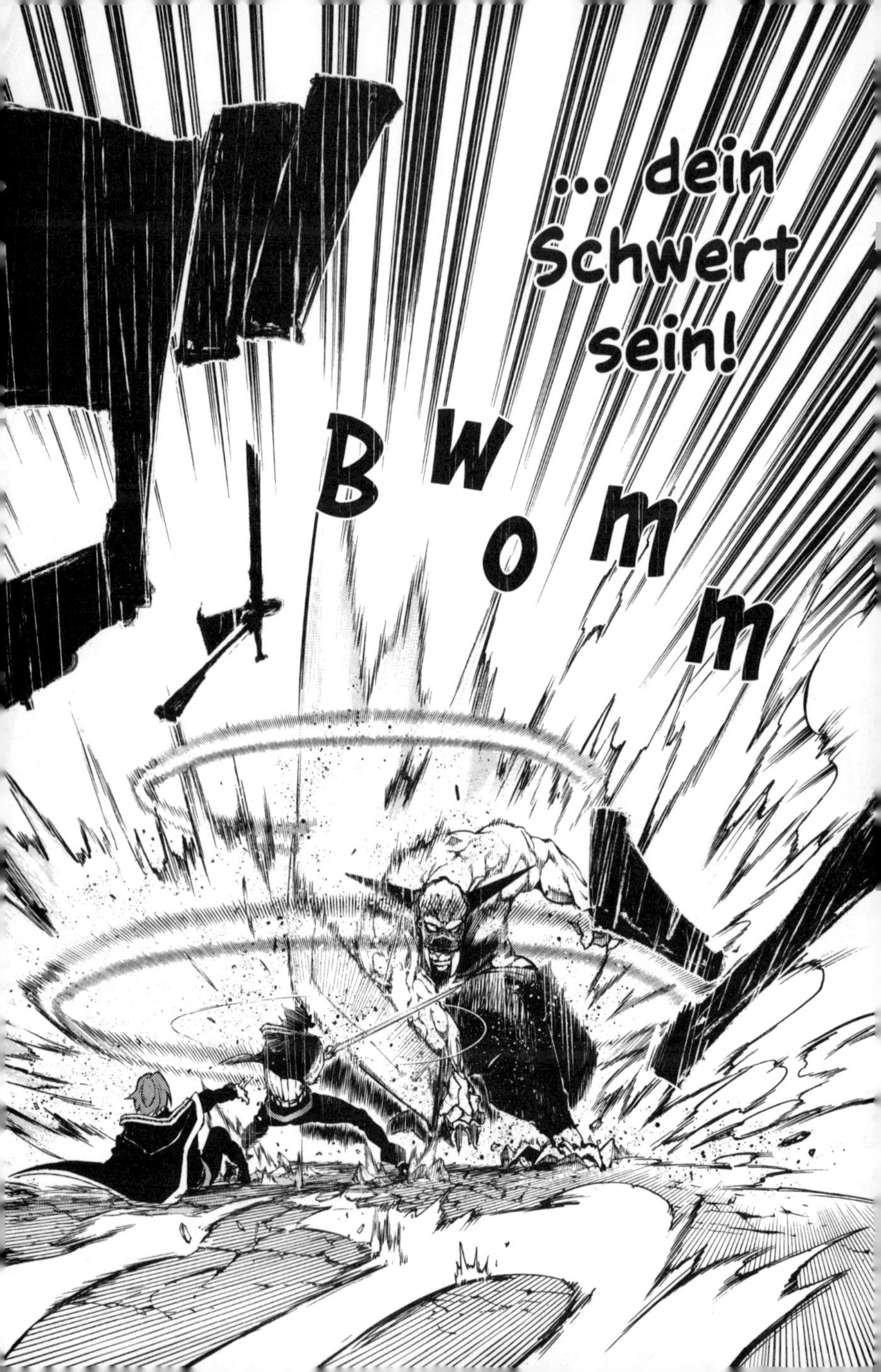
... dein Schwert sein!
Bwomm

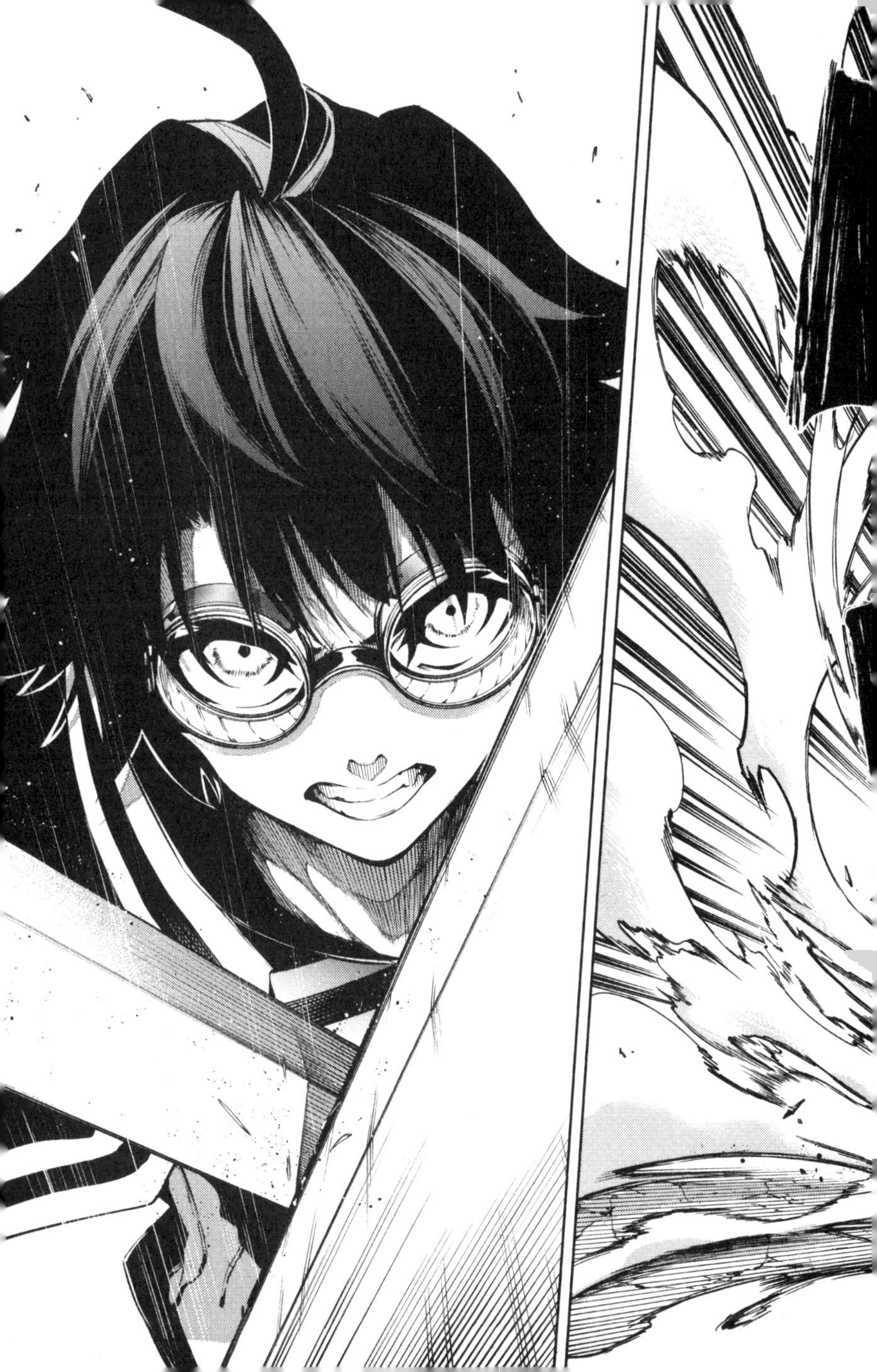

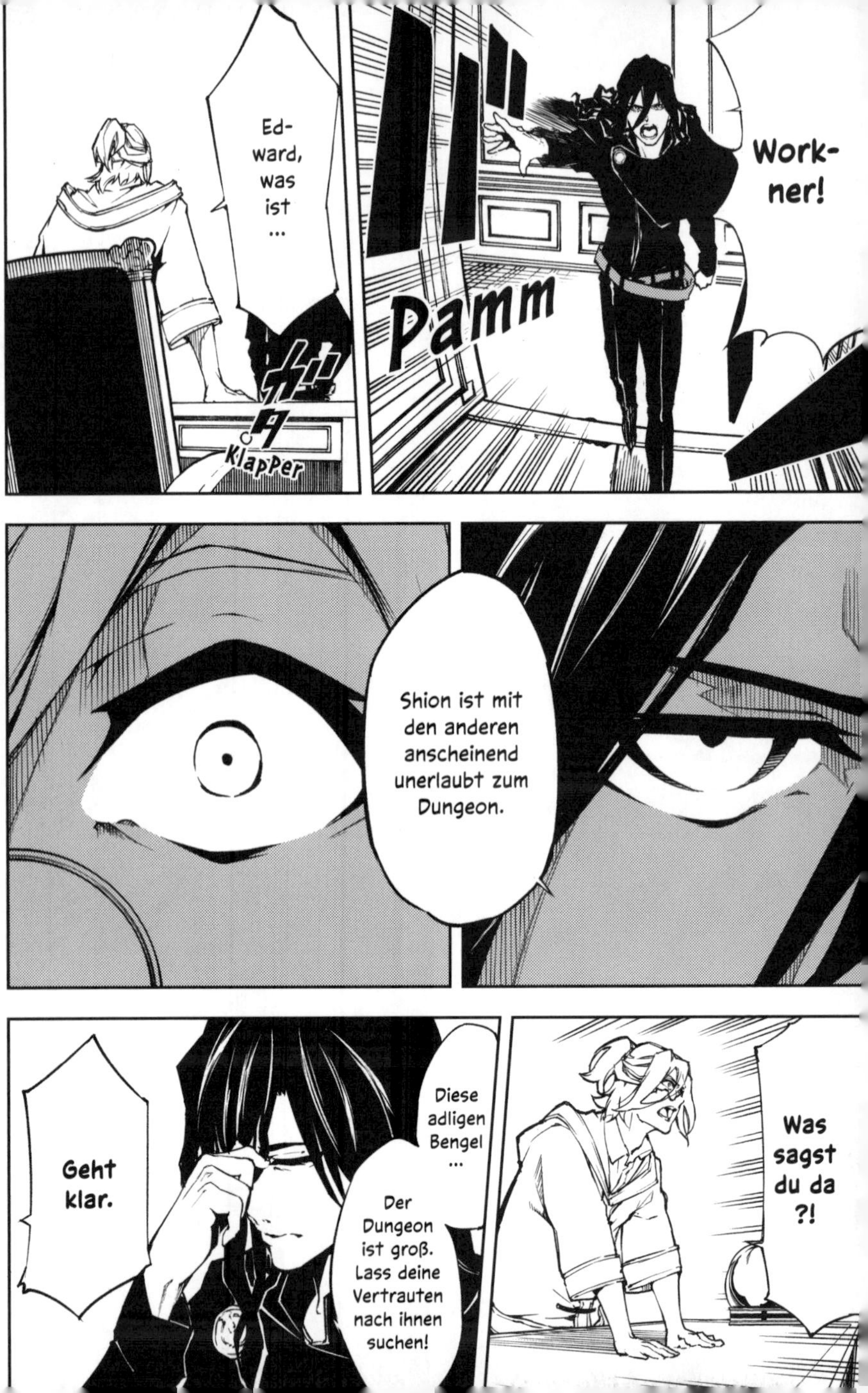

Pamm
Work-ner!
Klapper
Ed-ward, was ist ...

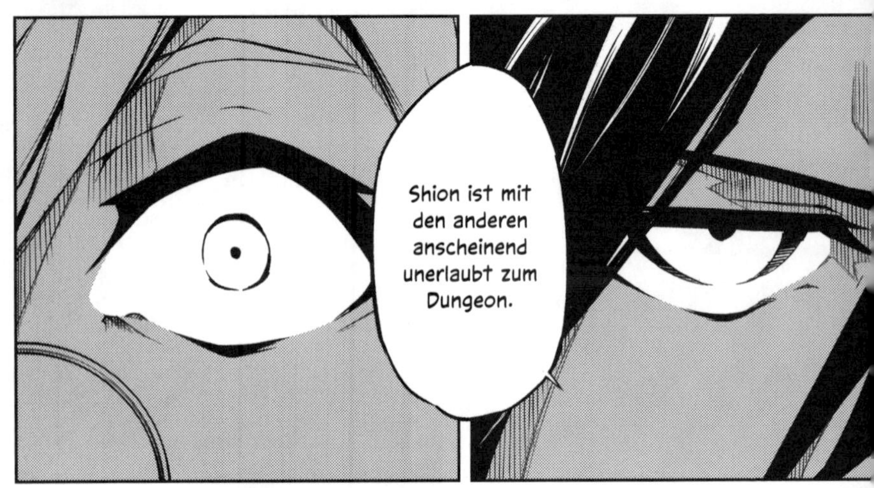

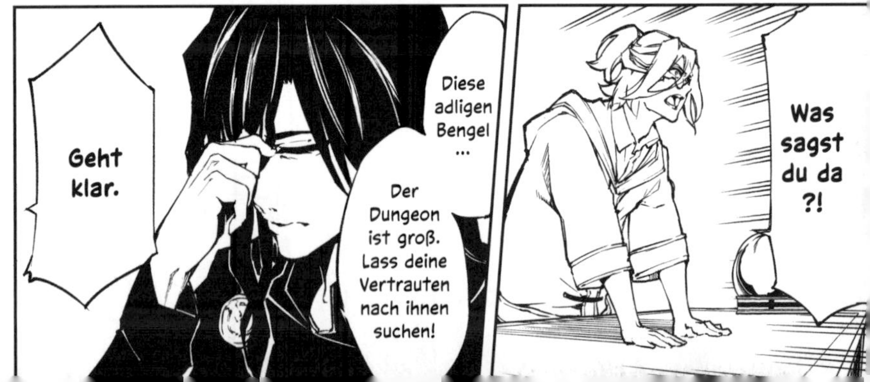

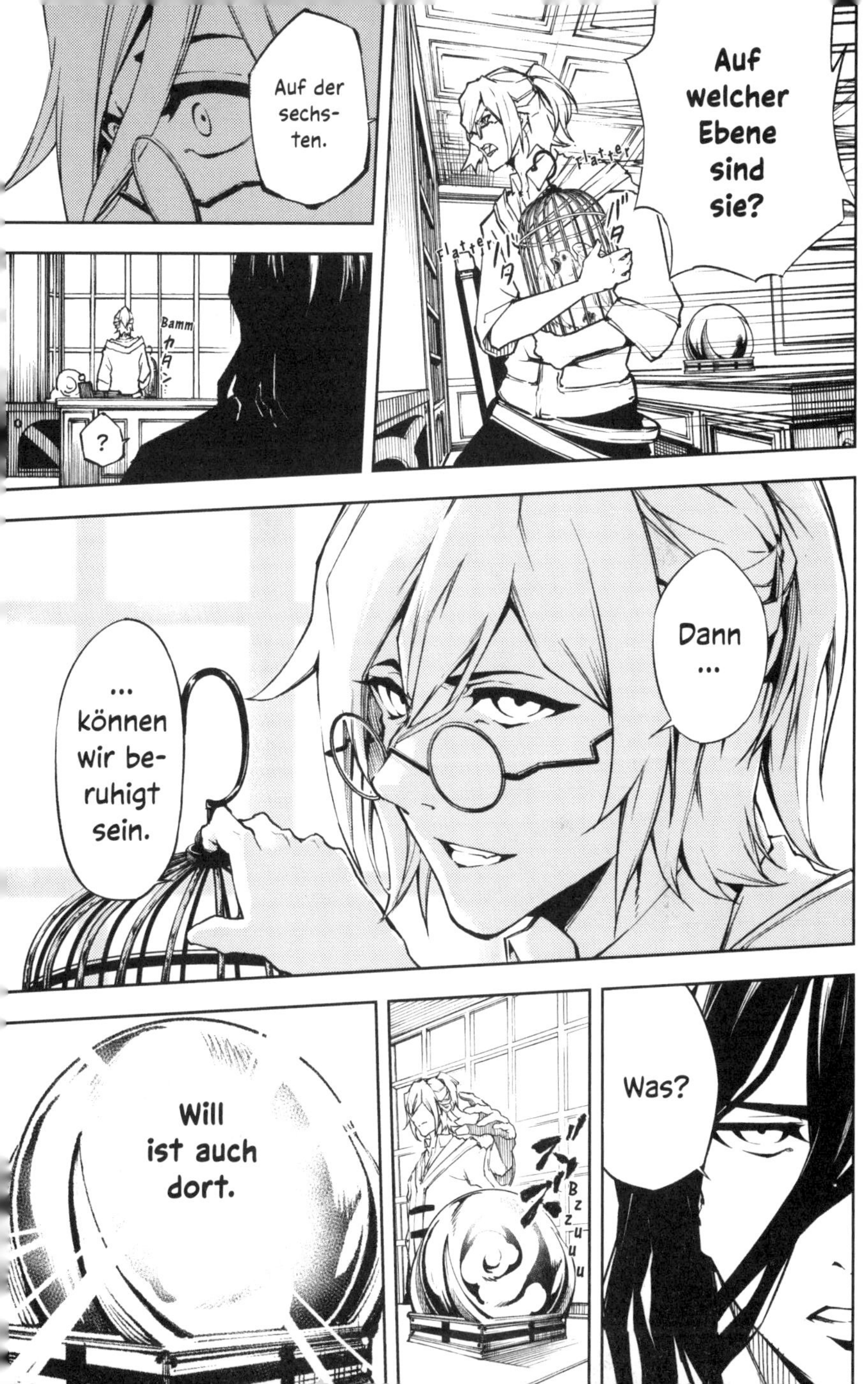
Auf welcher Ebene sind sie?
Flatter
Flatter
Auf der sechsten.
Bamm
?
Dann ...
... können wir beruhigt sein.
Was?
Bzzuuu
Will ist auch dort.

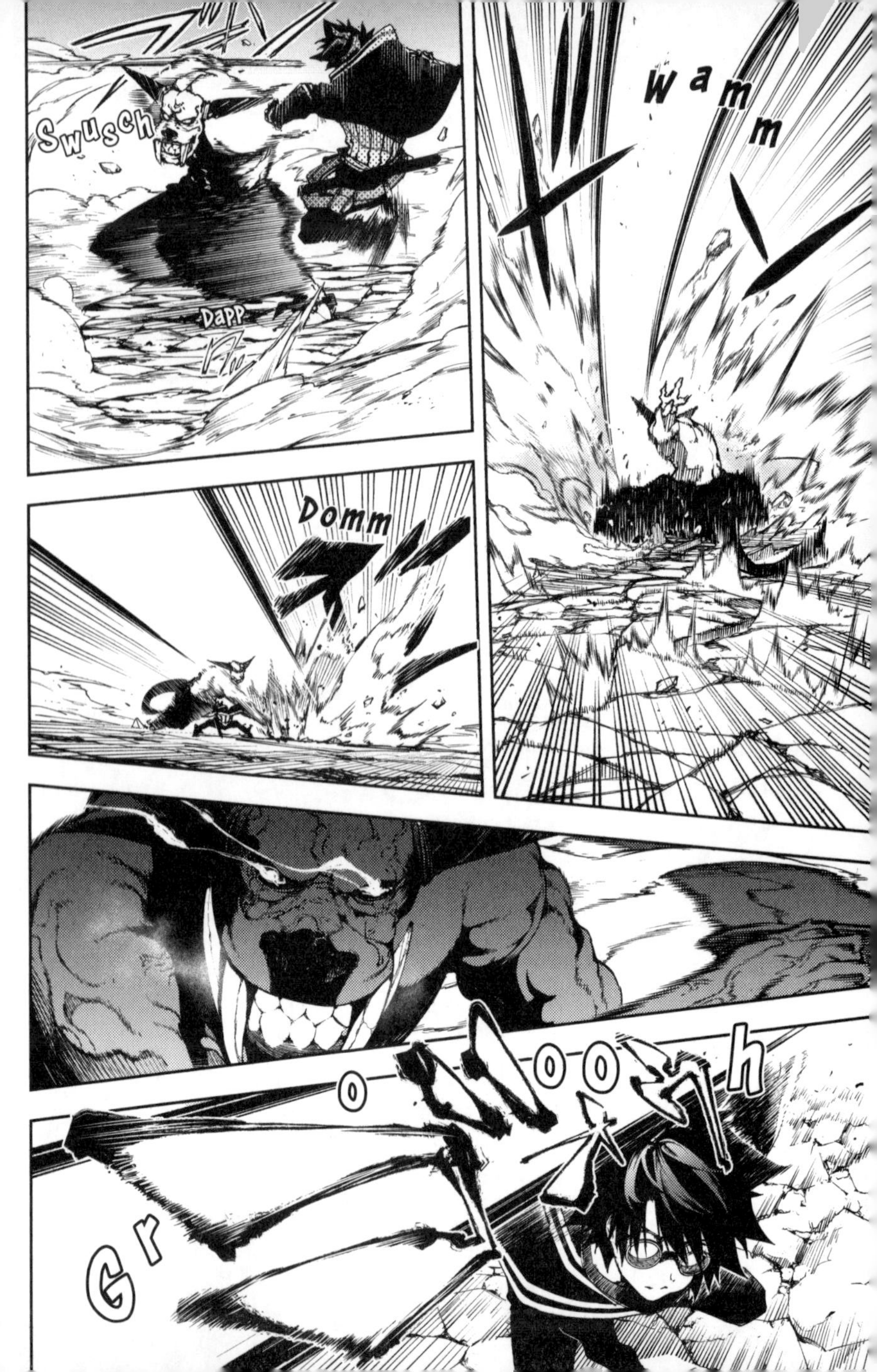
Wamm
Swusch
Dapp
Domm
Groooh

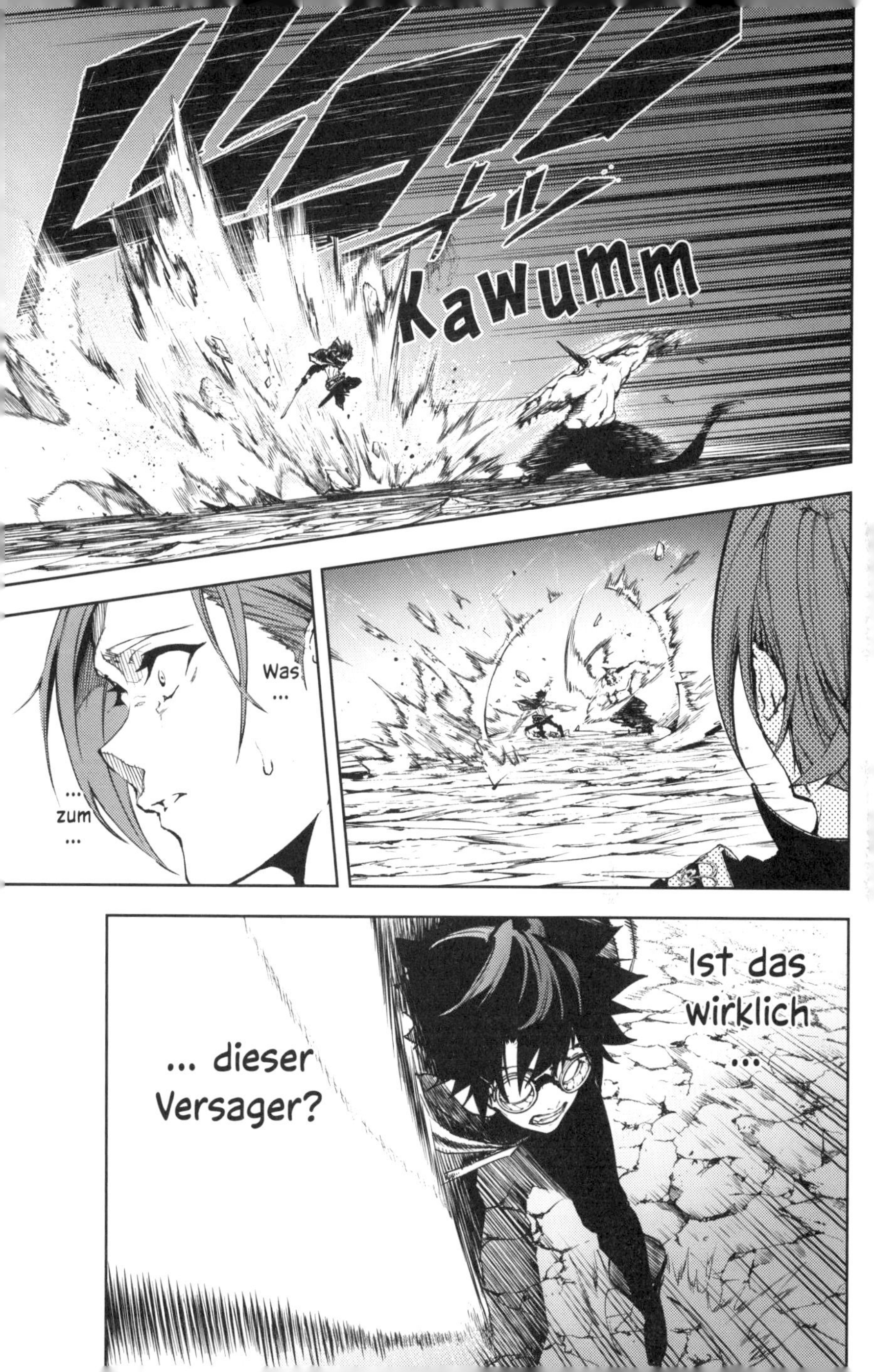

Kawumm

Was ...

... zum ...

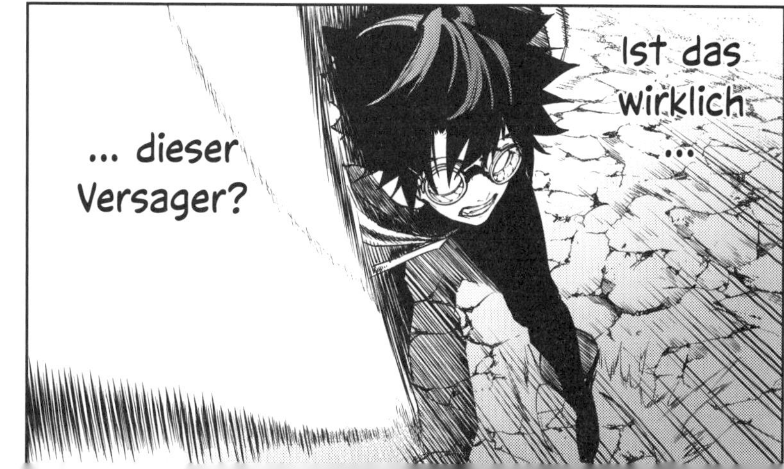

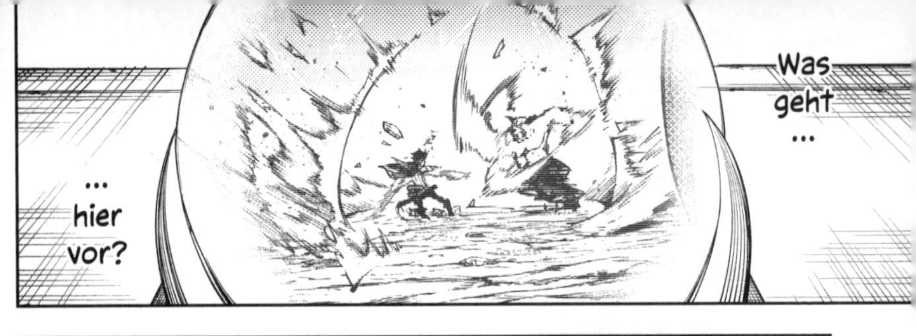

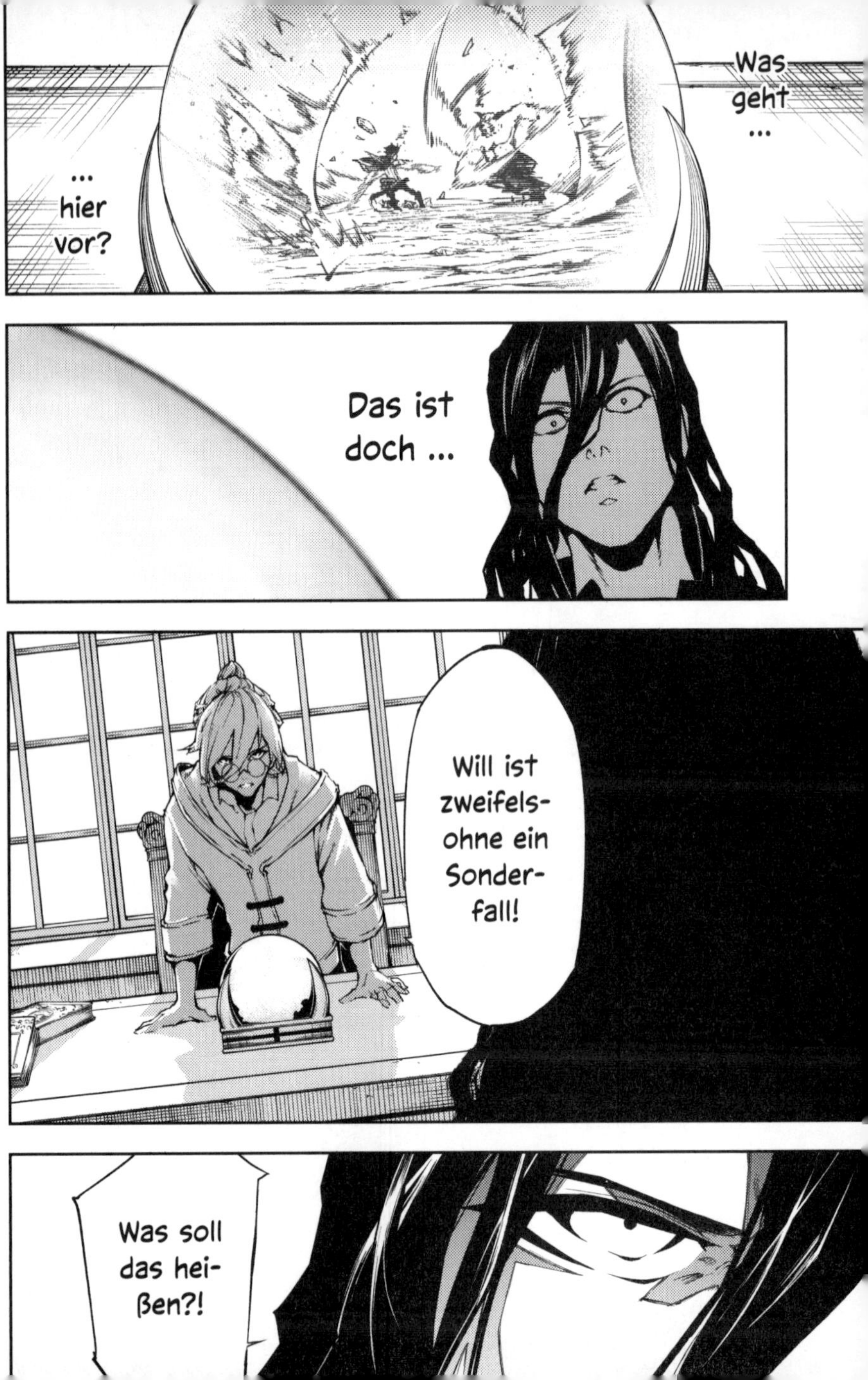

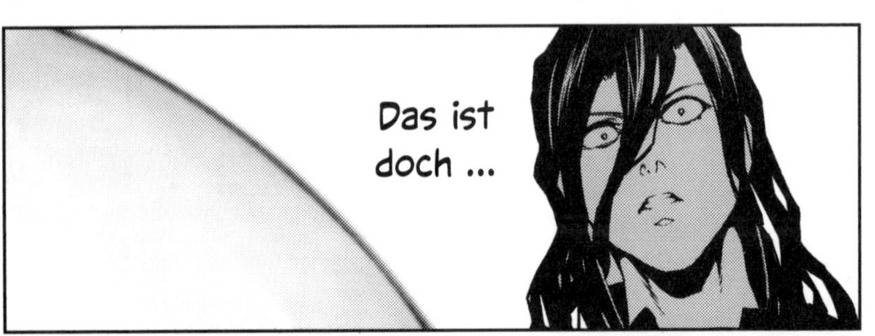

Will ist zweifels-
ohne ein Sonder-
fall!

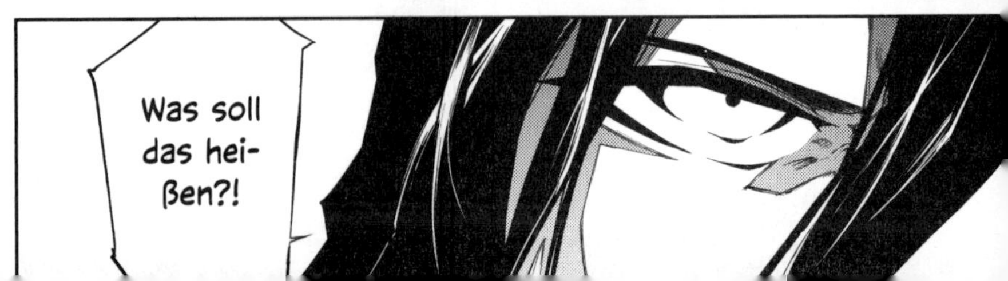

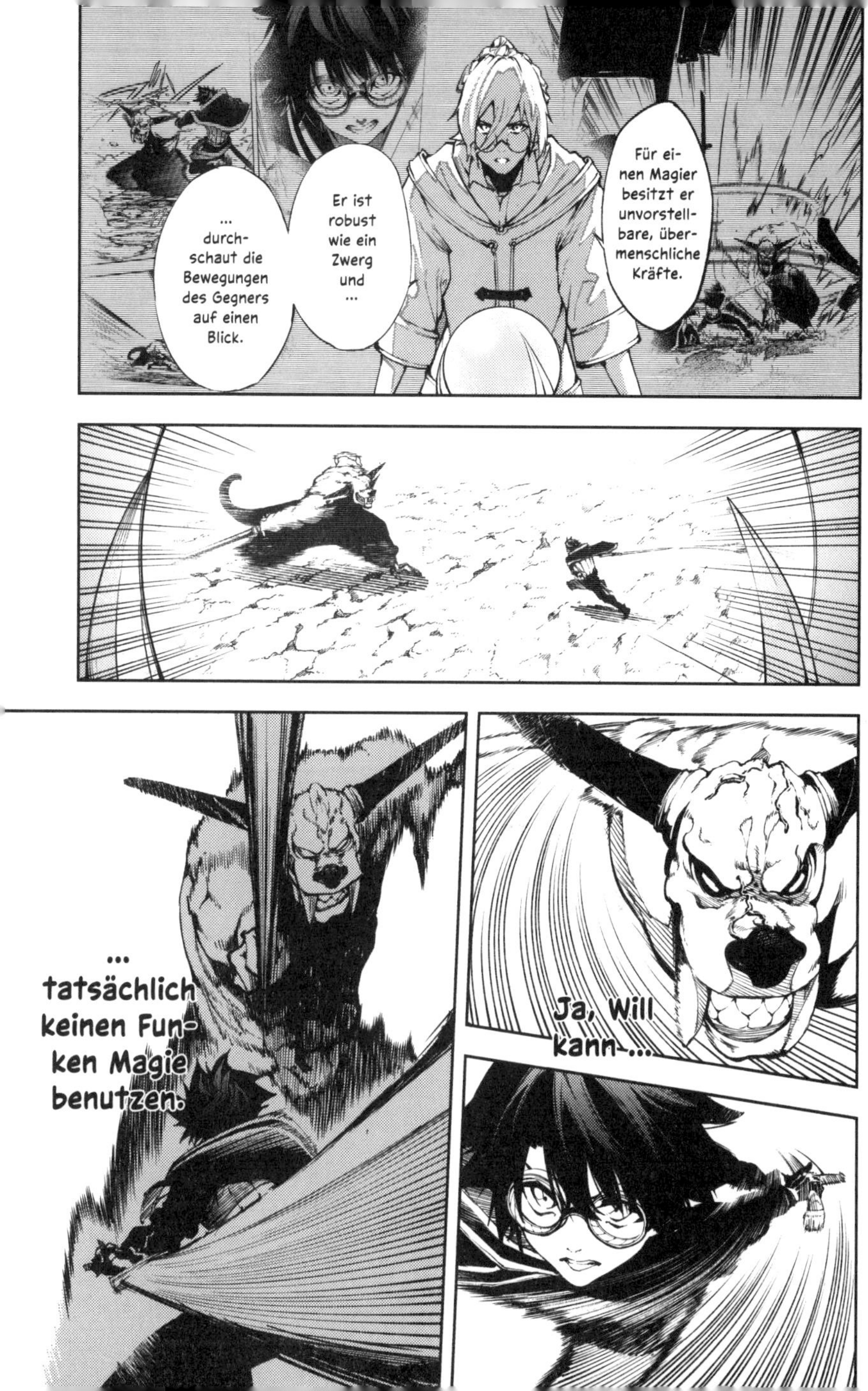

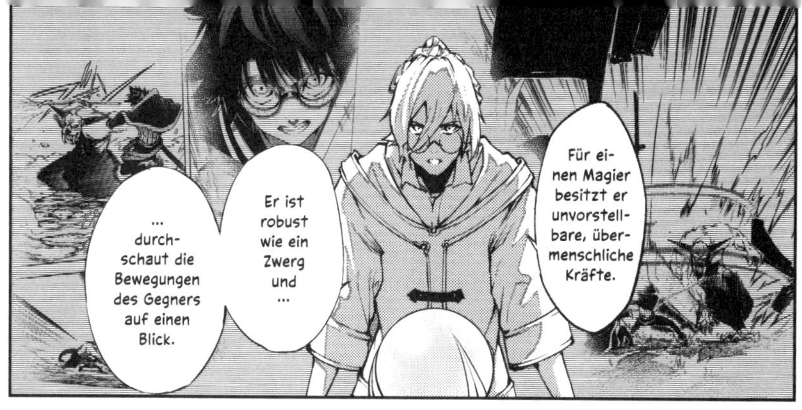

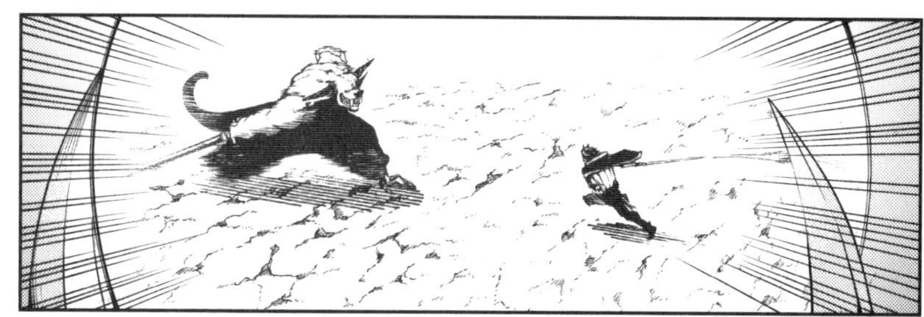

Ja, Will kann ...

... tatsächlich keinen Funken Magie benutzen.

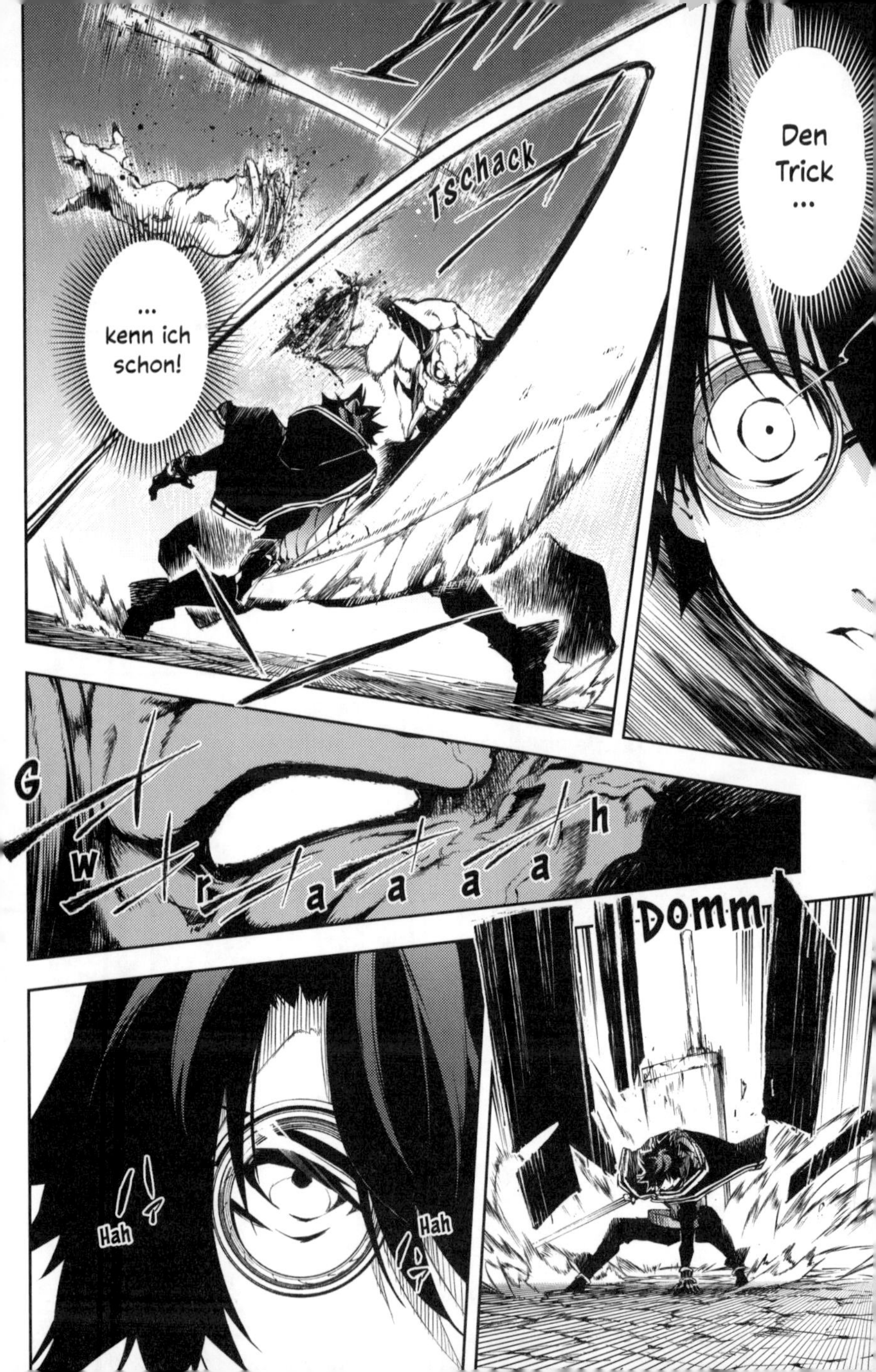
Den Trick ...
Tschack
... kenn ich schon!
Gwraaaah
Domm
Hah
Hah

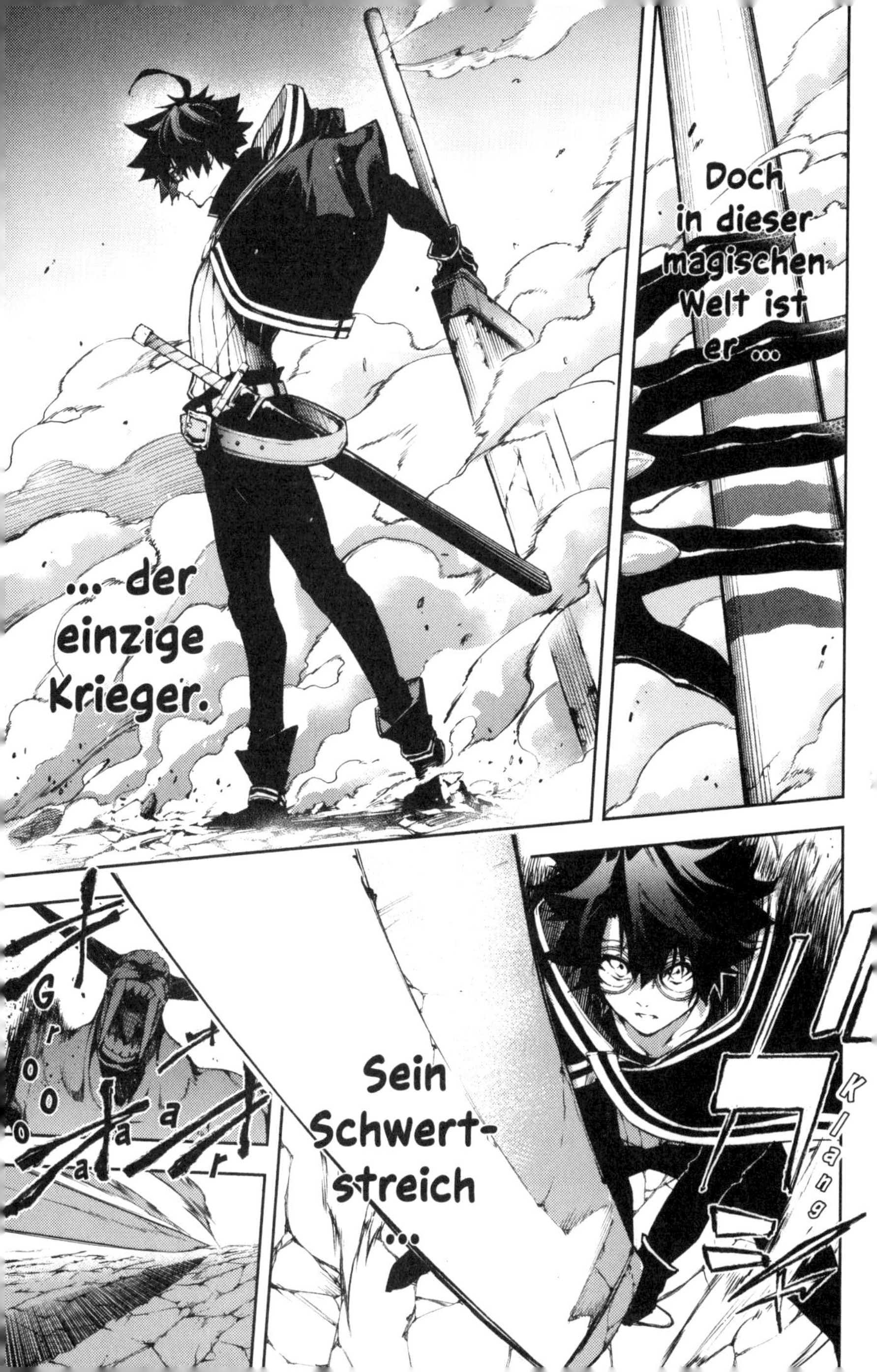
Doch in dieser magischen Welt ist er ...
... der einzige Krieger.
Klang
Sein Schwert-streich ...
Grooooaaaar

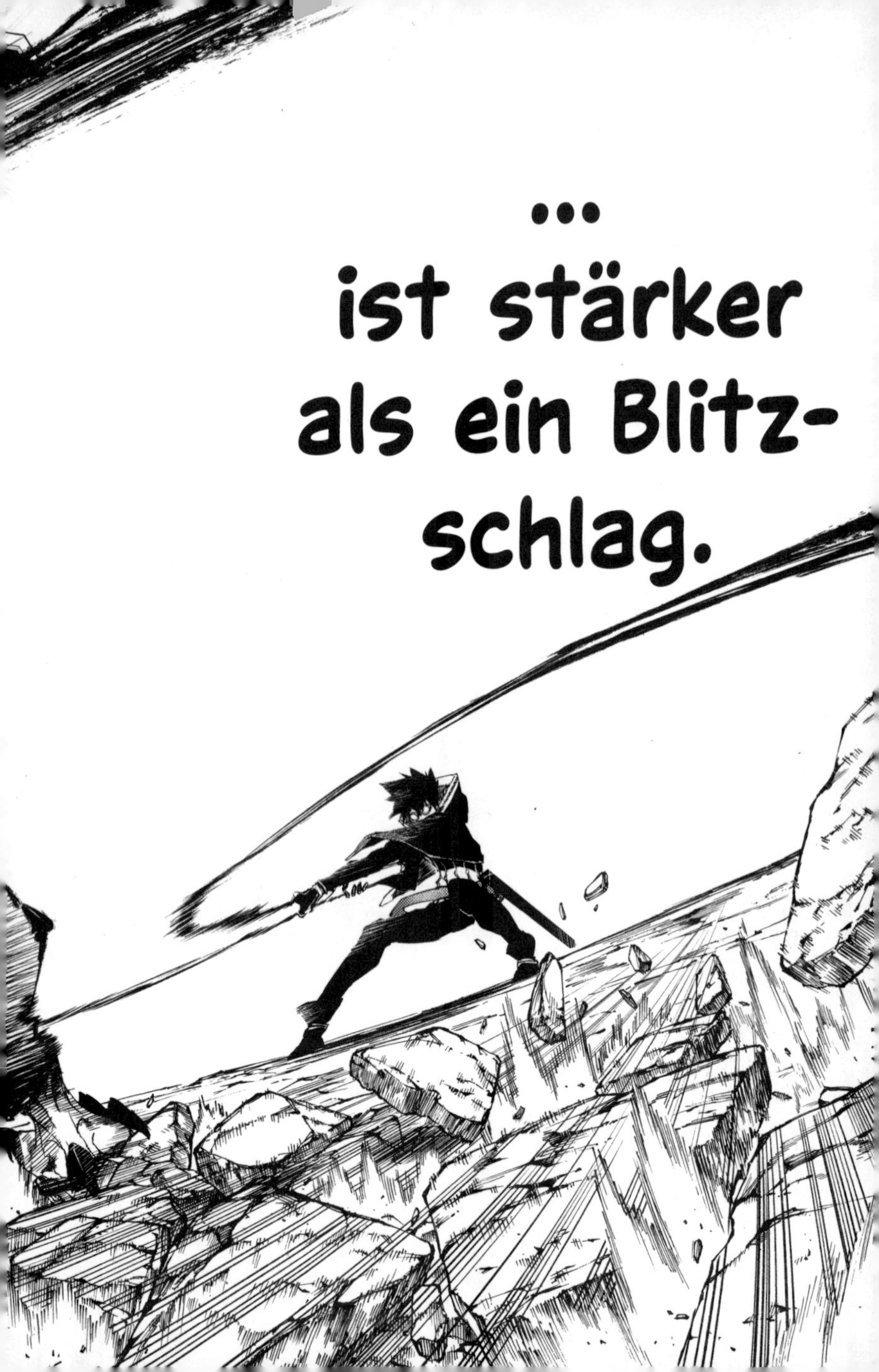
...
ist stärker
als ein Blitz-
schlag.

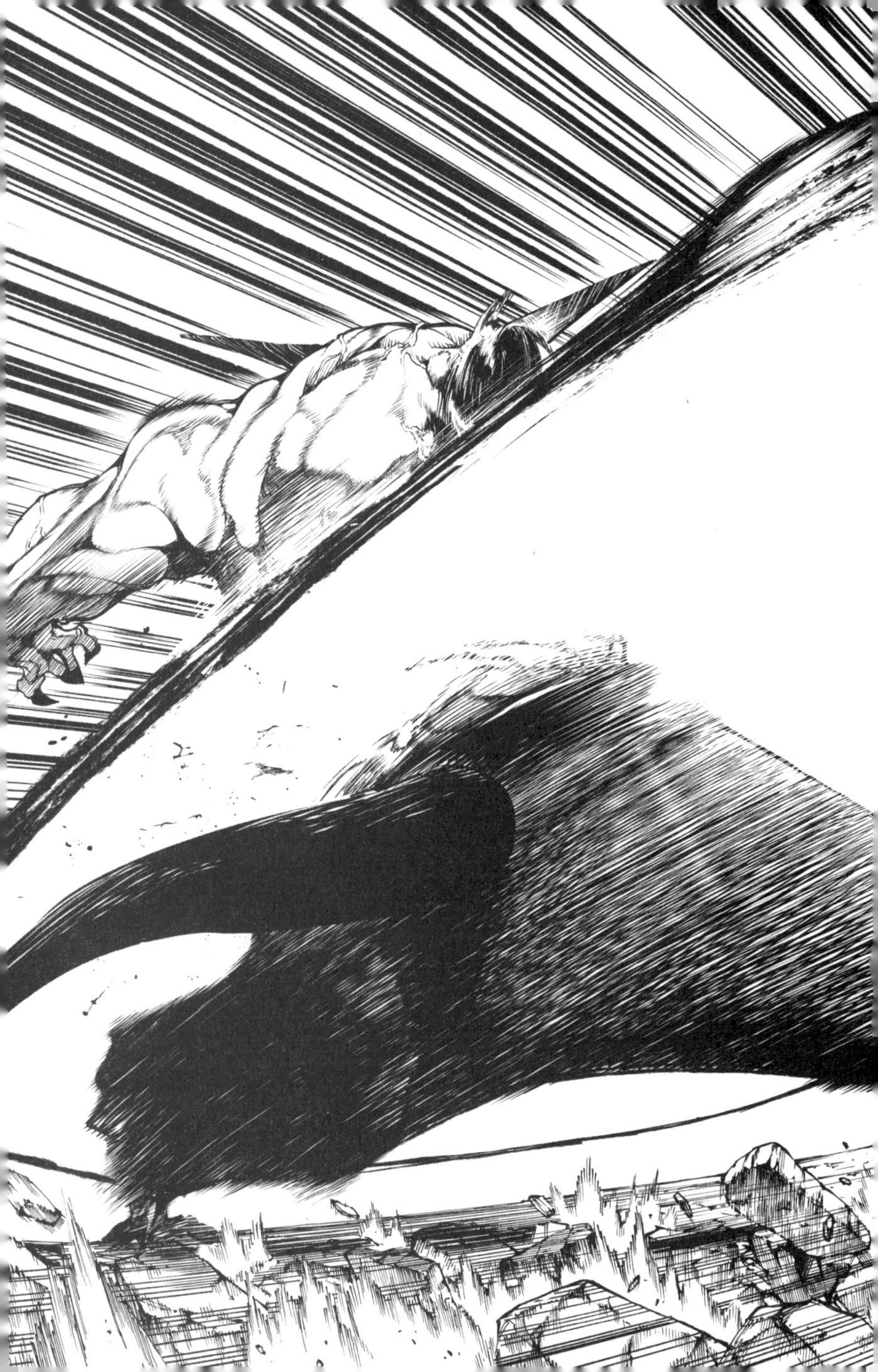

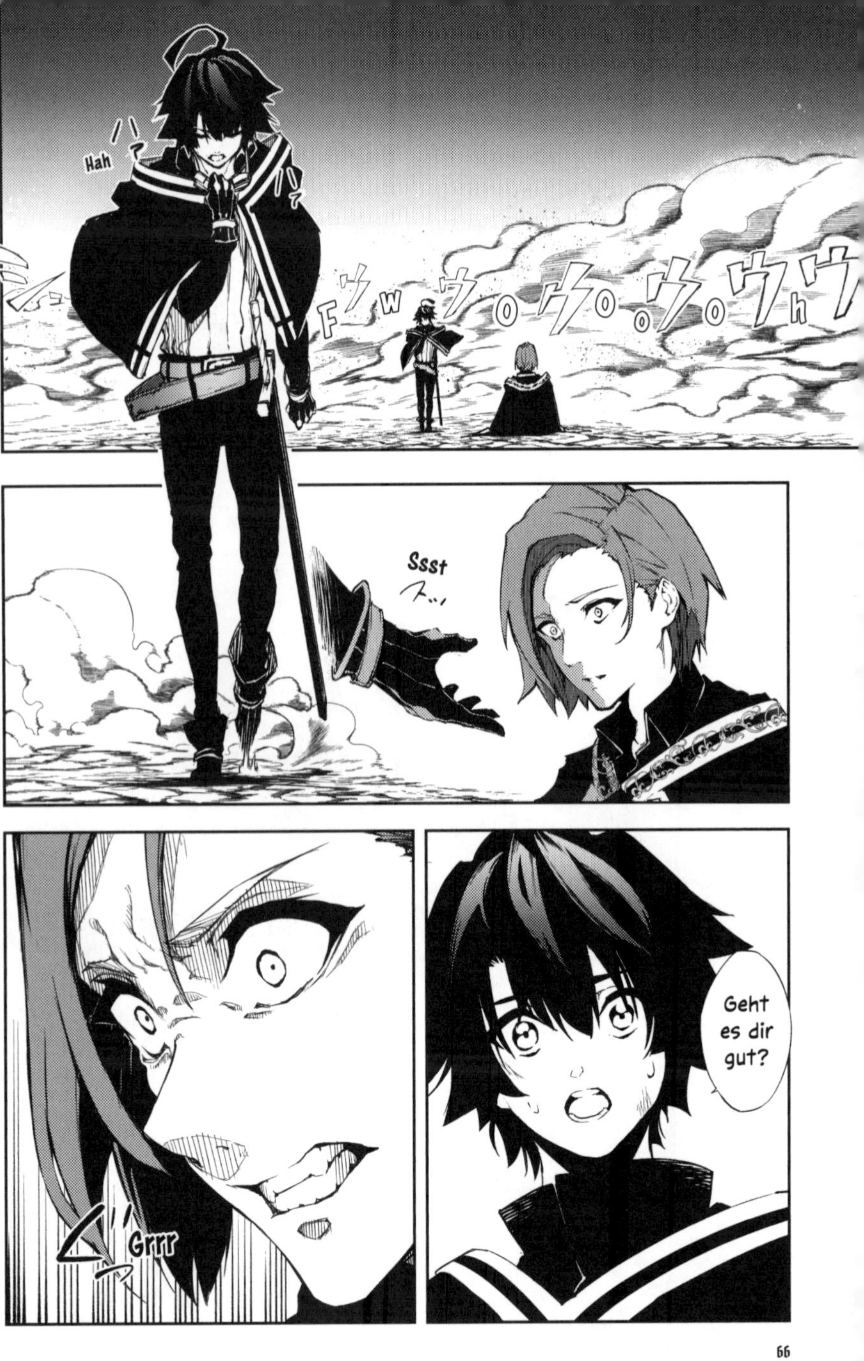

Hah

Fwooooh

Ssst

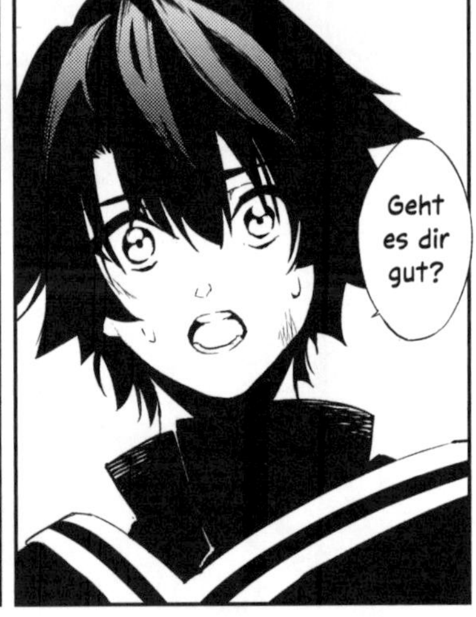

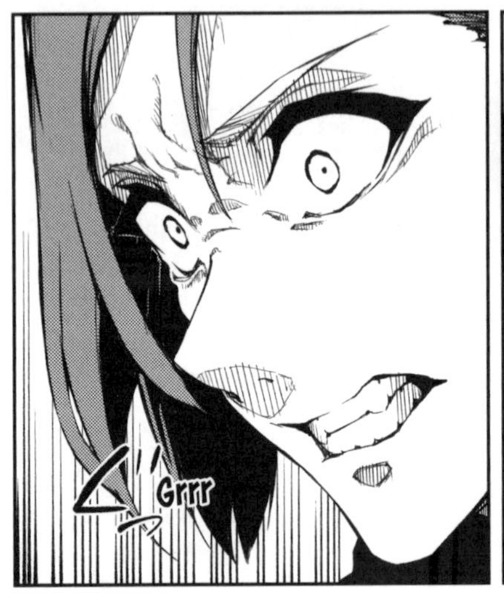

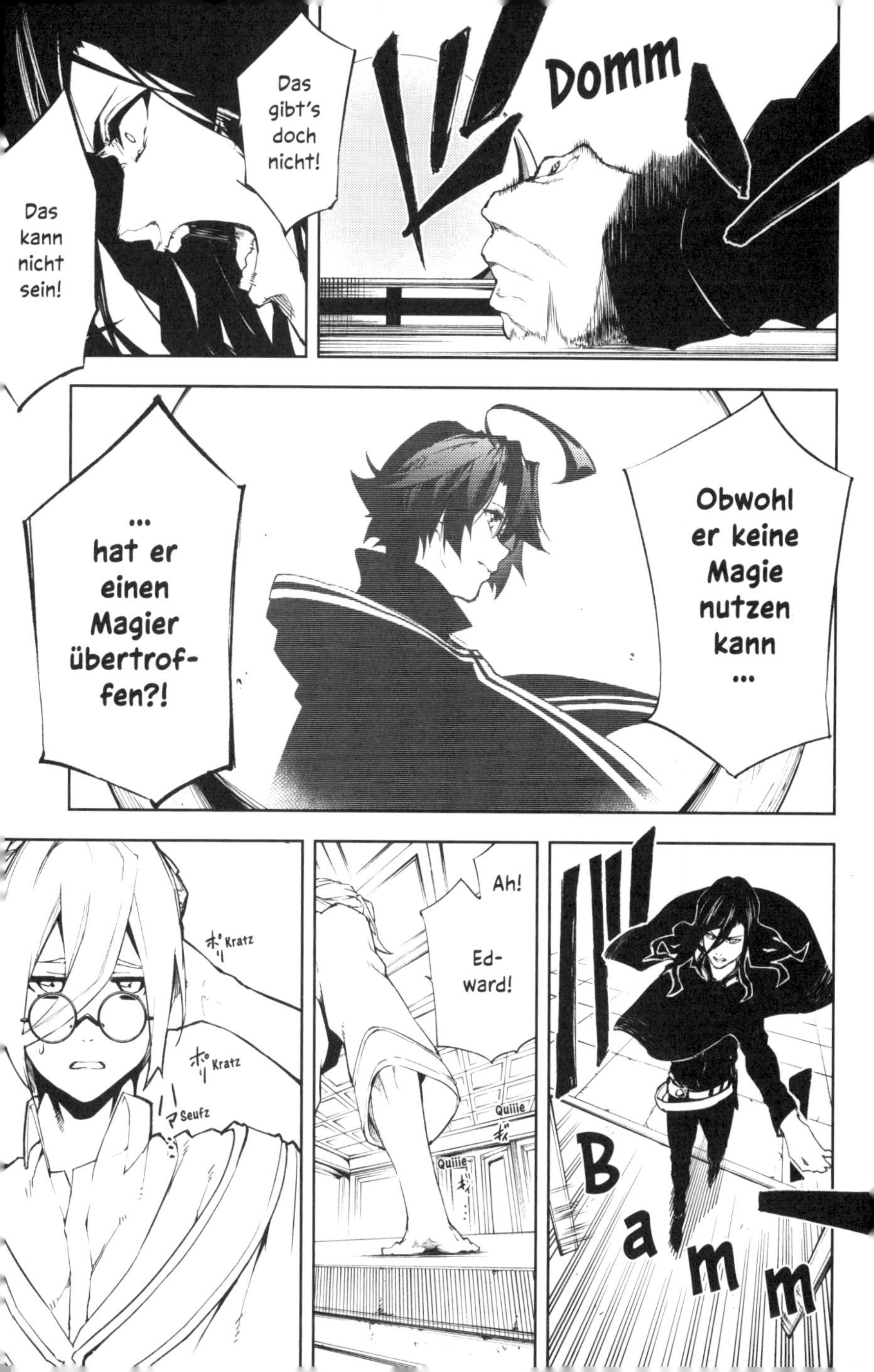

Domm

Das gibt's doch nicht!

Das kann nicht sein!

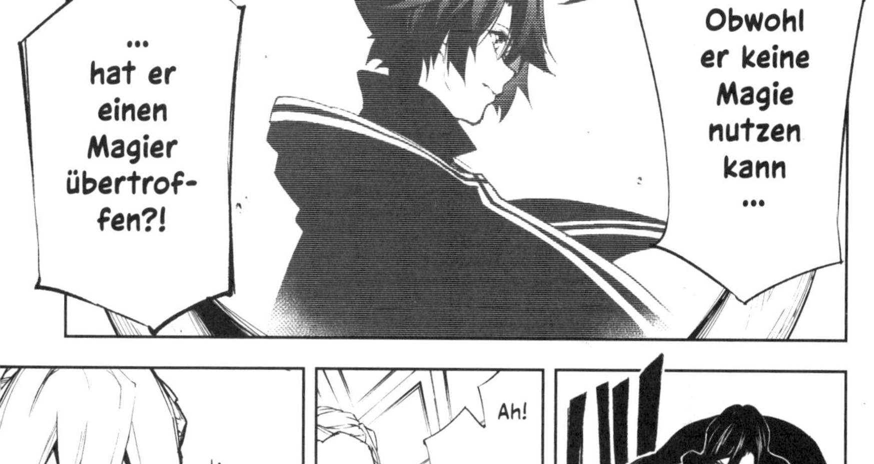

Bamm

Ah!

Ed-ward!

Quiiie

Quiiie

Kratz

Kratz

Seufz

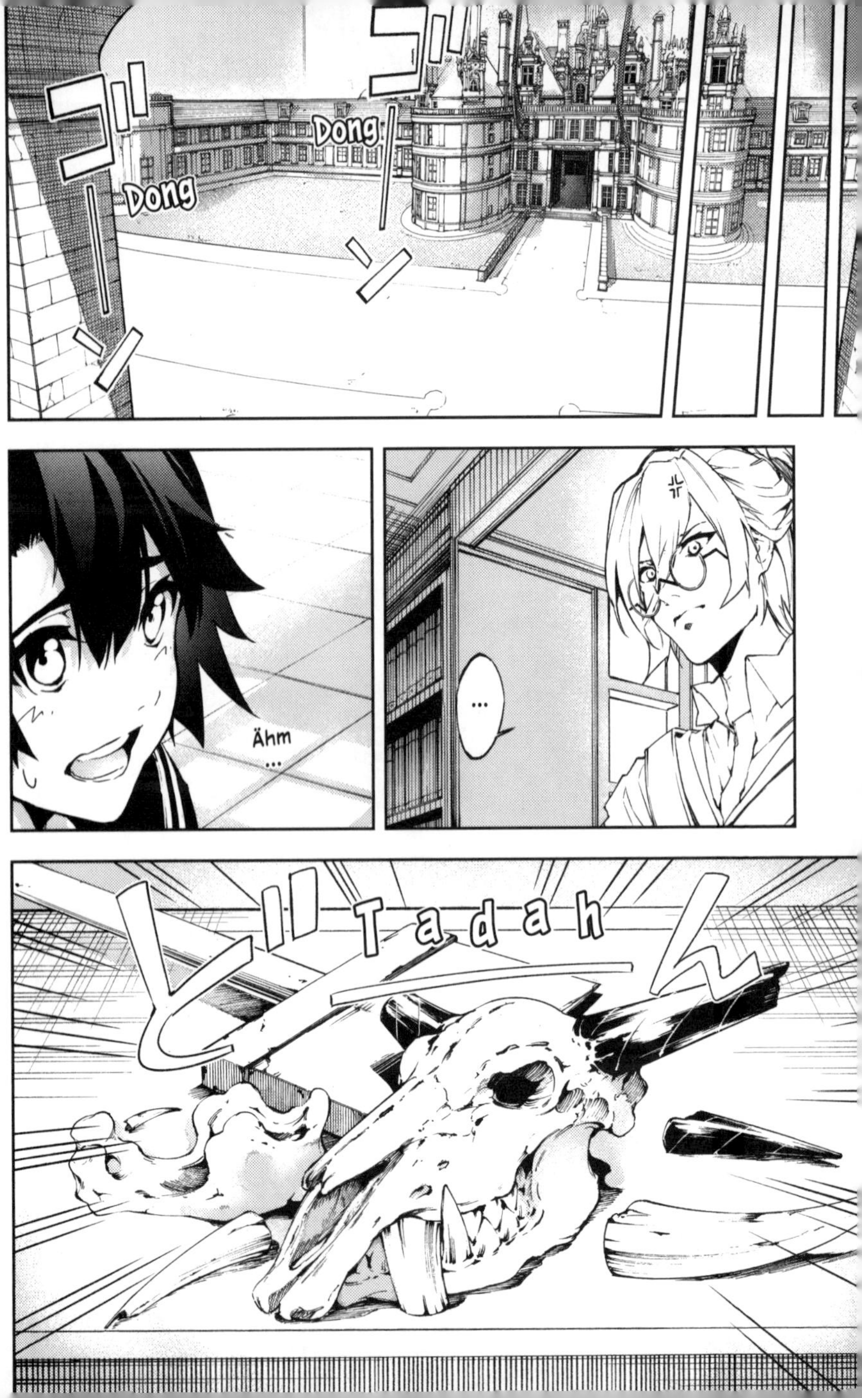

Dong
Dong
...
Ähm ...
Tadah

Dies ist eine Geschichte ...

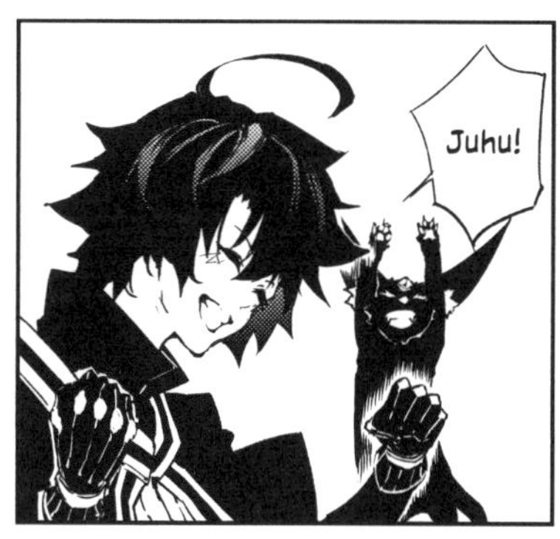

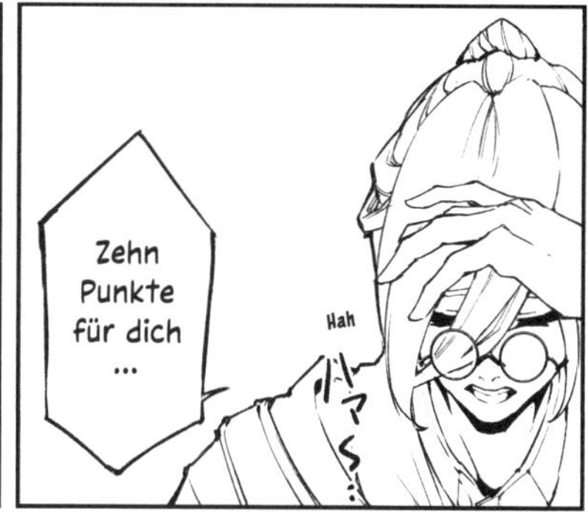

... über einen Jungen ...

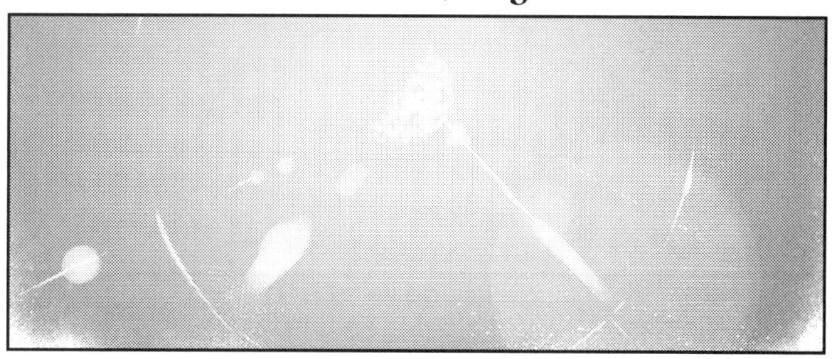

... der die Welt aus den Angeln hob.

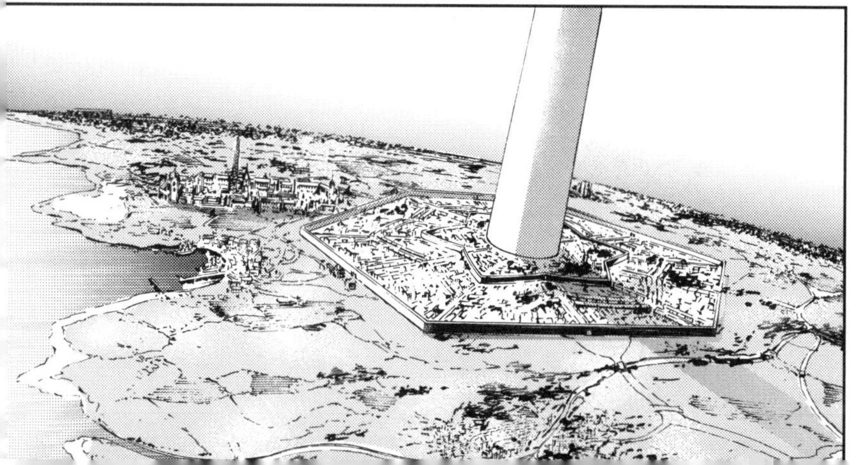

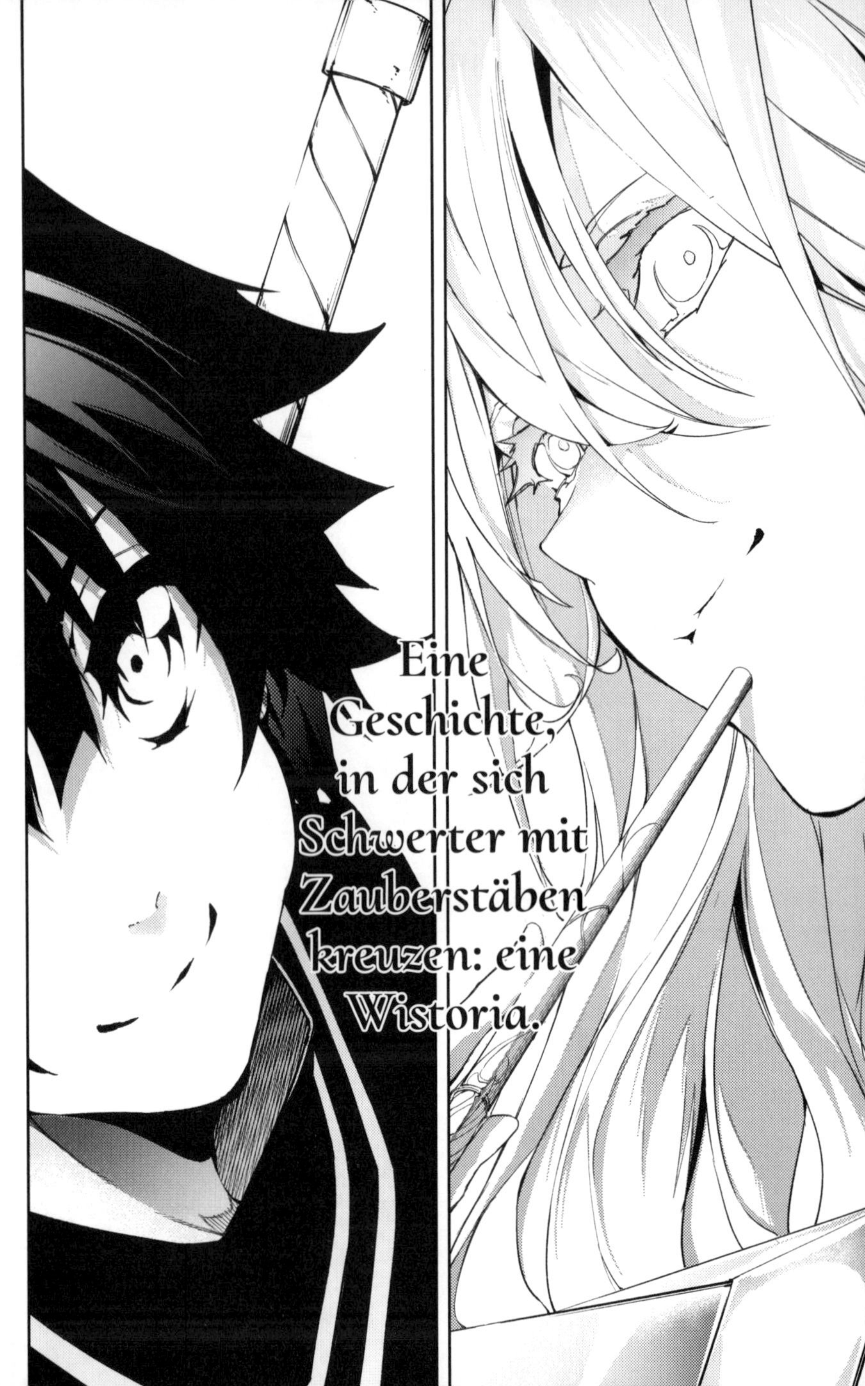
Eine
Geschichte,
in der sich
Schwerter mit
Zauberstäben
kreuzen: eine
Wistoria.

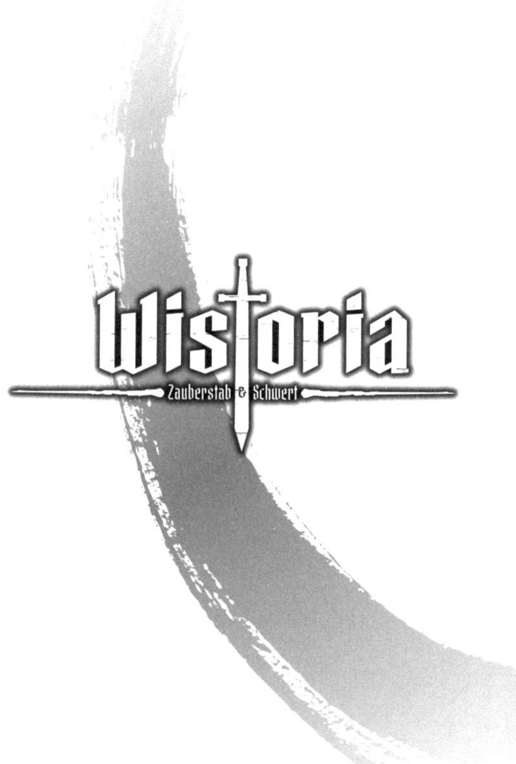
Wistoria
Zauberstab & Schwert

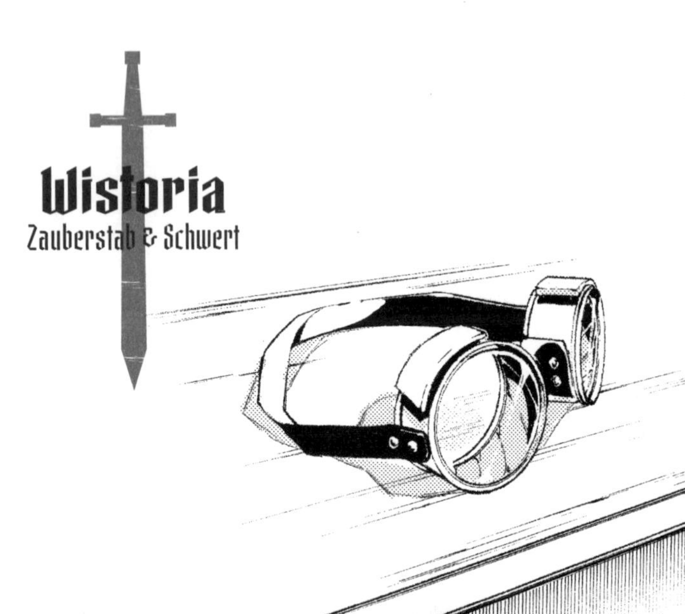
Wistoria
Zauberstab & Schwert

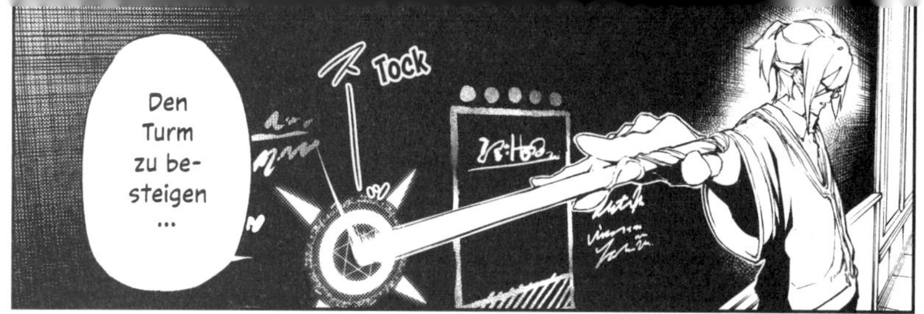
Tock
Den Turm zu besteigen ...

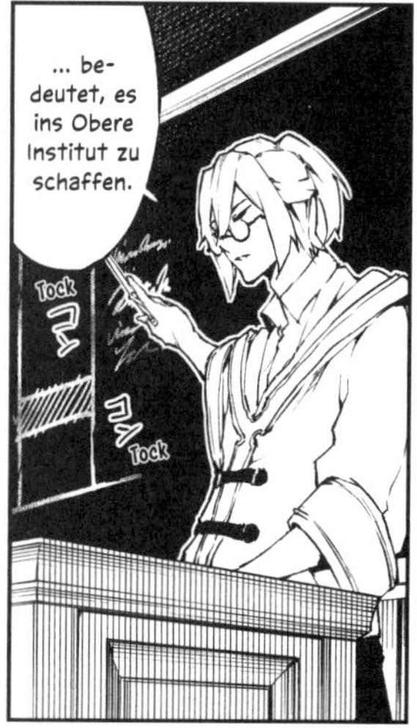
... bedeutet, es ins Obere Institut zu schaffen.
Tock
Tock

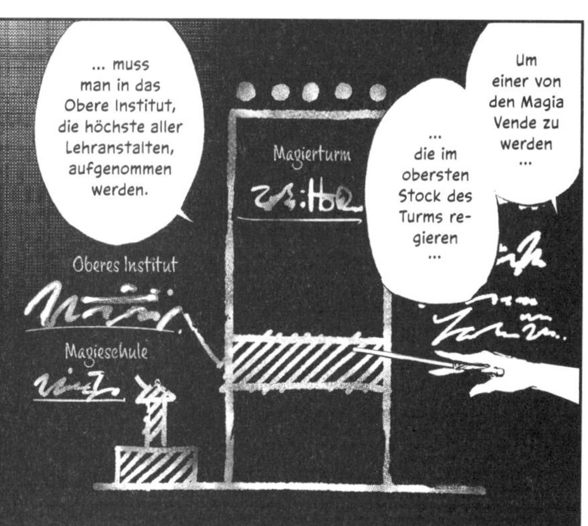
Um einer von den Magia Vende zu werden ...
... die im obersten Stock des Turms regieren ...
... muss man in das Obere Institut, die höchste aller Lehranstalten, aufgenommen werden.
Magierturm
Oberes Institut
Magieschule

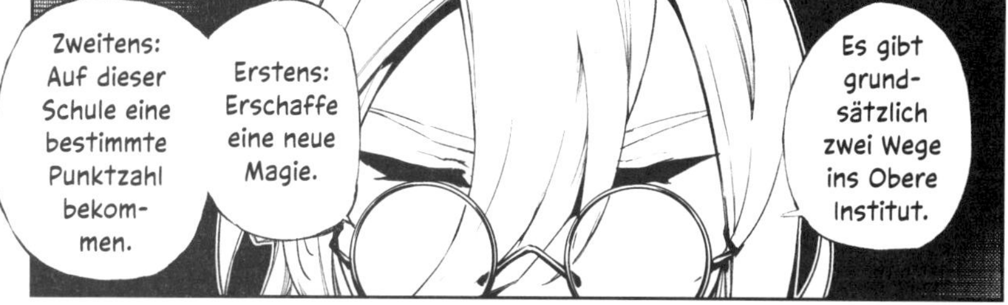
Es gibt grundsätzlich zwei Wege ins Obere Institut.
Erstens: Erschaffe eine neue Magie.
Zweitens: Auf dieser Schule eine bestimmte Punktzahl bekommen.

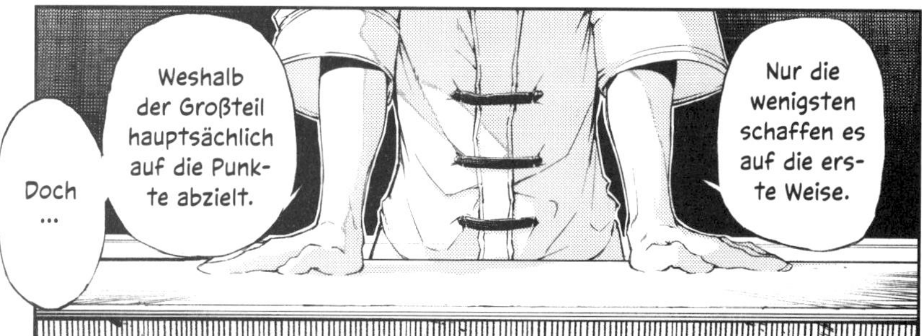
Nur die wenigsten schaffen es auf die erste Weise.
Weshalb der Großteil hauptsächlich auf die Punkte abzielt.
Doch ...

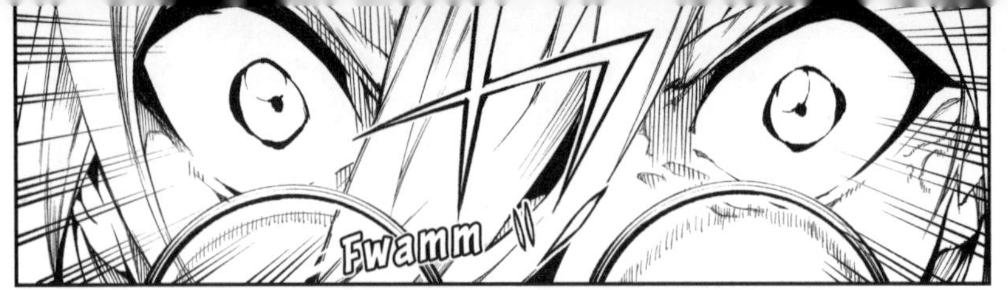

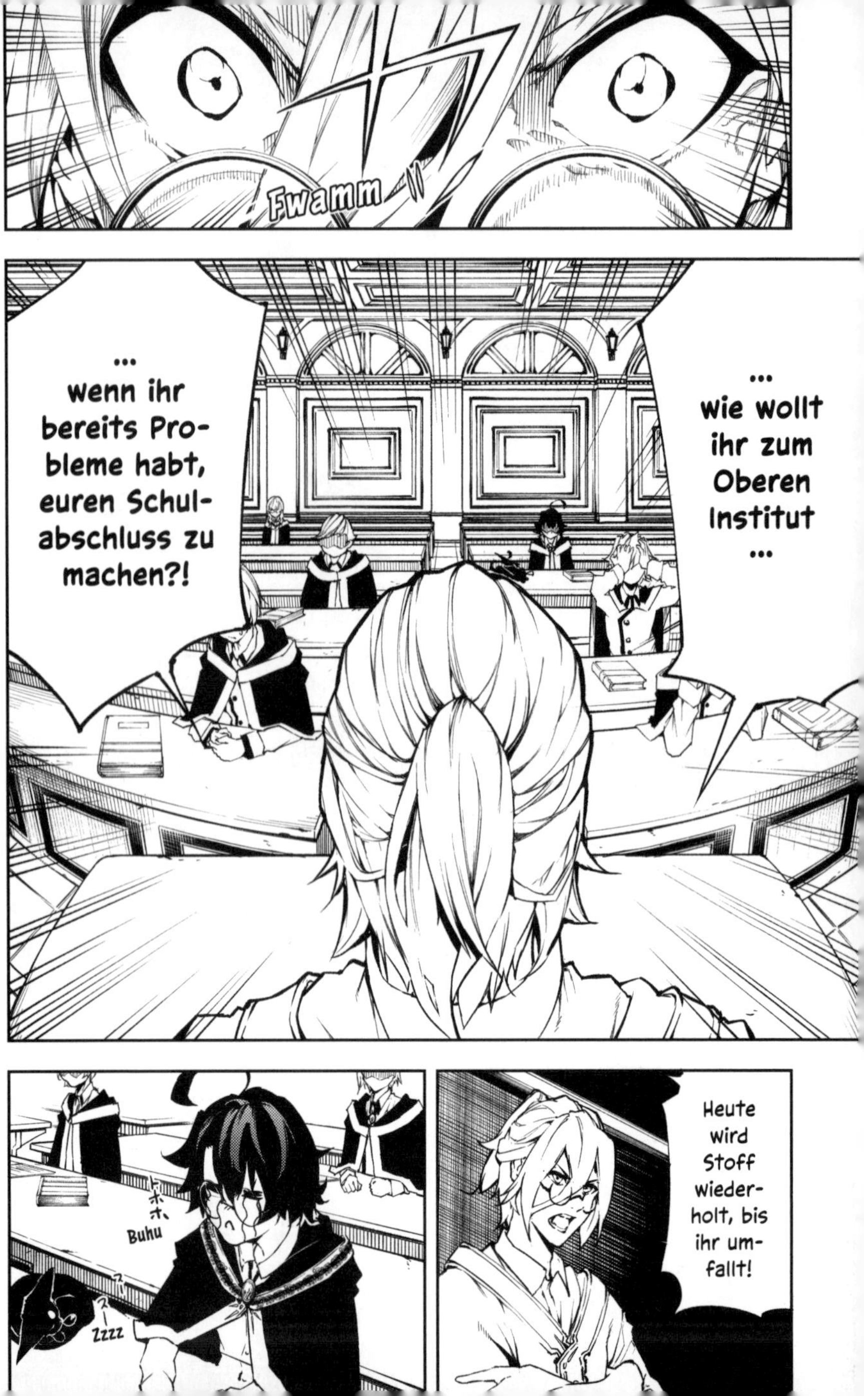

... wie wollt ihr zum Oberen Institut ...

... wenn ihr bereits Probleme habt, euren Schulabschluss zu machen?!

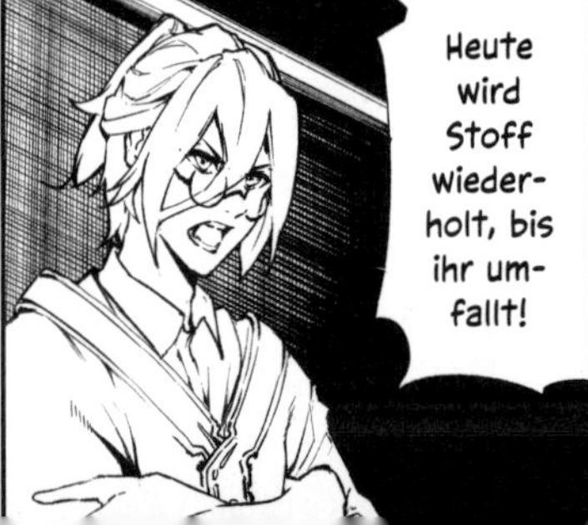

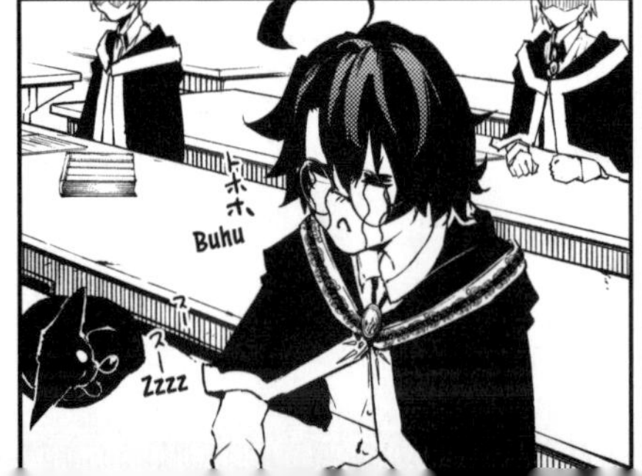

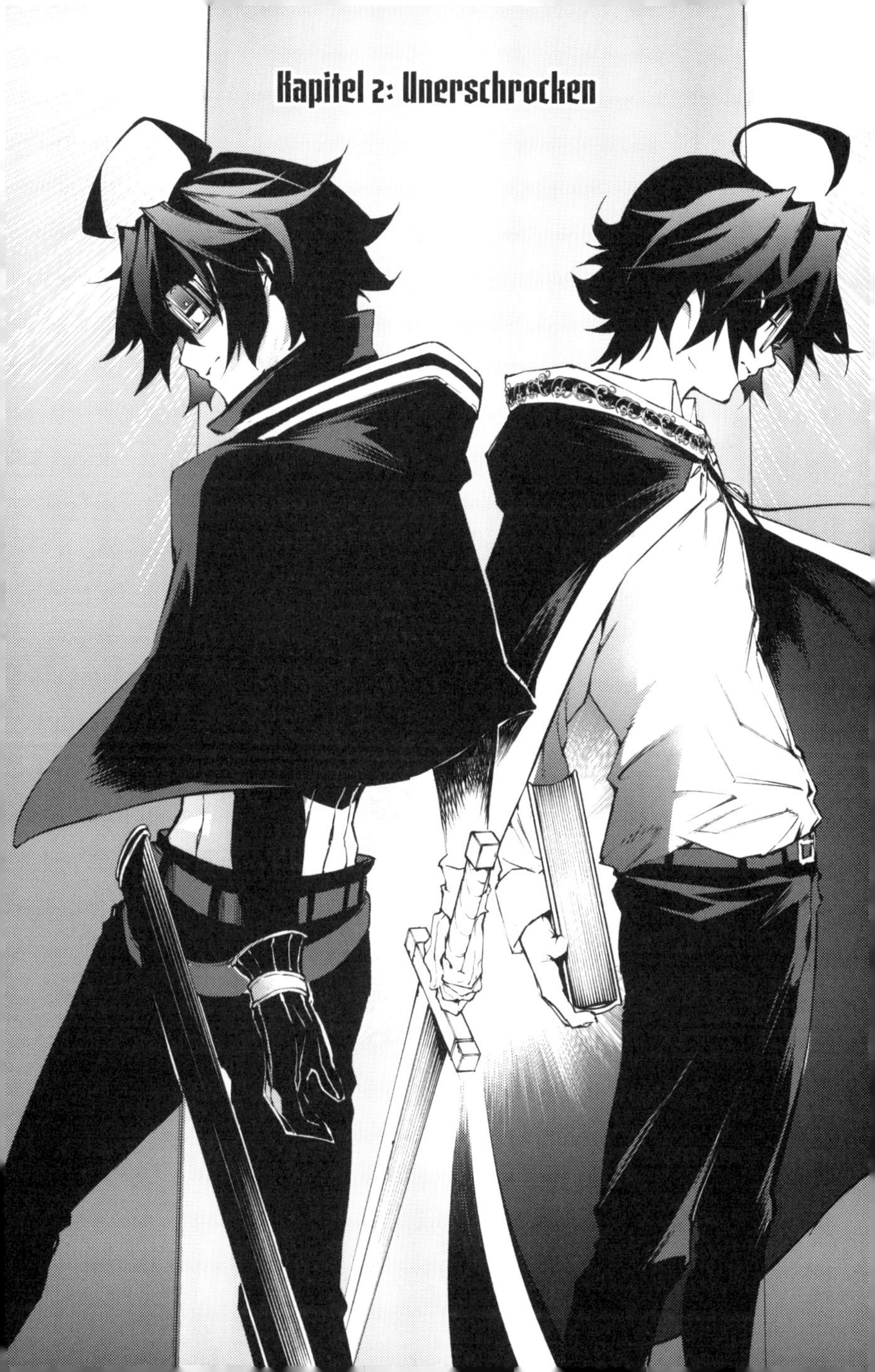
Kapitel 2: Unerschrocken

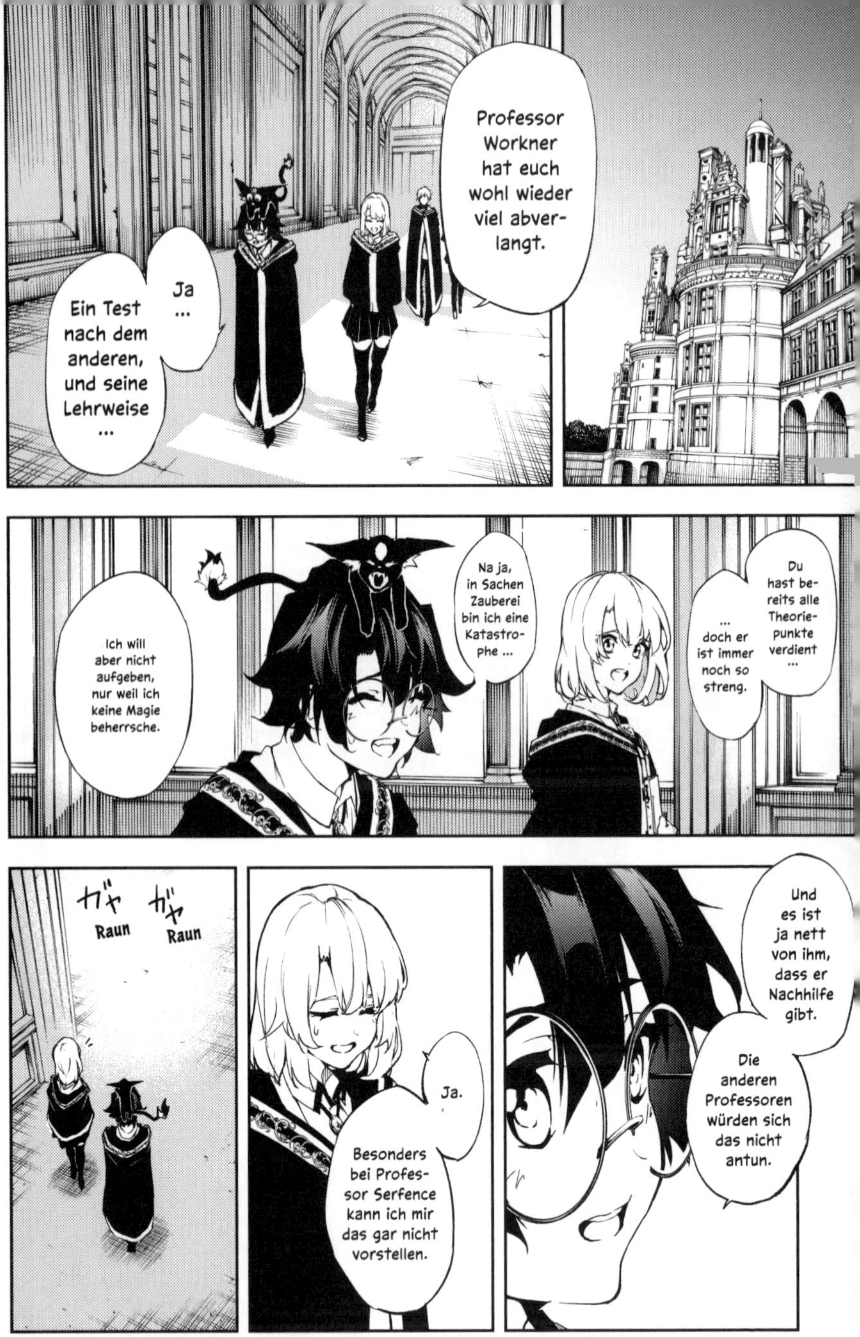

Professor Workner hat euch wohl wieder viel abverlangt.

Ja ...

Ein Test nach dem anderen, und seine Lehrweise ...

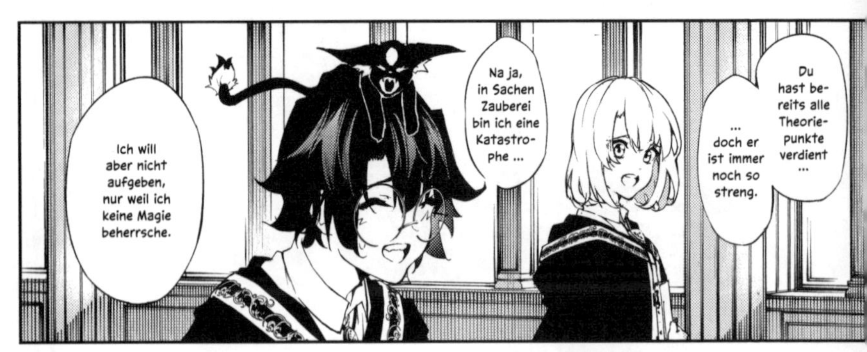

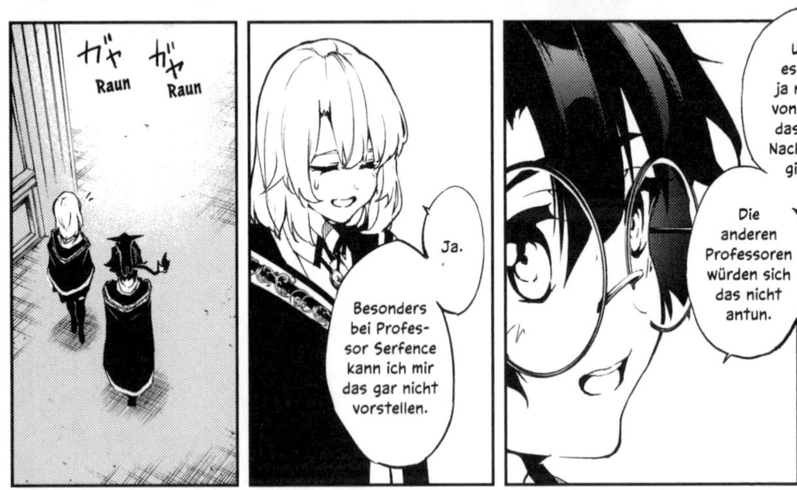

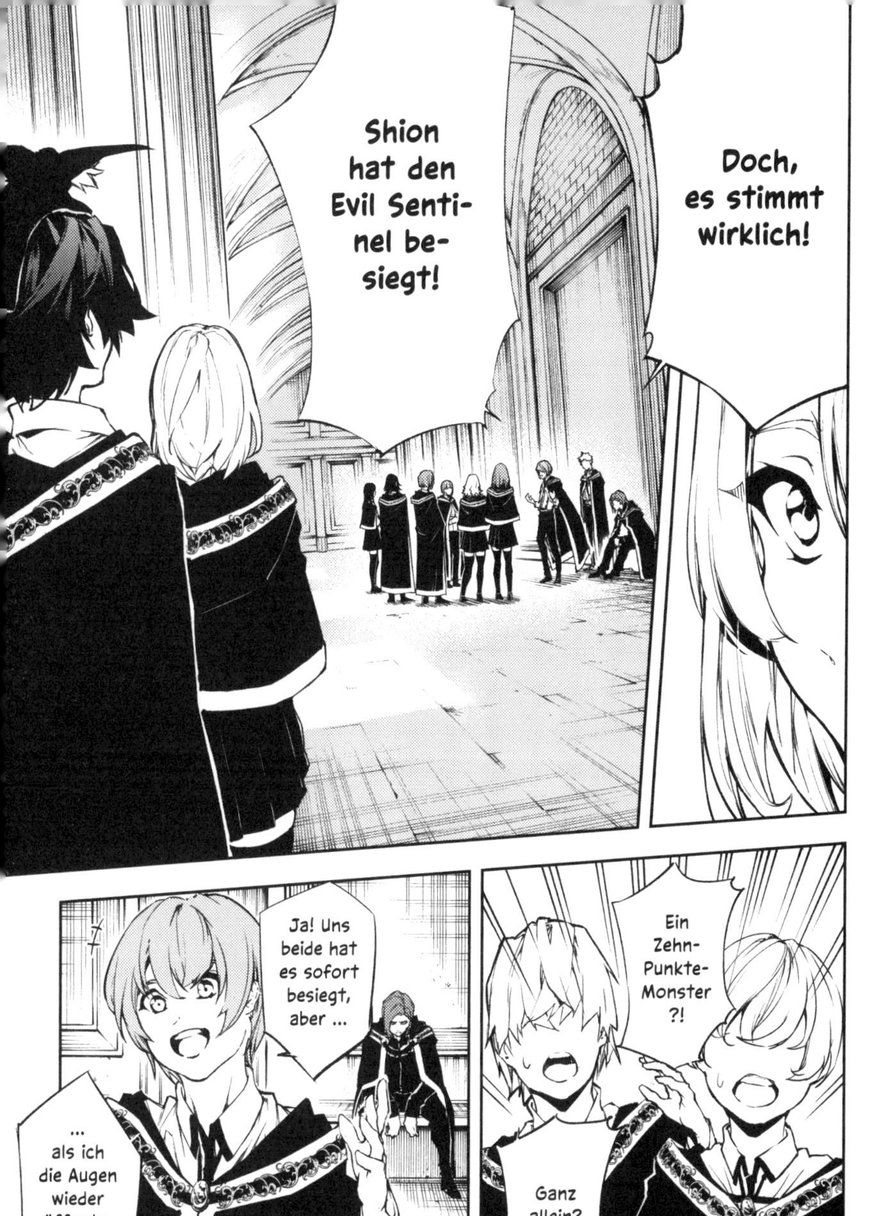
Doch, es stimmt wirklich!
Shion hat den Evil Sentinel besiegt!
Ein Zehn-Punkte-Monster?!
Ganz allein? Echt?
Ja! Uns beide hat es sofort besiegt, aber ...
... als ich die Augen wieder öffnete, hatte Shion es erlegt!

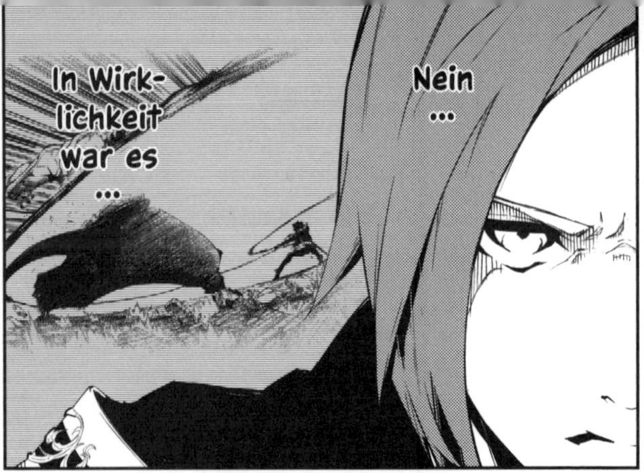
Nein ...
In Wirk-
lichkeit
war es
...

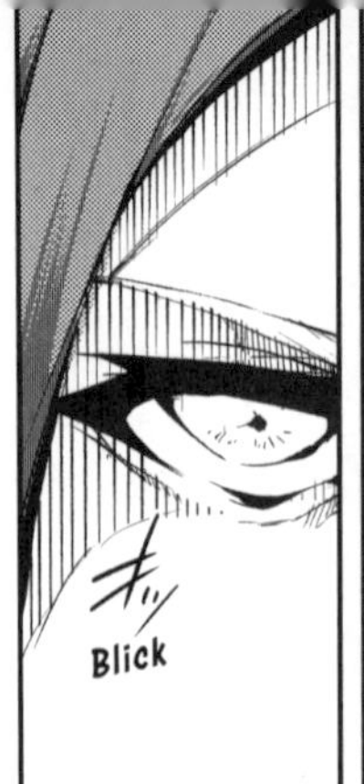
Blick

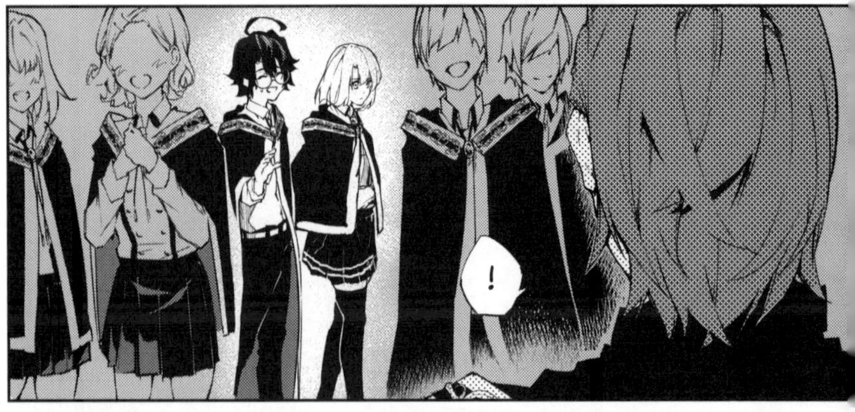
!

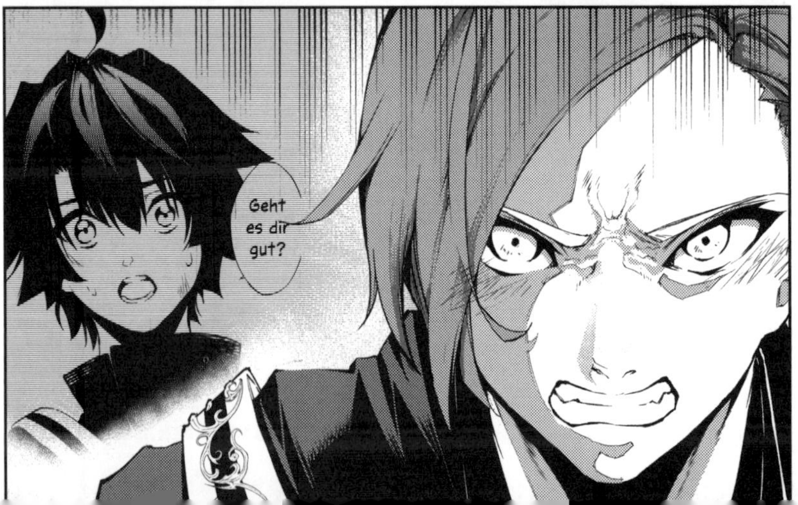
Geht
es dir
gut?

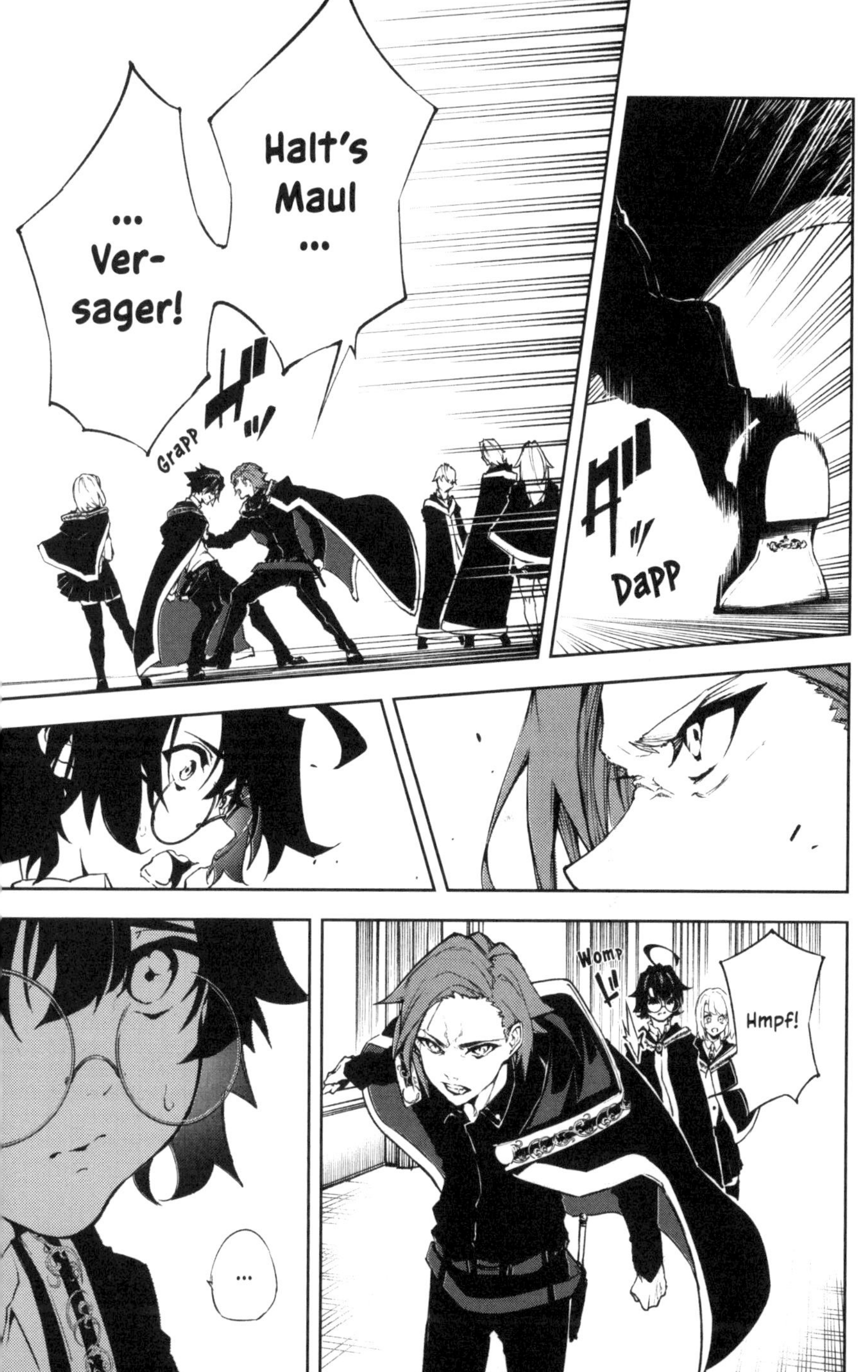

Dapp
Halt's Maul …
… Ver-sager!
Grapp
Womp
Hmpf!
…

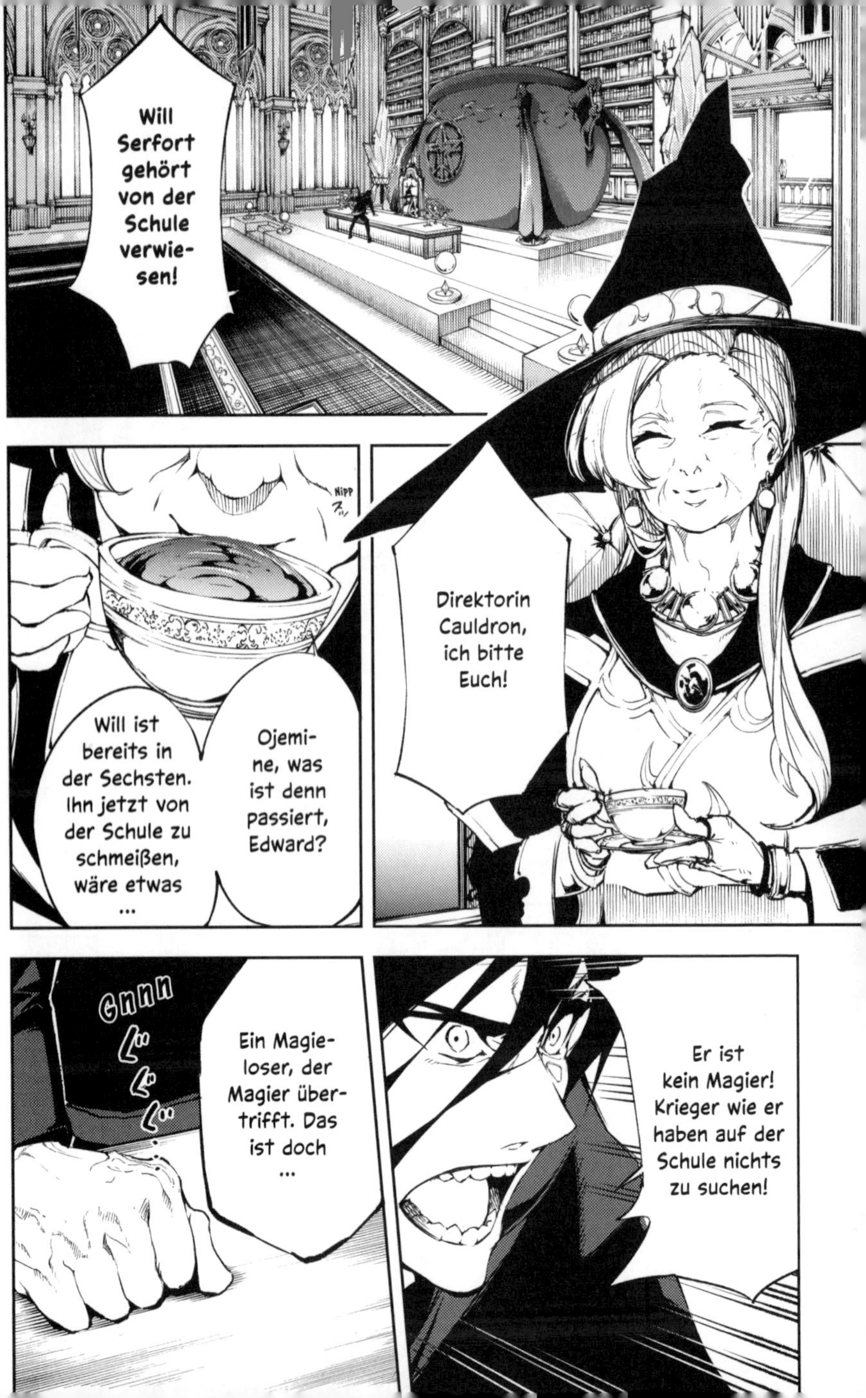

Will Serfort gehört von der Schule verwiesen!

Direktorin Cauldron, ich bitte Euch!

Nipp

Ojemine, was ist denn passiert, Edward?

Will ist bereits in der Sechsten. Ihn jetzt von der Schule zu schmeißen, wäre etwas ...

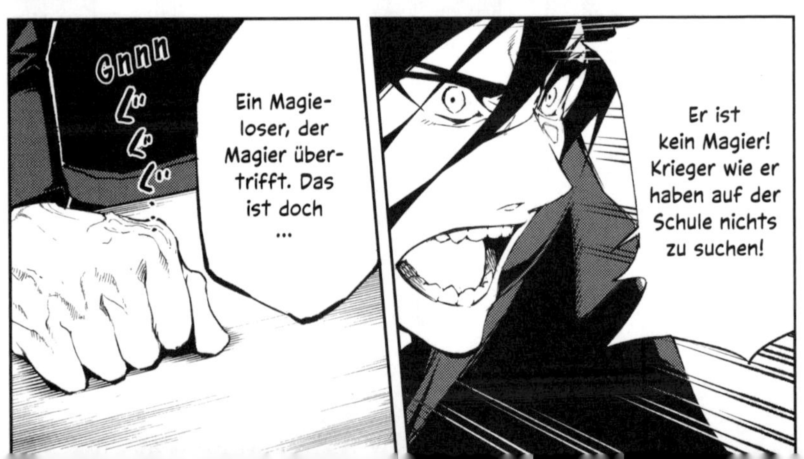

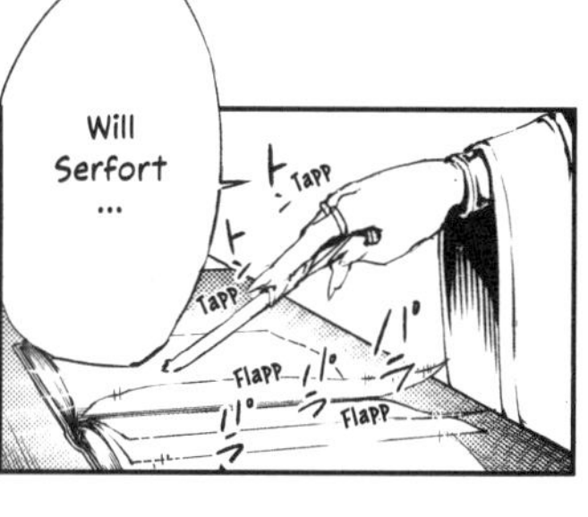
Will Serfort ...
Tapp
Tapp
Flapp
Flapp

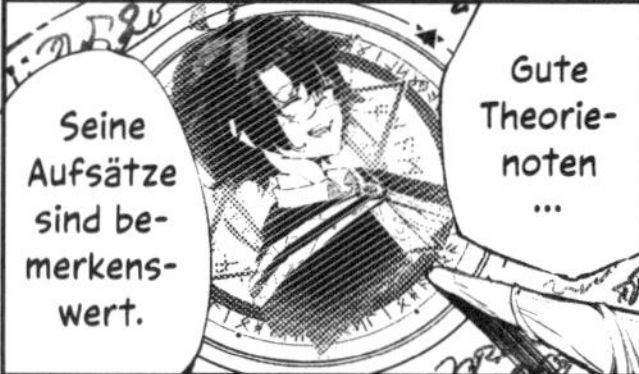
Gute Theorienoten ...
Seine Aufsätze sind bemerkenswert.

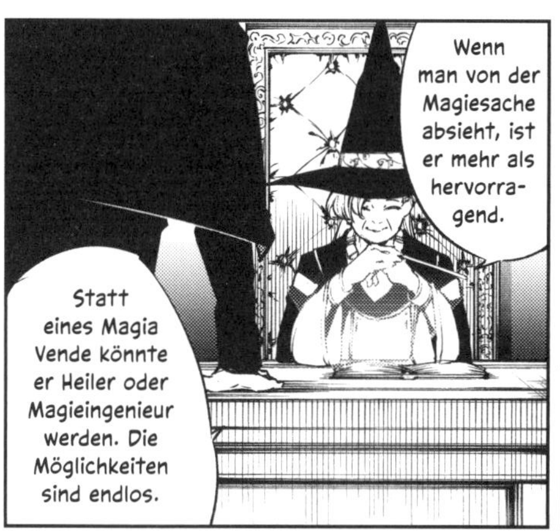
Wenn man von der Magiesache absieht, ist er mehr als hervorragend.
Statt eines Magia Vende könnte er Heiler oder Magieingenieur werden. Die Möglichkeiten sind endlos.

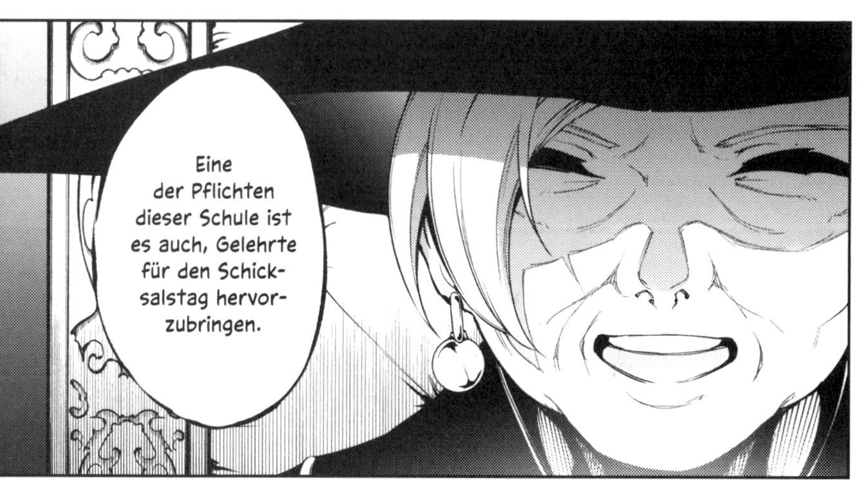
Eine der Pflichten dieser Schule ist es auch, Gelehrte für den Schicksalstag hervorzubringen.

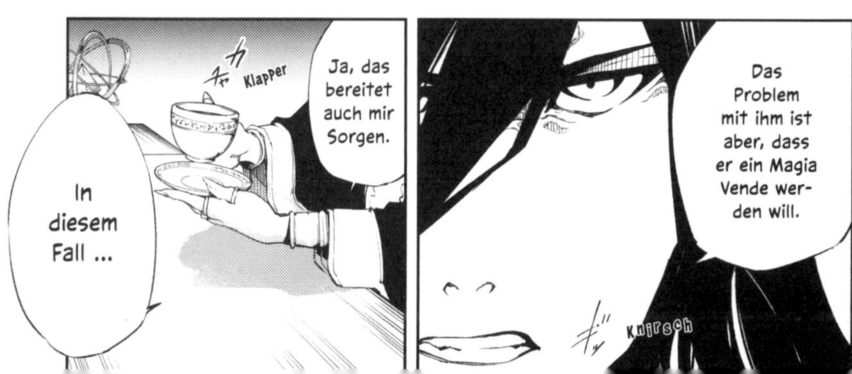
Das Problem mit ihm ist aber, dass er ein Magia Vende werden will.
Knirsch
Ja, das bereitet auch mir Sorgen.
Klapper
In diesem Fall ...

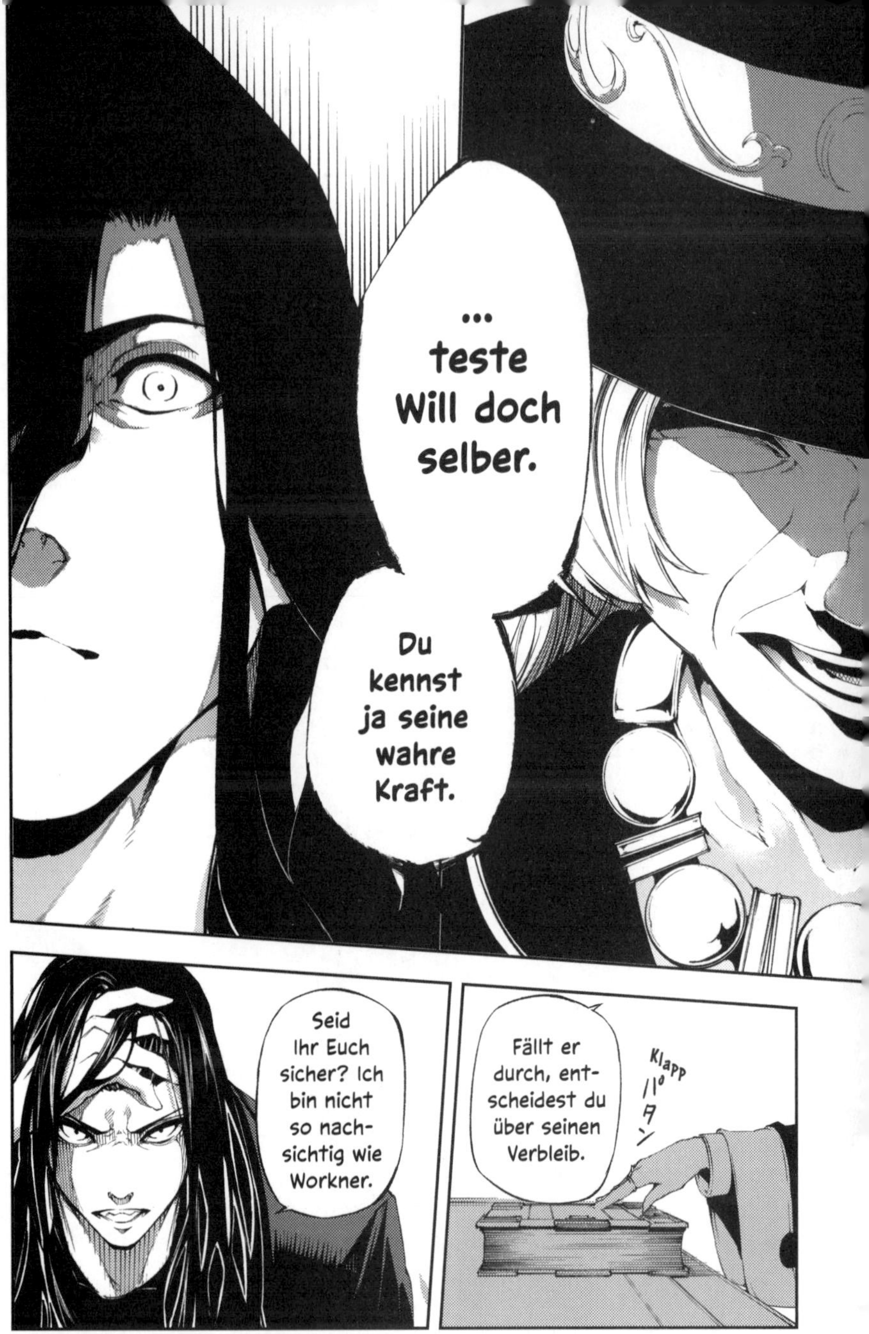

... teste Will doch selber.

Du kennst ja seine wahre Kraft.

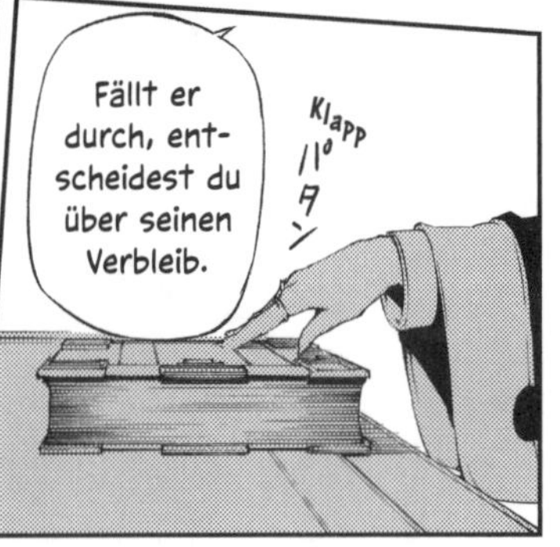

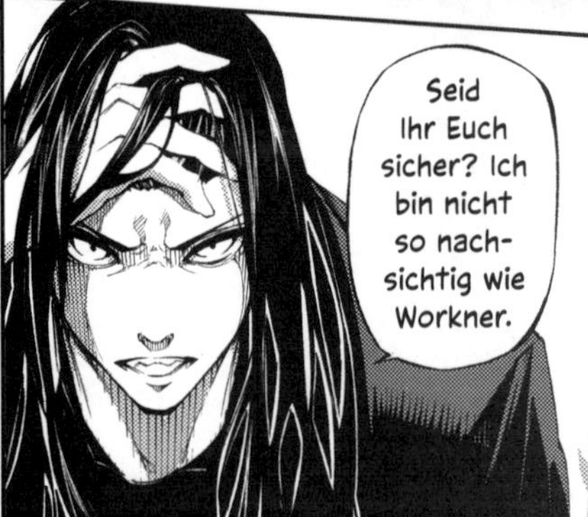

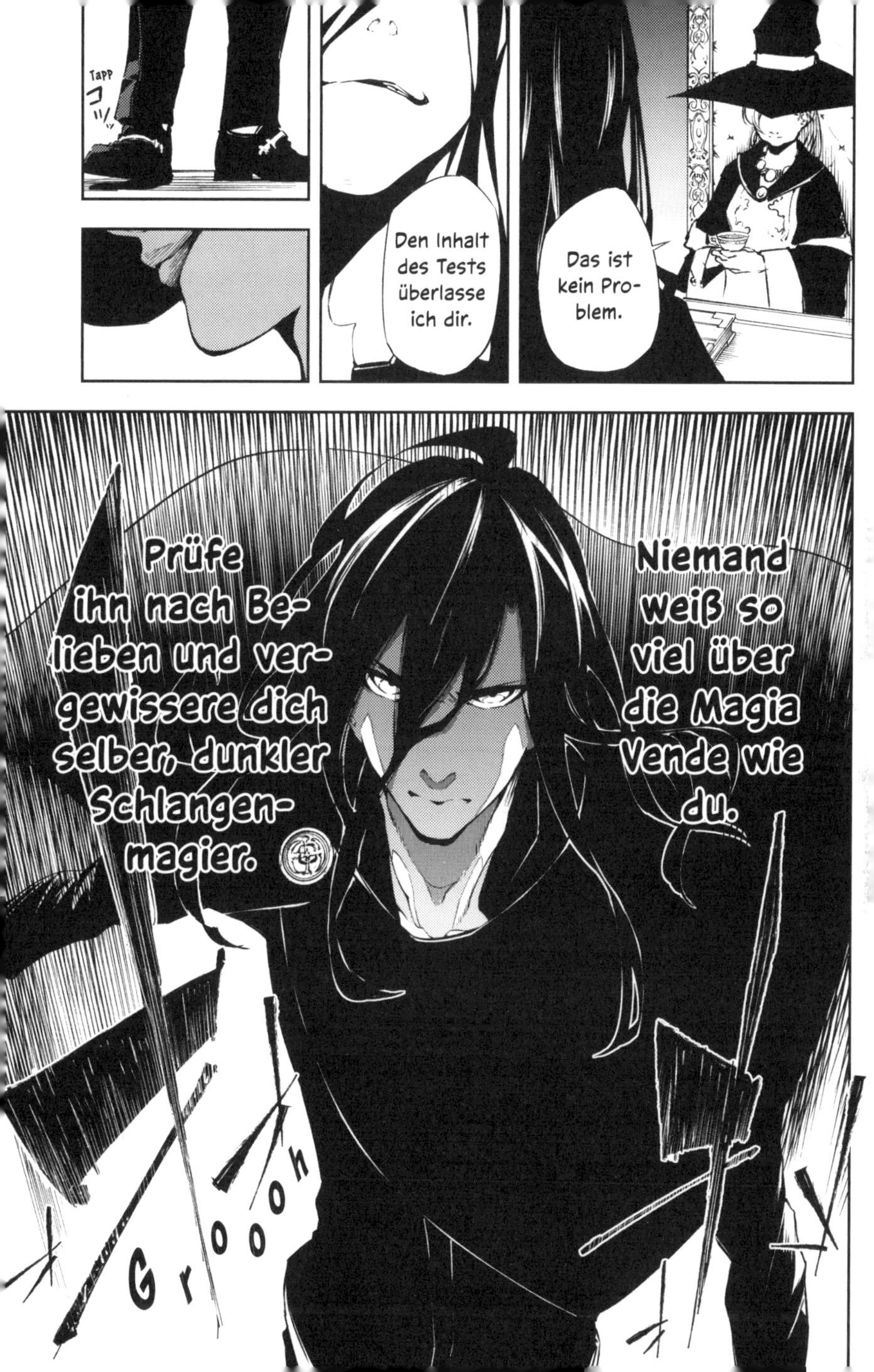

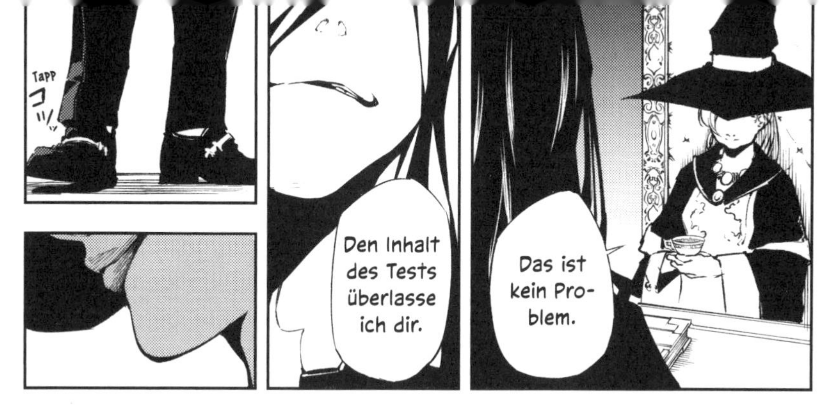
Das ist kein Problem.
Den Inhalt des Tests überlasse ich dir.
Tapp
Niemand weiß so viel über die Magia Vende wie du.
Prüfe ihn nach Belieben und vergewissere dich selber, dunkler Schlangenmagier.
Grooooh

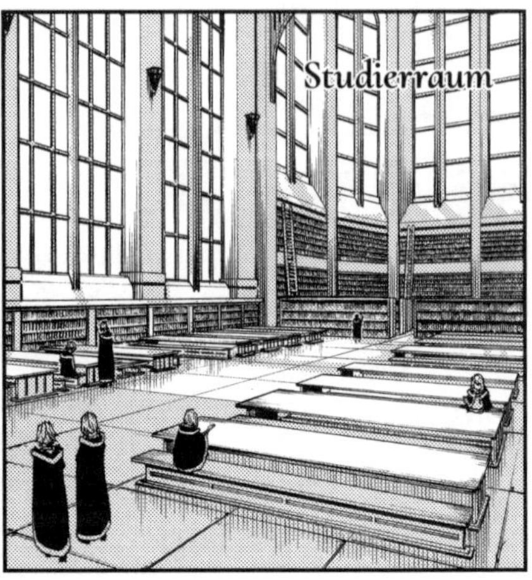
Studierraum

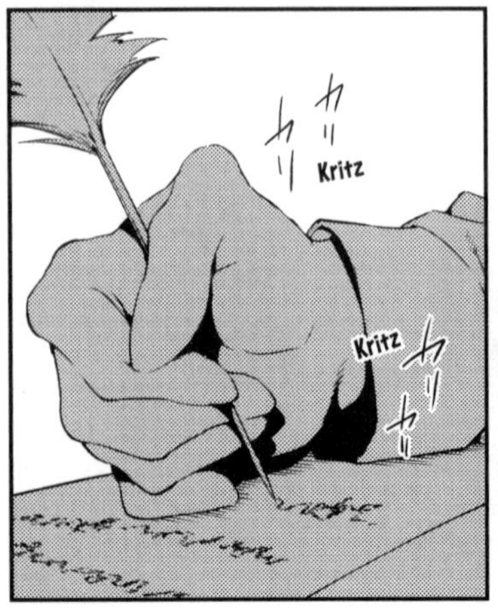
Kritz
Kritz

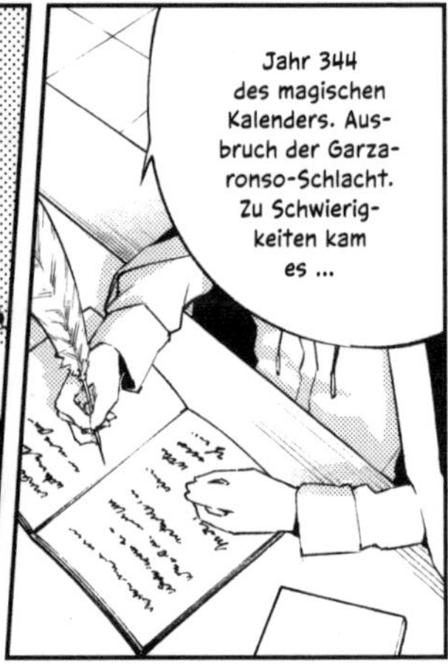
Jahr 344 des magischen Kalenders. Ausbruch der Garzaronso-Schlacht. Zu Schwierigkeiten kam es ...

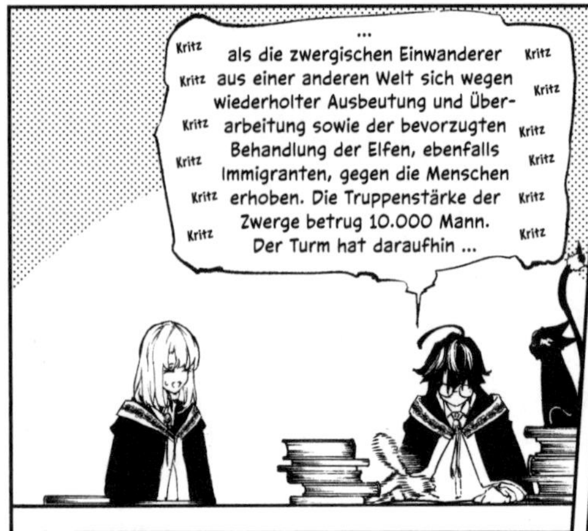
... als die zwergischen Einwanderer aus einer anderen Welt sich wegen wiederholter Ausbeutung und Überarbeitung sowie der bevorzugten Behandlung der Elfen, ebenfalls Immigranten, gegen die Menschen erhoben. Die Truppenstärke der Zwerge betrug 10.000 Mann. Der Turm hat daraufhin ...
Kritz

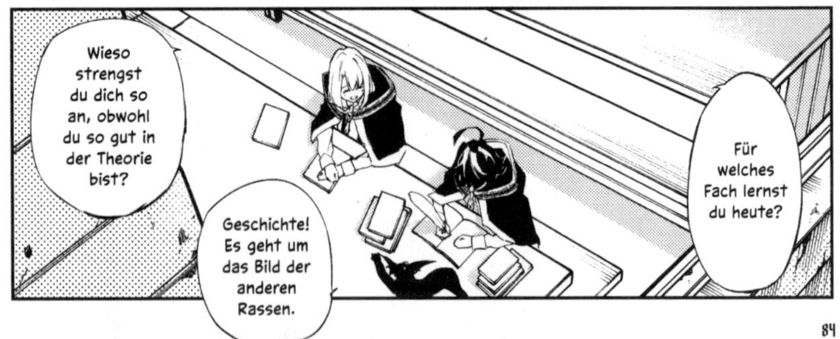
Für welches Fach lernst du heute?
Geschichte! Es geht um das Bild der anderen Rassen.
Wieso strengst du dich so an, obwohl du so gut in der Theorie bist?

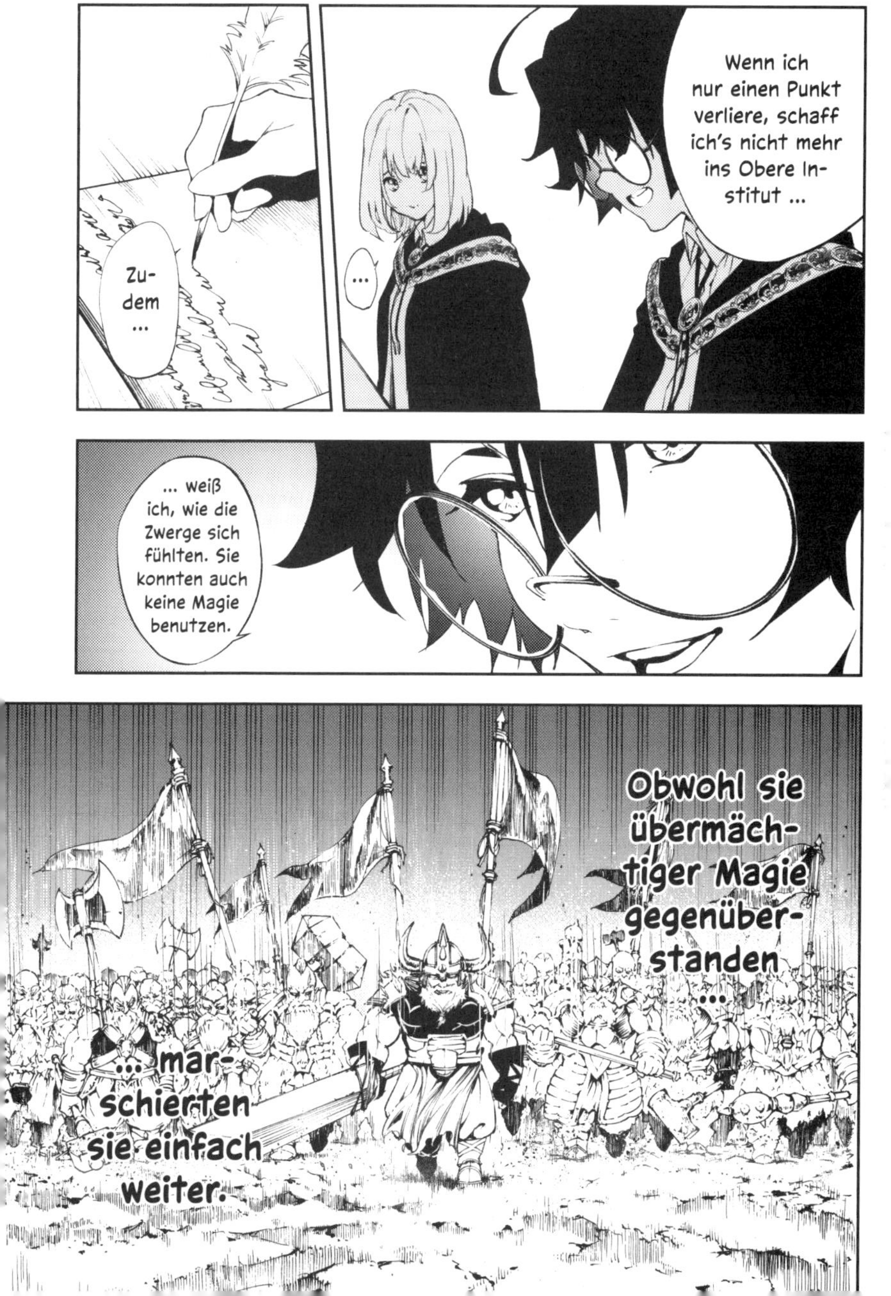

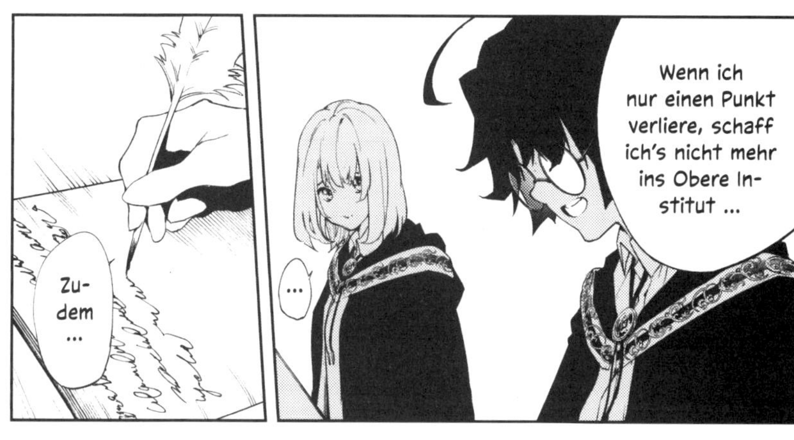

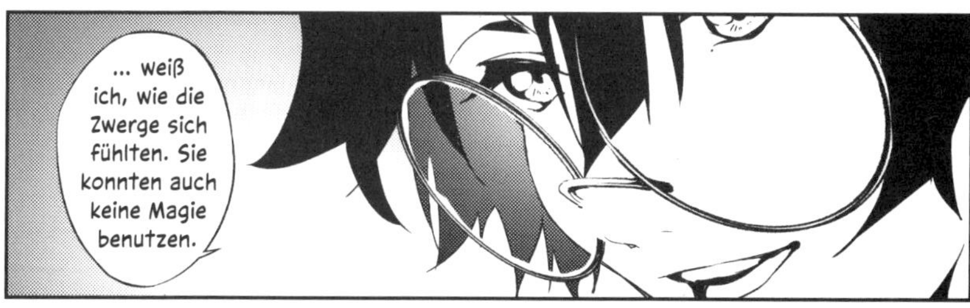

Obwohl sie übermächtiger Magie gegenüberstanden ...

... marschierten sie einfach weiter.

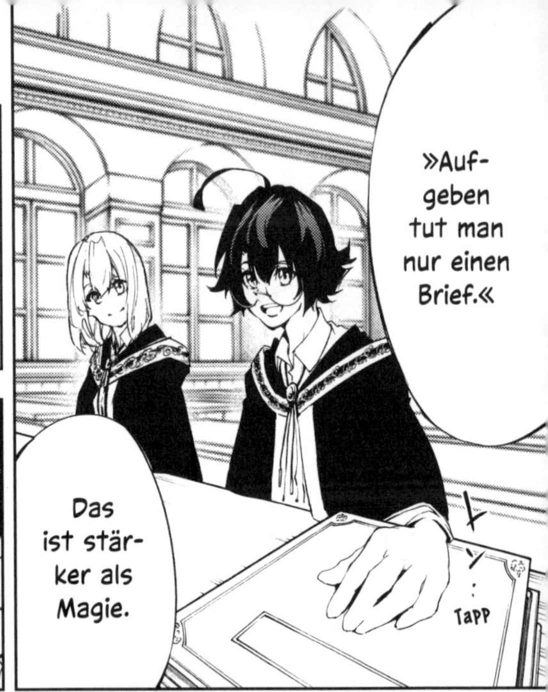
»Auf-
geben
tut man
nur einen
Brief.«
Das
ist stär-
ker als
Magie.
TAPP

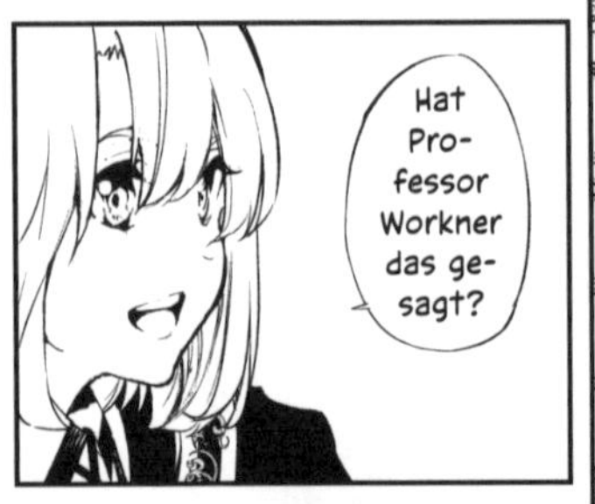
Hat
Pro-
fessor
Workner
das ge-
sagt?

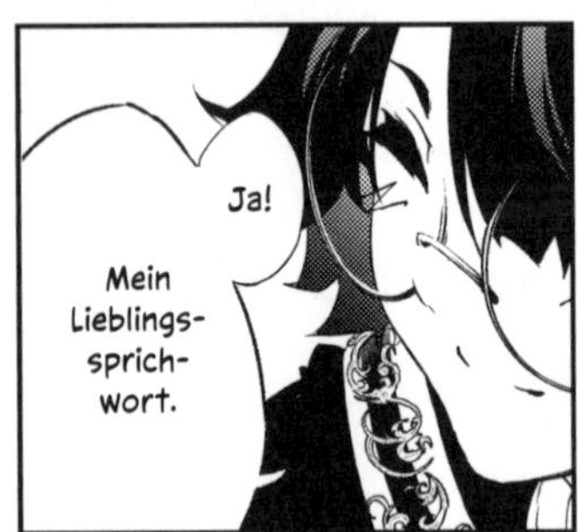
Ja!
Mein
Lieblings-
sprich-
wort.

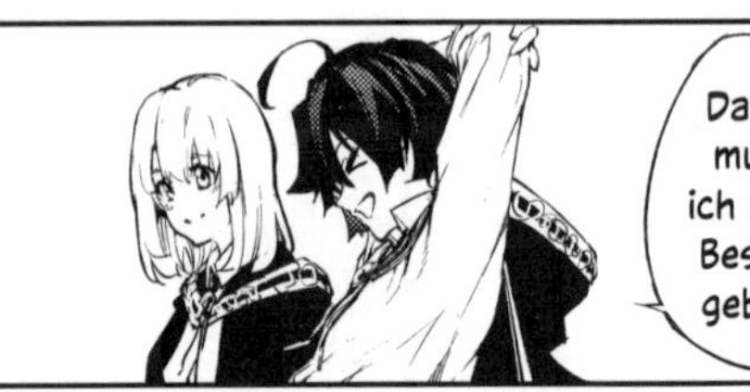
Daher
muss
ich mein
Bestes
geben.

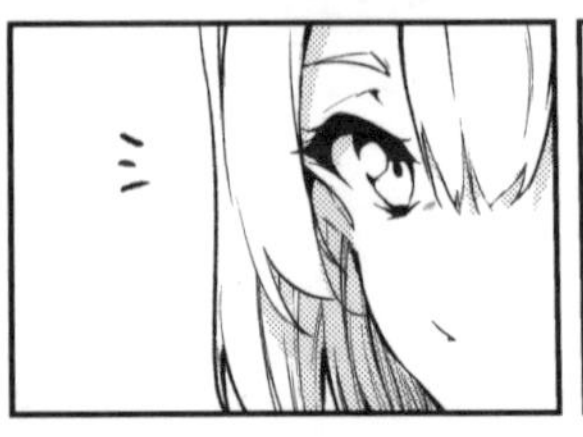

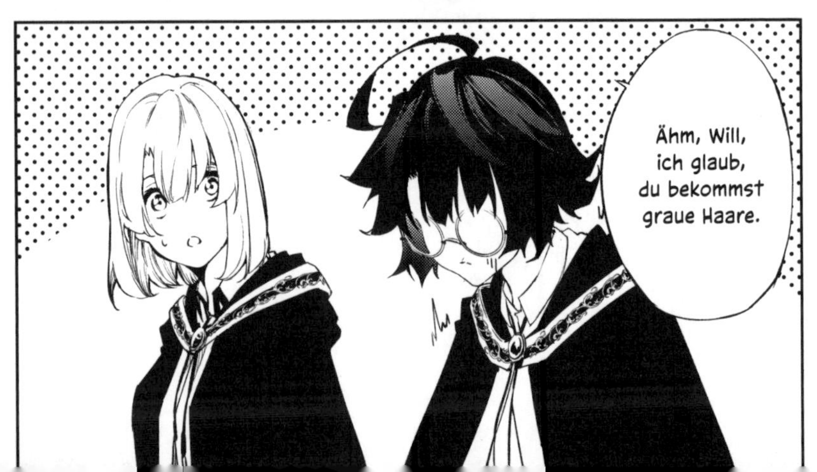
Ähm, Will,
ich glaub,
du bekommst
graue Haare.

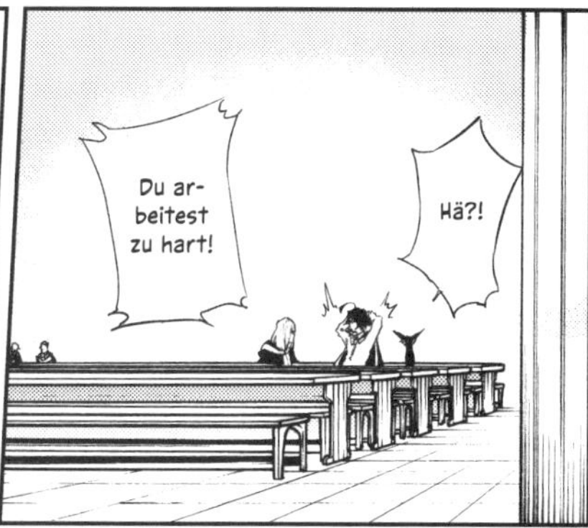
Hä?!
Du arbeitest zu hart!

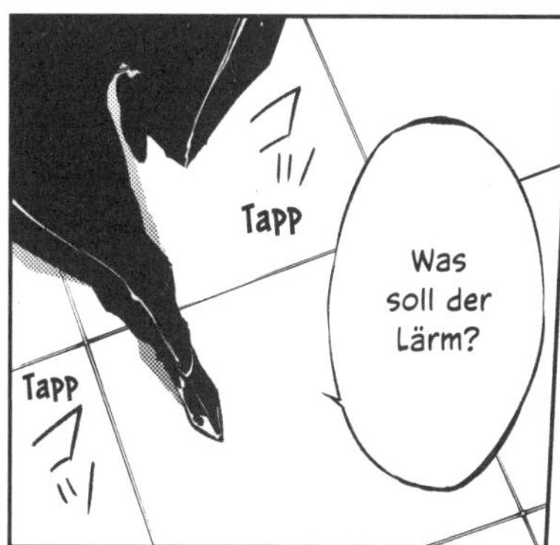
Tapp
Tapp
Was soll der Lärm?

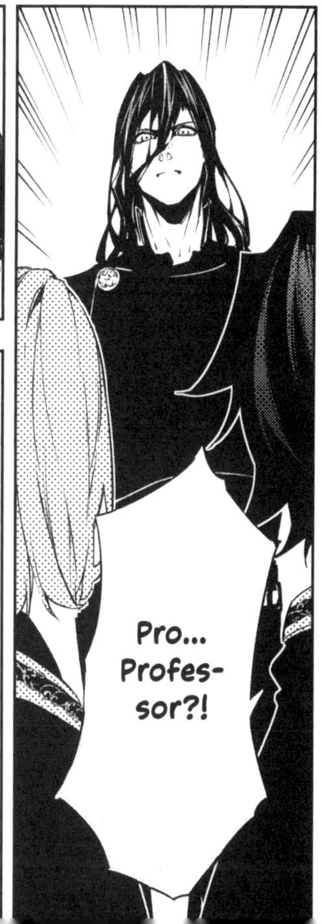
Pro... Professor?!

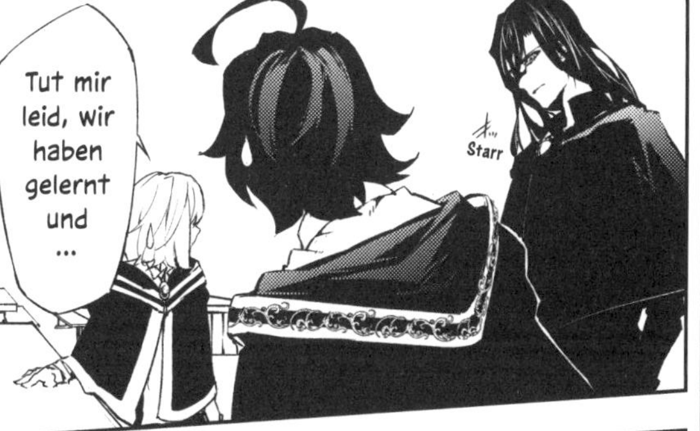
Starr
Tut mir leid, wir haben gelernt und ...

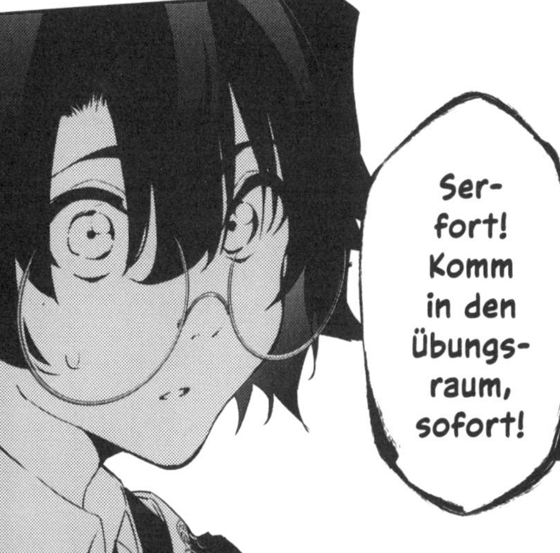
Ser-fort! Komm in den Übungsraum, sofort!

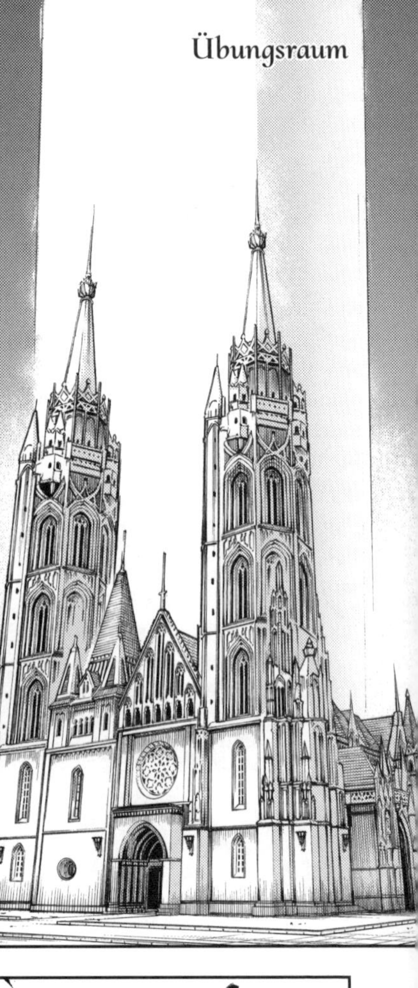
Übungsraum

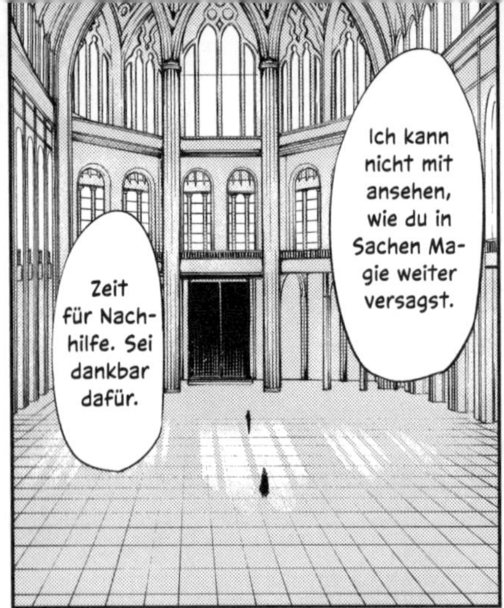
Ich kann nicht mit ansehen, wie du in Sachen Magie weiter versagst.
Zeit für Nachhilfe. Sei dankbar dafür.

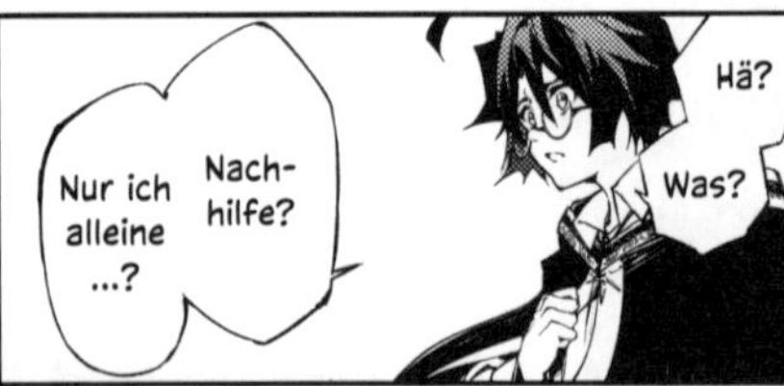
Hä?
Was?
Nachhilfe?
Nur ich alleine ...?

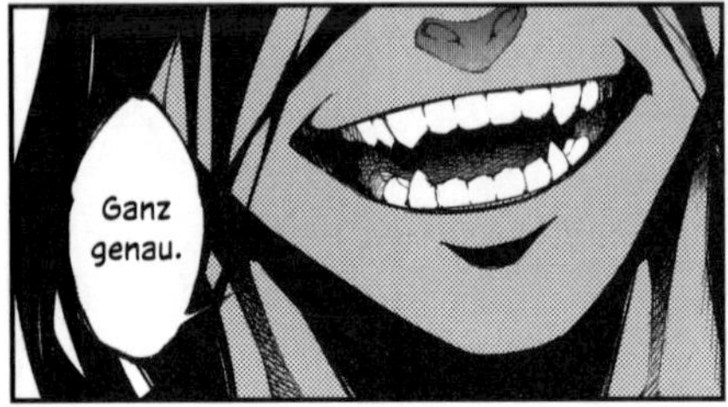
Ganz genau.

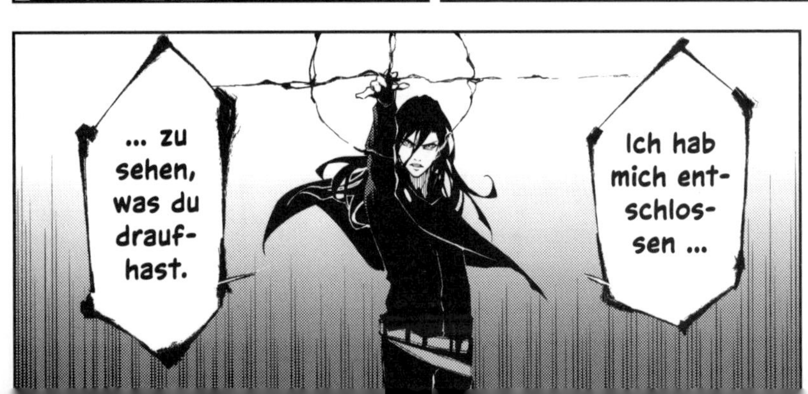
Ich hab mich entschlossen ...
... zu sehen, was du draufhast.

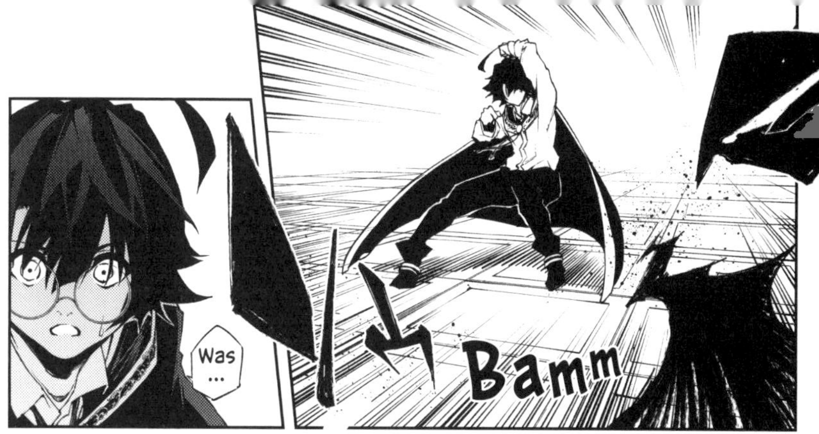
Was ...
Bamm

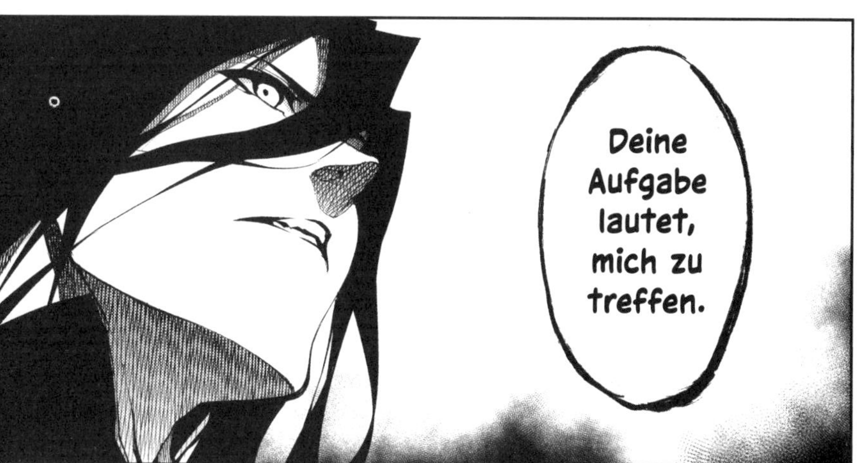
Deine Aufgabe lautet, mich zu treffen.

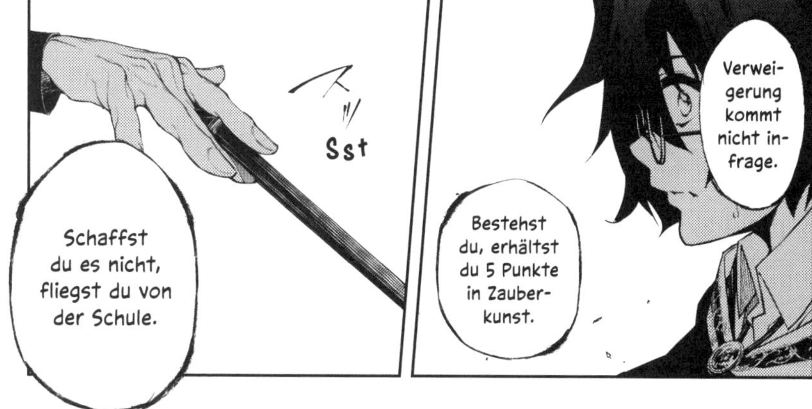
Verwei-gerung kommt nicht in-frage.
Bestehst du, erhältst du 5 Punkte in Zauber-kunst.
Sst
Schaffst du es nicht, fliegst du von der Schule.

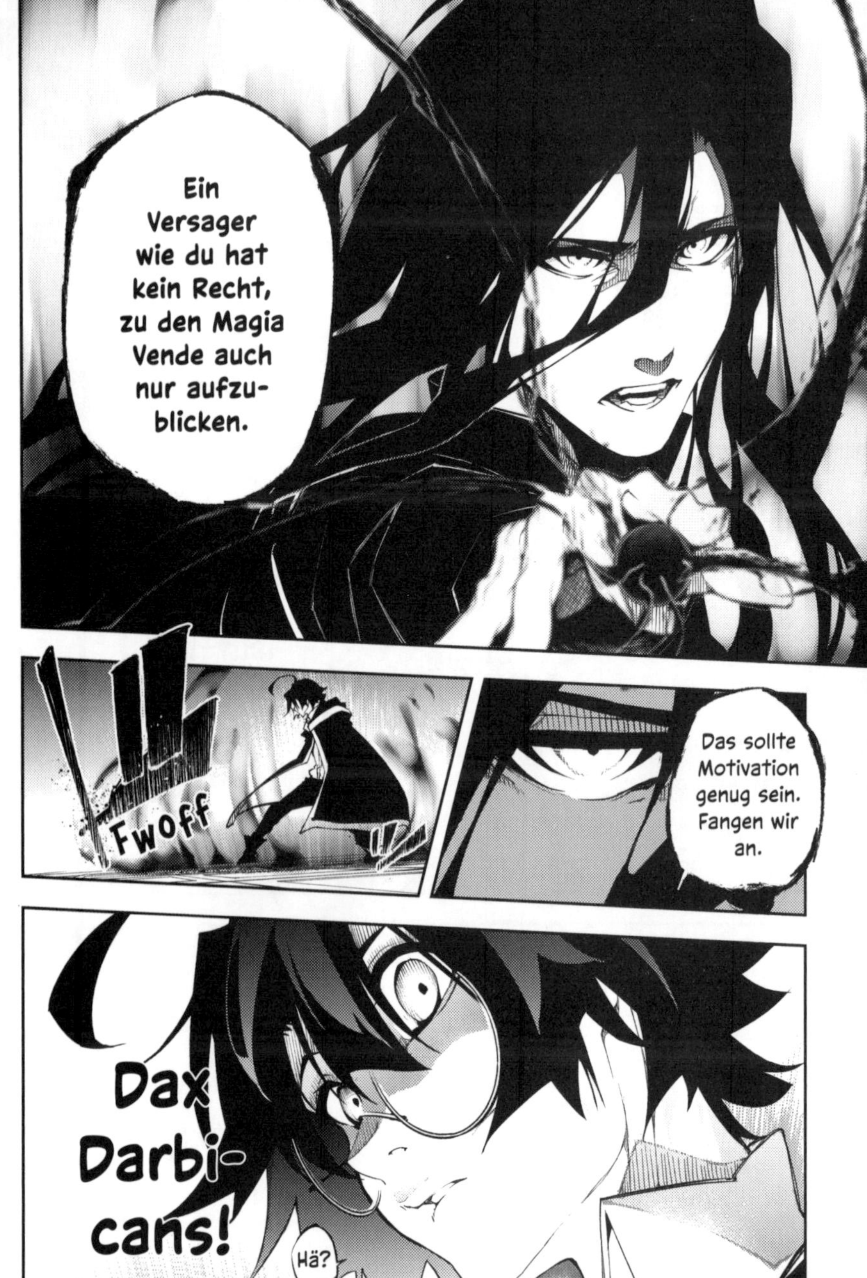
Ein Versager wie du hat kein Recht, zu den Magia Vende auch nur aufzu-blicken.
Das sollte Motivation genug sein. Fangen wir an.
Fwoff
Dax Darbi-cans!
Hä?

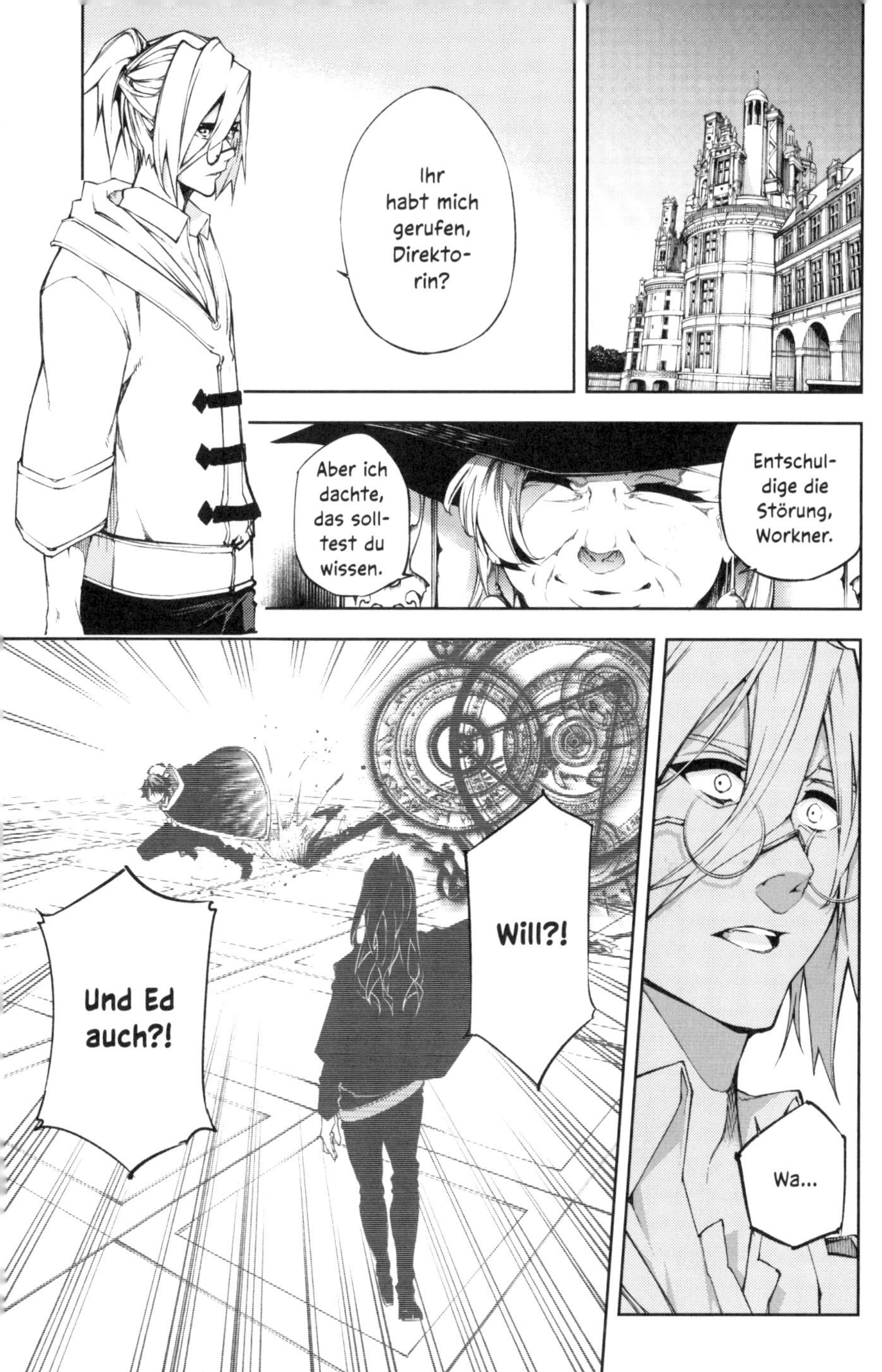
Ihr habt mich gerufen, Direktorin?
Entschuldige die Störung, Workner.
Aber ich dachte, das solltest du wissen.
Wa...
Will?!
Und Ed auch?!

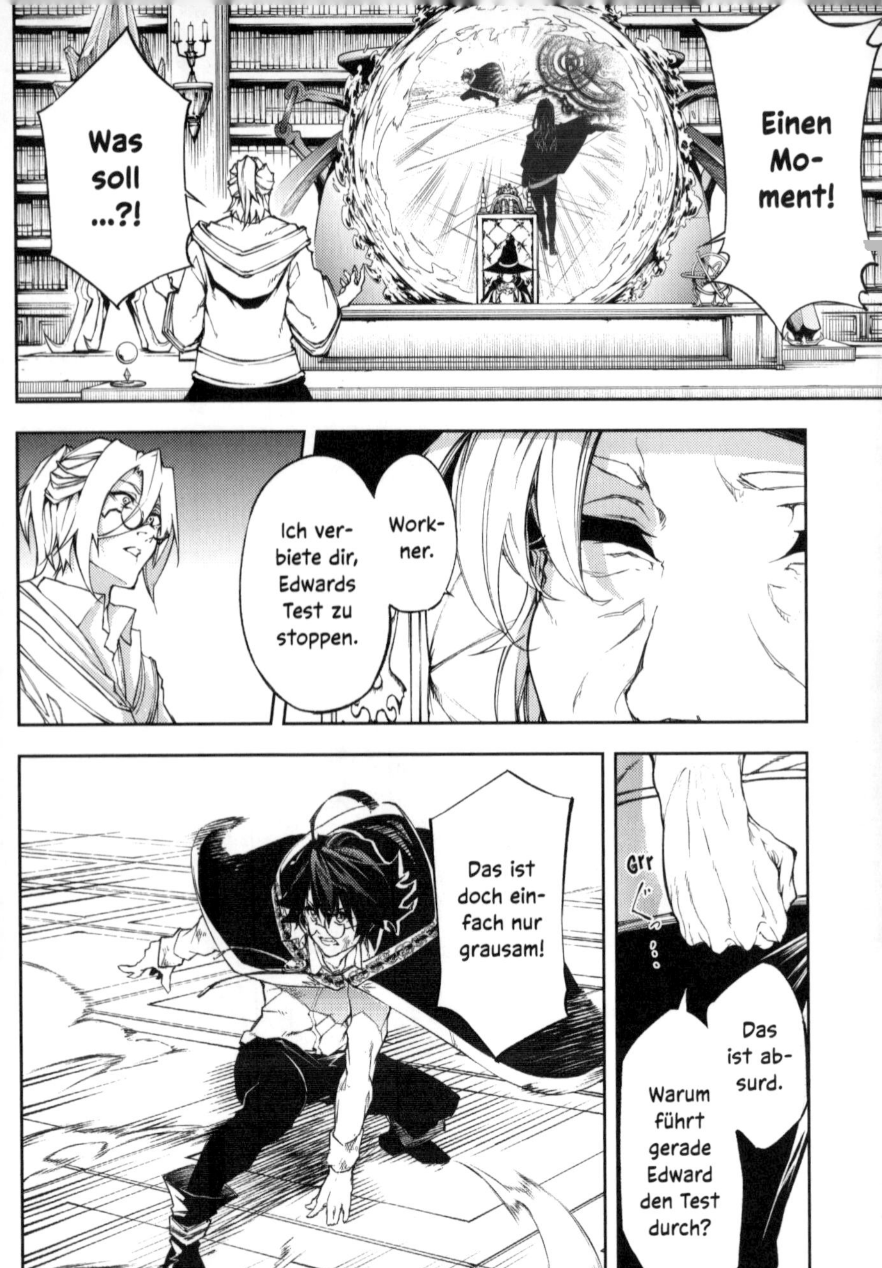

Einen Mo-ment!
Was soll ...?!
Work-ner.
Ich ver-biete dir, Edwards Test zu stoppen.
Das ist doch ein-fach nur grausam!
Grr
Das ist ab-surd.
Warum führt gerade Edward den Test durch?

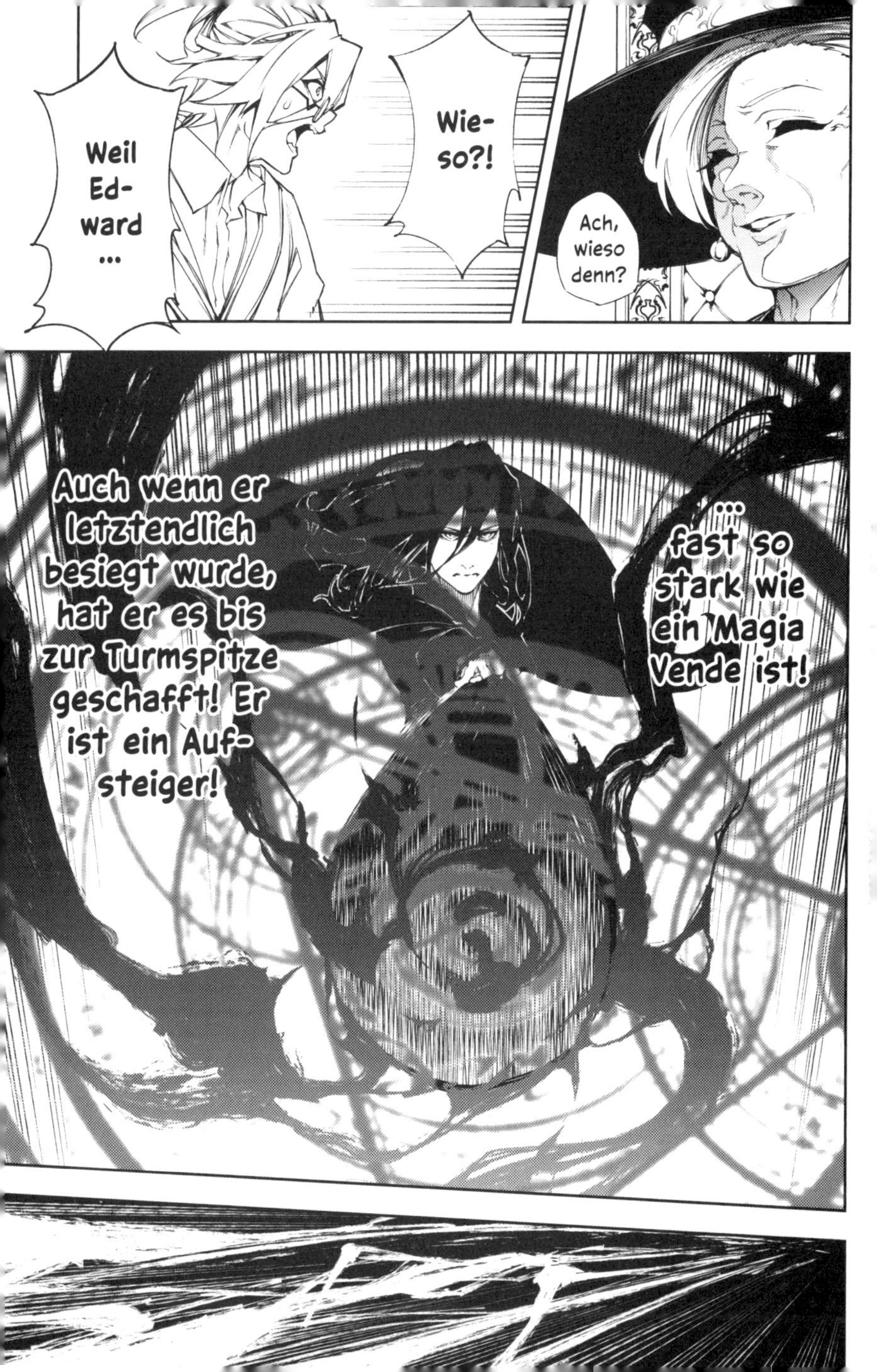

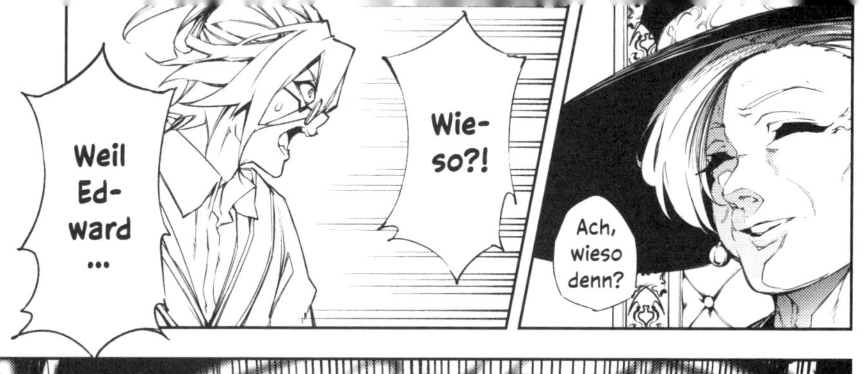
Ach, wieso denn?
Wie-so?!
Weil Ed-ward ...

Auch wenn er letztendlich besiegt wurde, hat er es bis zur Turmspitze geschafft! Er ist ein Auf-steiger!
... fast so stark wie ein Magia Vende ist!

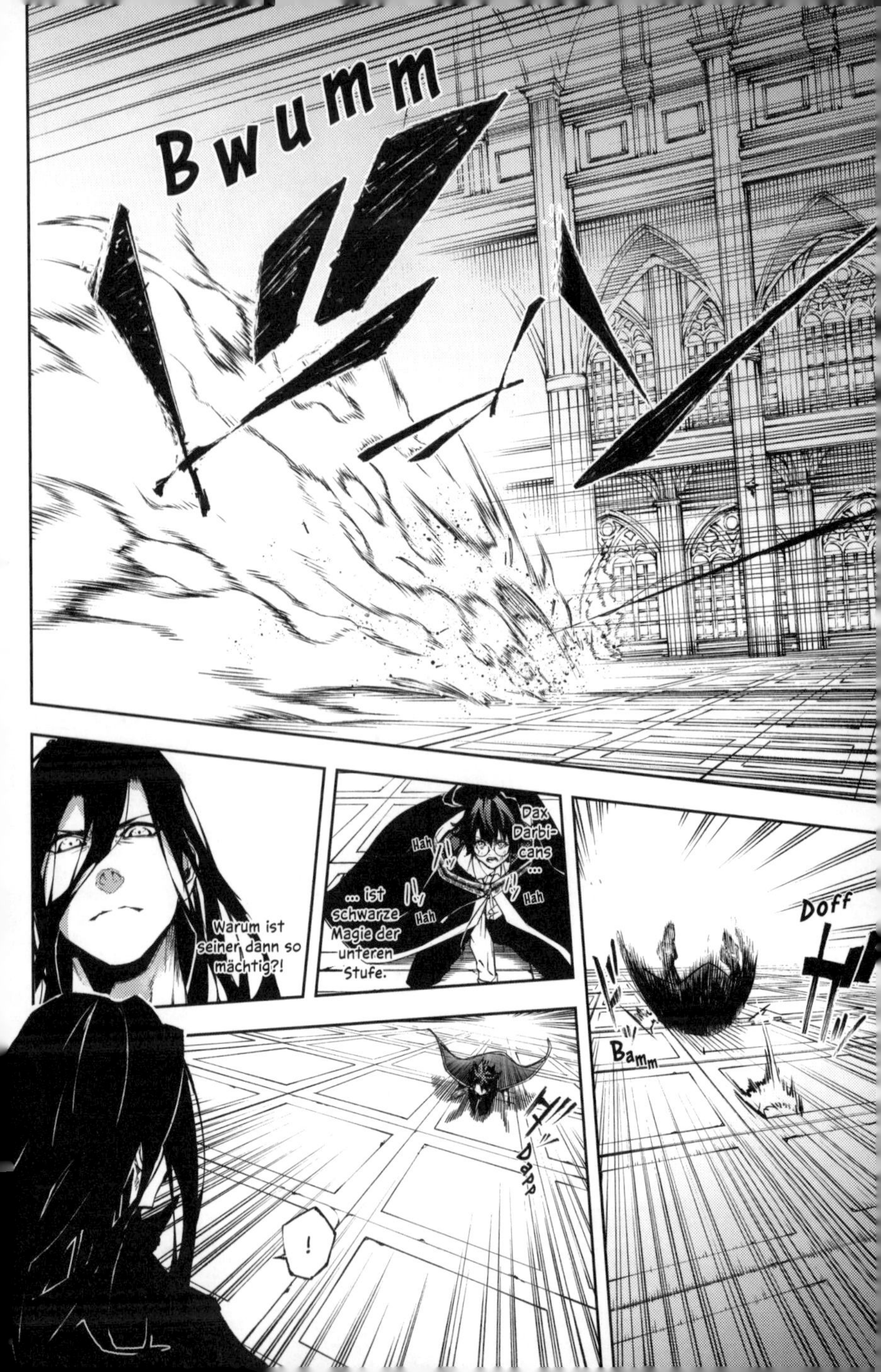
Bwumm
Doff
Bamm
Dax Darbicans ...
Hah
Hah
Hah
... ist schwarze Magie der unteren Stufe.
Warum ist seiner dann so mächtig?!
Dapp
!

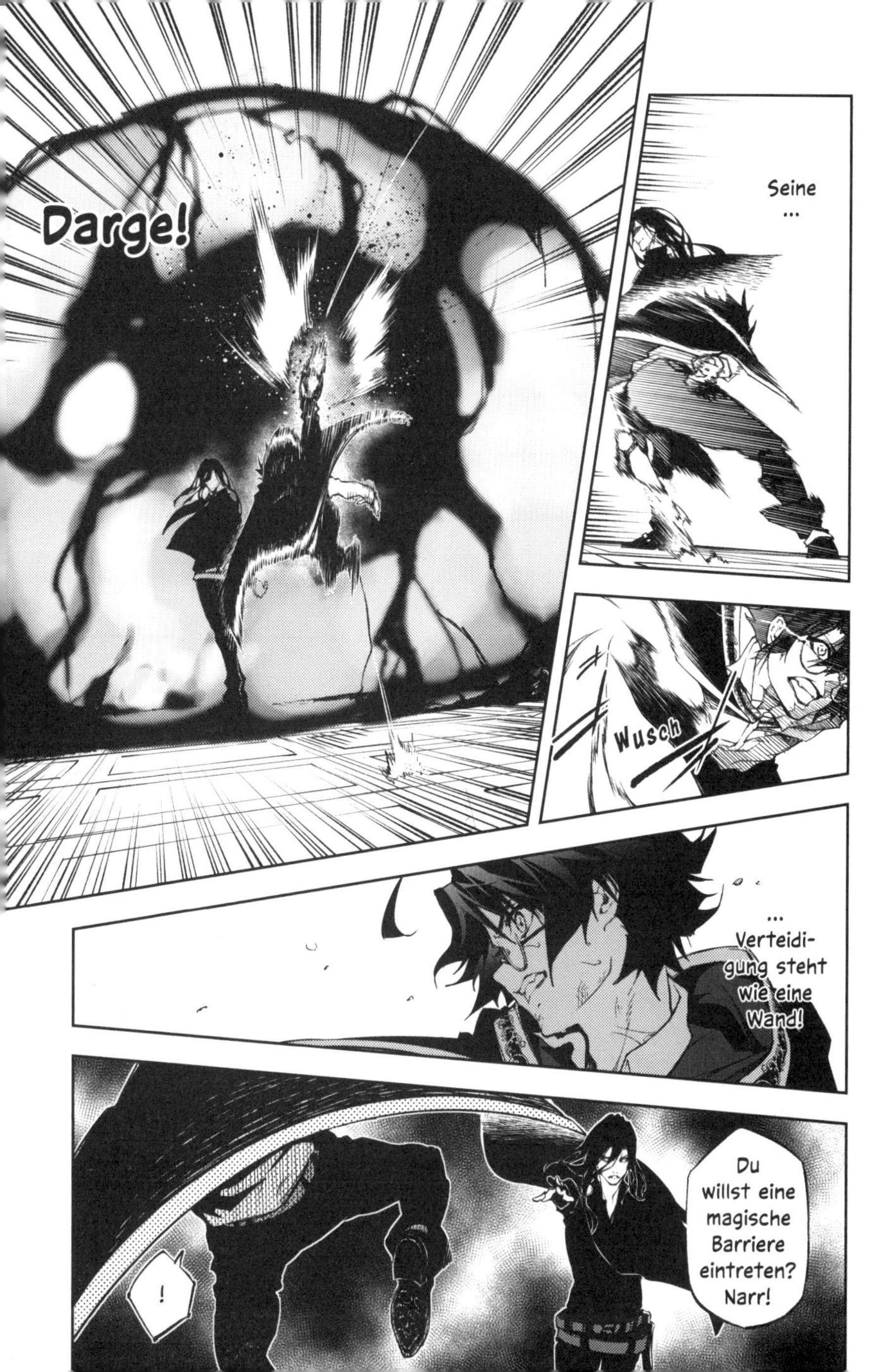
Darge!
Seine ...
Wusch
... Verteidigung steht wie eine Wand!
Du willst eine magische Barriere eintreten? Narr!
!

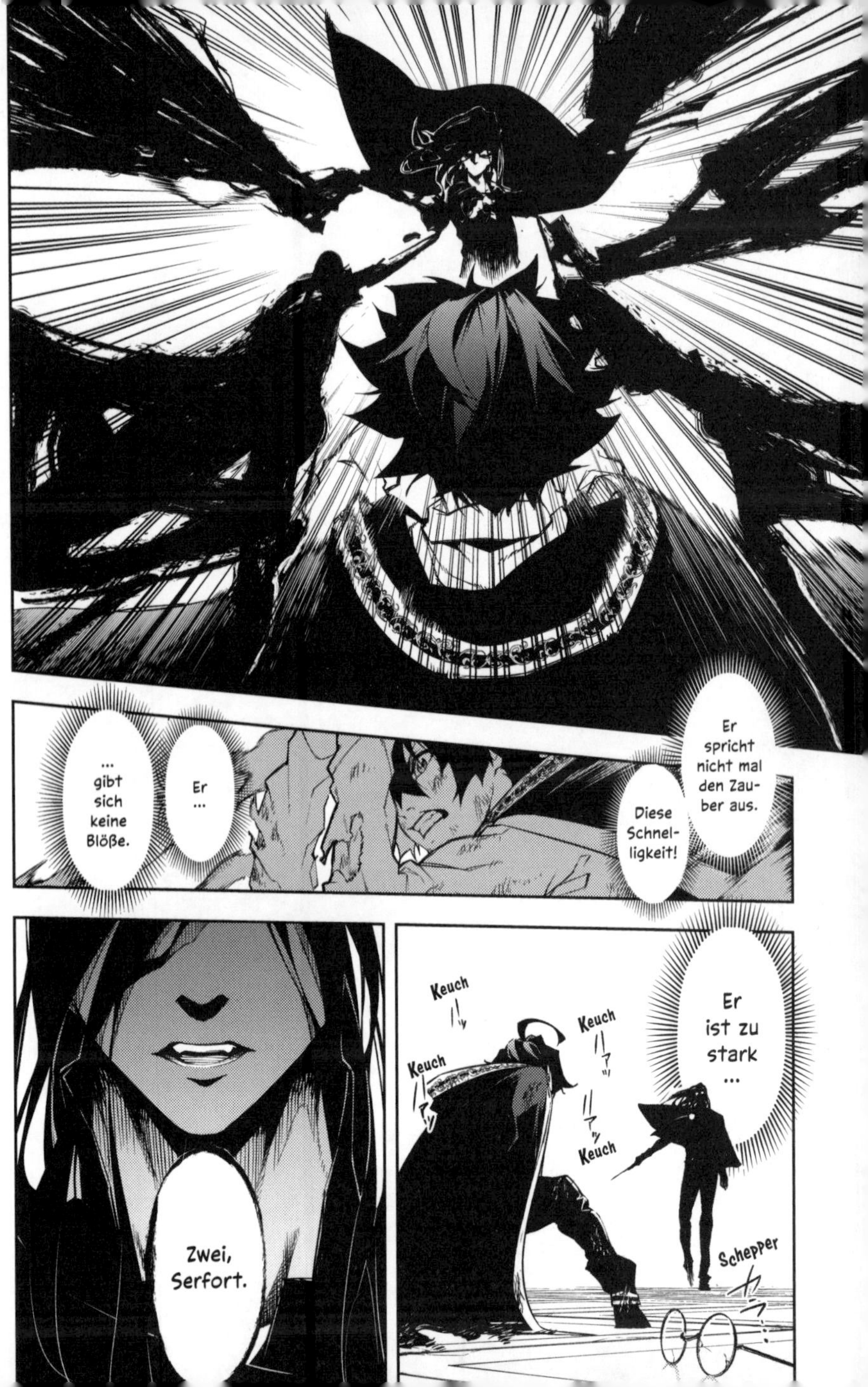

Er spricht nicht mal den Zauber aus.
Diese Schnelligkeit!
Er ...
... gibt sich keine Blöße.

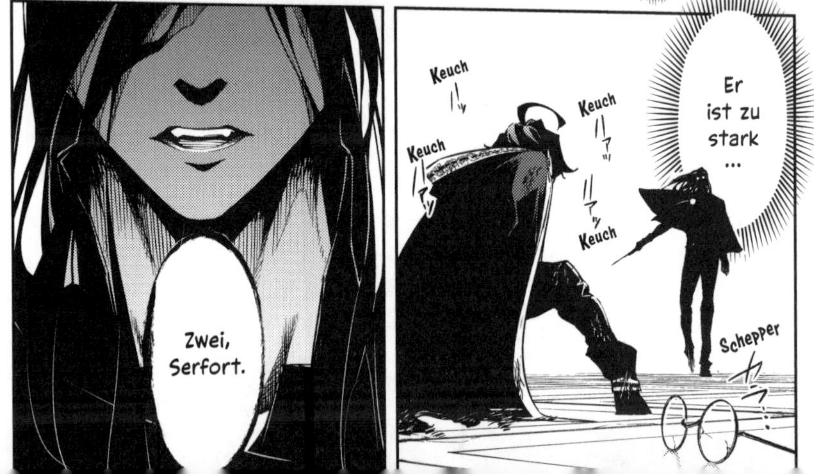

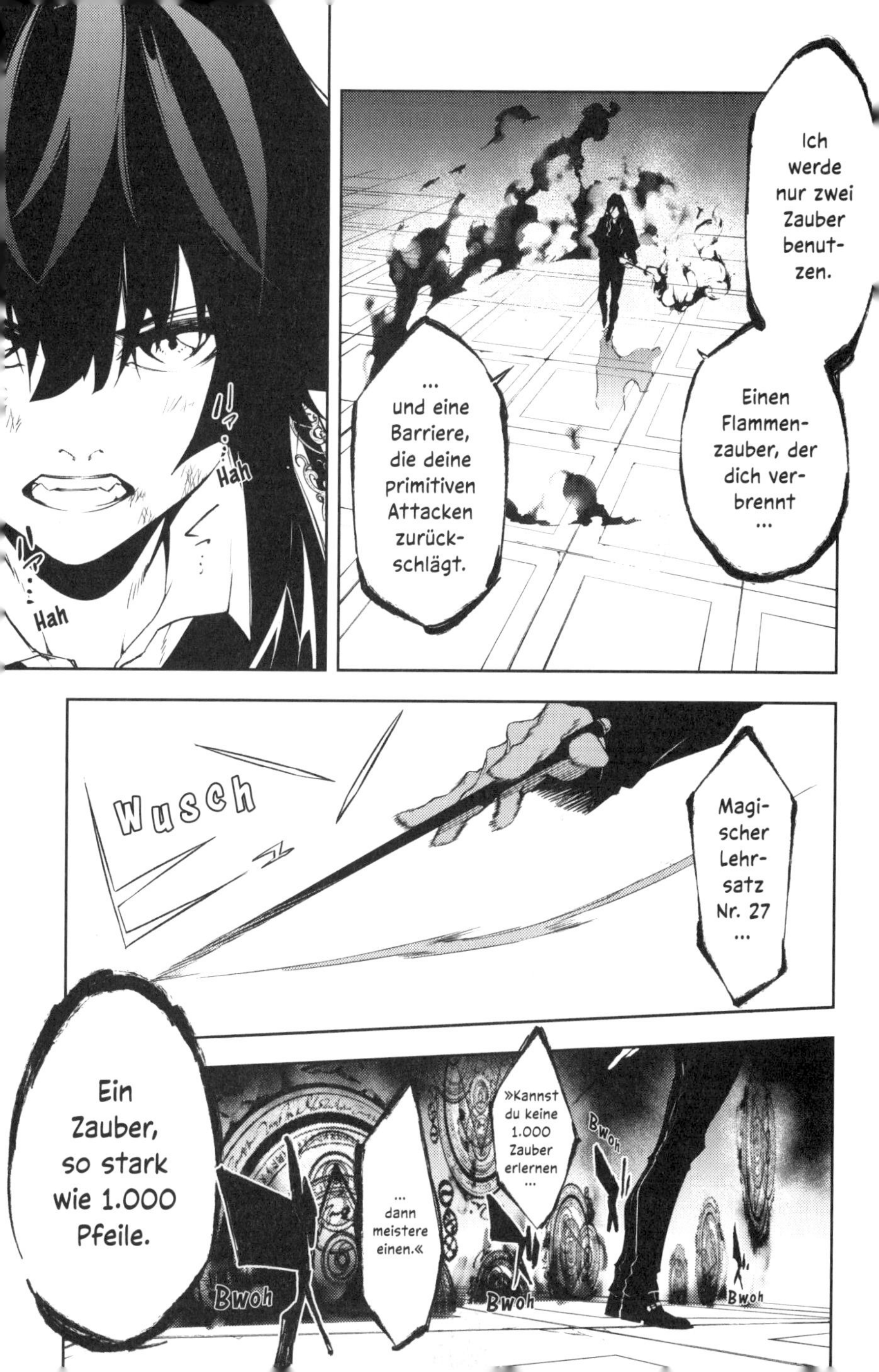

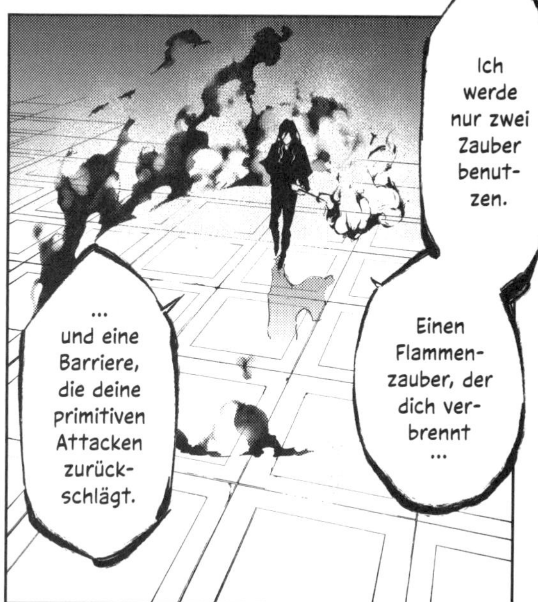

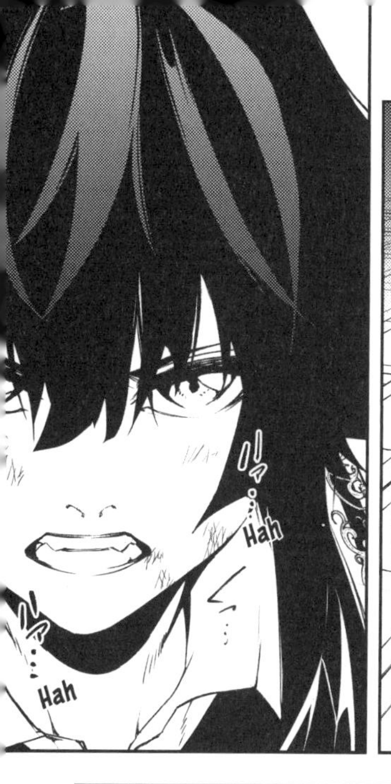

Magischer Lehrsatz Nr. 27 ...

Wusch

Bwoh

»Kannst du keine 1.000 Zauber erlernen ...

Bwoh

... dann meistere einen.«

Bwoh

Ein Zauber, so stark wie 1.000 Pfeile.

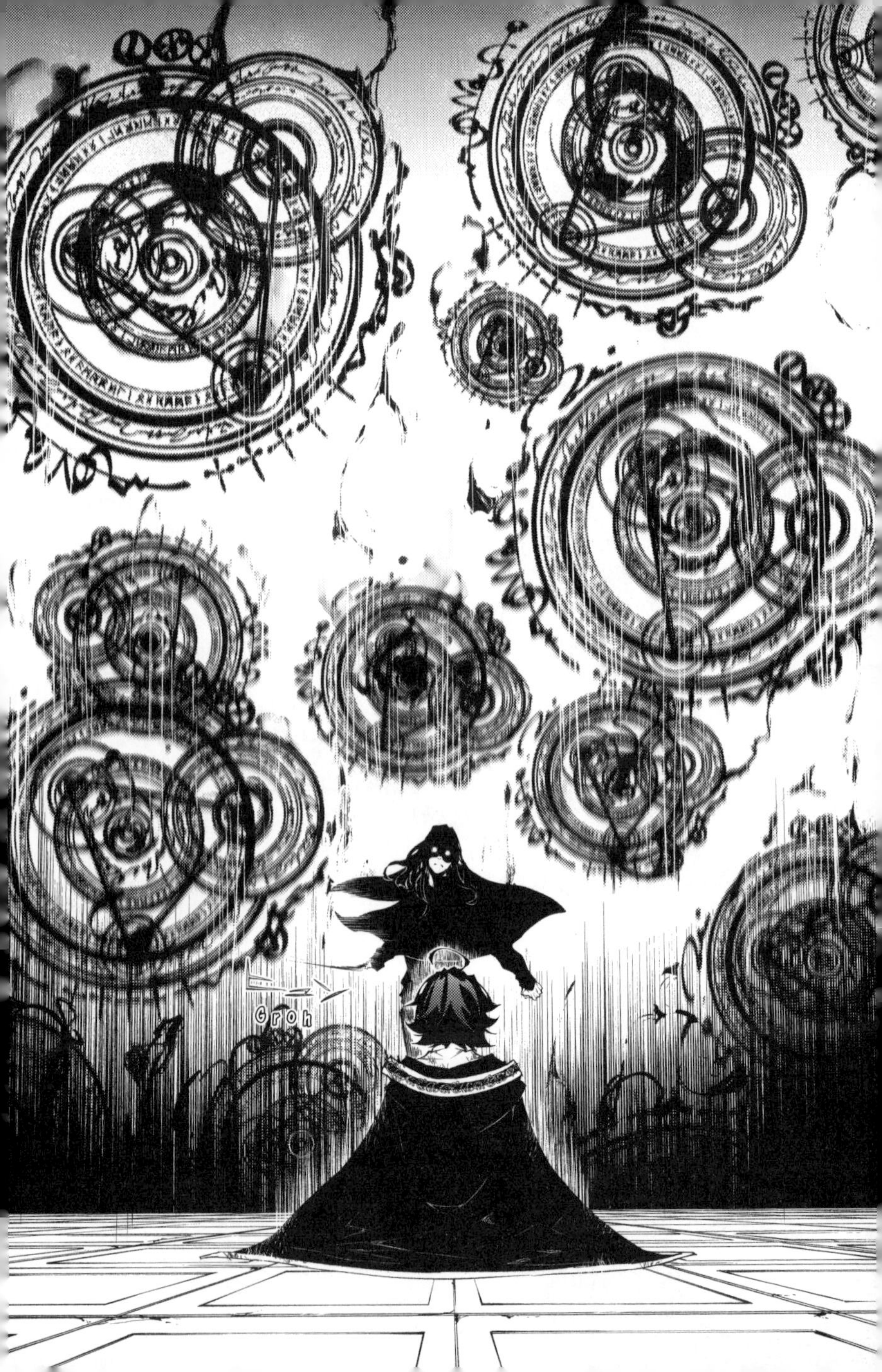
ヒュン
Groh

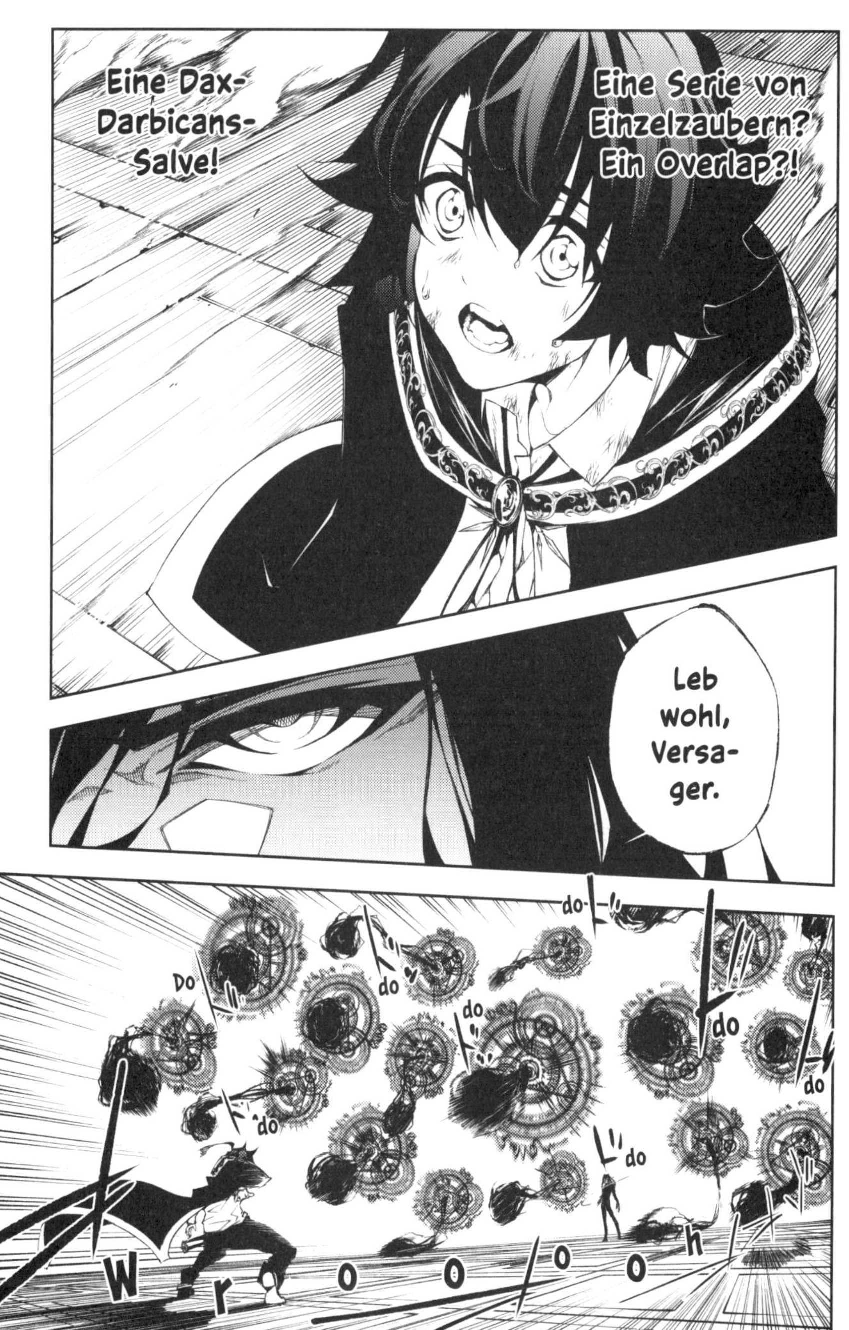
Eine Serie von Einzelzaubern? Ein Overlap?!
Eine Dax-Darbicans-Salve!
Leb wohl, Versager.
do
Do
do
do
do
do
do
do
do
Wrooooooh!

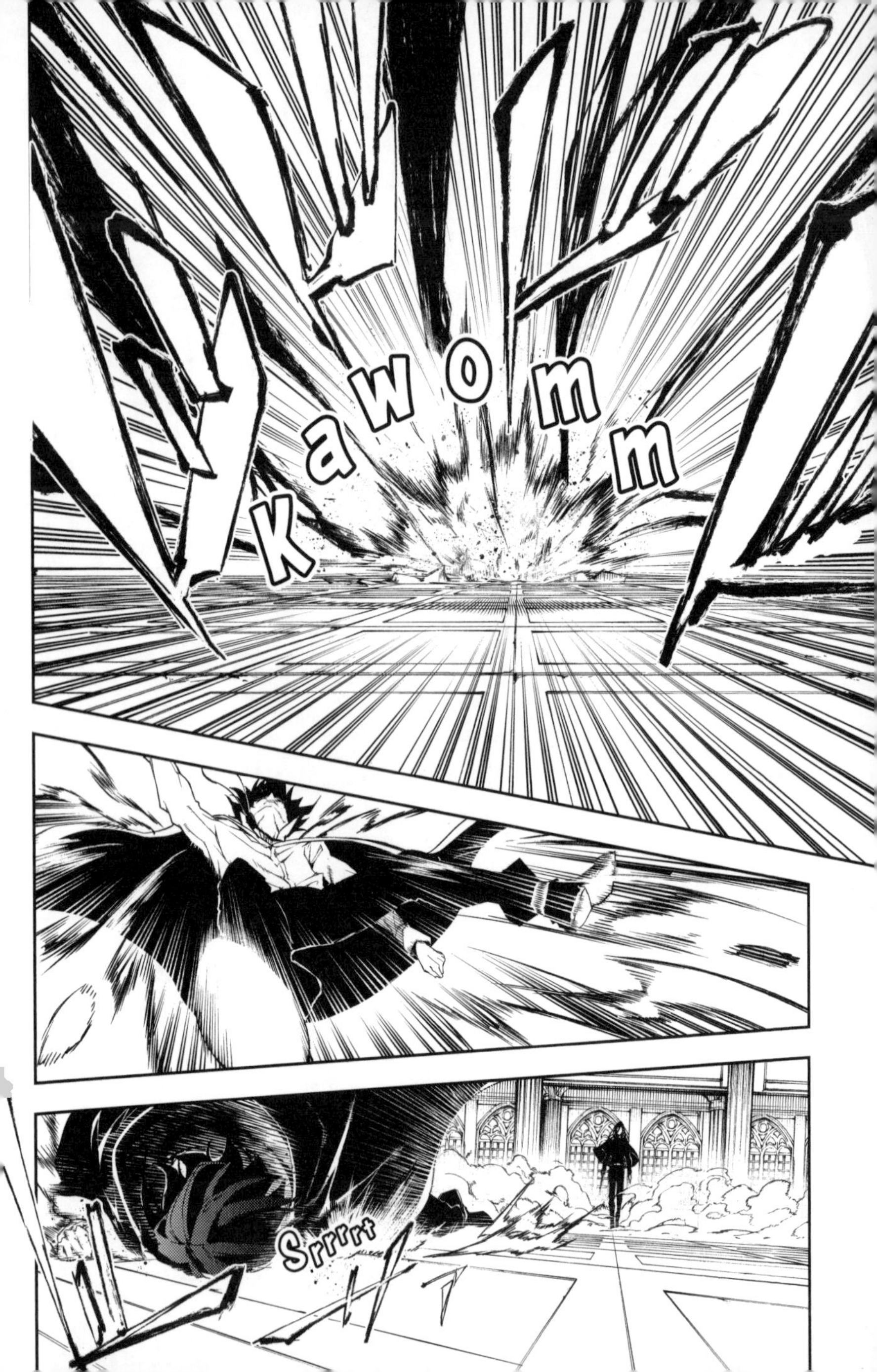
Kawomm
Srrrt

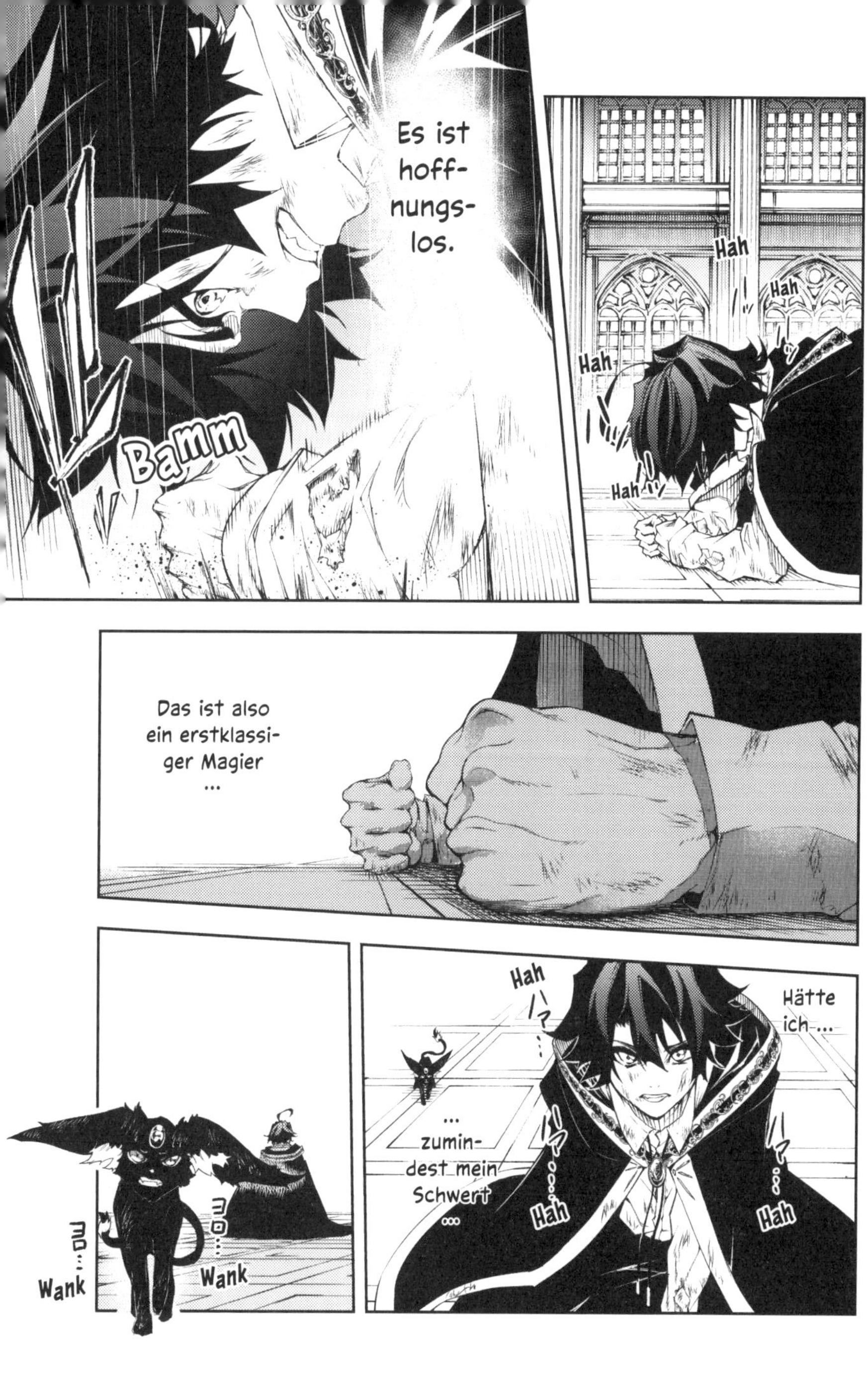

Es ist hoffnungslos.

Bamm

Hah

Hah

Hah

Hah

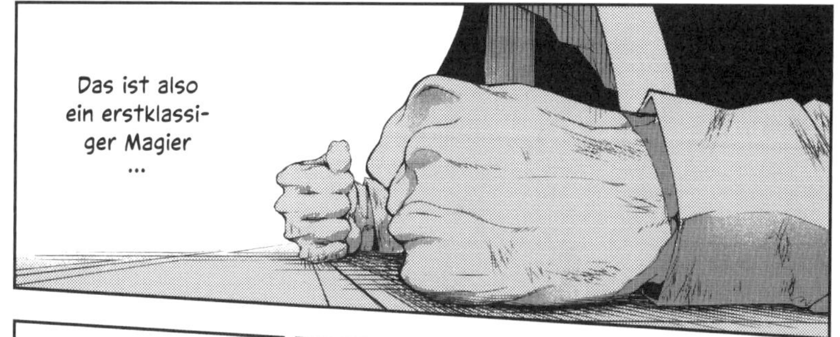

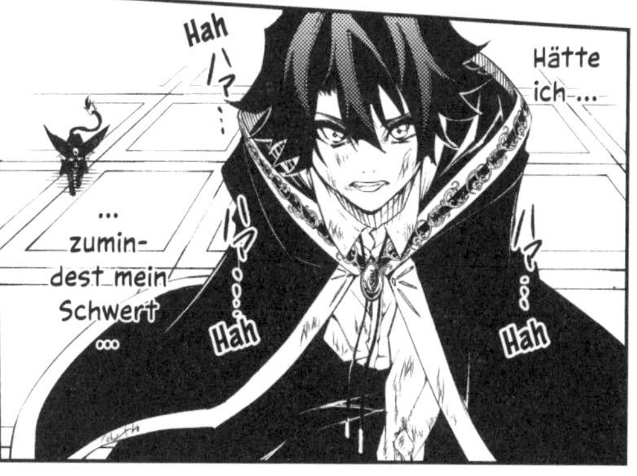

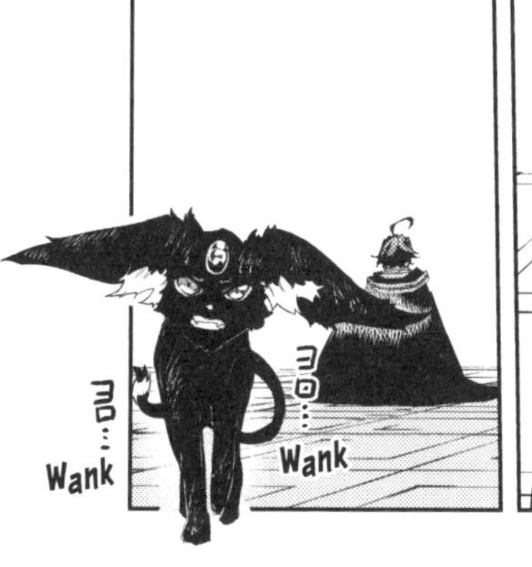

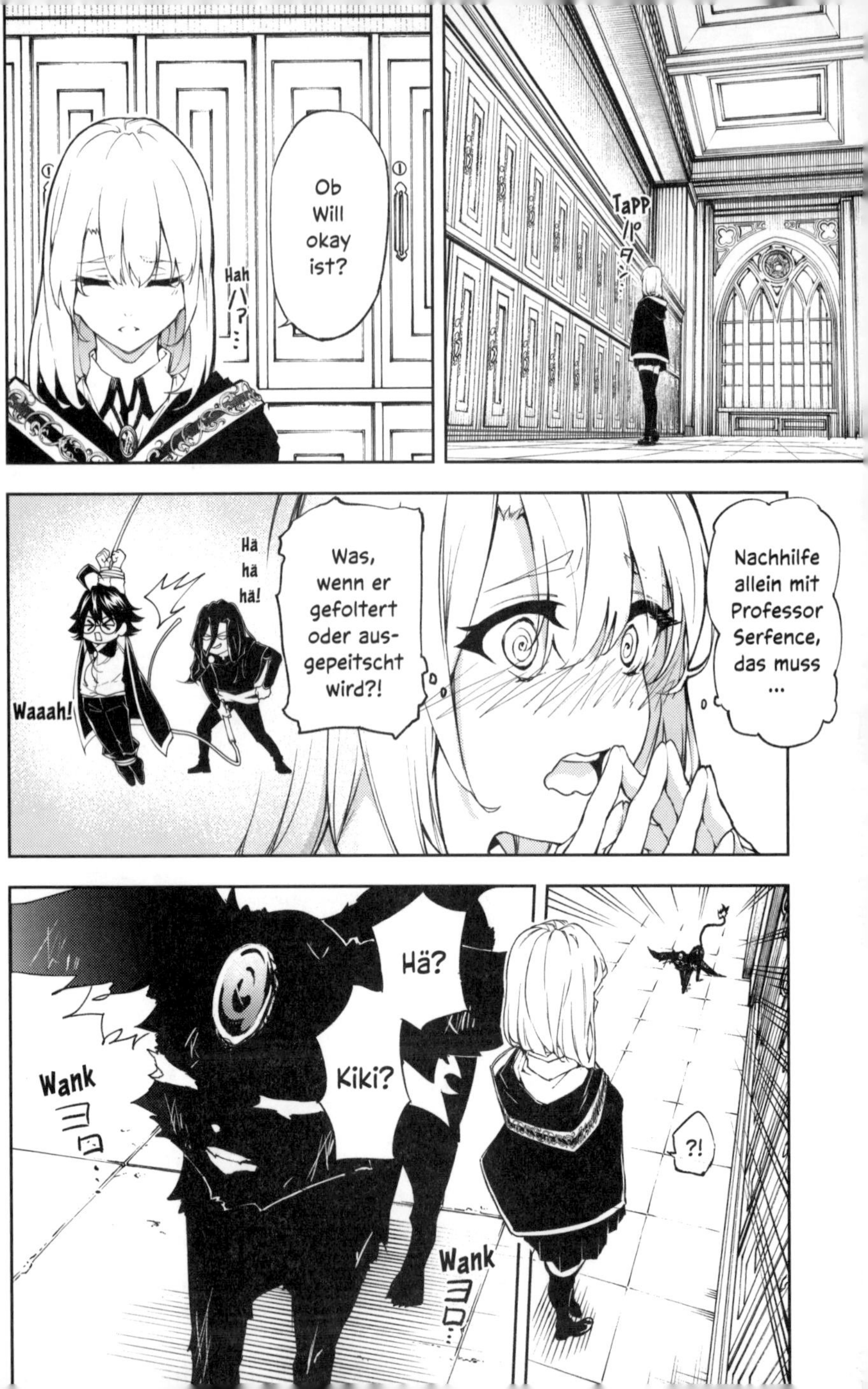

Tapp

Hah ...

Ob Will okay ist?

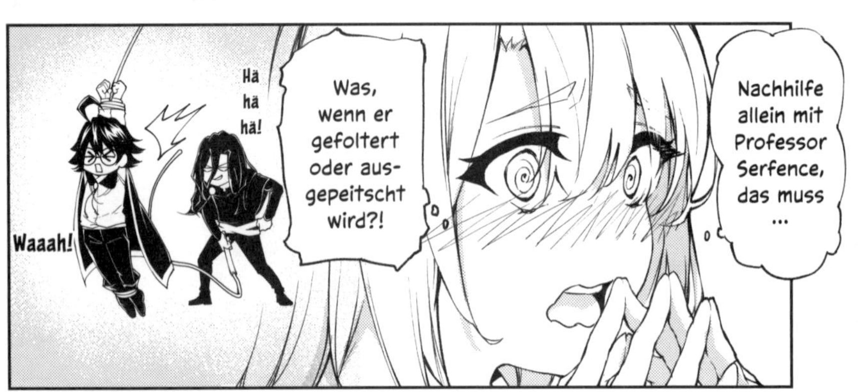

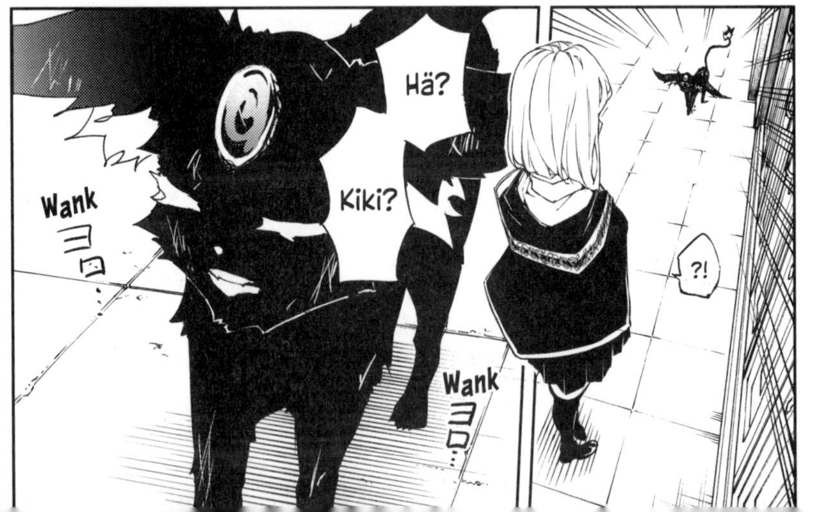

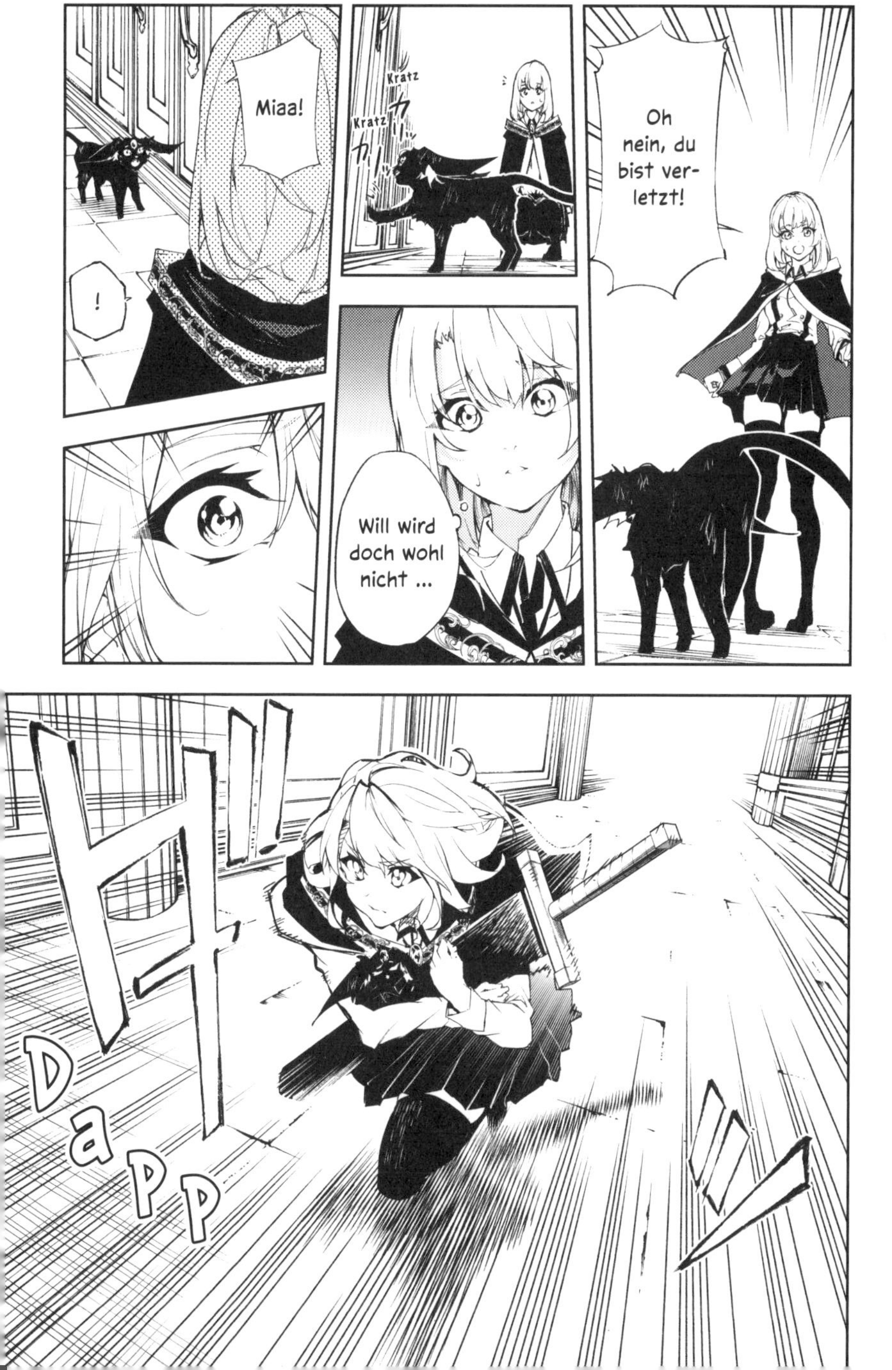

Oh nein, du bist ver-letzt!

Kratz

Kratz

Miaa!

!

Will wird doch wohl nicht ...

Dapp

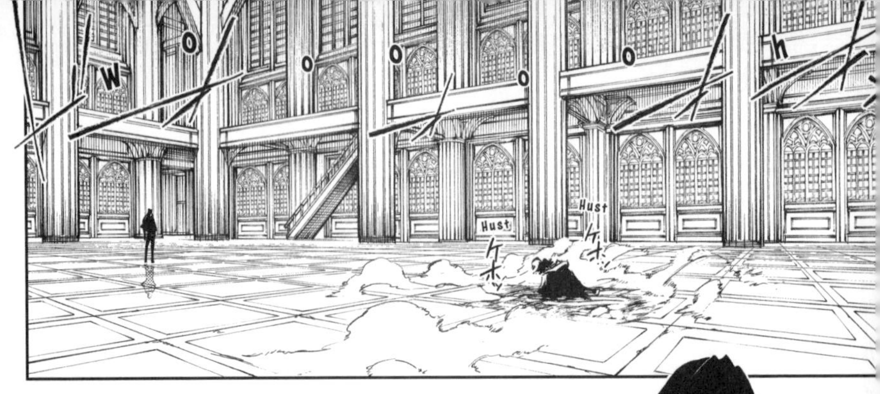
Woooh
Hust
Hust
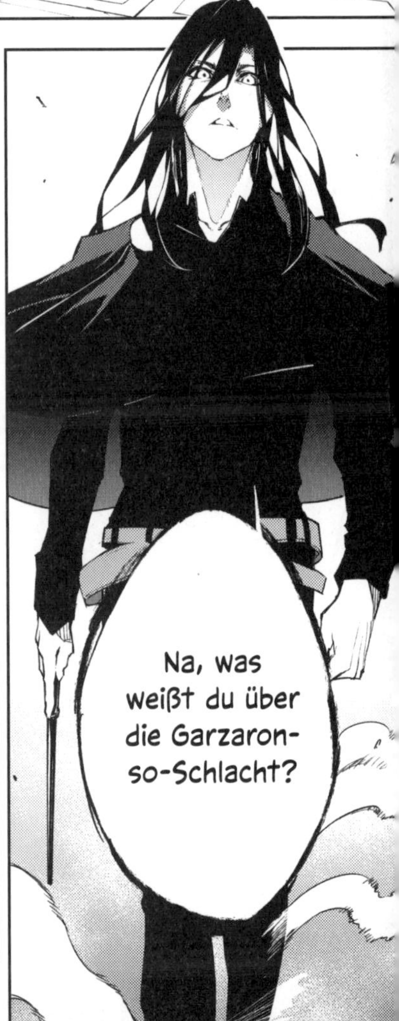
Na, was weißt du über die Garzaron-so-Schlacht?
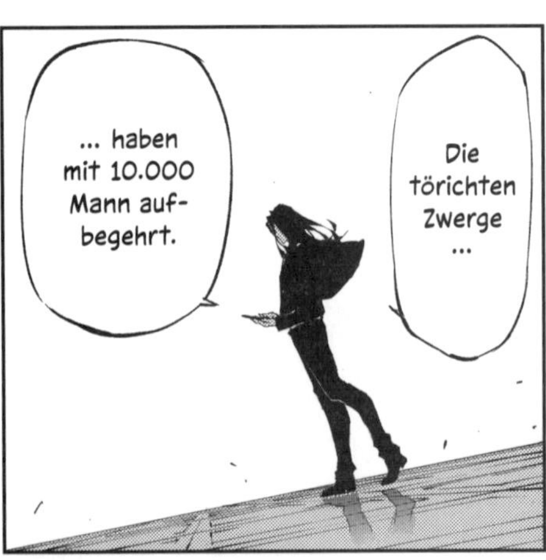
Die törichten Zwerge ...
... haben mit 10.000 Mann auf-begehrt.
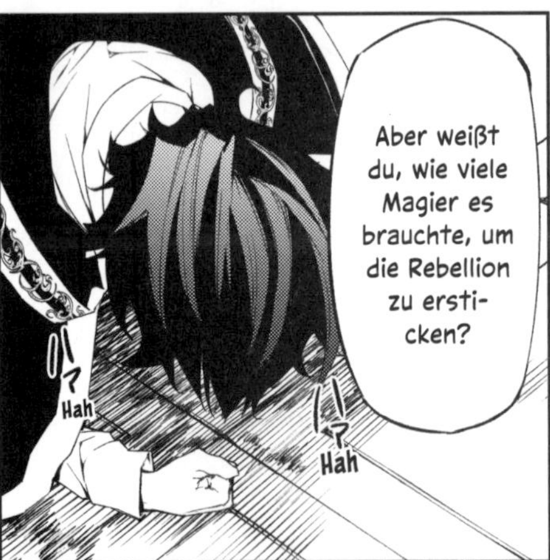
Aber weißt du, wie viele Magier es brauchte, um die Rebellion zu ersti-cken?
Hah
Hah

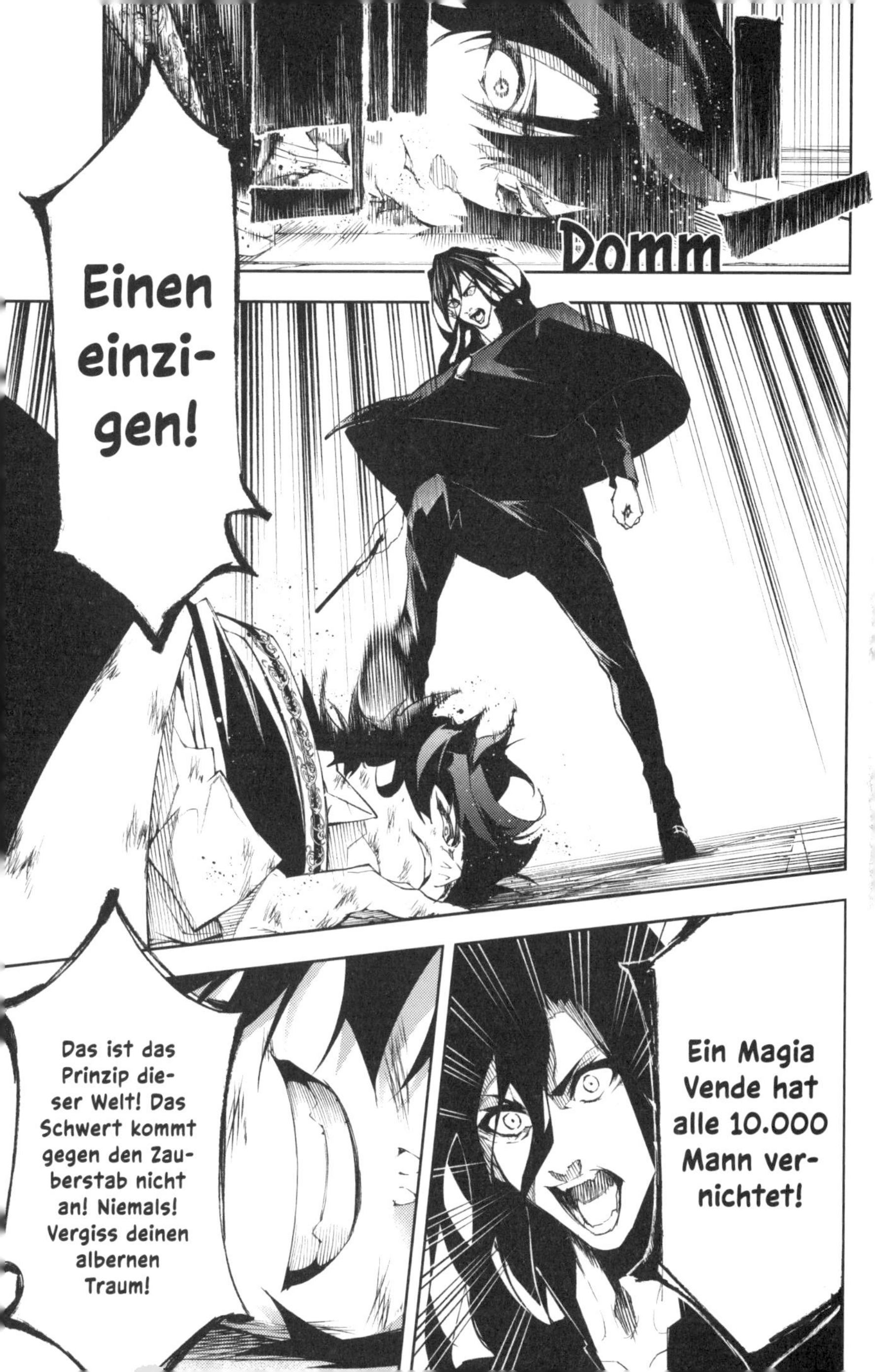
Domm
Einen einzigen!
Ein Magia Vende hat alle 10.000 Mann vernichtet!
Das ist das Prinzip dieser Welt! Das Schwert kommt gegen den Zauberstab nicht an! Niemals! Vergiss deinen albernen Traum!

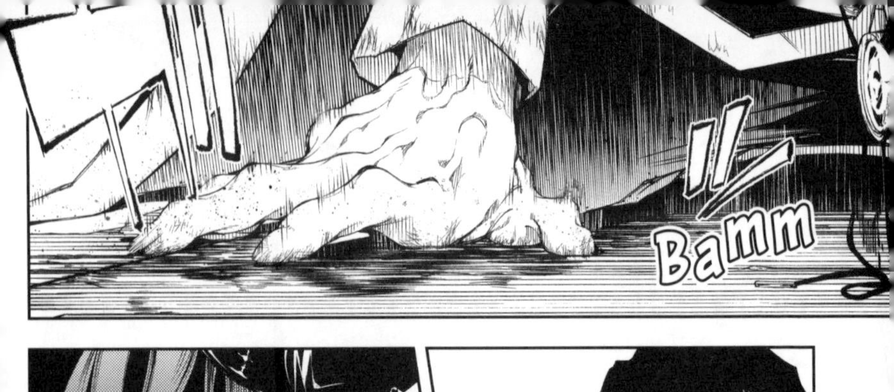
Bamm

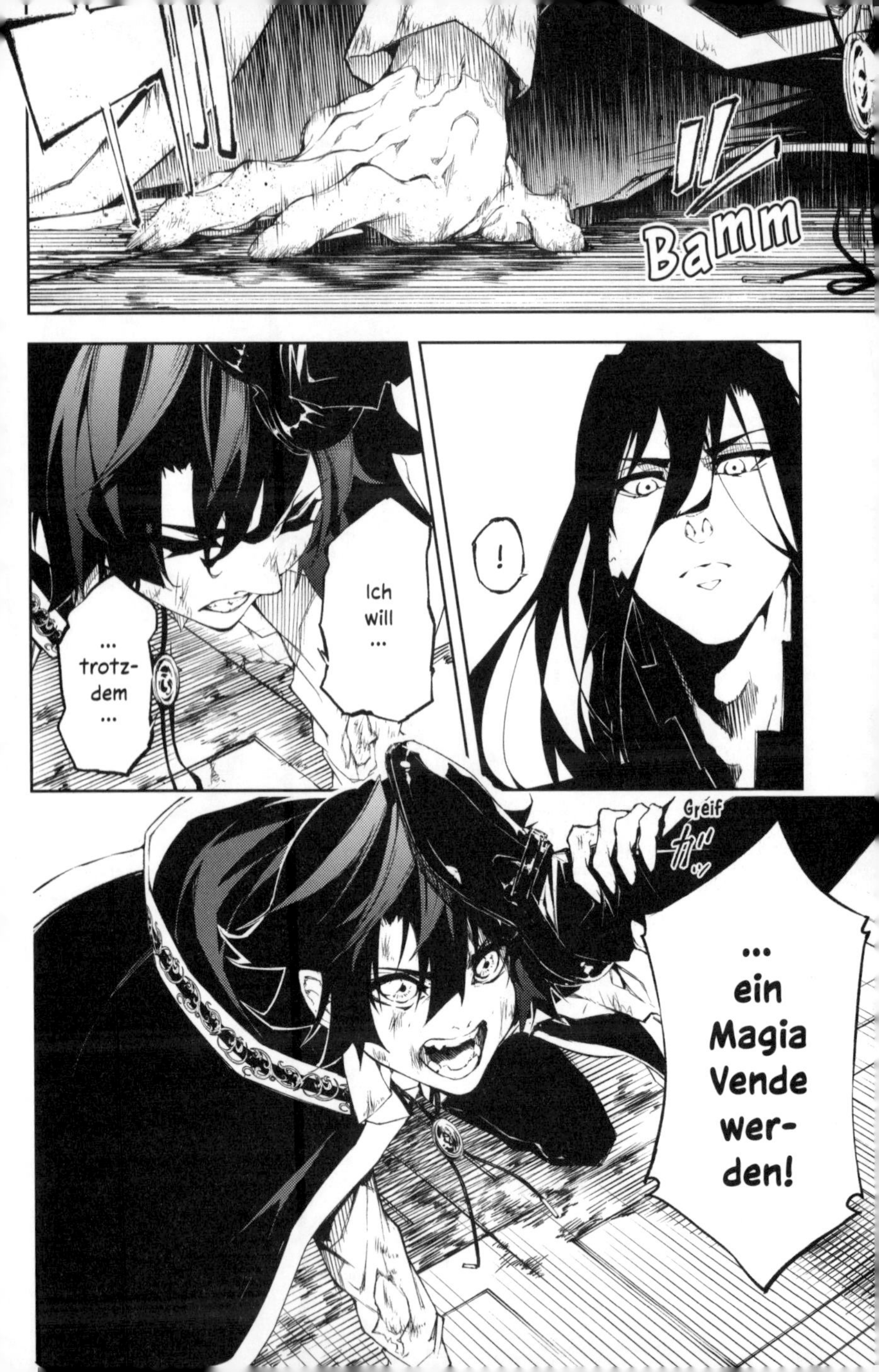

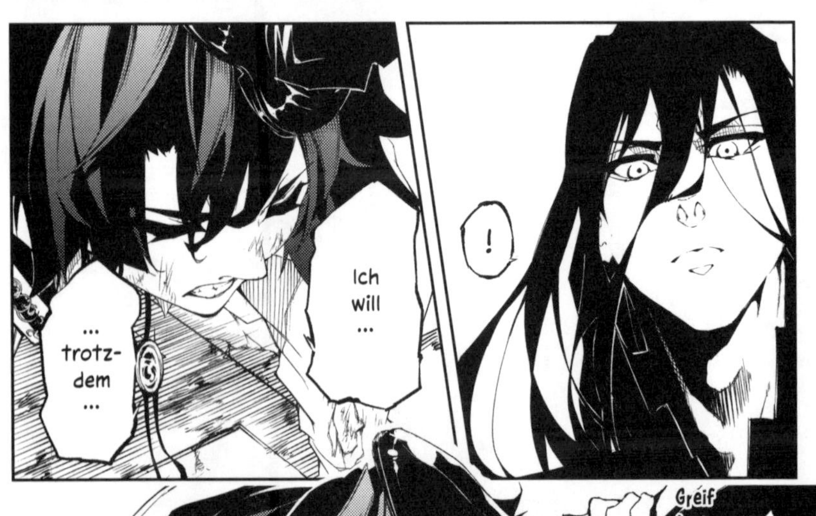
!
Ich will ...
... trotzdem ...

Greif
... ein Magia Vende werden!

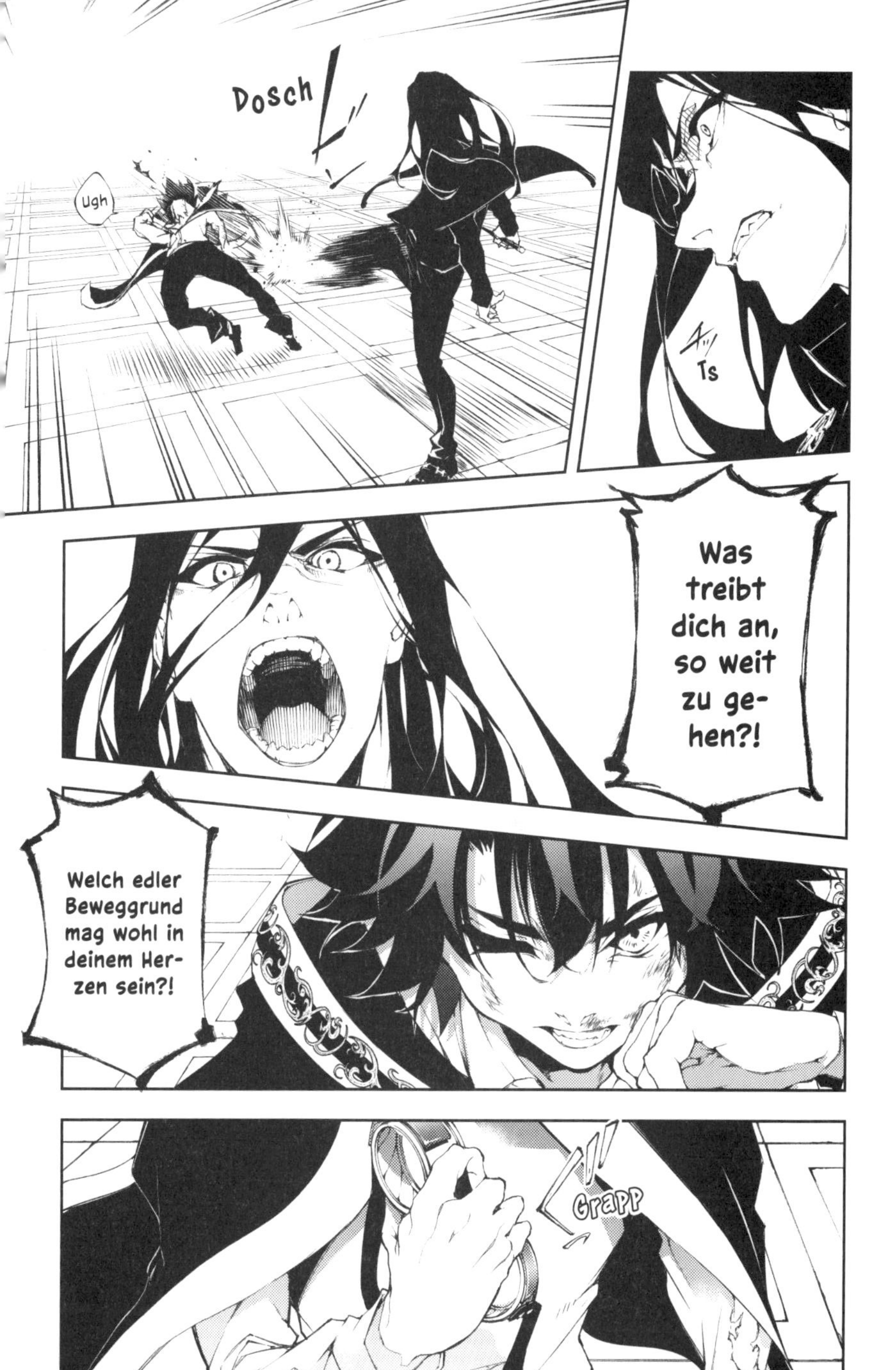
Dosch
Ugh
Ts
Was treibt dich an, so weit zu ge-hen?!
Welch edler Beweggrund mag wohl in deinem Her-zen sein?!
Grapp

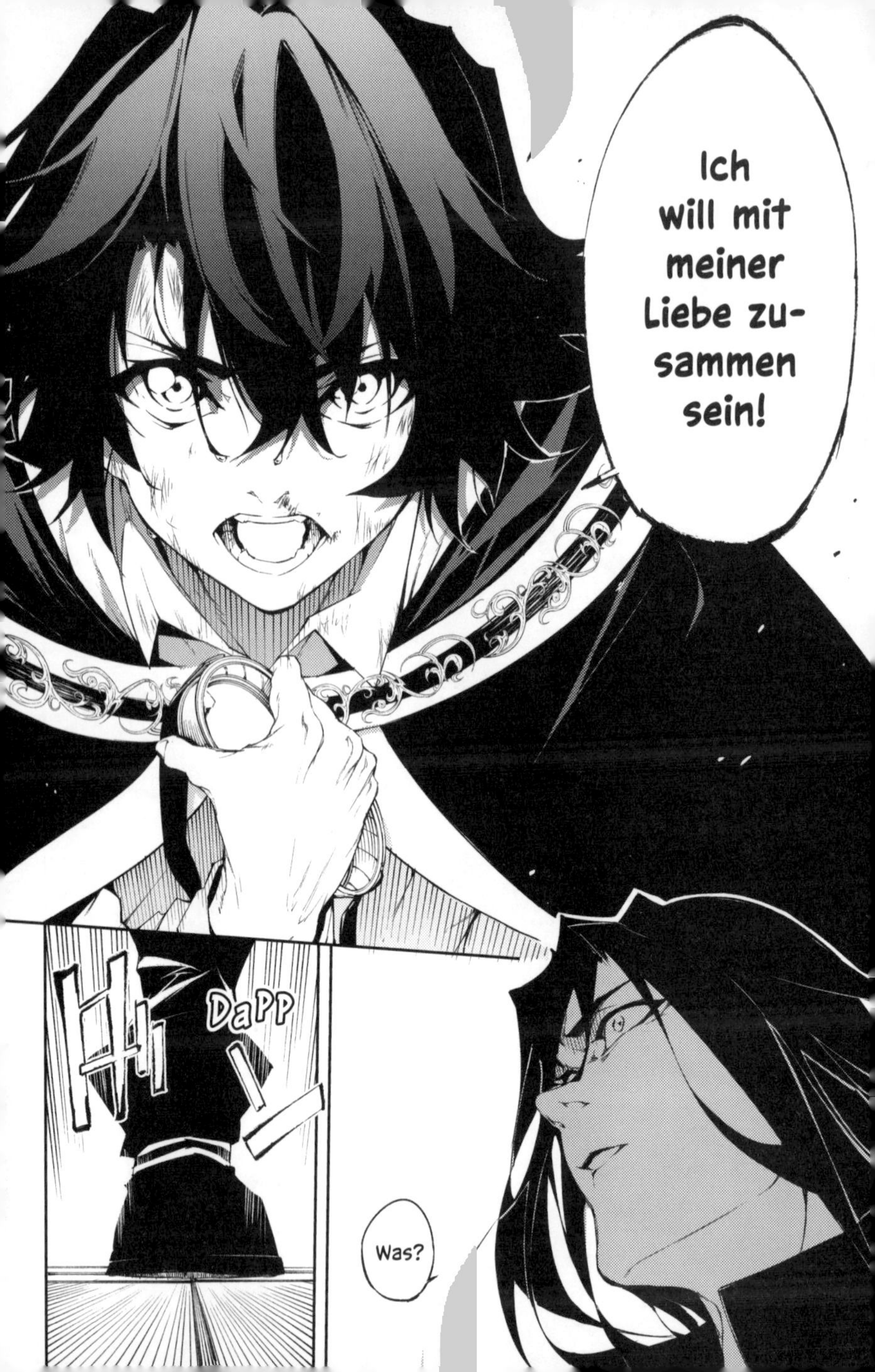
Ich will mit meiner Liebe zusammen sein!
Was?
DaPP

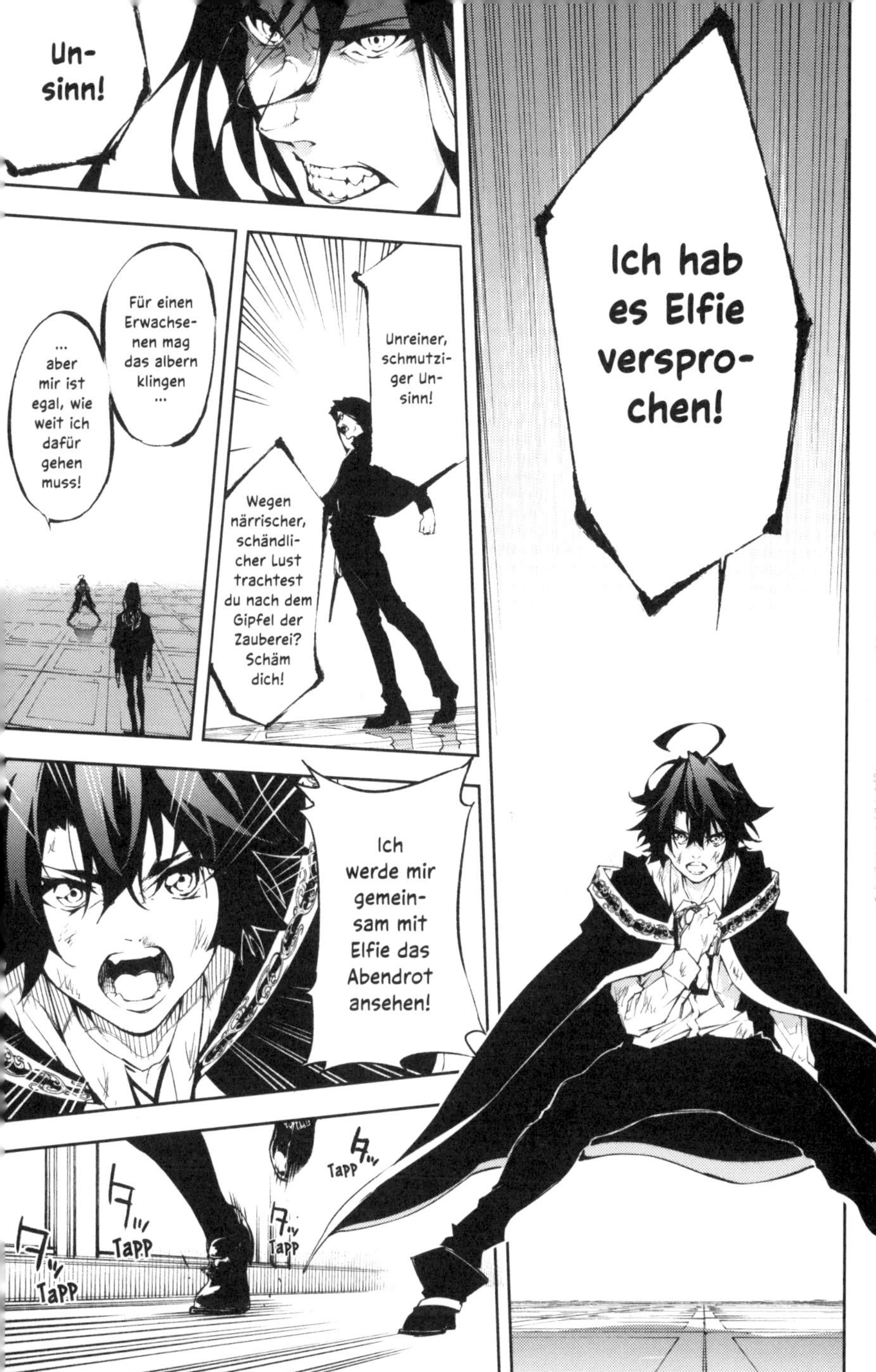
Un-
sinn!
Unreiner, schmutziger Un-sinn!
Wegen närrischer, schändlicher Lust trachtest du nach dem Gipfel der Zauberei? Schäm dich!
Für einen Erwachse-nen mag das albern klingen ...
... aber mir ist egal, wie weit ich dafür gehen muss!
Ich werde mir gemein-sam mit Elfie das Abendrot ansehen!
Ich hab es Elfie verspro-chen!
Tapp
Tapp
Tapp
Tapp

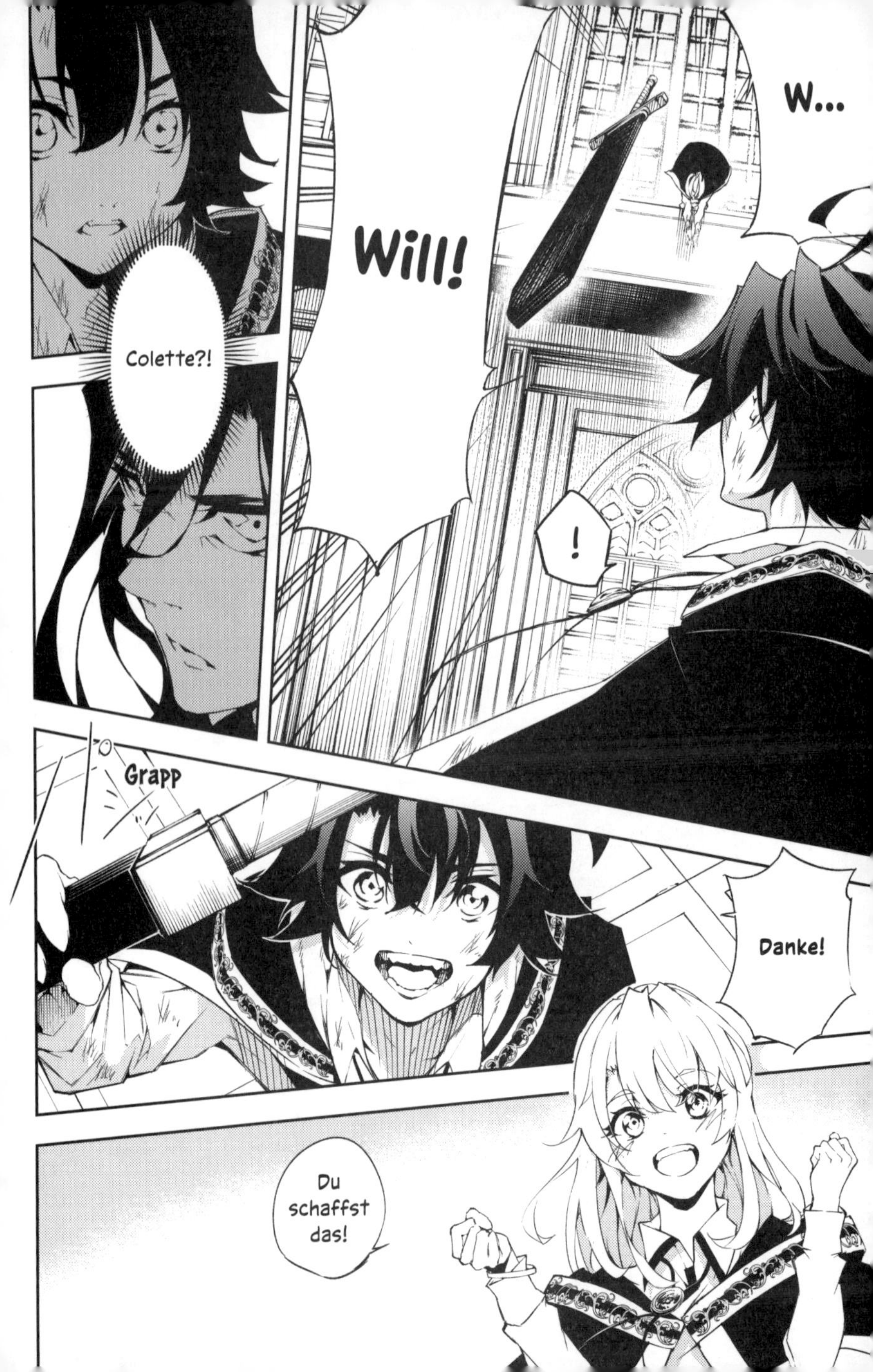
W...
Will!
Colette?!
!
Grapp
Danke!
Du schaffst das!

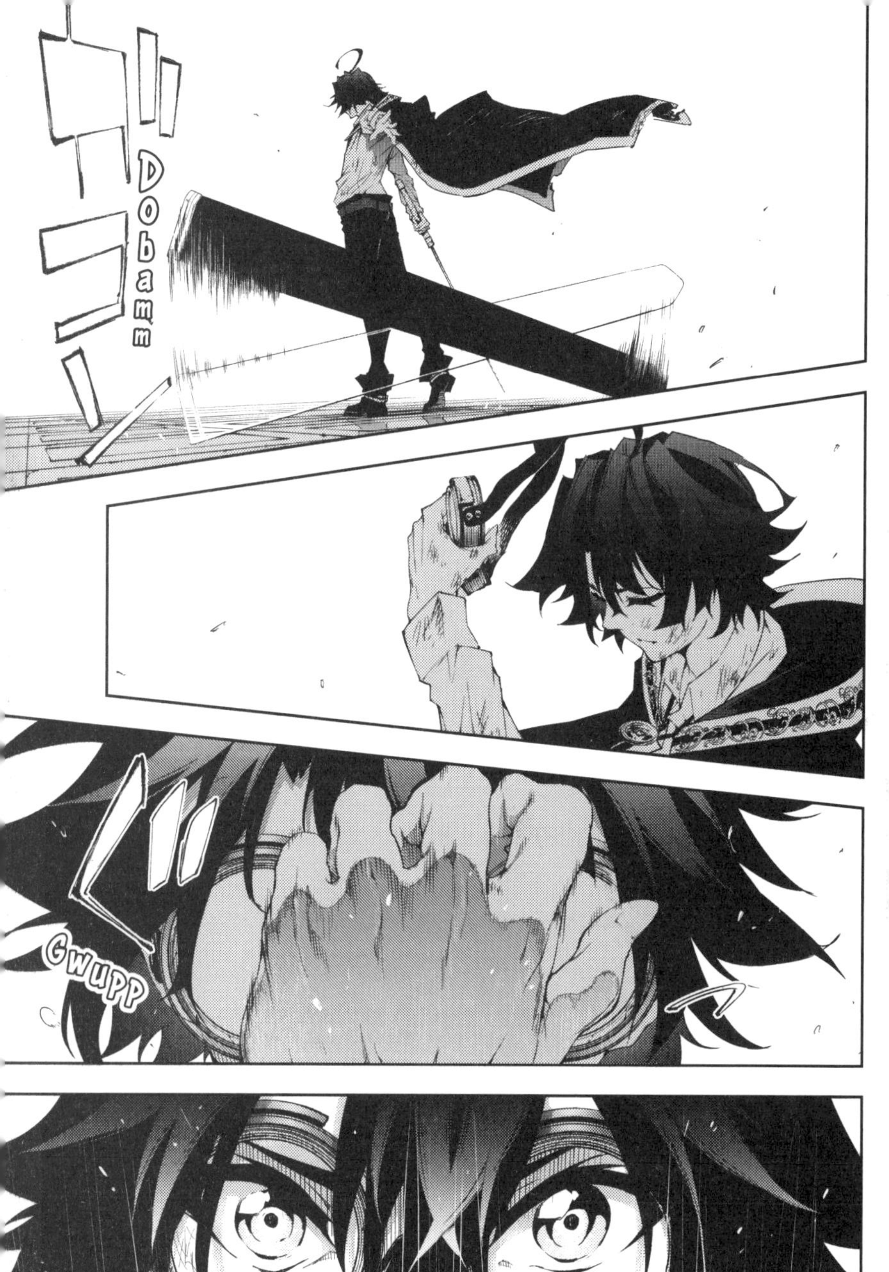
Dobamm
Gwupp

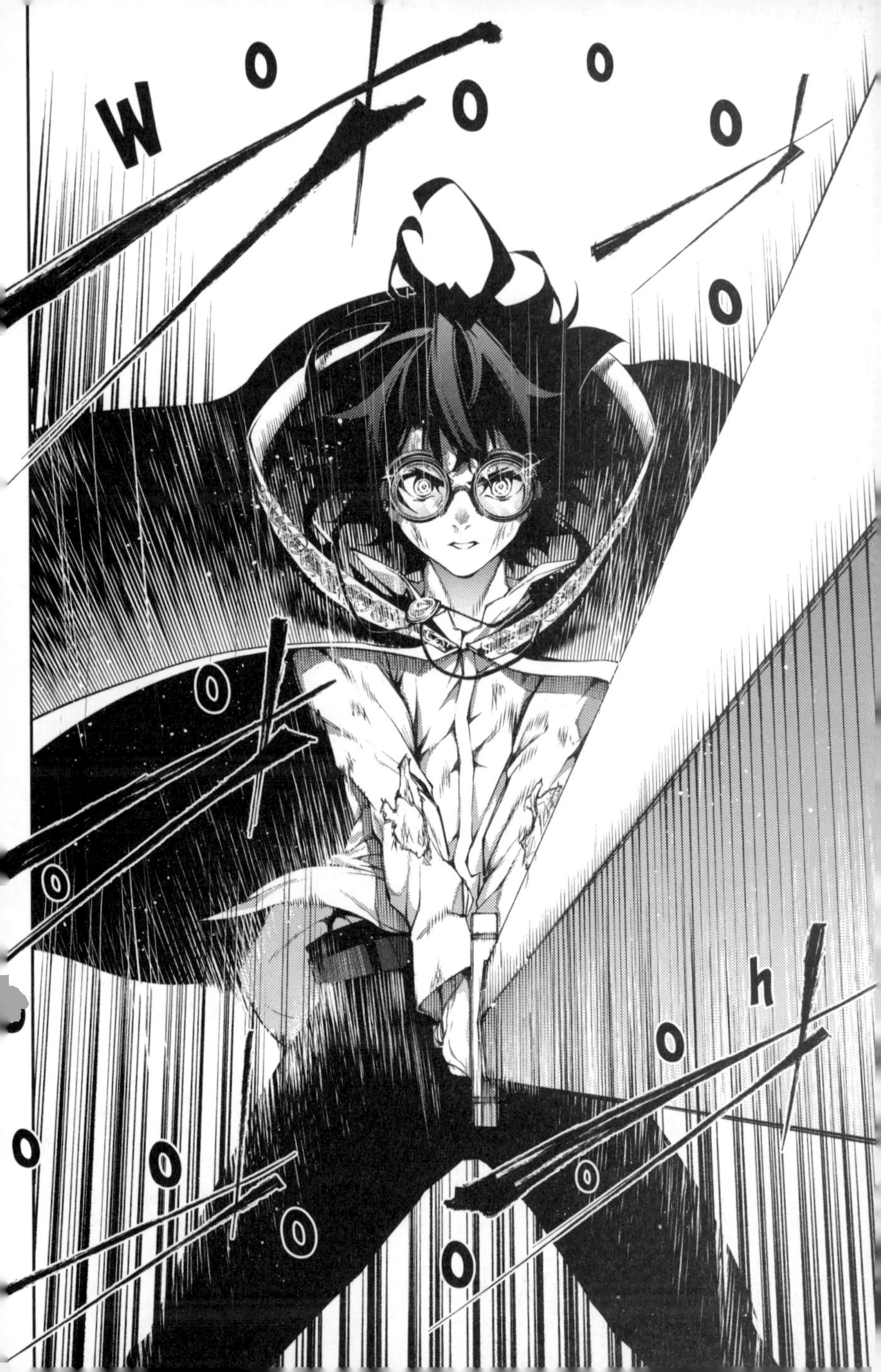
WOOOOO
OOOOOOOOh

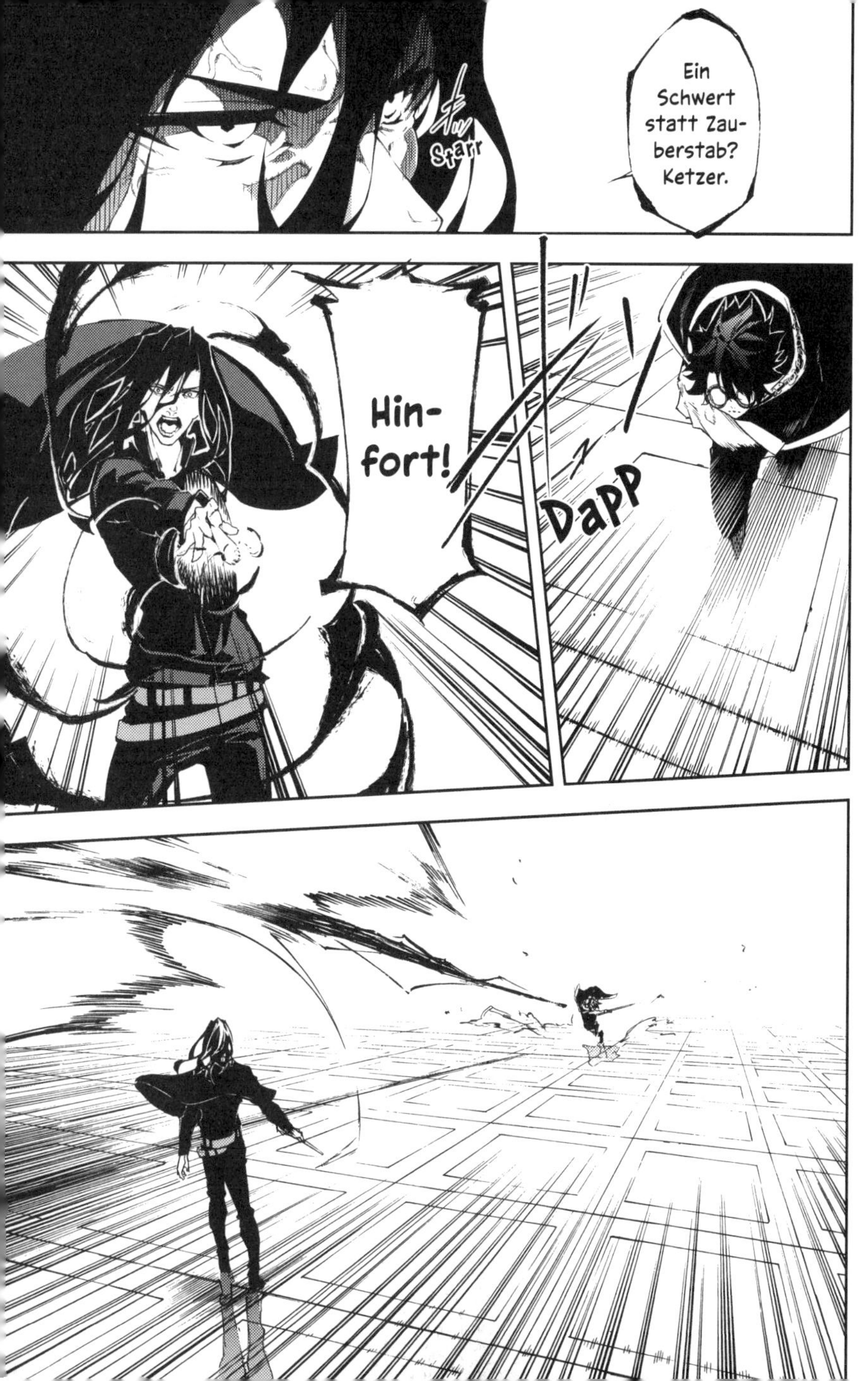
Ein Schwert statt Zauberstab? Ketzer.
Starr
Dapp
Hinfort!

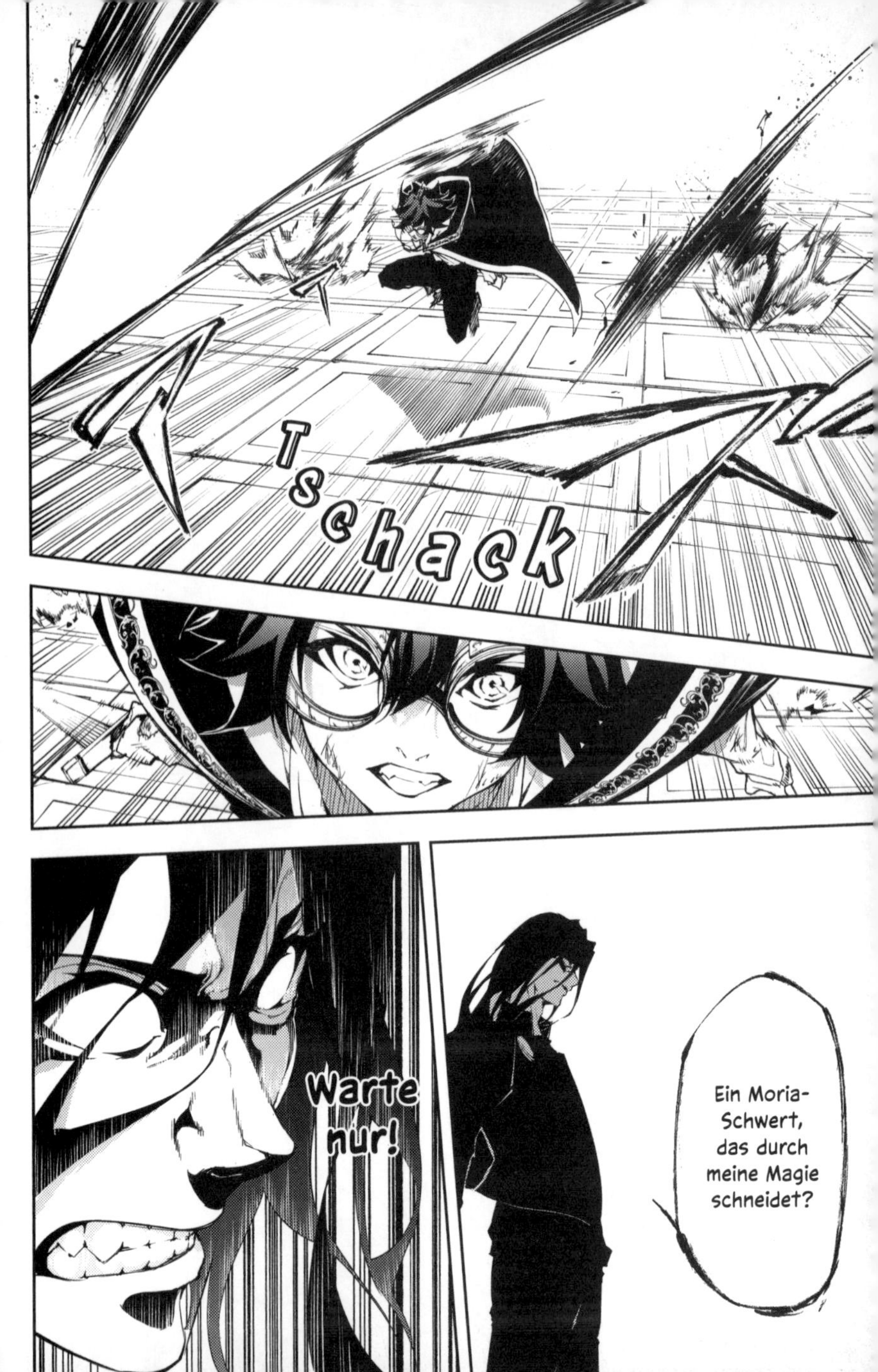
Tschack
Ein Moria-Schwert, das durch meine Magie schneidet?
Warte nur!

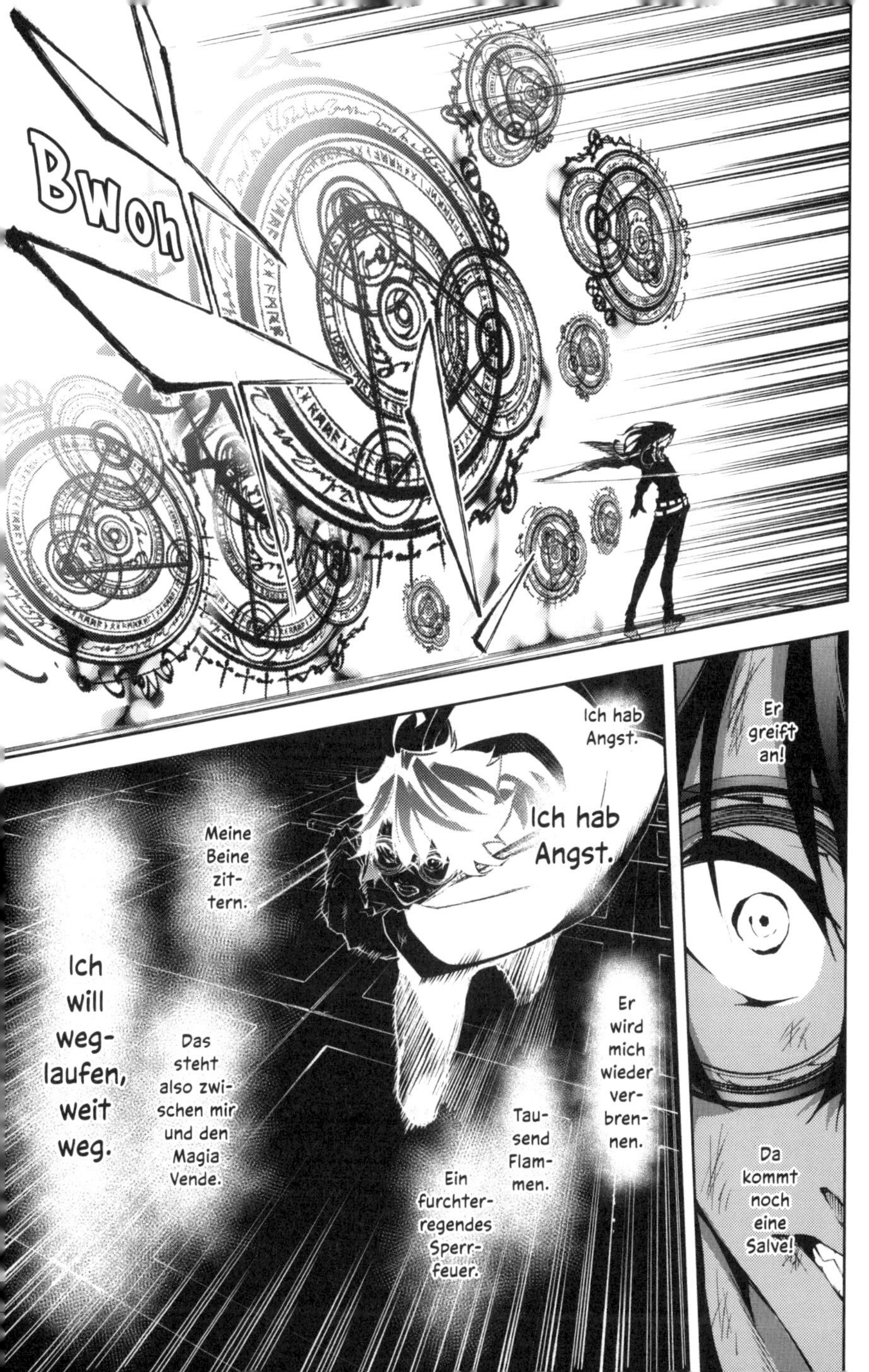
Bwoh
Er greift an!
Da kommt noch eine Salve!
Ich hab Angst.
Ich hab Angst.
Er wird mich wieder verbrennen.
Tausend Flammen.
Ein furchterregendes Sperrfeuer.
Meine Beine zittern.
Das steht also zwischen mir und den Magia Vende.
Ich will weglaufen, weit weg.

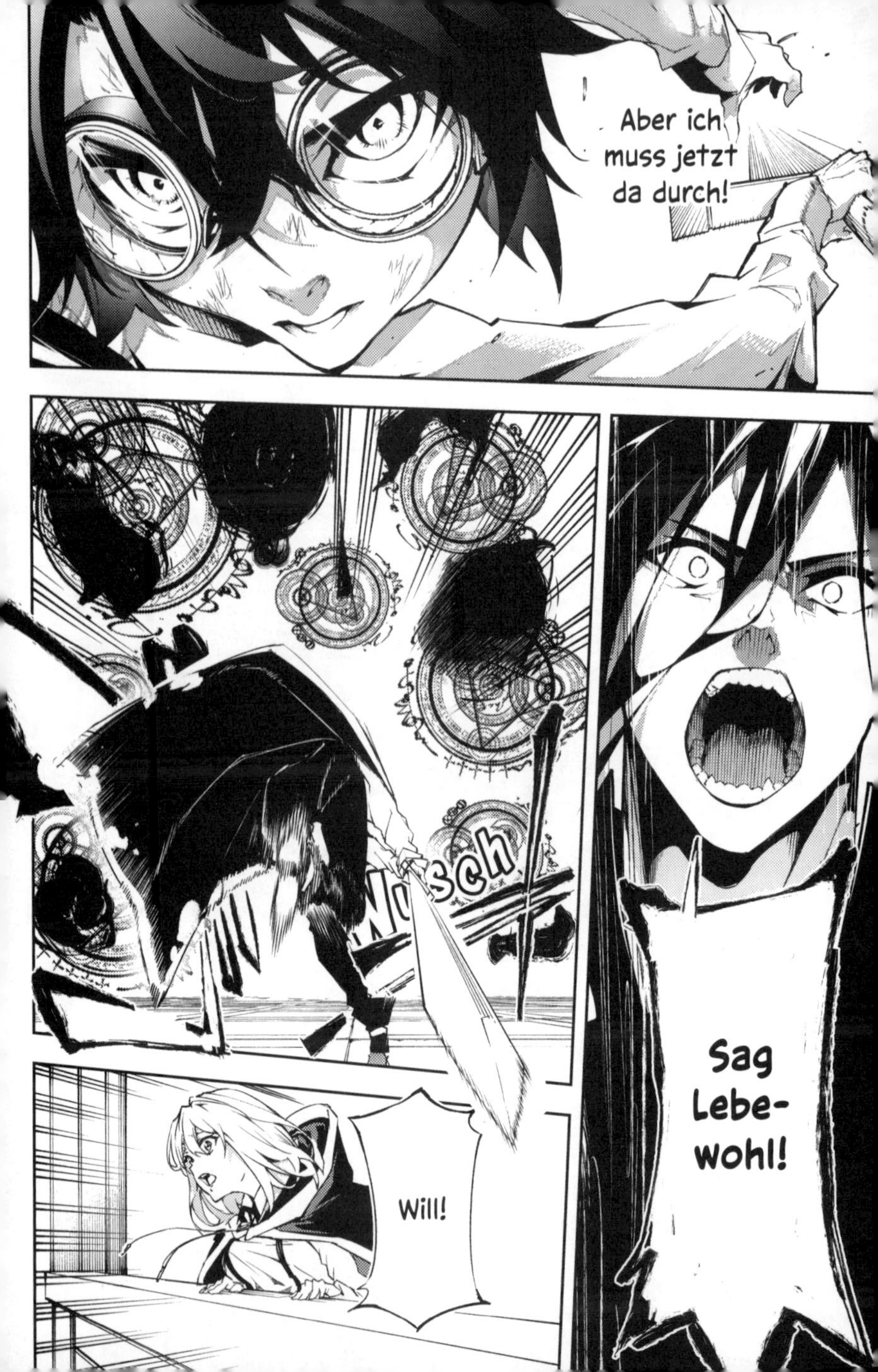
Aber ich muss jetzt da durch!
Sag Lebe-wohl!
Wusch
Will!

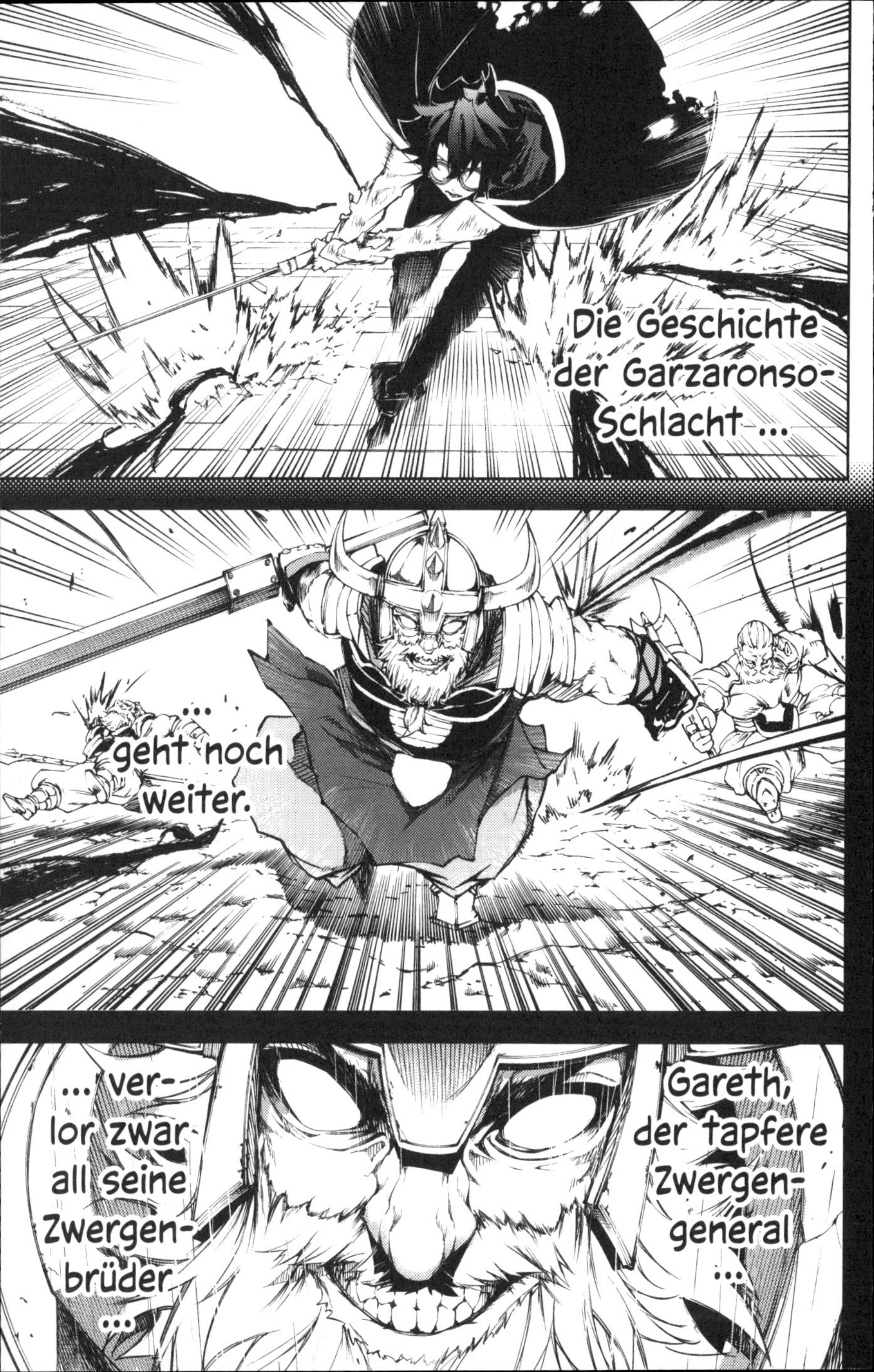
Die Geschichte der Garzaronso-Schlacht ...
... geht noch weiter.
Gareth, der tapfere Zwergen-general ...
... ver-lor zwar all seine Zwergen-brüder ...

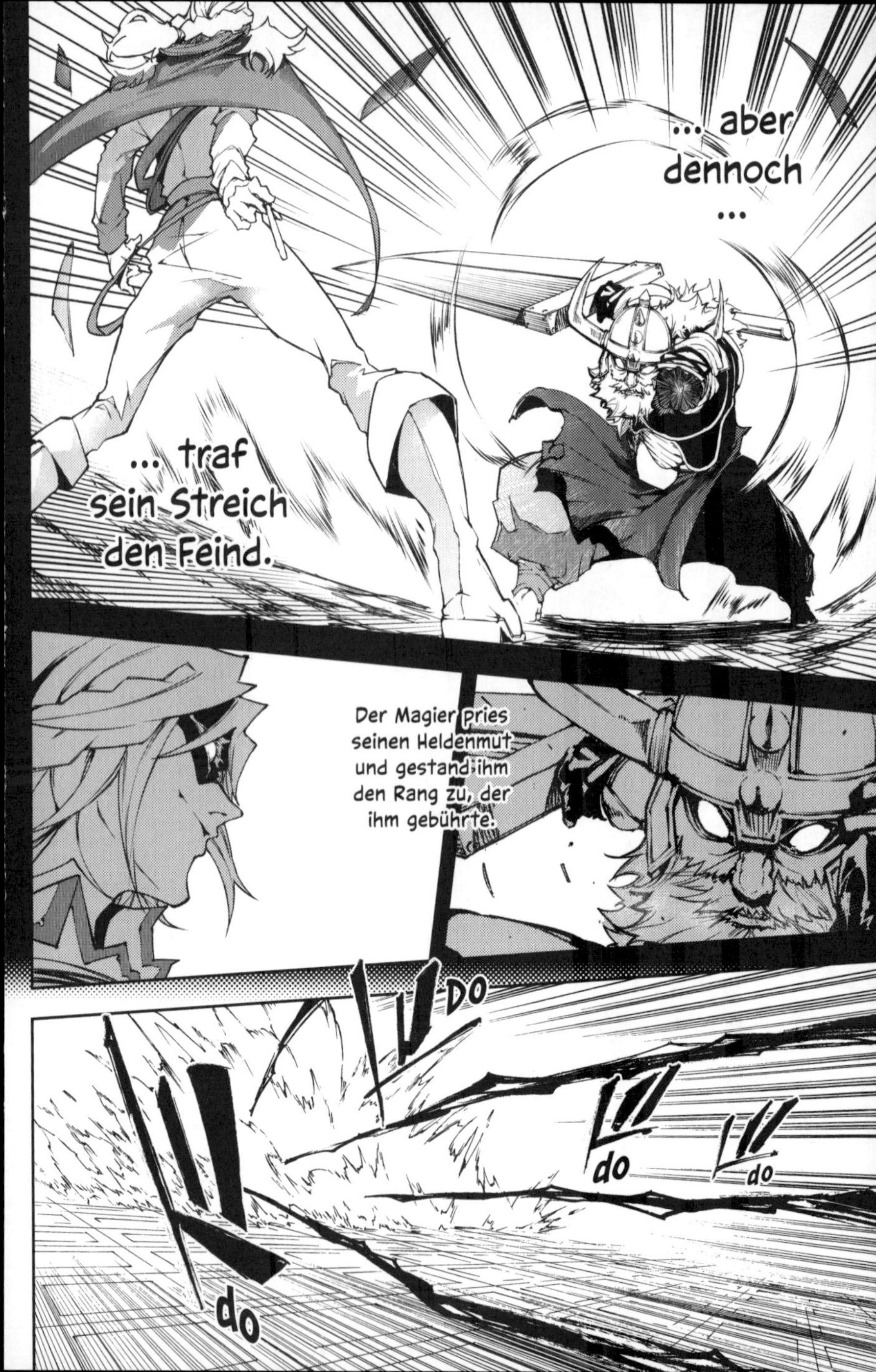
... aber dennoch ...
... traf sein Streich den Feind.
Der Magier pries seinen Heldenmut und gestand ihm den Rang zu, der ihm gebührte.
DO
do
do
do

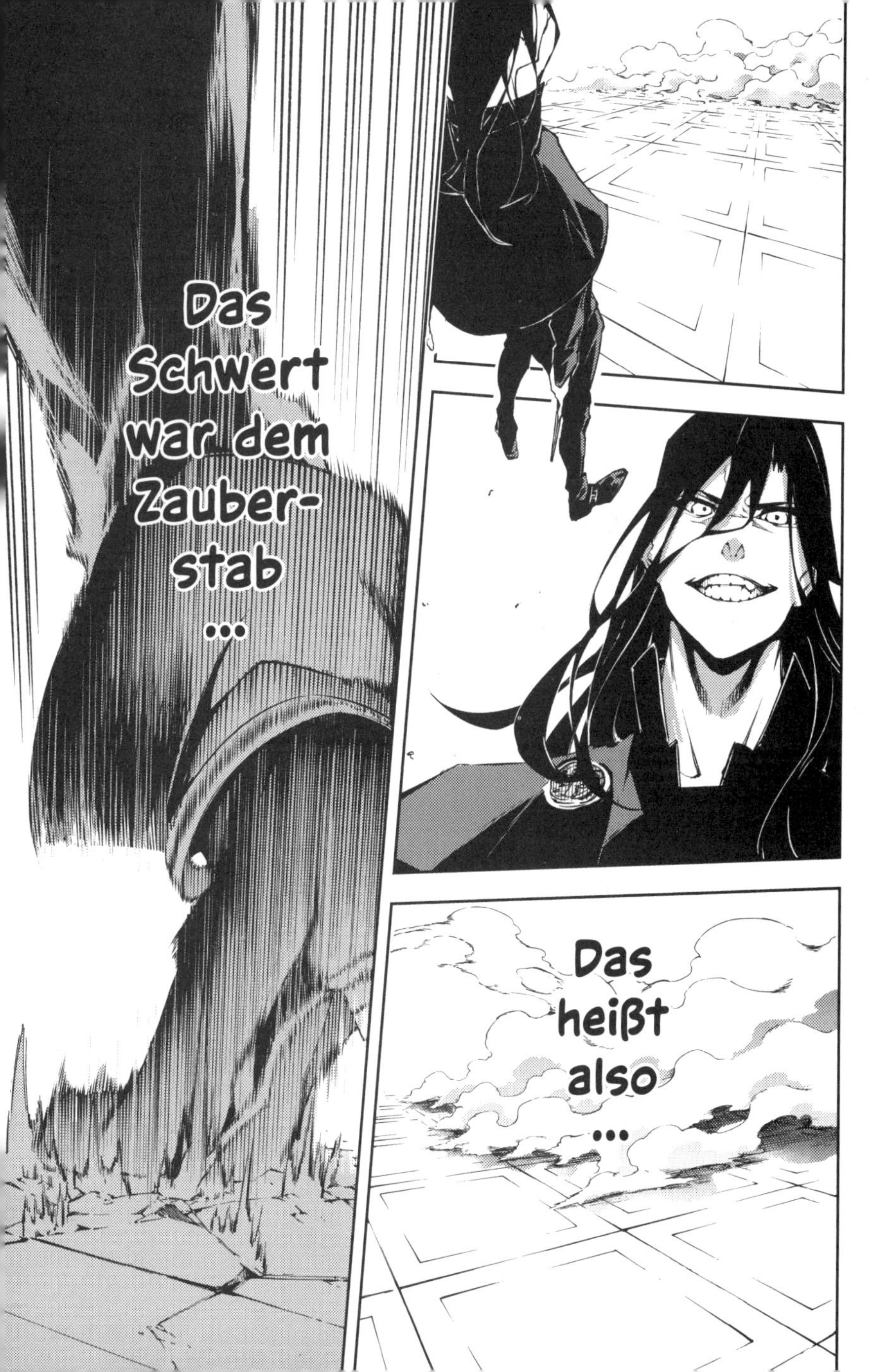
Das Schwert war dem Zauber-stab ...
Das heißt also ...

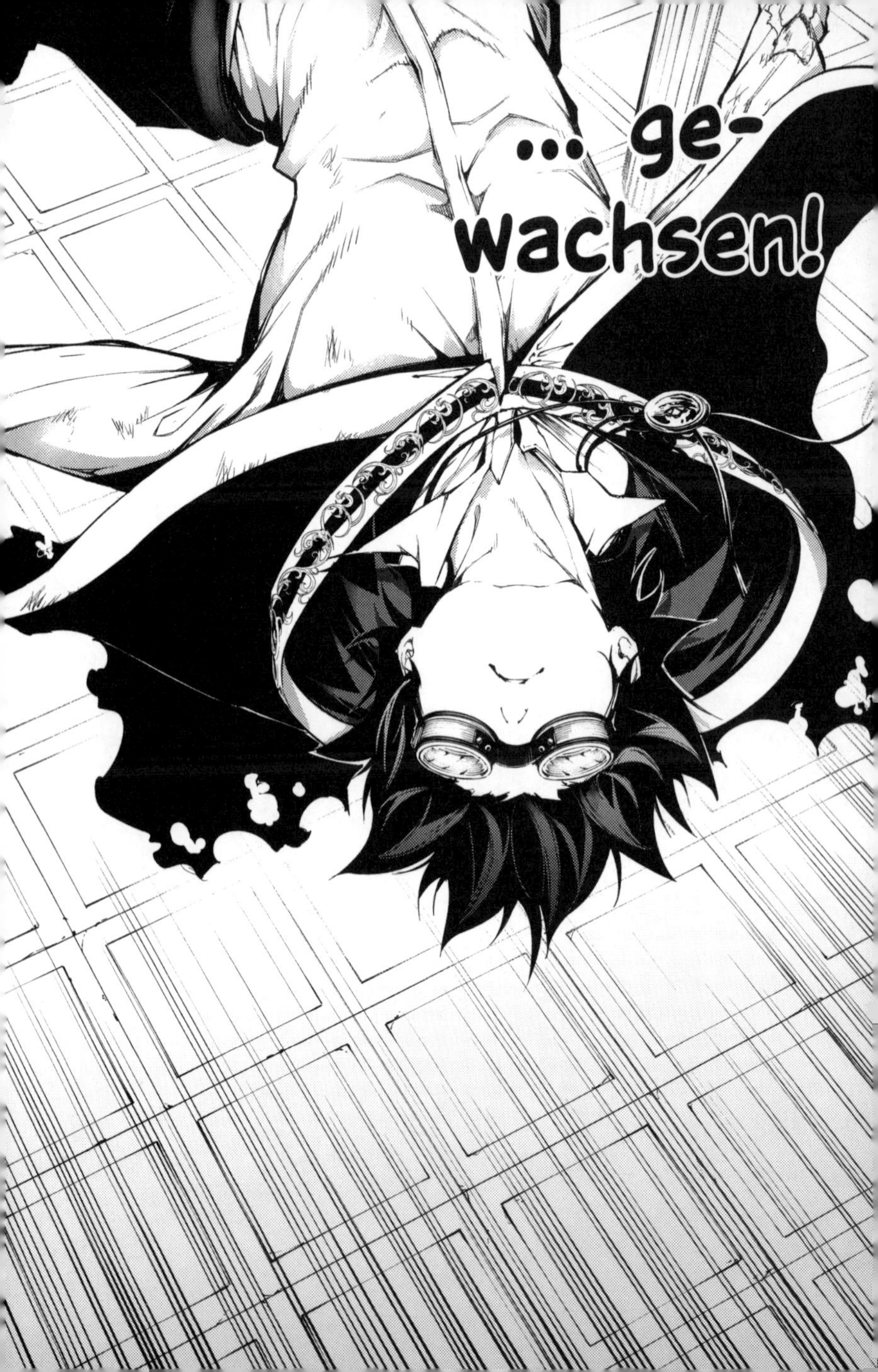
... ge-
wachsen!

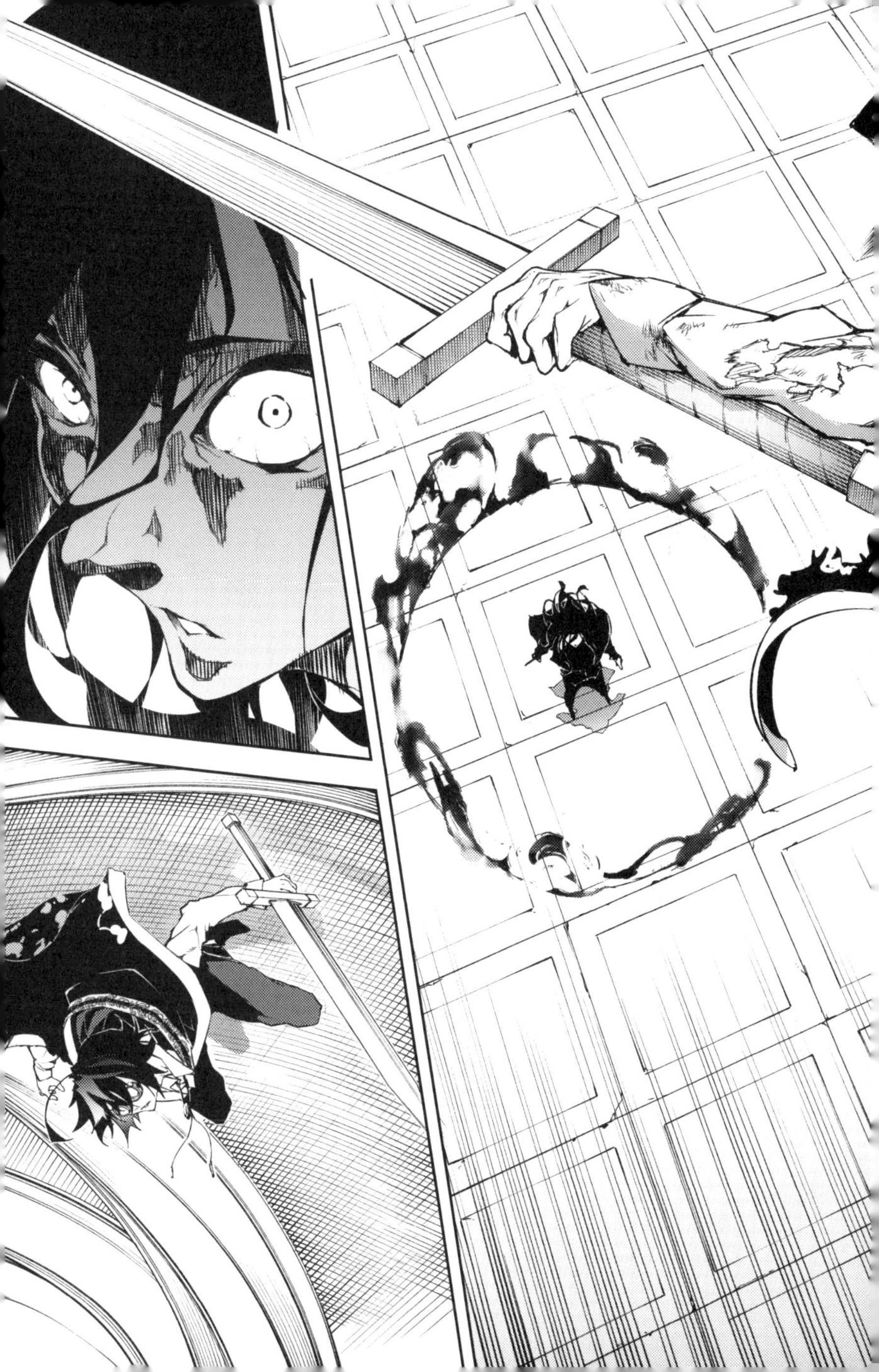

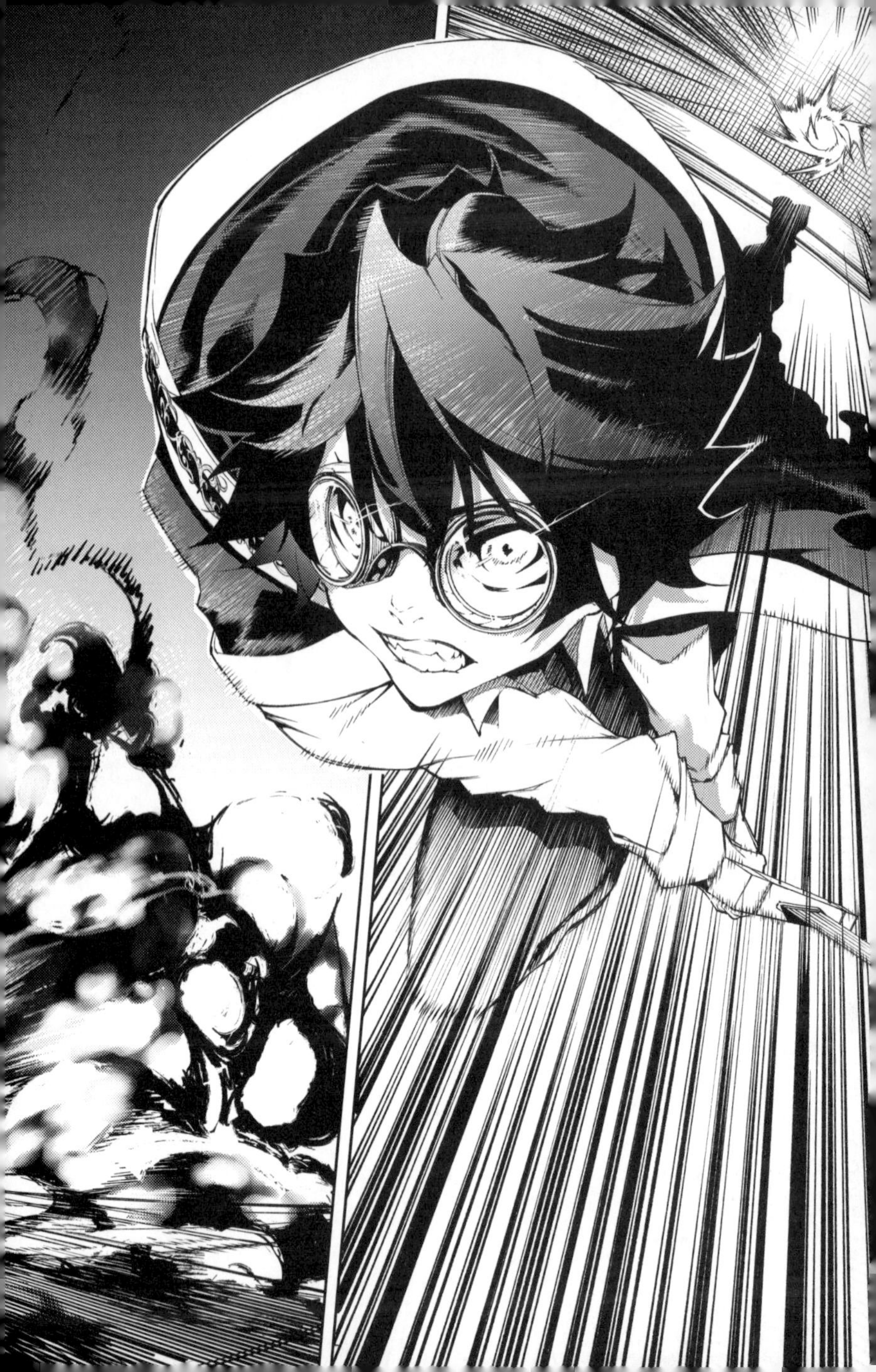

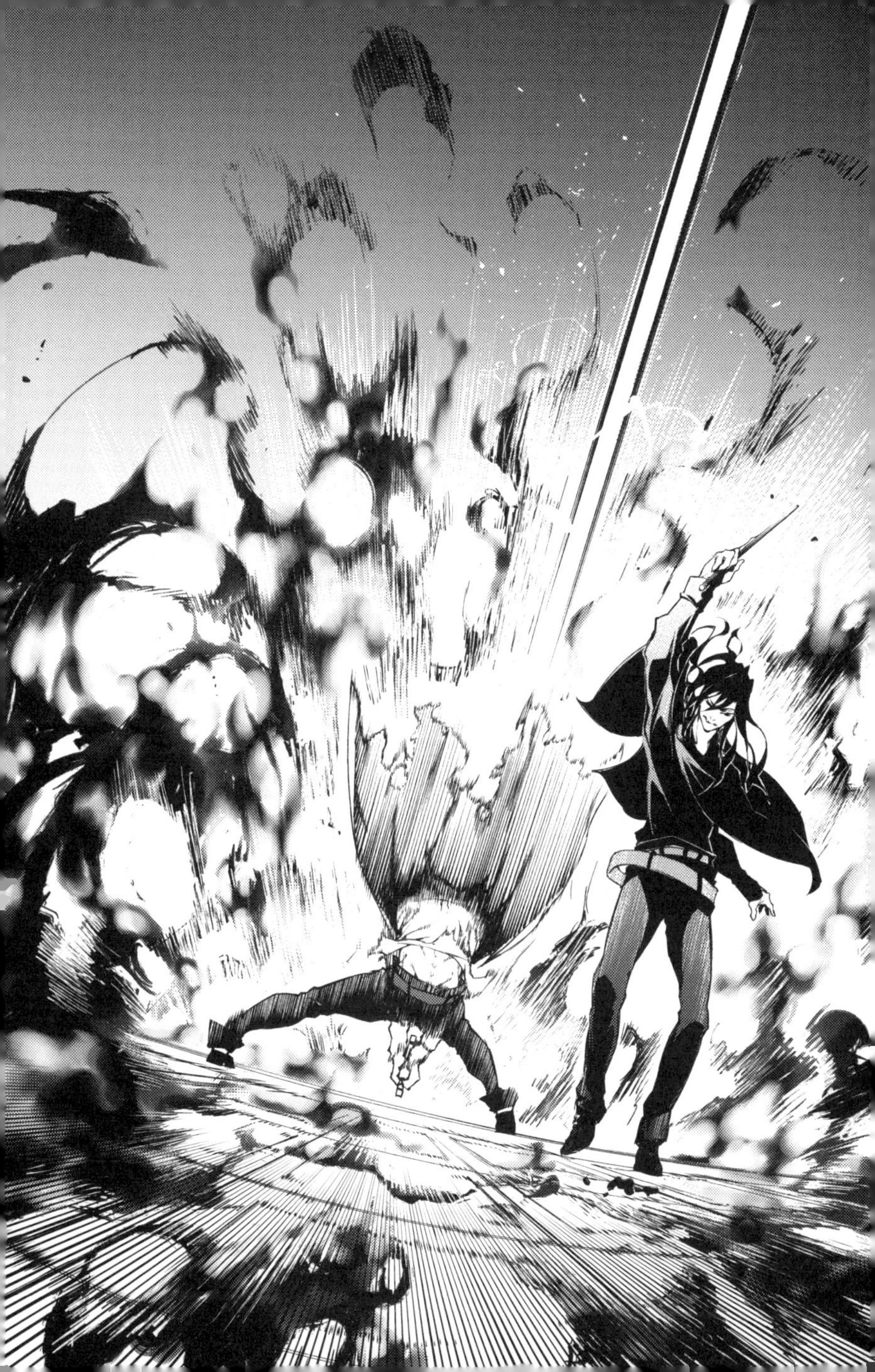

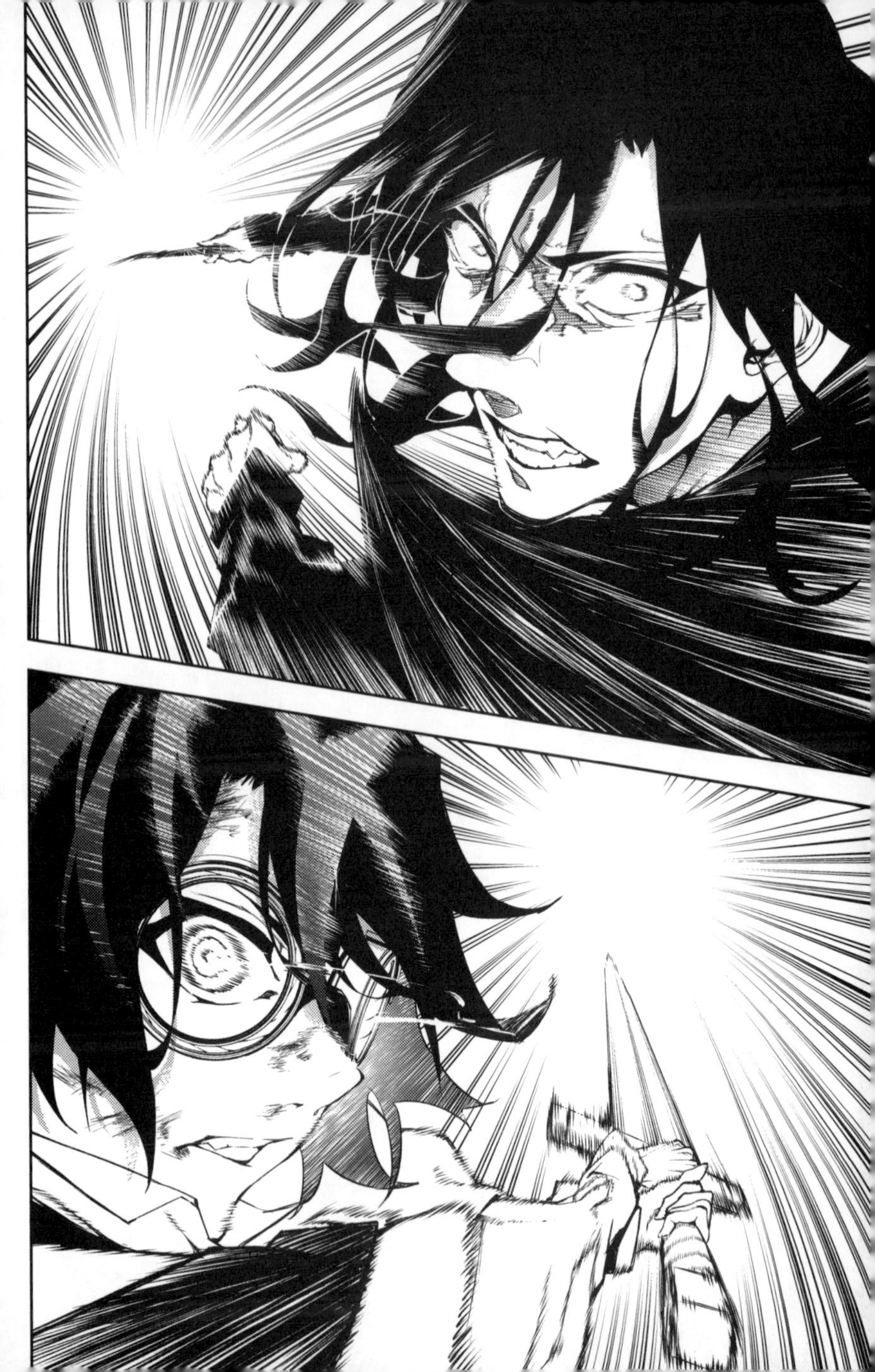

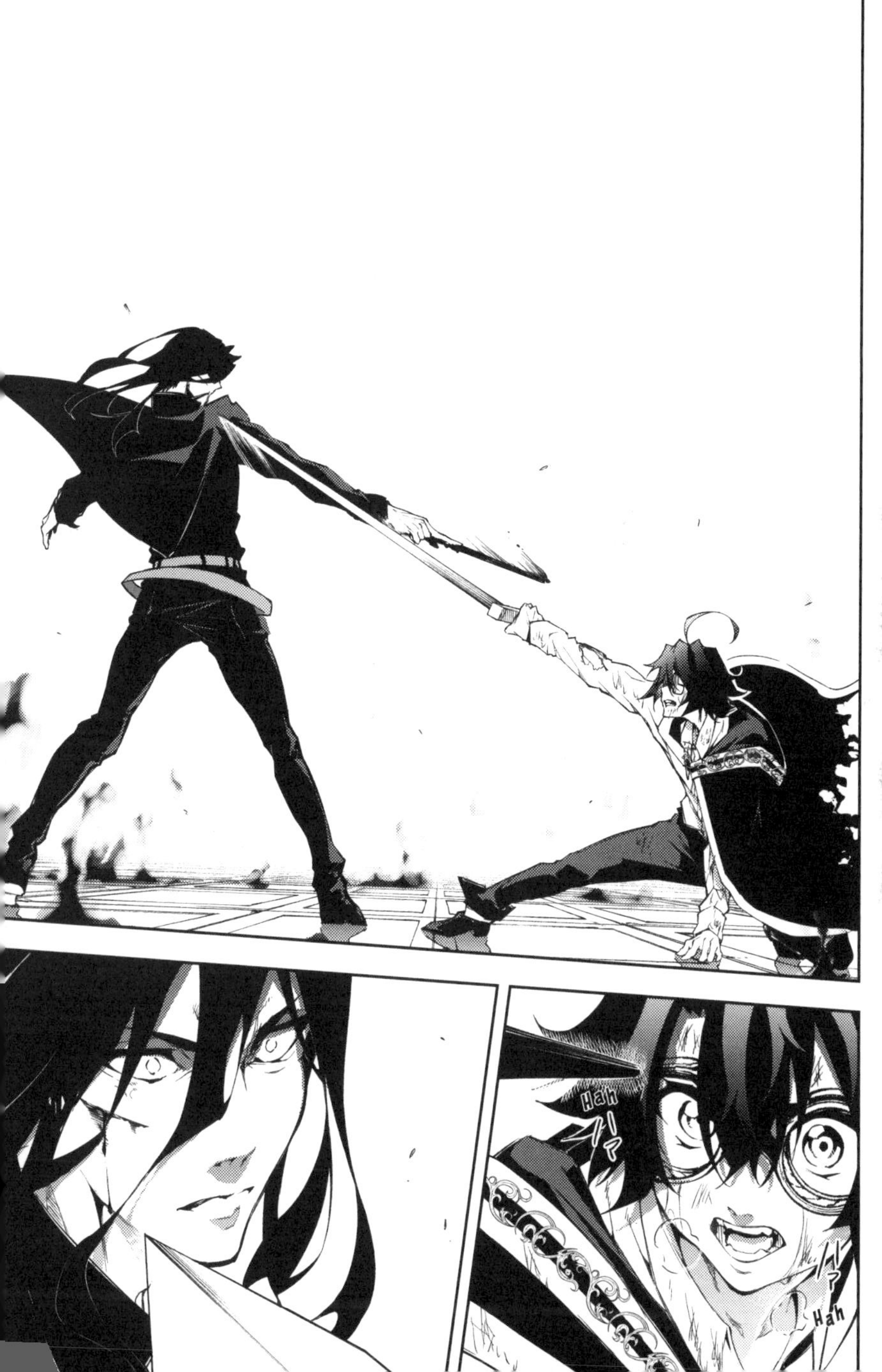
Hah
ハァ
ハァ
Hah

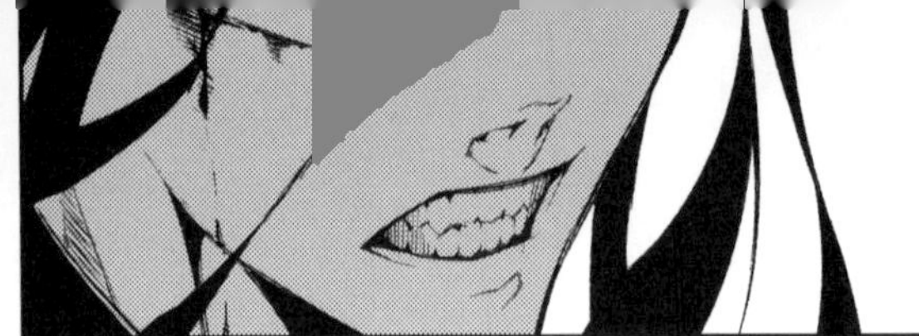

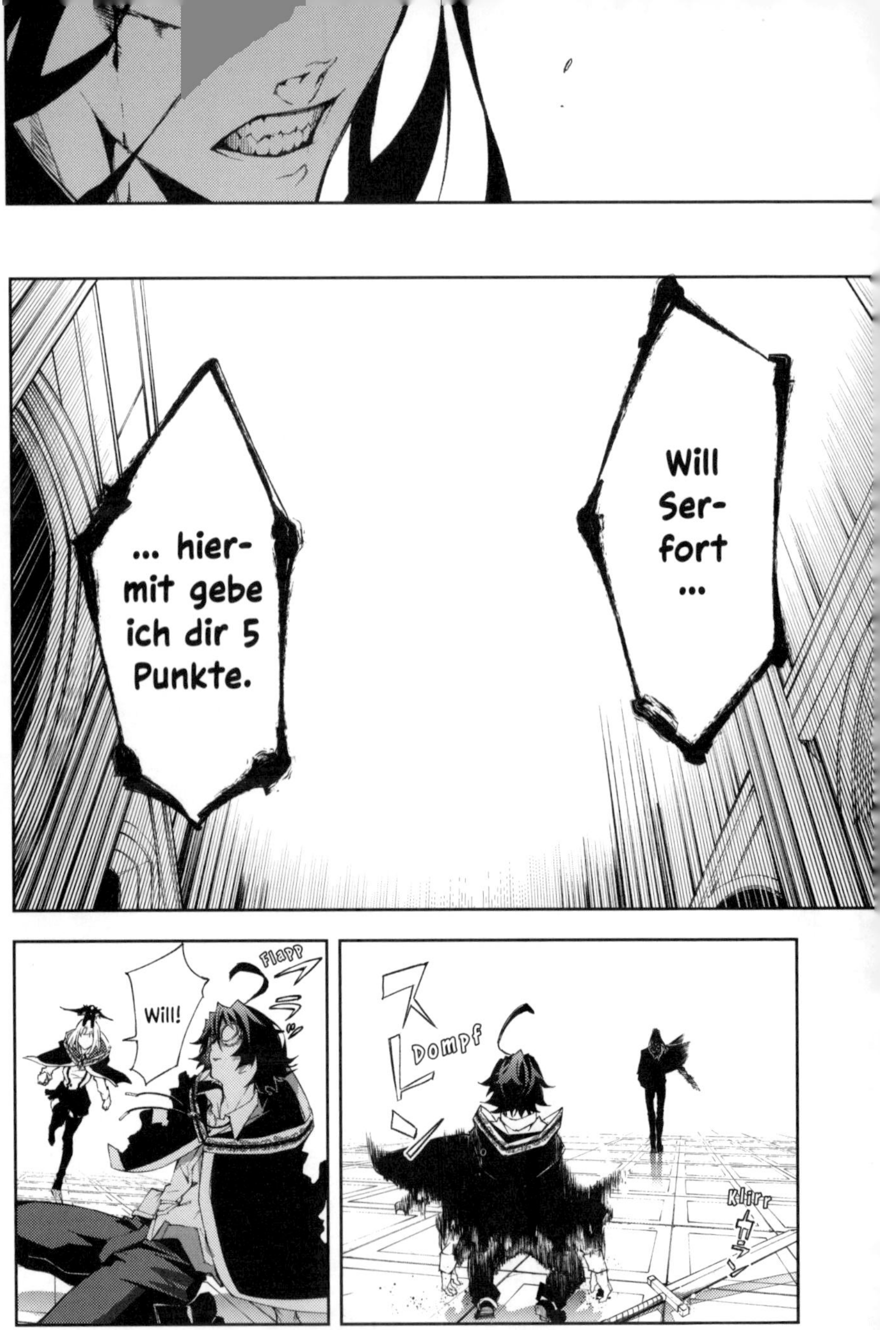

Will Serfort ...

... hiermit gebe ich dir 5 Punkte.

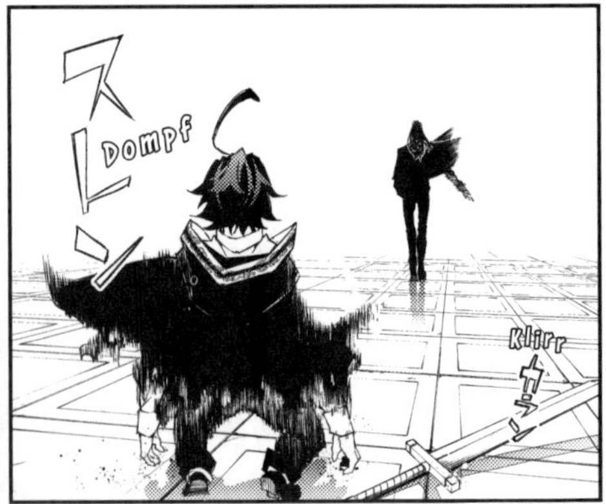

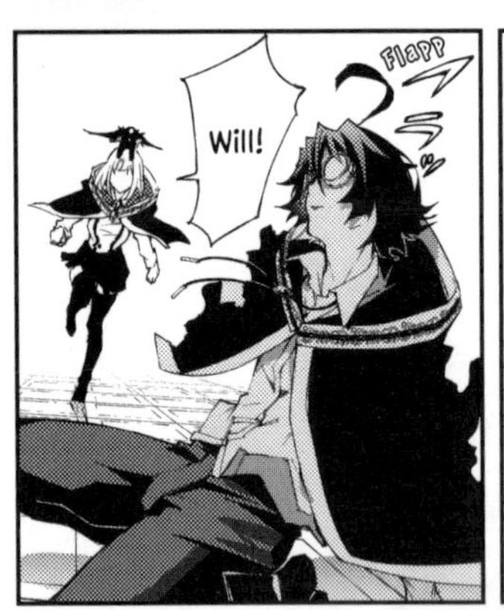

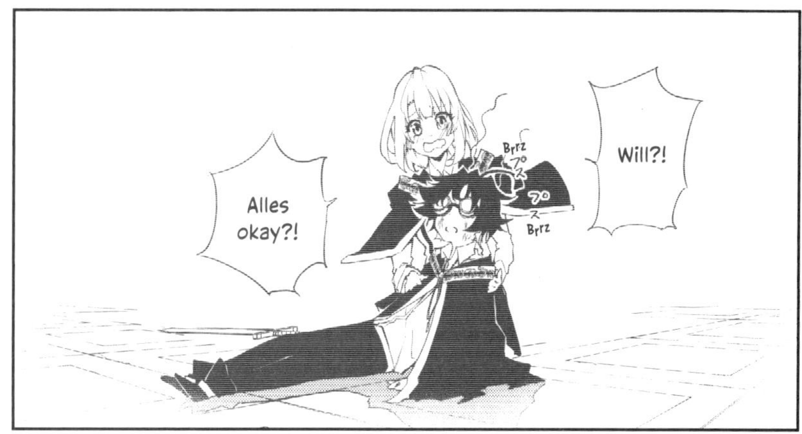
Will?!
Brrz
Brrz
Alles okay?!

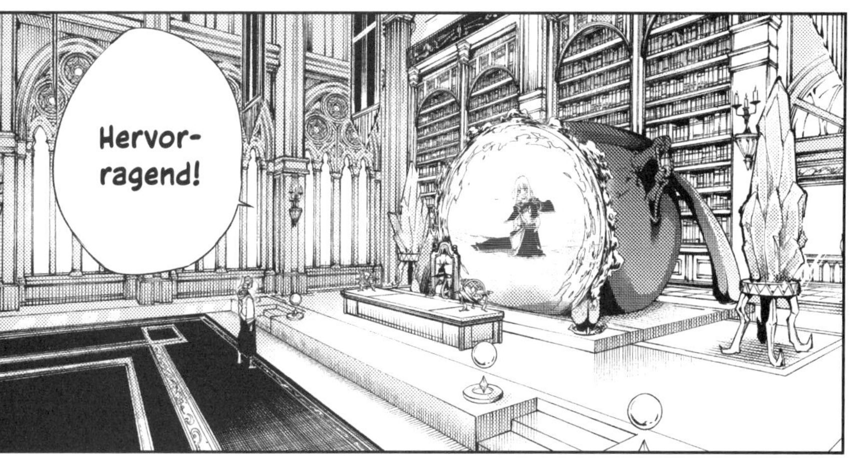
Hervor-ragend!

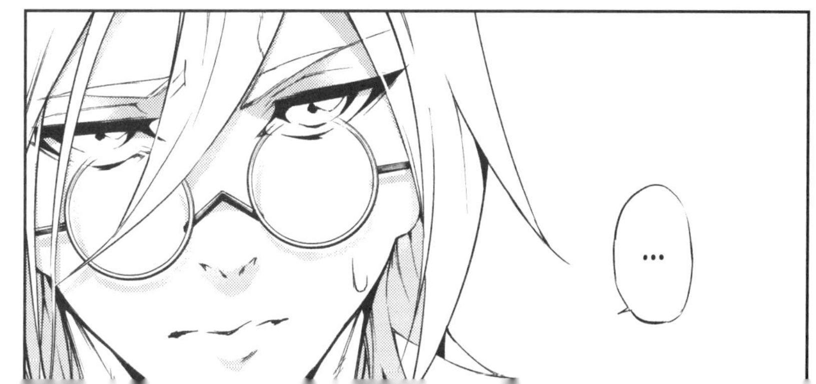
...

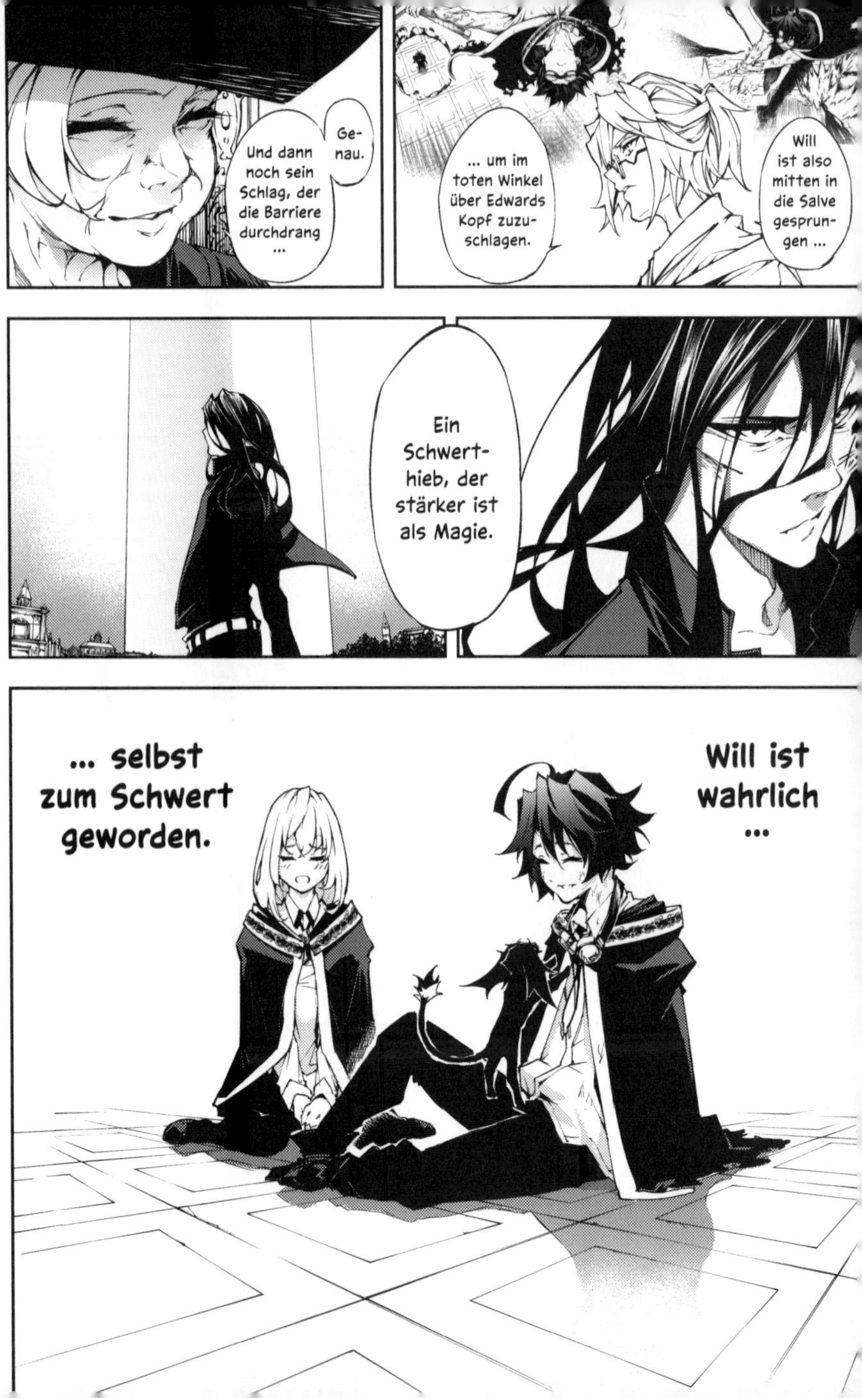

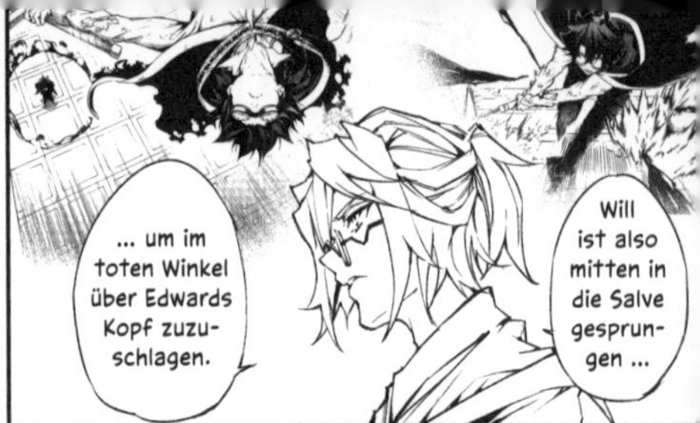

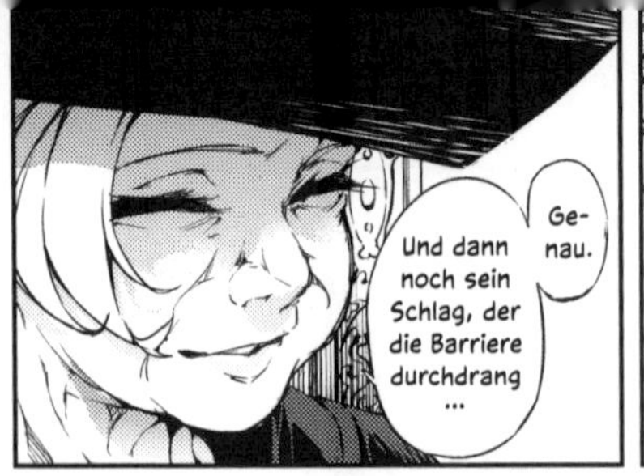

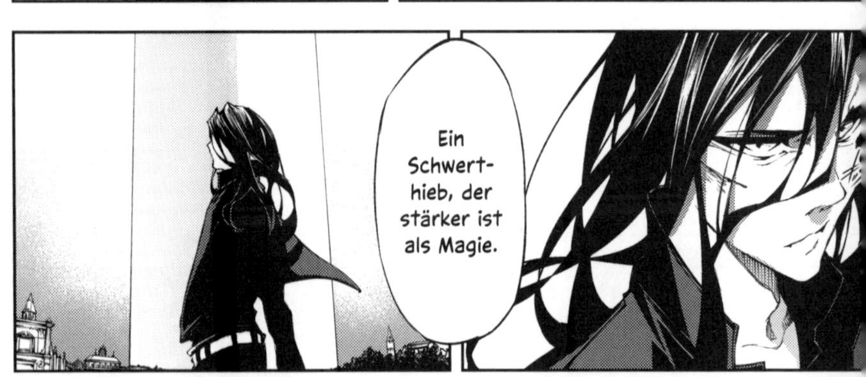

Will ist wahrlich ...

... selbst zum Schwert geworden.

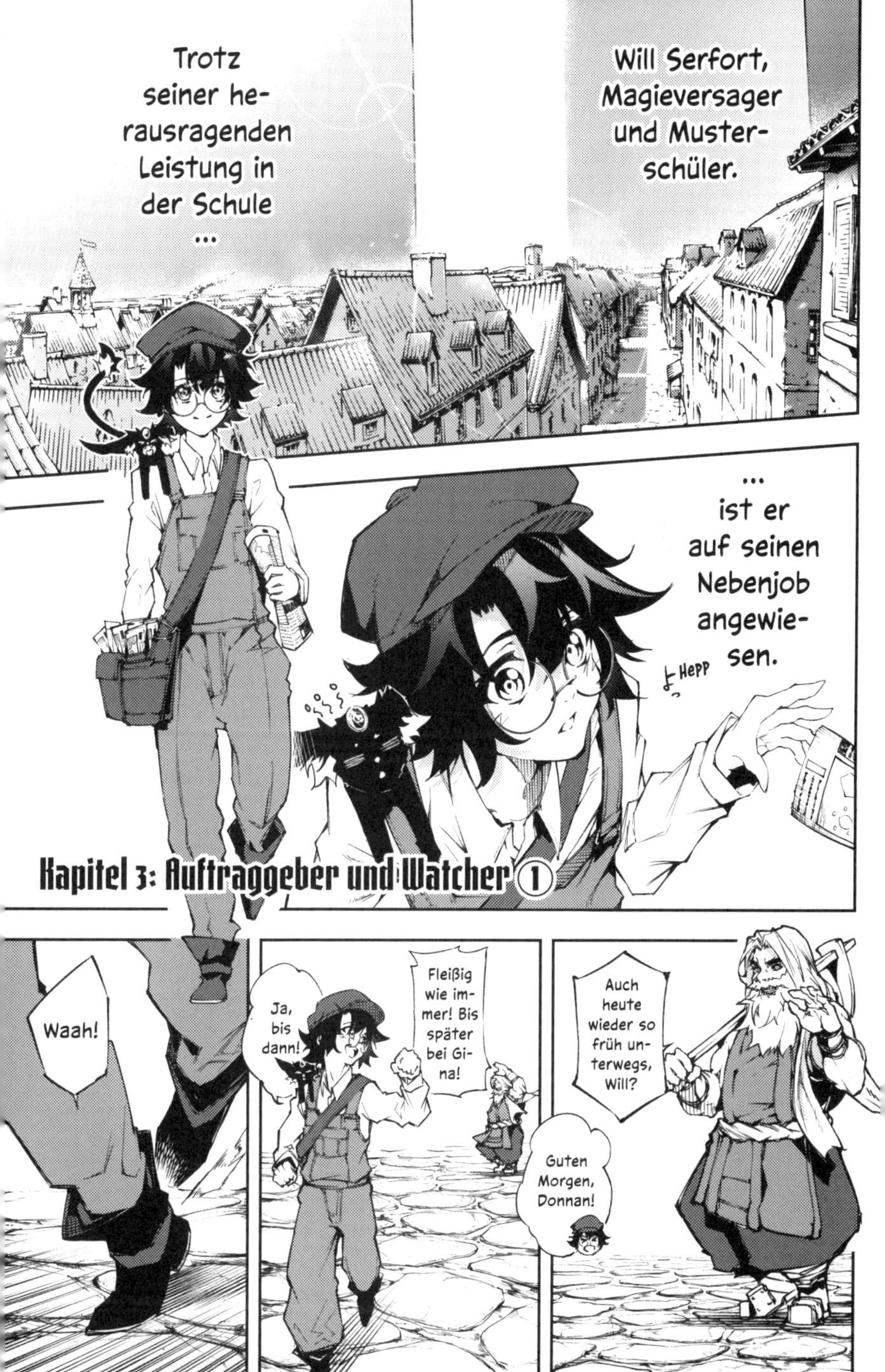

Kapitel 3: Auftraggeber und Watcher ①

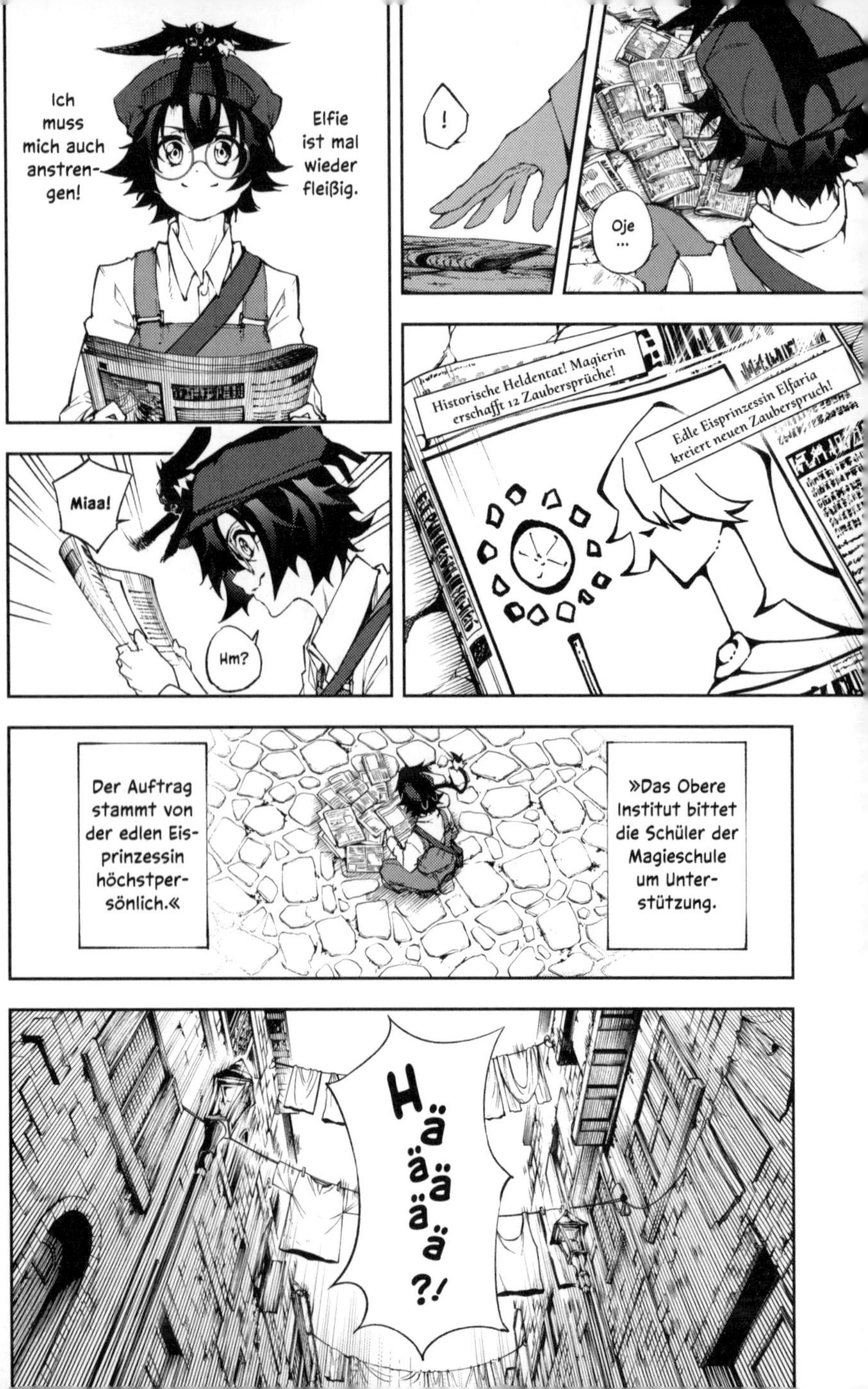

!

Oje ...

Elfie ist mal wieder fleißig.

Ich muss mich auch anstren-gen!

Historische Heldentat! Magierin erschafft 12 Zaubersprüche!

Edle Eisprinzessin Elfaria kreiert neuen Zauberspruch!

Miaa!

Hm?

»Das Obere Institut bittet die Schüler der Magieschule um Unter-stützung.

Der Auftrag stammt von der edlen Eis-prinzessin höchstper-sönlich.«

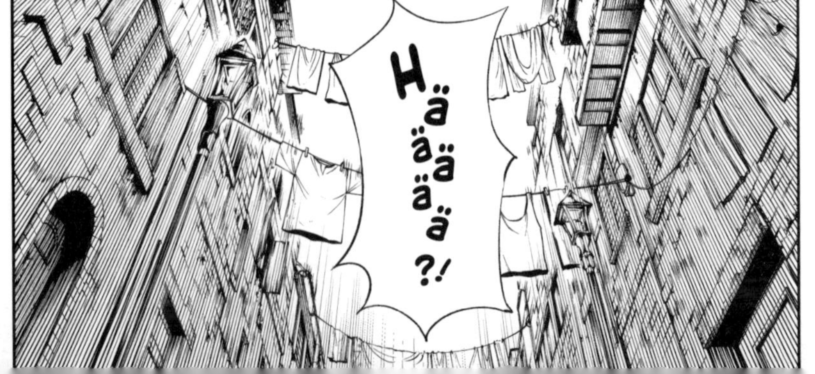

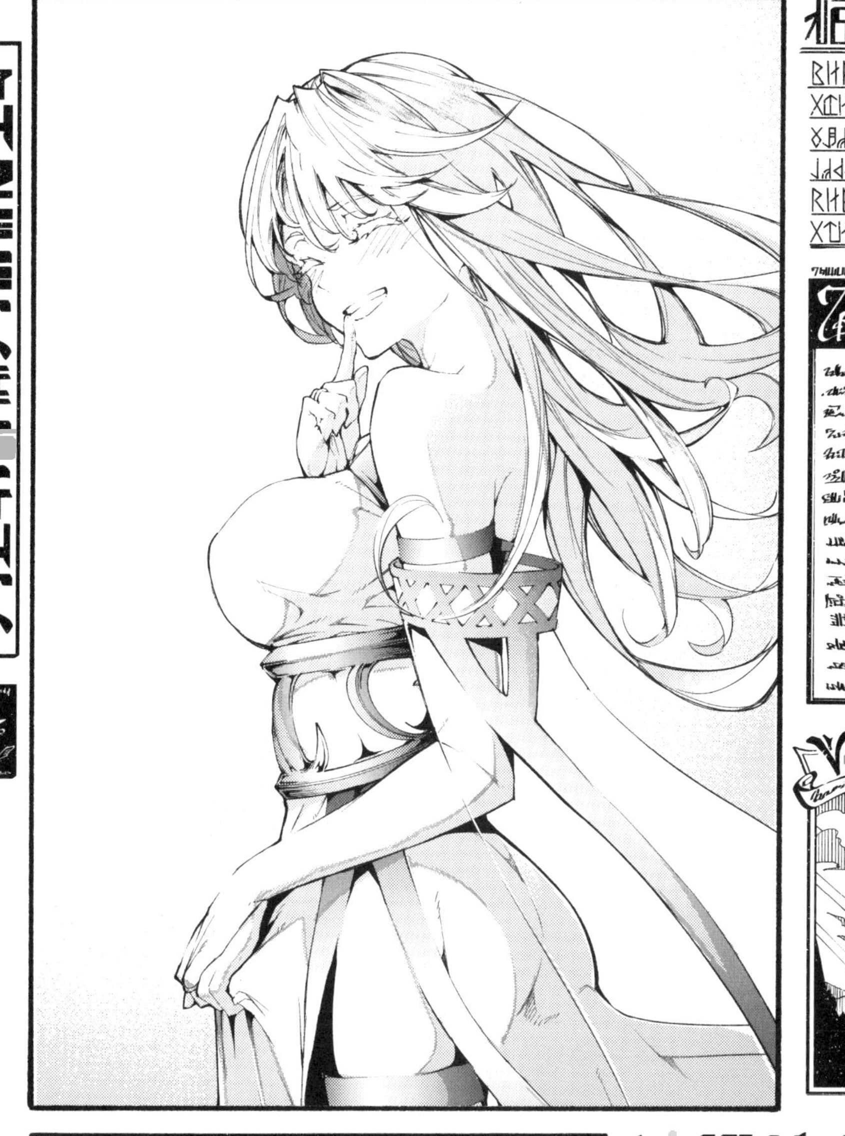

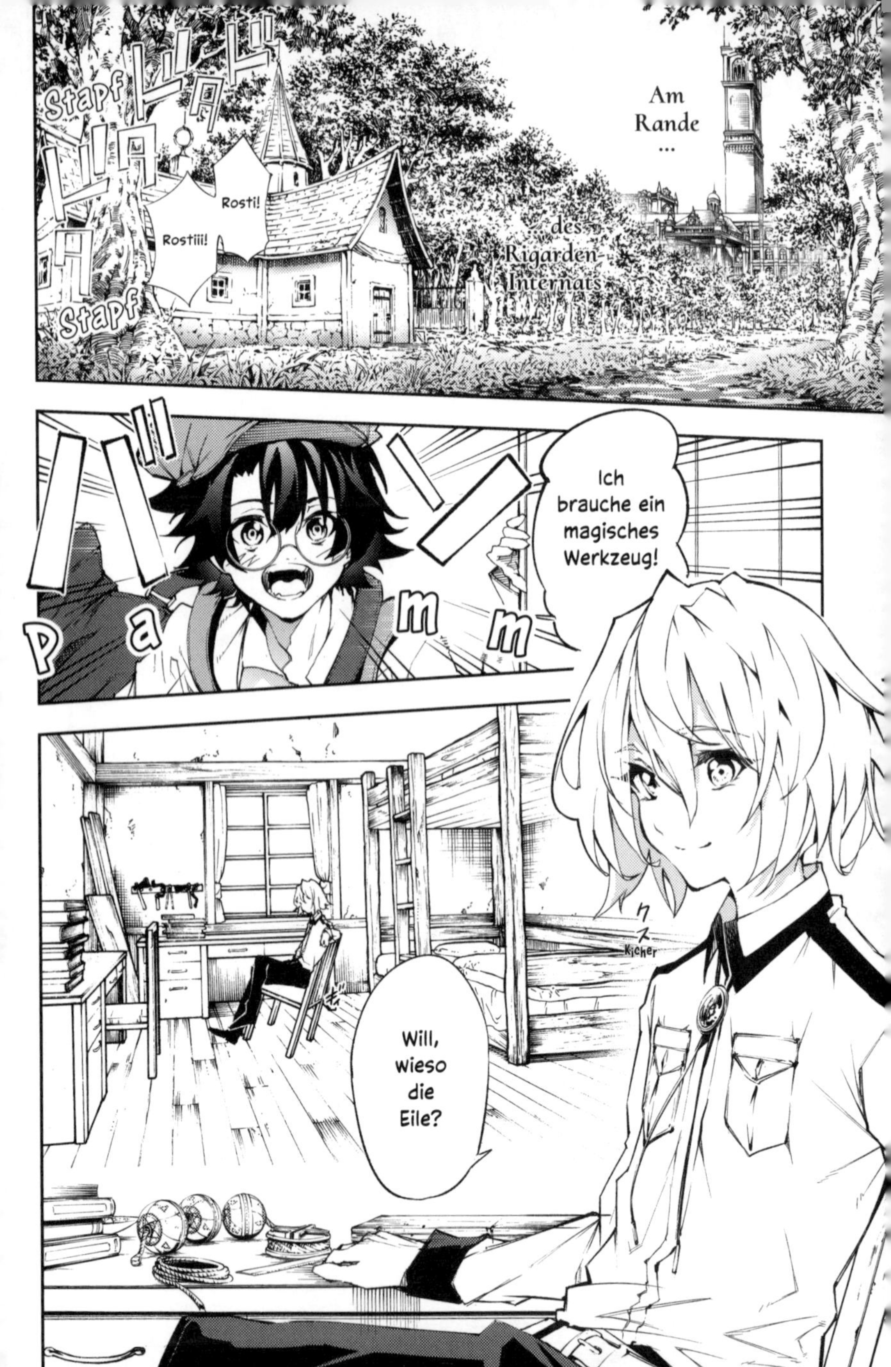
Am Rande …
… des Rigarden-Internats
Rosti!
Rostiii!
Stapf
Stapf
Ich brauche ein magisches Werkzeug!
Pamm
Kicher
Will, wieso die Eile?

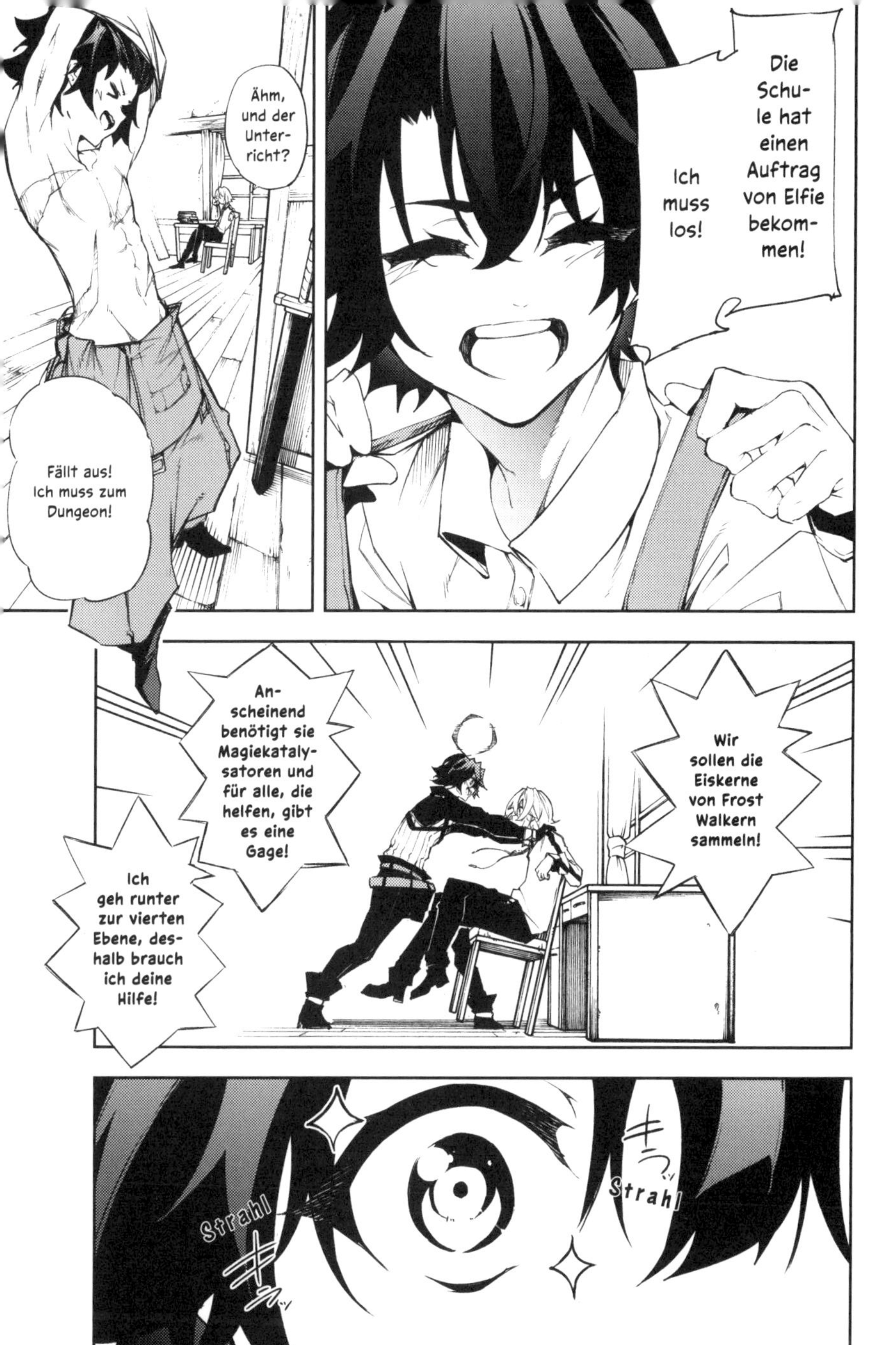
Die Schule hat einen Auftrag von Elfie bekommen!
Ich muss los!
Ähm, und der Unterricht?
Fällt aus! Ich muss zum Dungeon!
Wir sollen die Eiskerne von Frost Walkern sammeln!
Anscheinend benötigt sie Magiekatalysatoren und für alle, die helfen, gibt es eine Gage!
Ich geh runter zur vierten Ebene, deshalb brauch ich deine Hilfe!
Strahl
Strahl

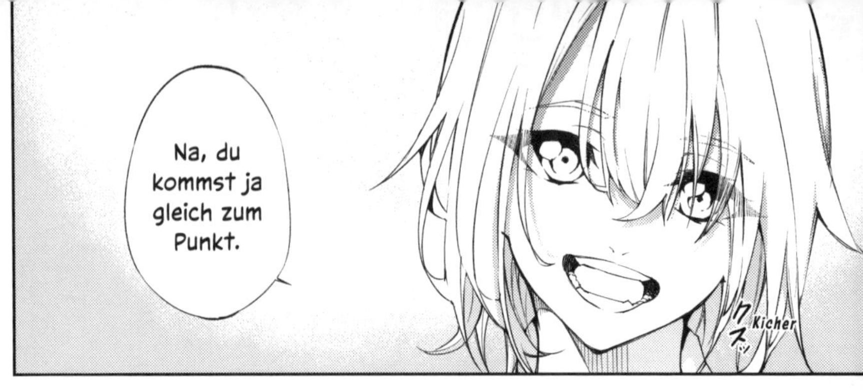
Na, du kommst ja gleich zum Punkt.
クスッ Kicher

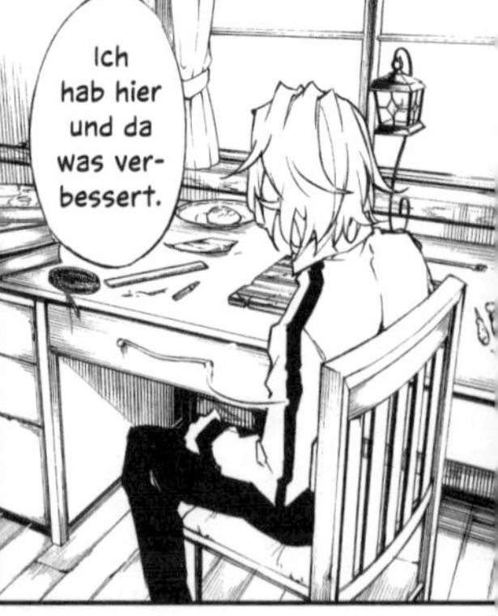
Ich hab hier und da was ver-bessert.

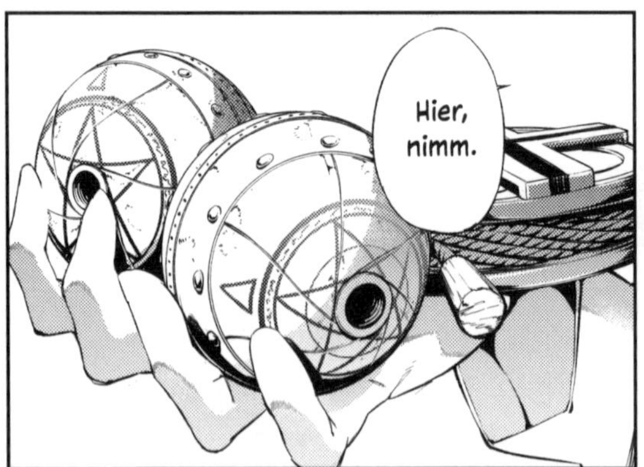
Hier, nimm.

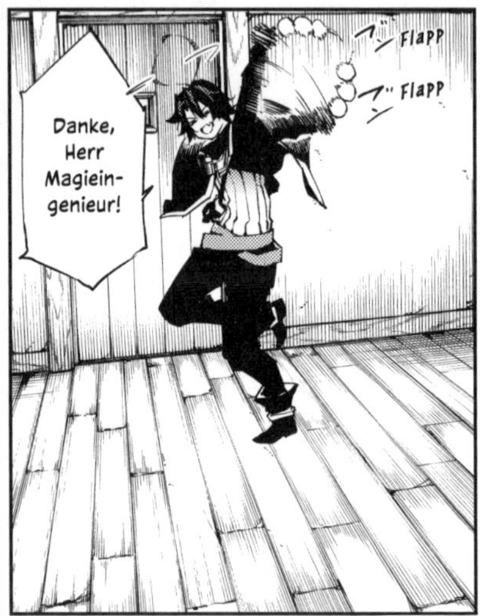
Flapp
Flapp
Danke, Herr Magiein-genieur!

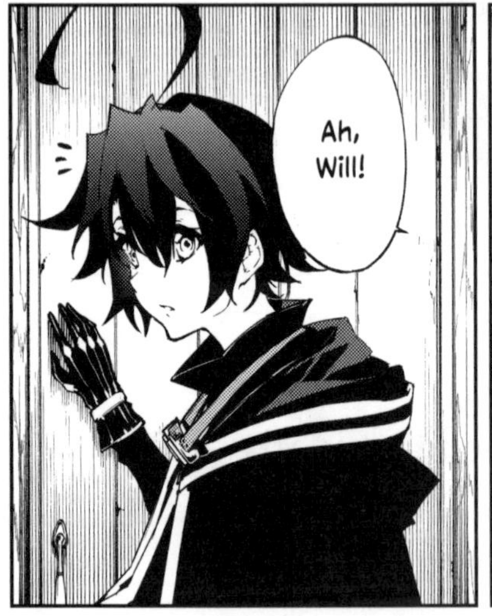
Ah, Will!

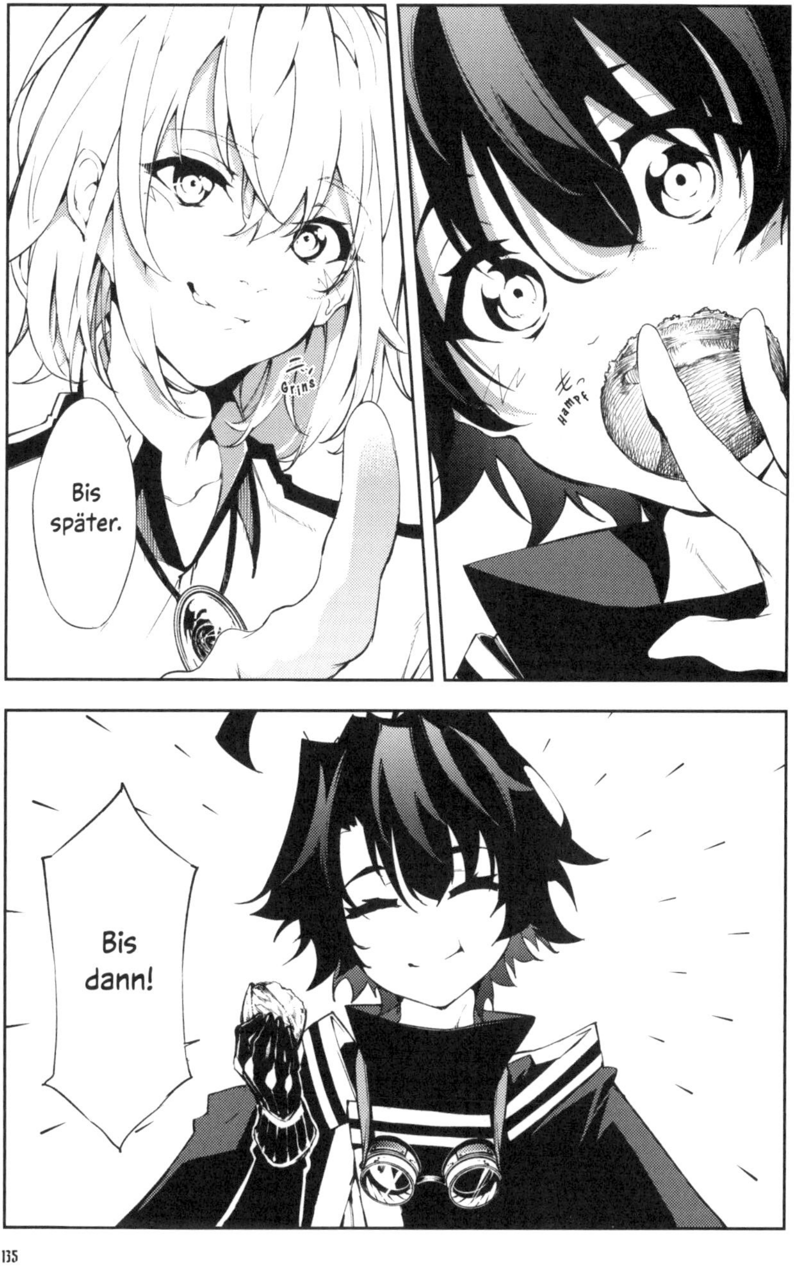

HAMPF

Grins

Bis später.

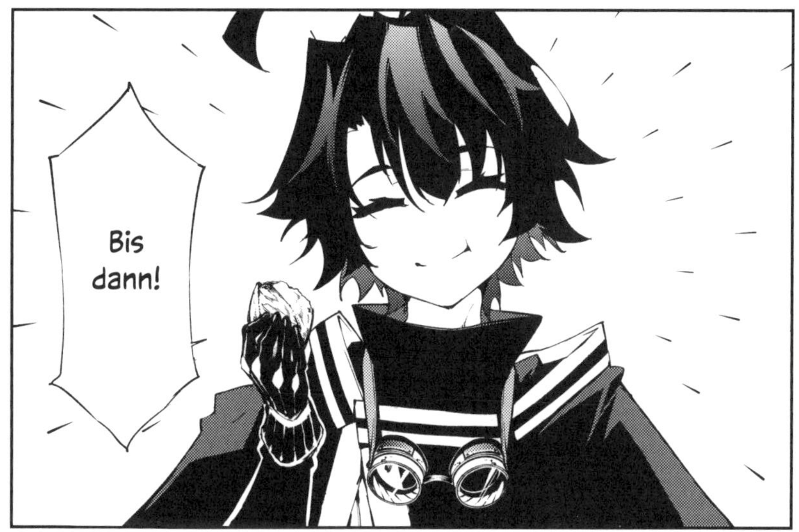

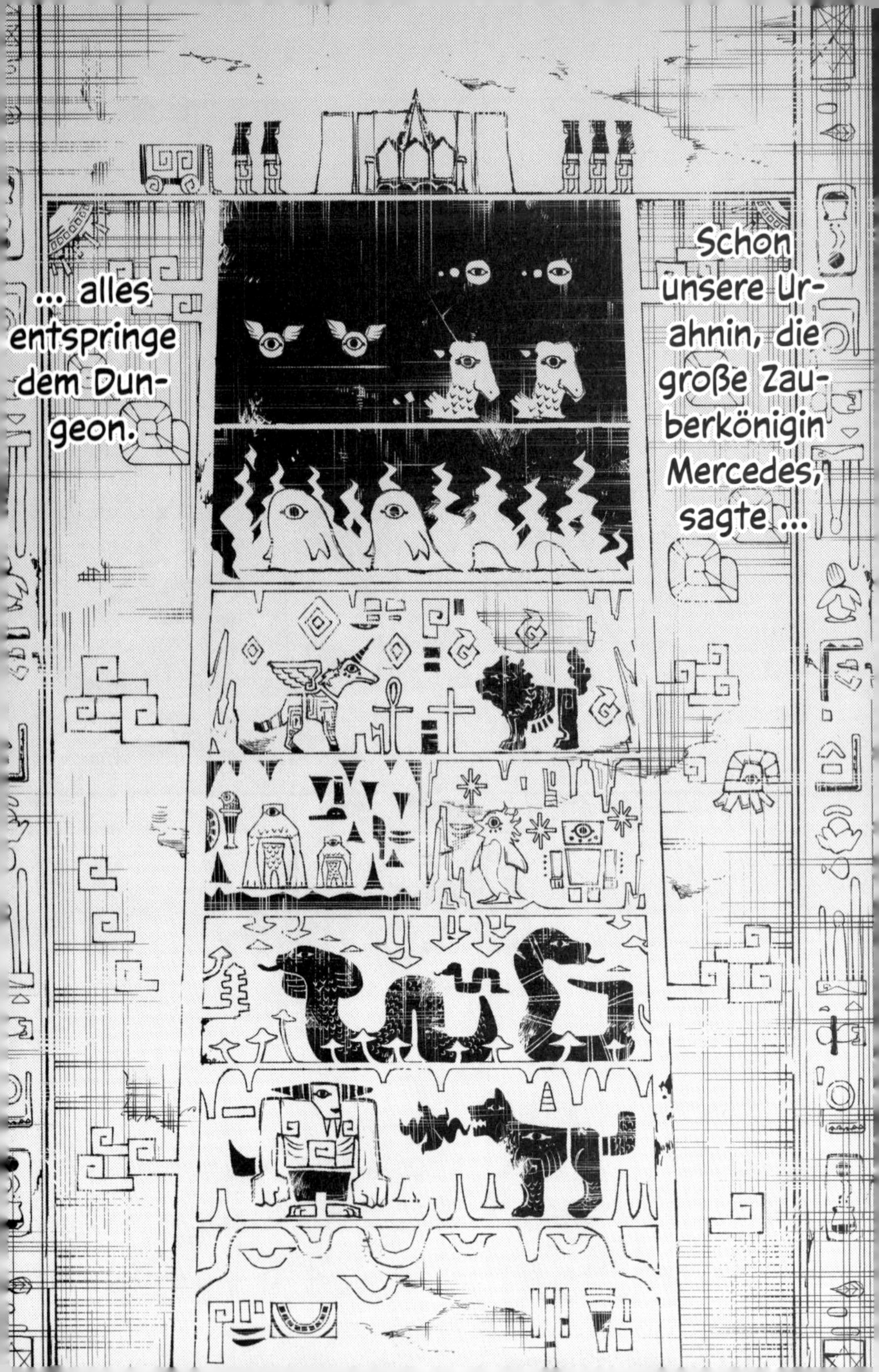
Schon unsere Urahnin, die große Zauberkönigin Mercedes, sagte ...
... alles entspringe dem Dungeon.

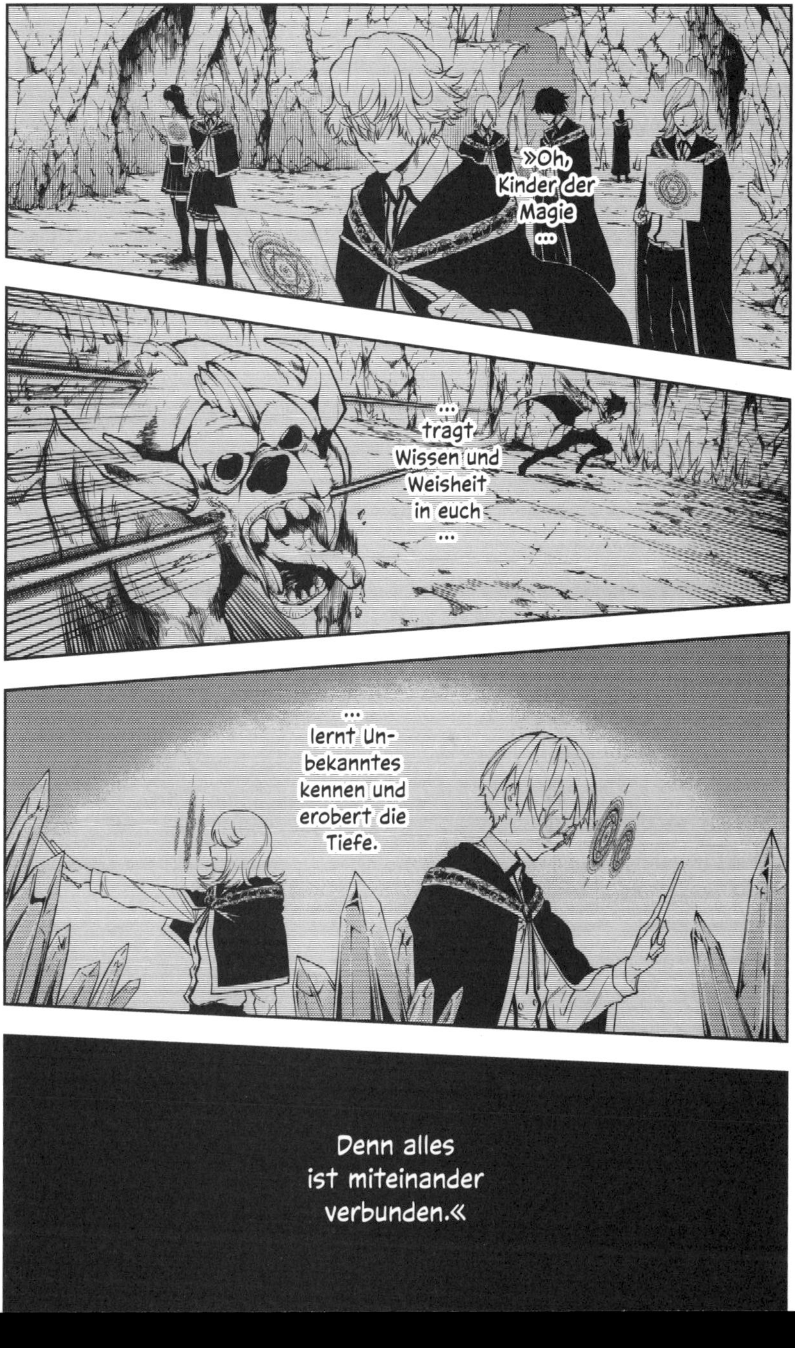

»Oh, Kinder der Magie …

… tragt Wissen und Weisheit in euch …

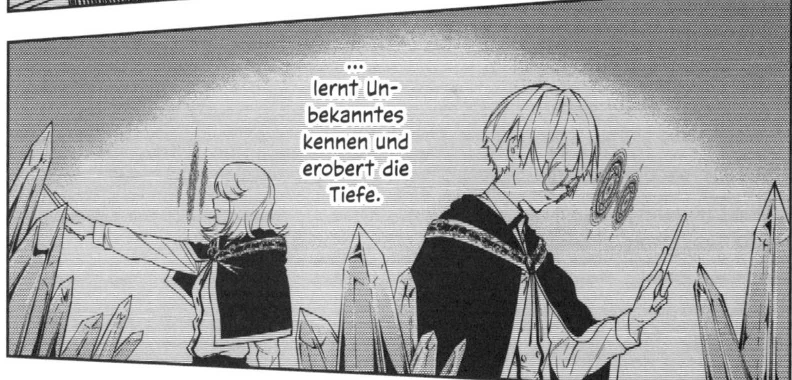

Denn alles ist miteinander verbunden.«

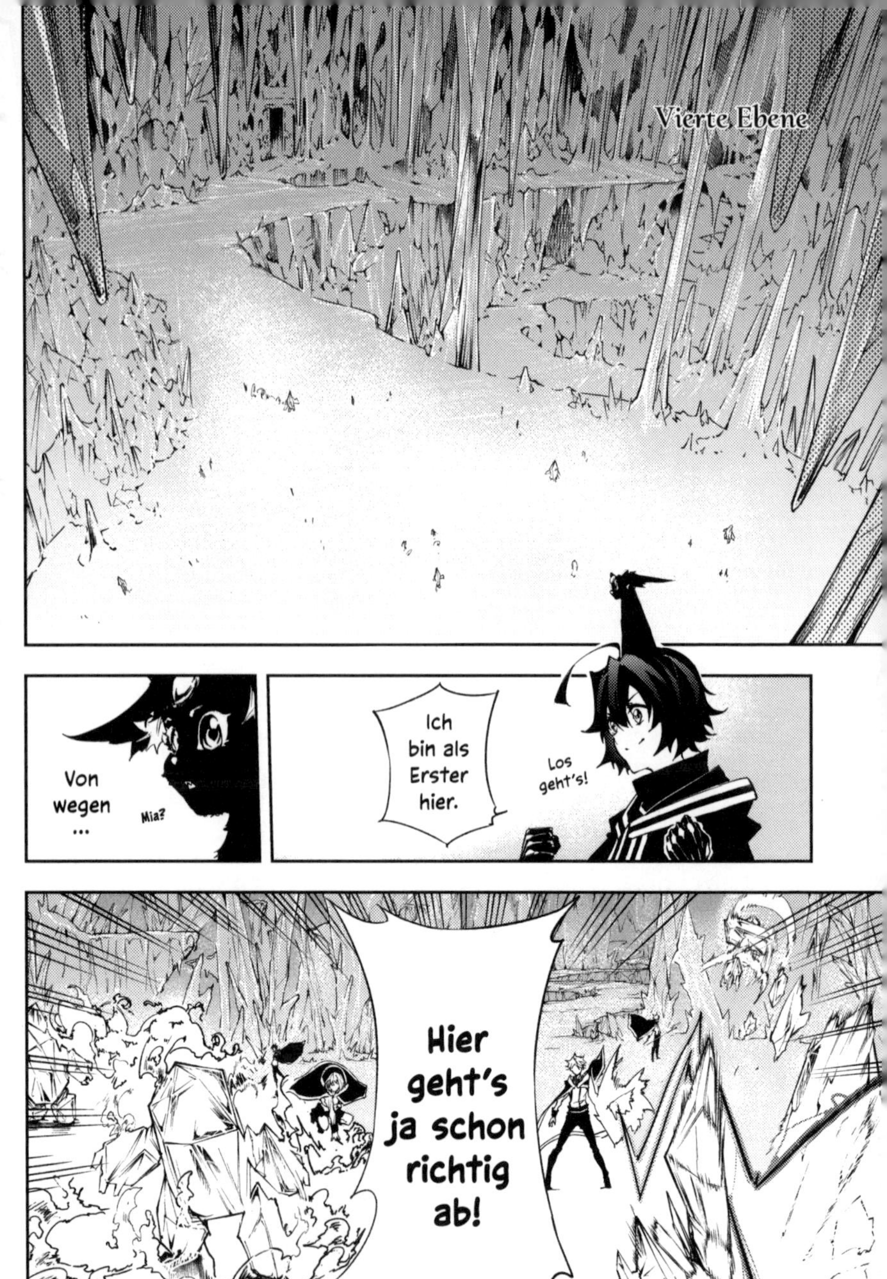

Vierte Ebene
Los geht's!
Ich bin als Erster hier.
Mia?
Von wegen ...
Hier geht's ja schon richtig ab!

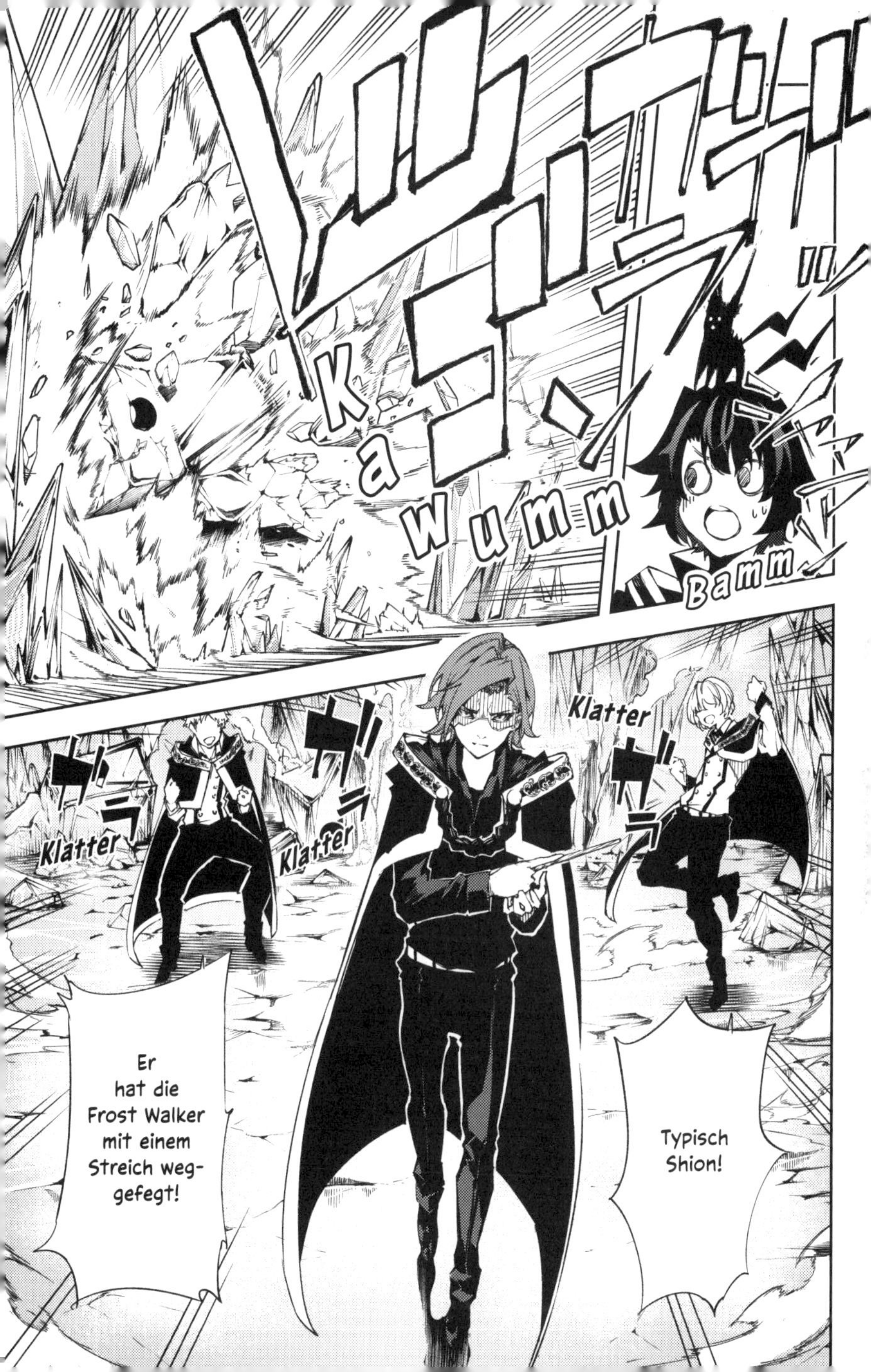
Kawumm
Bamm
Klatter
Klatter
Klatter
Typisch Shion!
Er hat die Frost Walker mit einem Streich weg-gefegt!

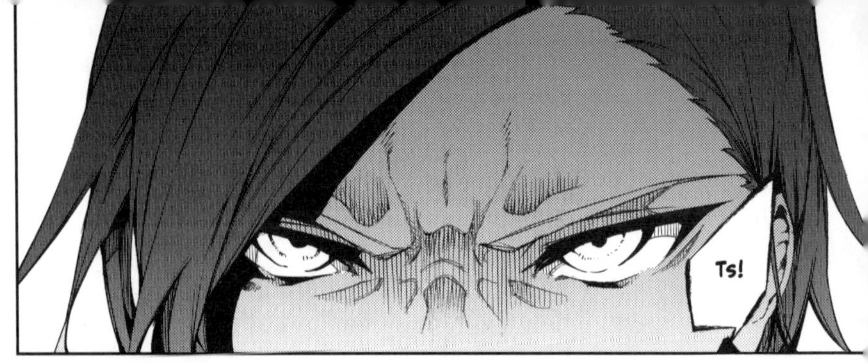
Ts!

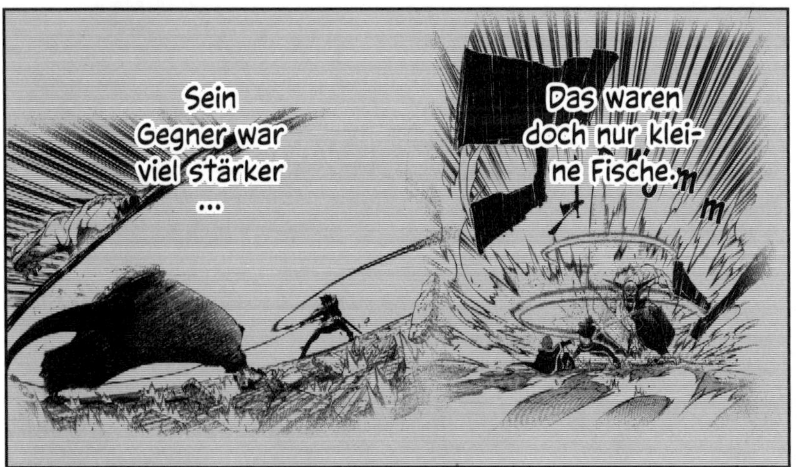
Das waren doch nur klei-ne Fische.
Sein Gegner war viel stärker ...

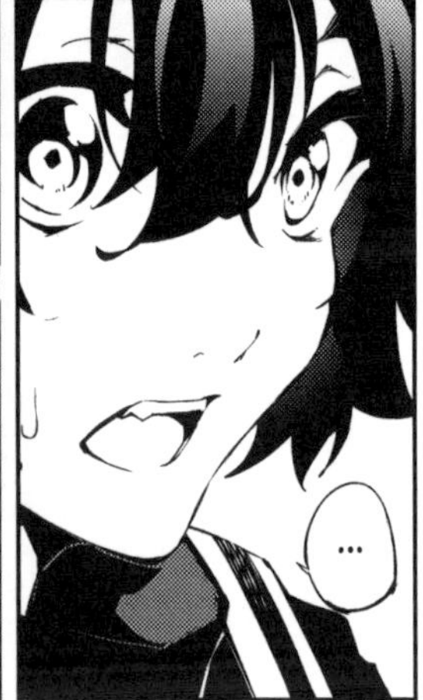
...

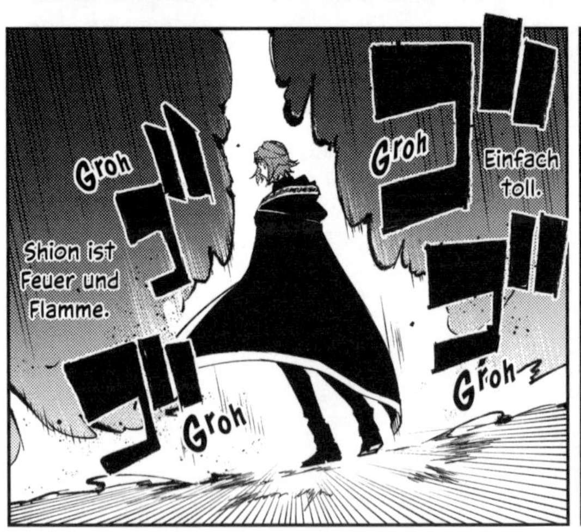
Einfach toll.
Groh
Groh
Shion ist Feuer und Flamme.
Groh
Groh

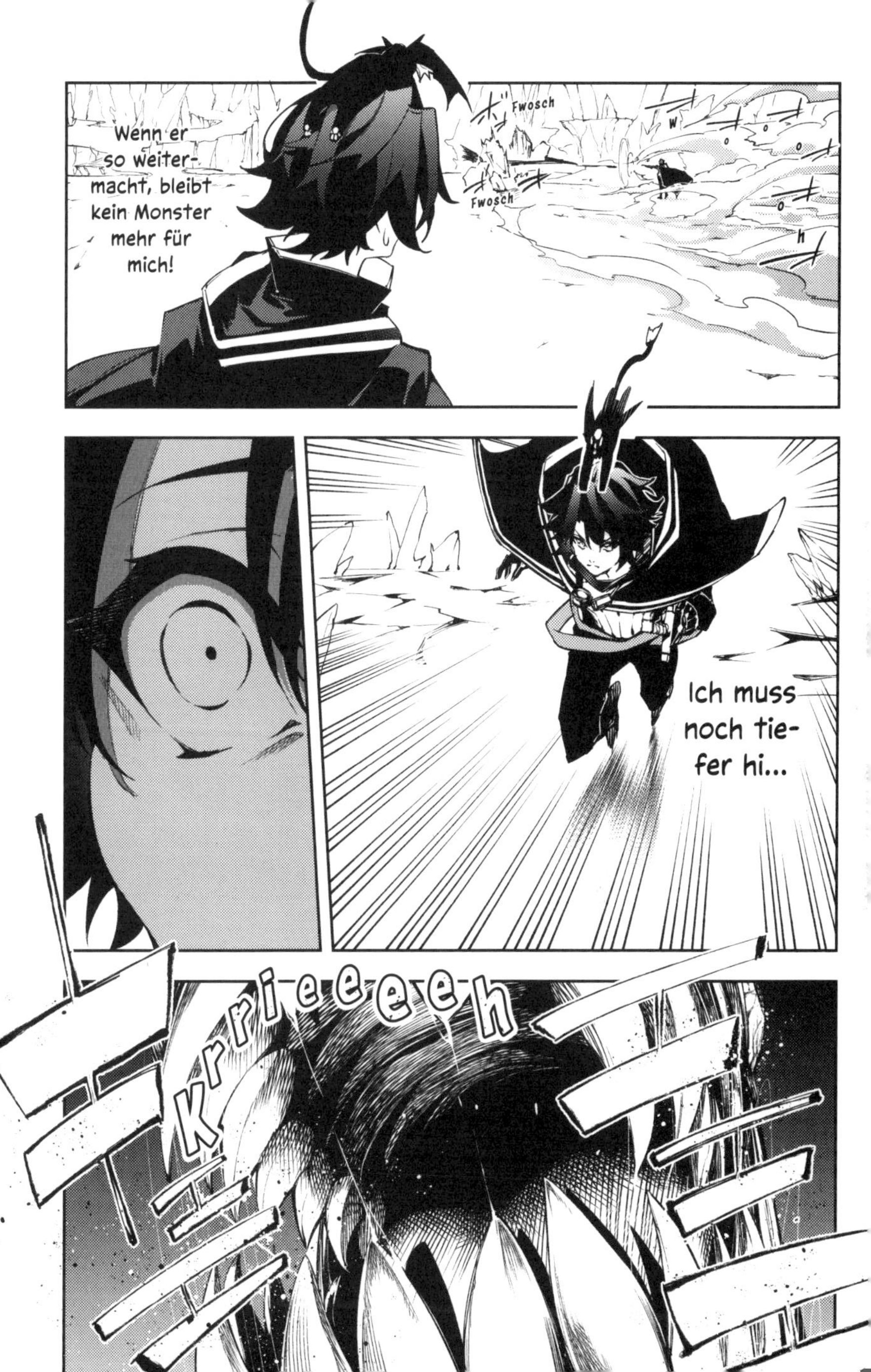
Woooh
Fwosch
Fwosch
Wenn er so weiter-macht, bleibt kein Monster mehr für mich!
Ich muss noch tie-fer hi...
Krrieeeeeh

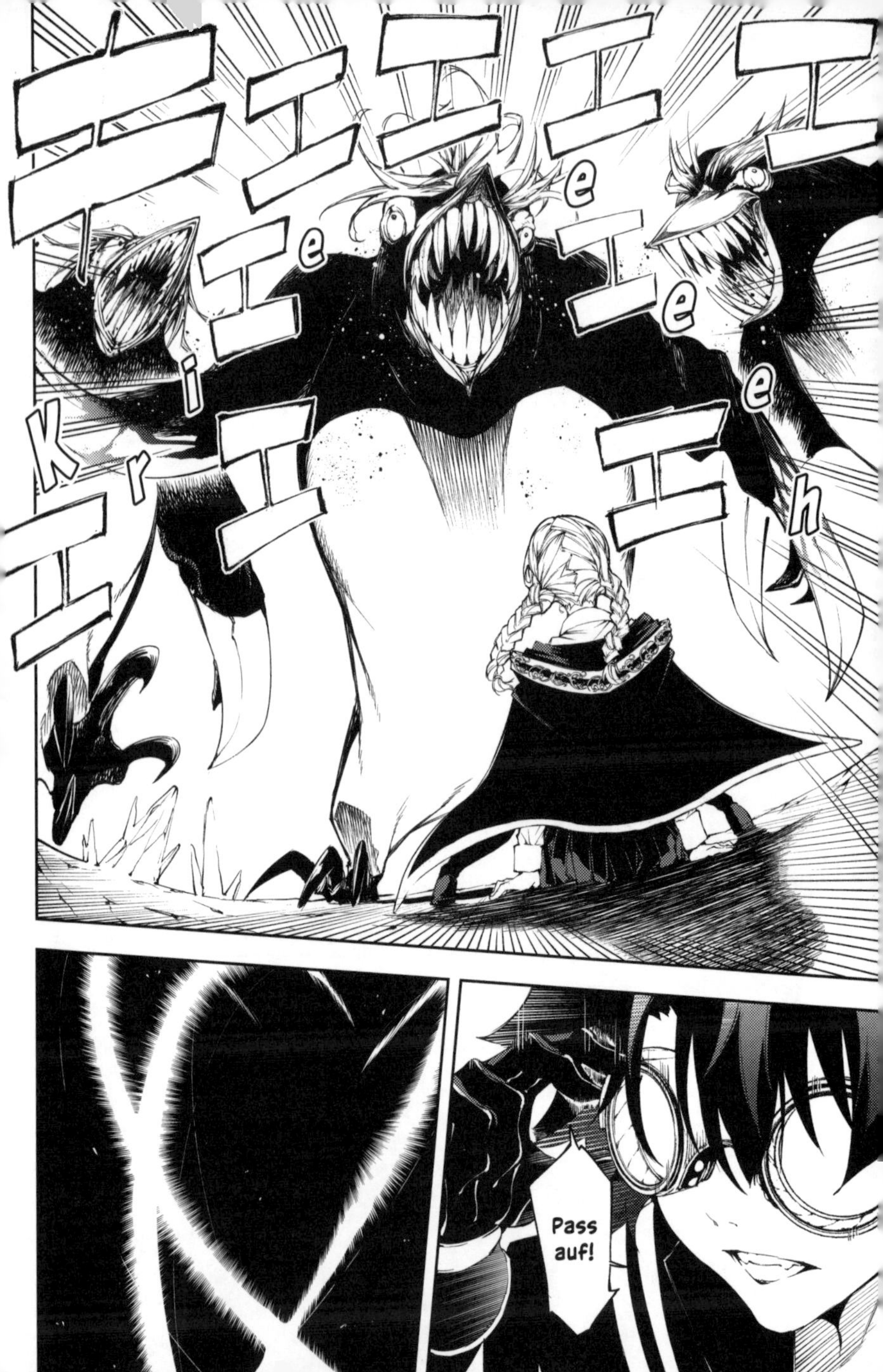
Krieeeeh
Pass auf!

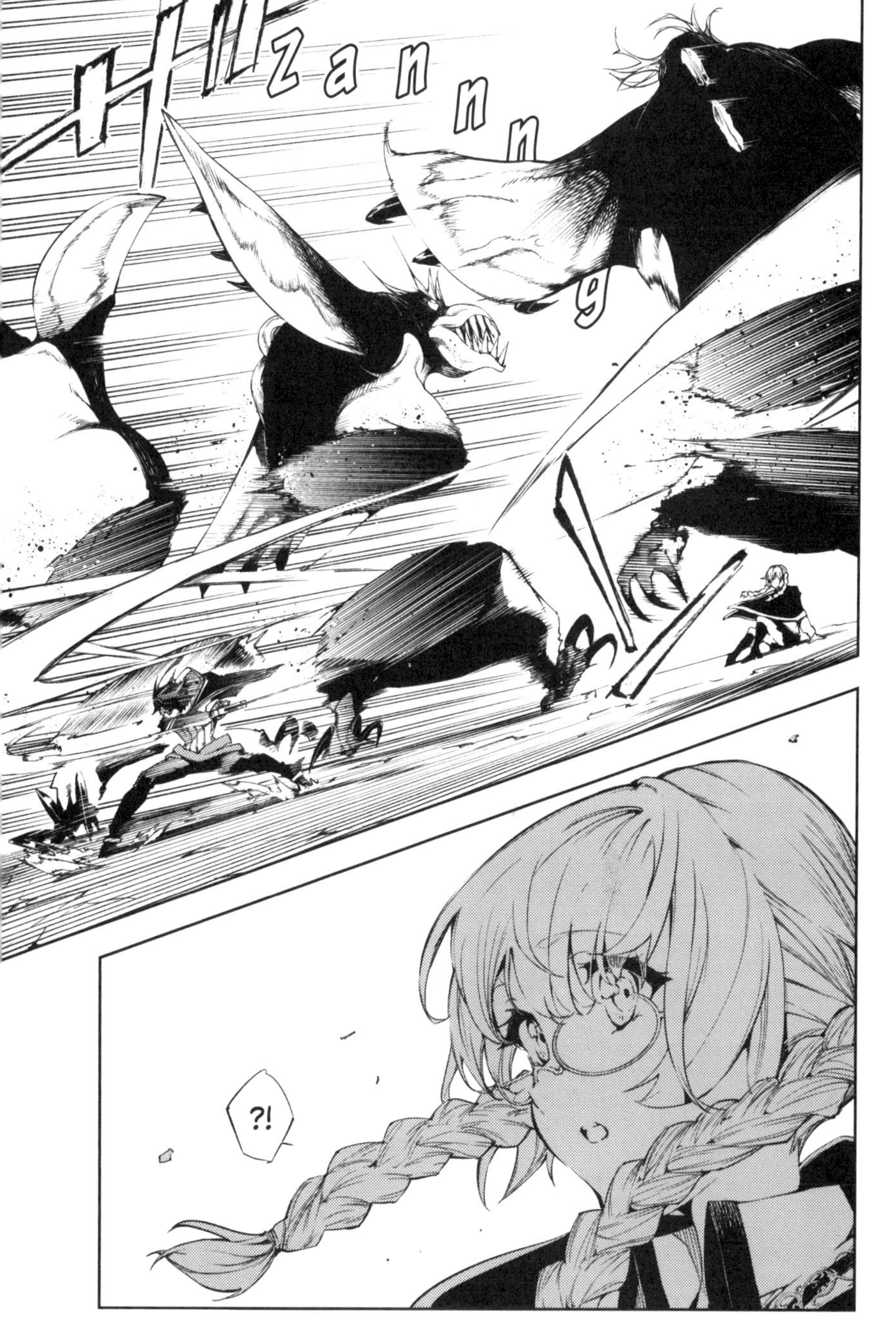
Zannng
?!

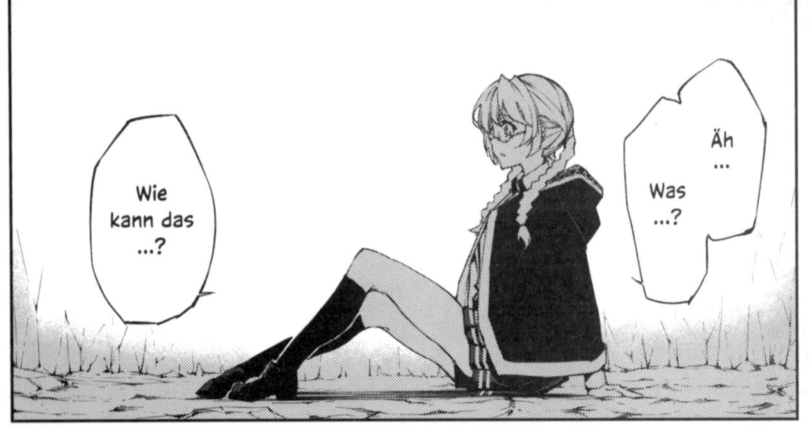
Äh ...
Was ...?
Wie kann das ...?

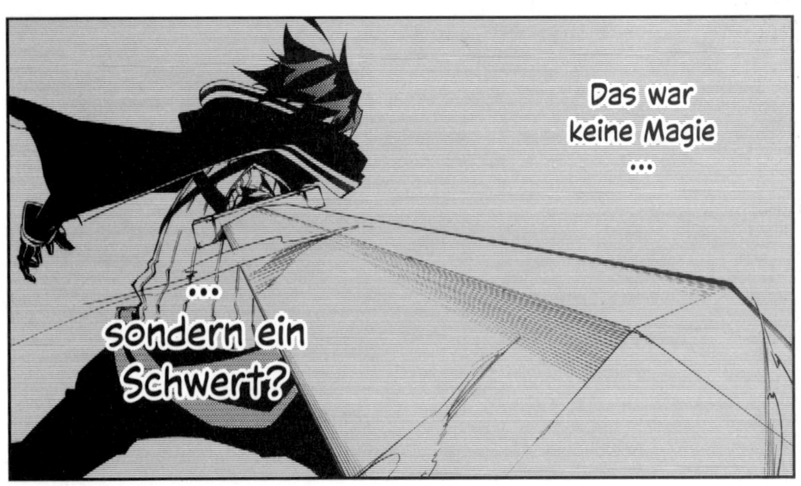
Das war keine Magie ...
... sondern ein Schwert?

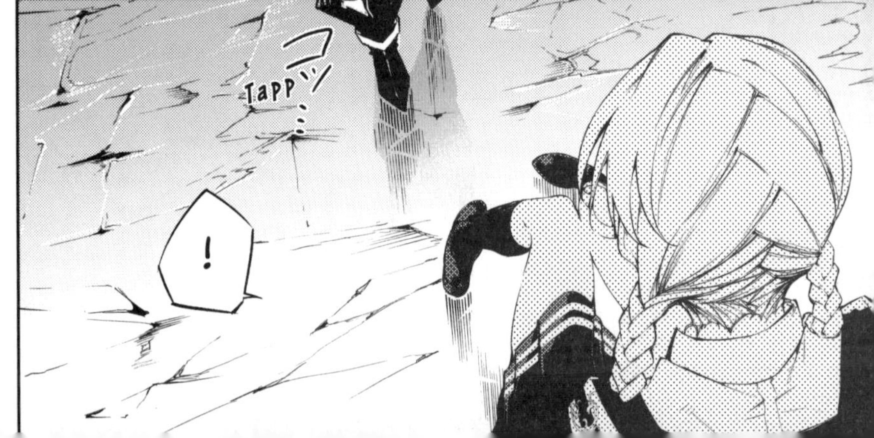
Tapp
!

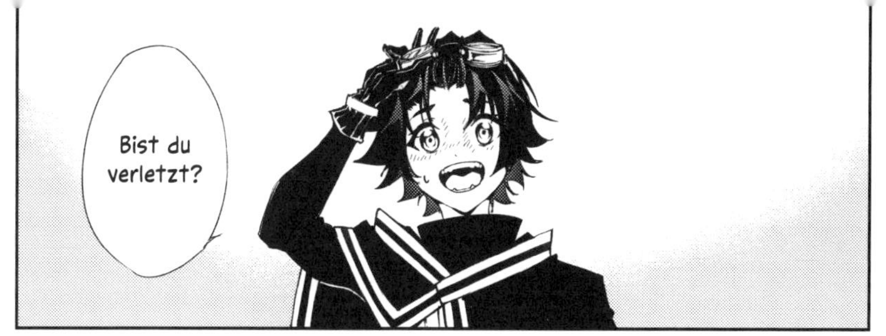
Bist du verletzt?

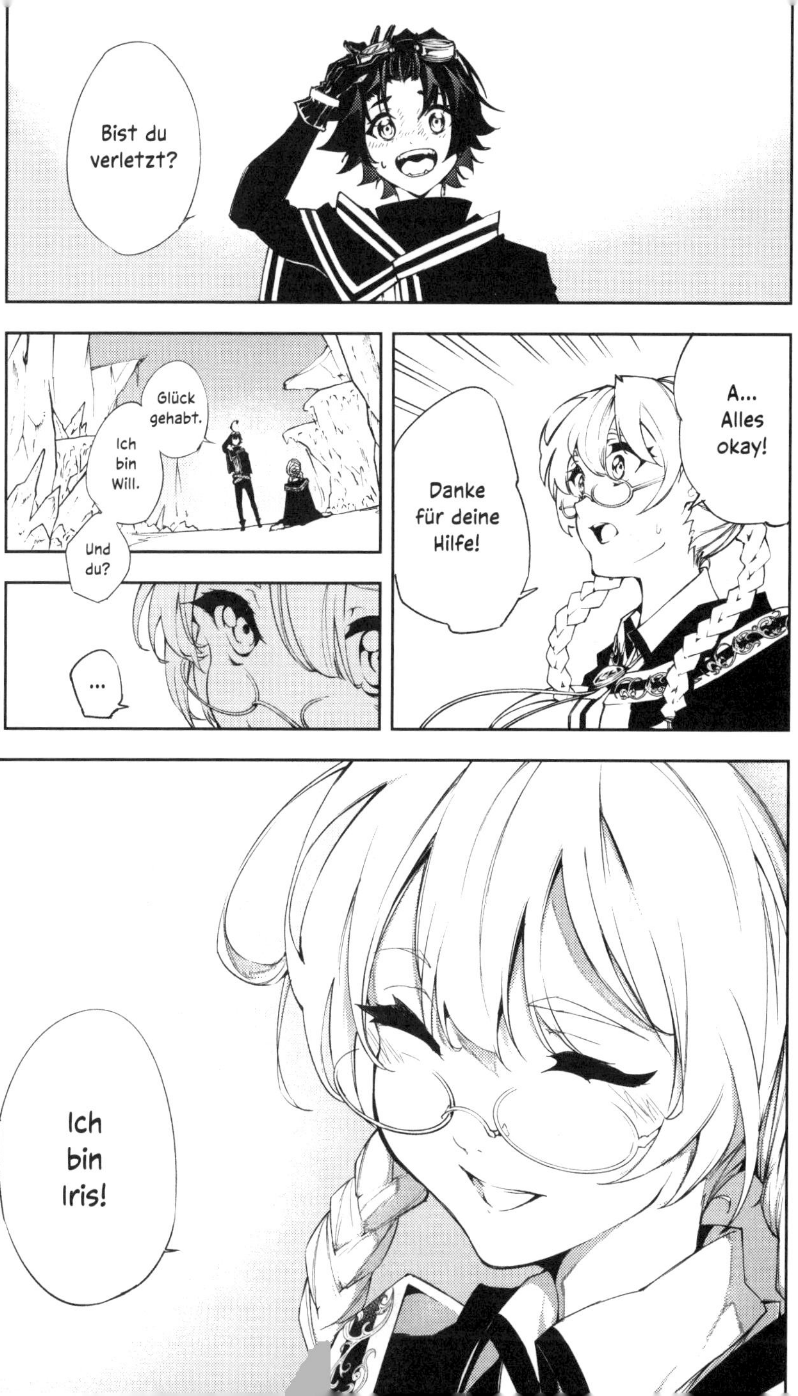

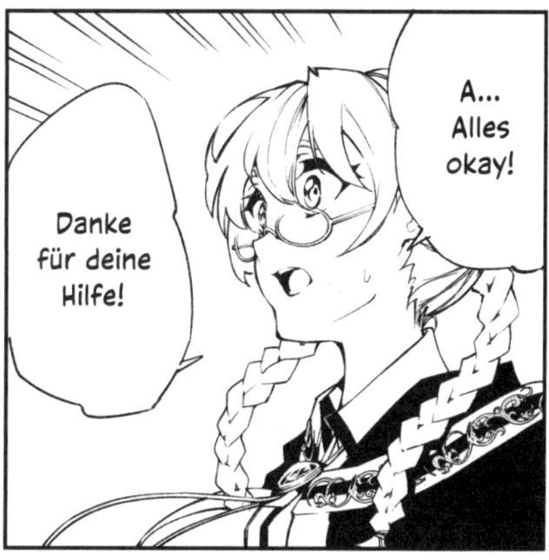
A... Alles okay!
Danke für deine Hilfe!

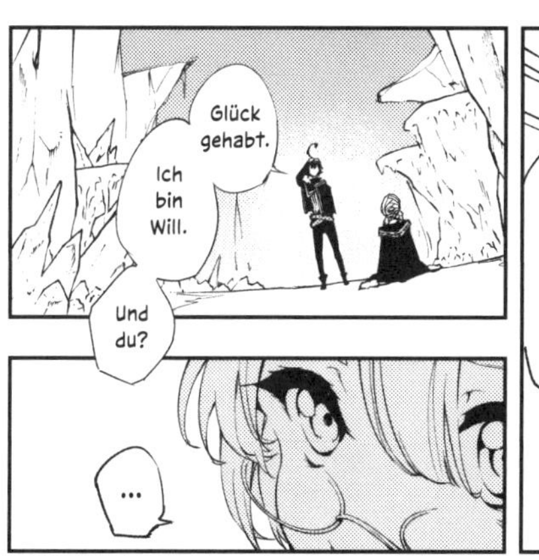
Glück gehabt.
Ich bin Will.
Und du?

...

Ich bin Iris!

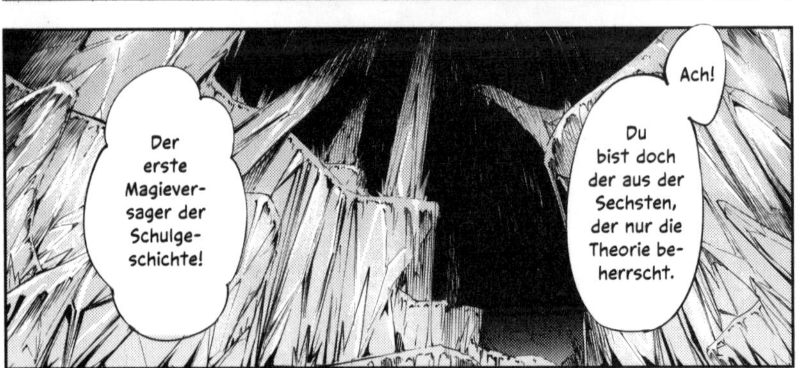
Ach!
Du bist doch der aus der Sechsten, der nur die Theorie beherrscht.
Der erste Magieversager der Schulgeschichte!

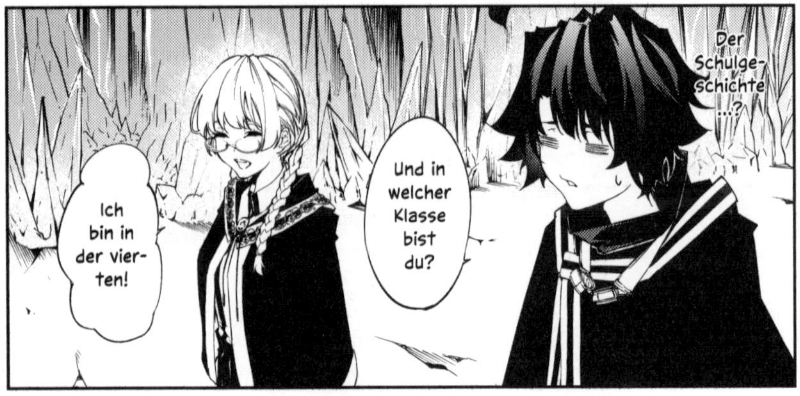
Der Schulgeschichte ...?
Und in welcher Klasse bist du?
Ich bin in der vierten!

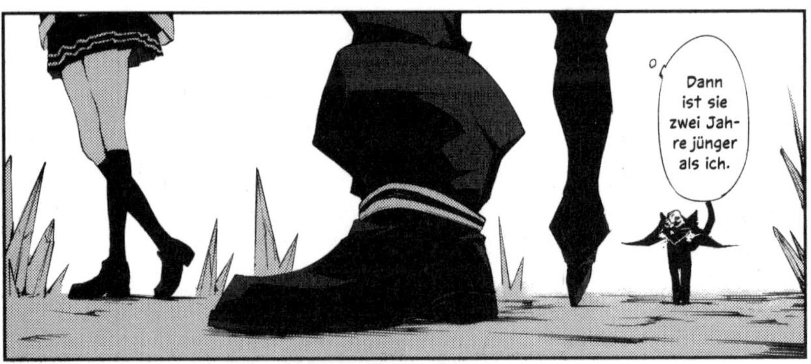
Dann ist sie zwei Jahre jünger als ich.

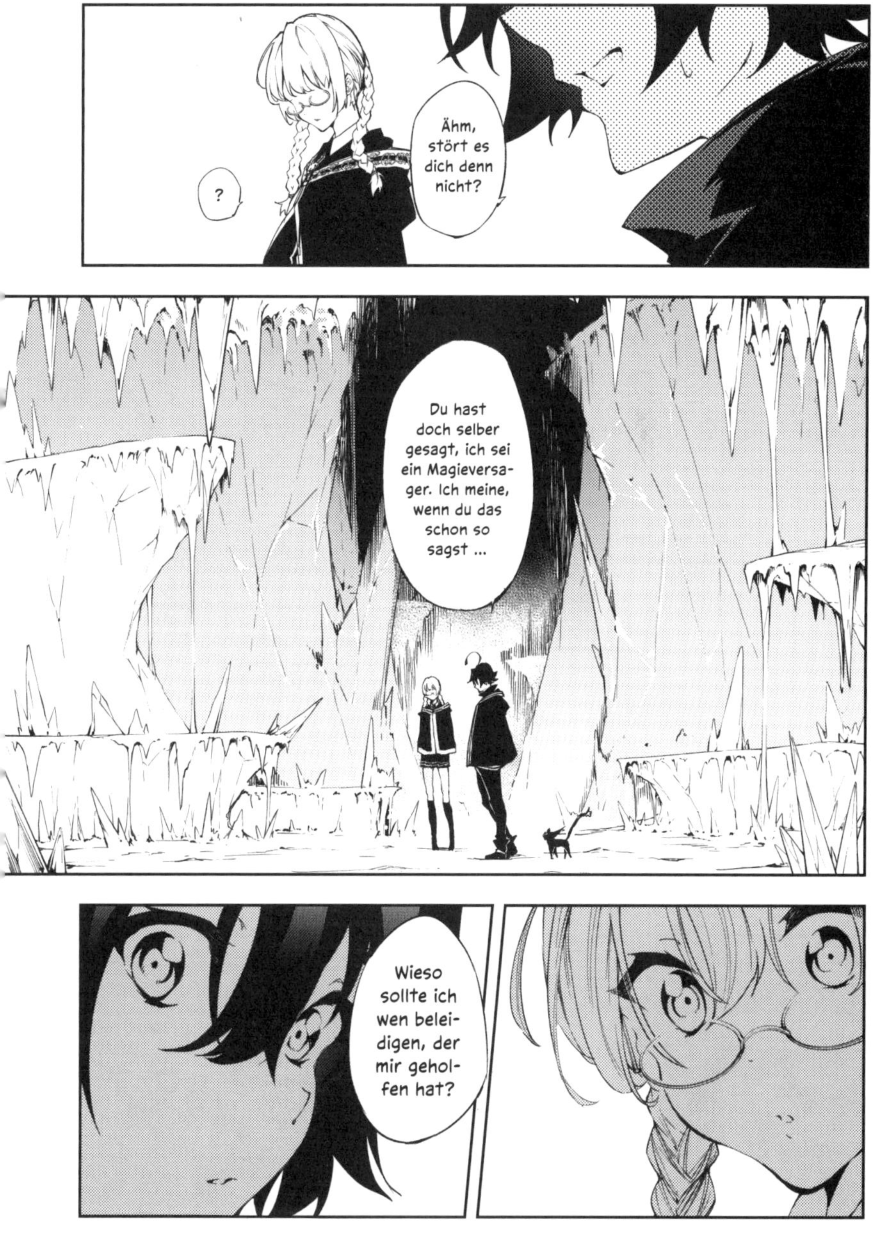

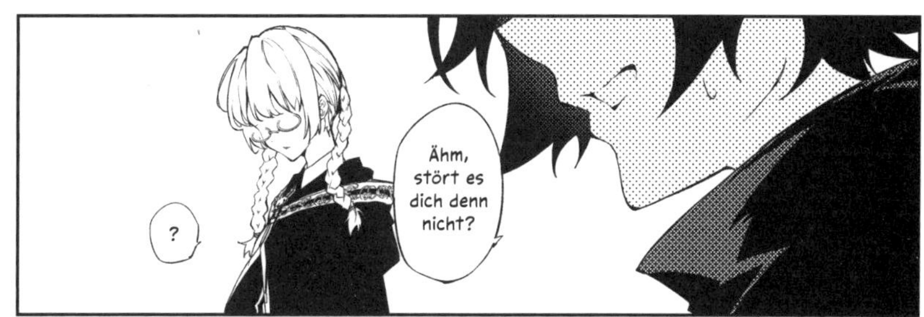
Ähm, stört es dich denn nicht?
?

Du hast doch selber gesagt, ich sei ein Magieversager. Ich meine, wenn du das schon so sagst ...

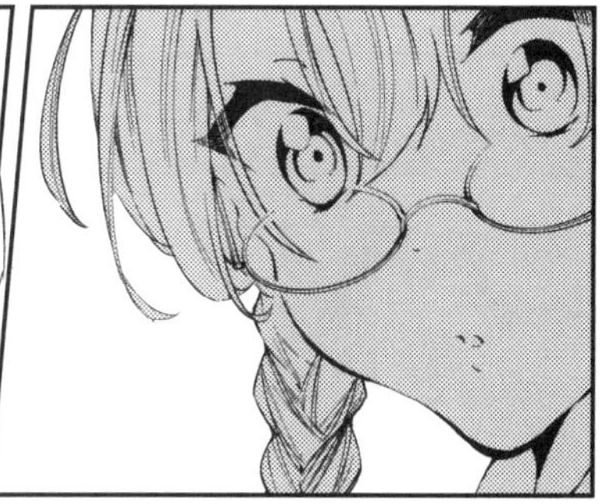

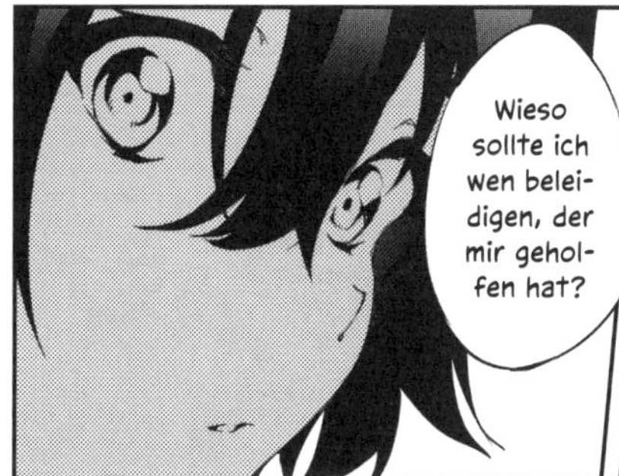
Wieso sollte ich wen beleidigen, der mir geholfen hat?

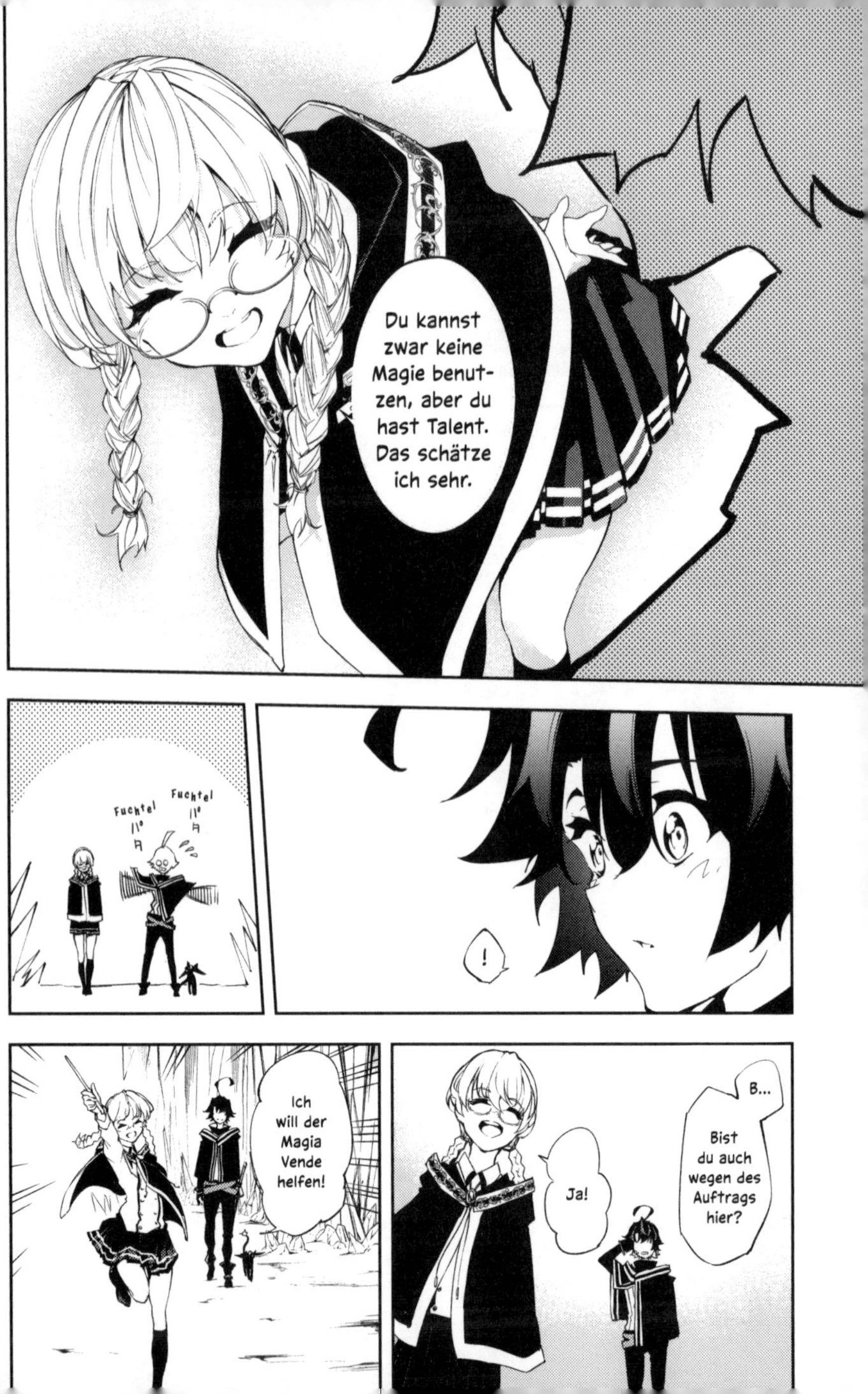

Du kannst zwar keine Magie benutzen, aber du hast Talent. Das schätze ich sehr.

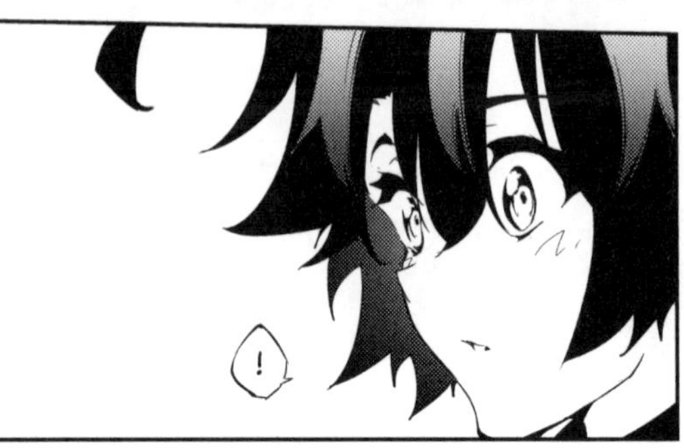

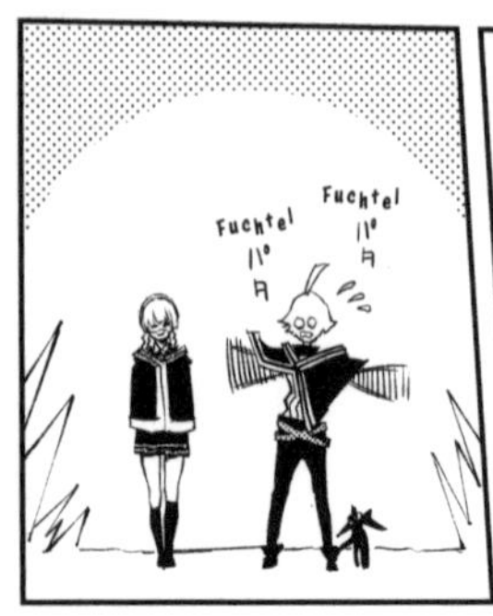

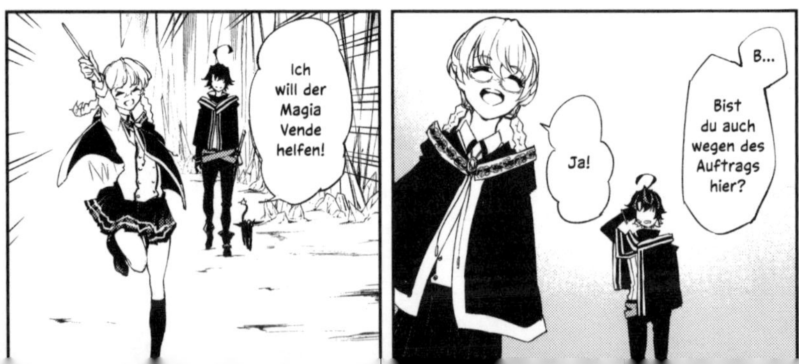

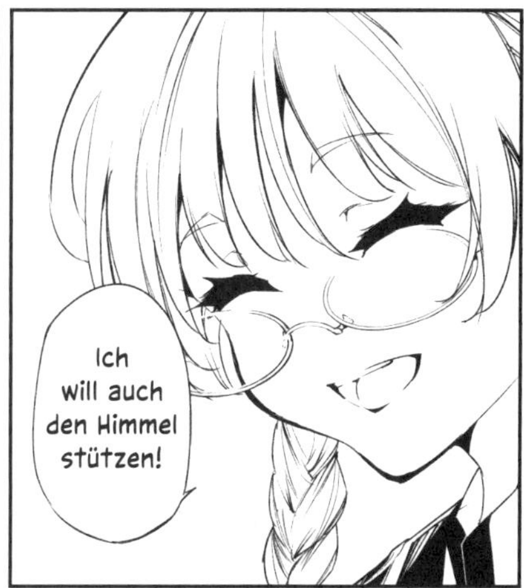

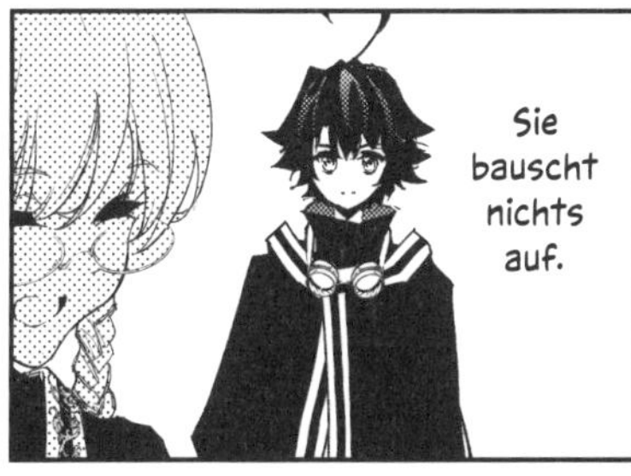

Wir haben den echten Himmel noch nie gesehen.

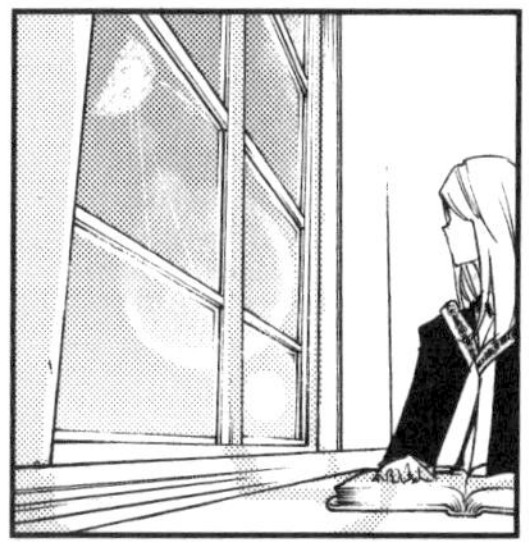

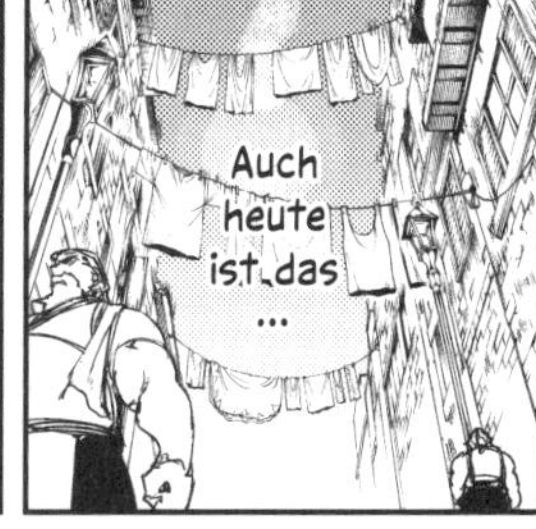

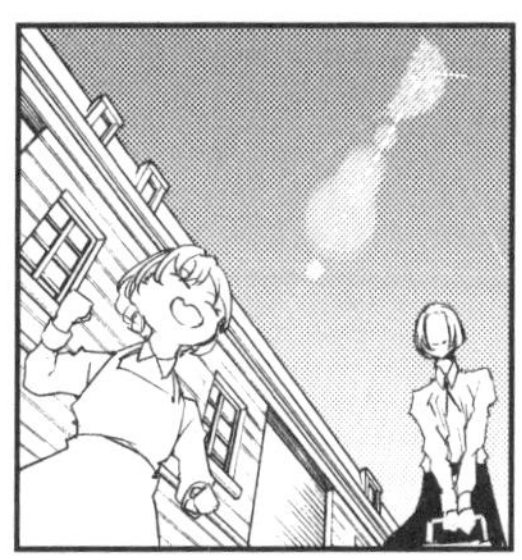

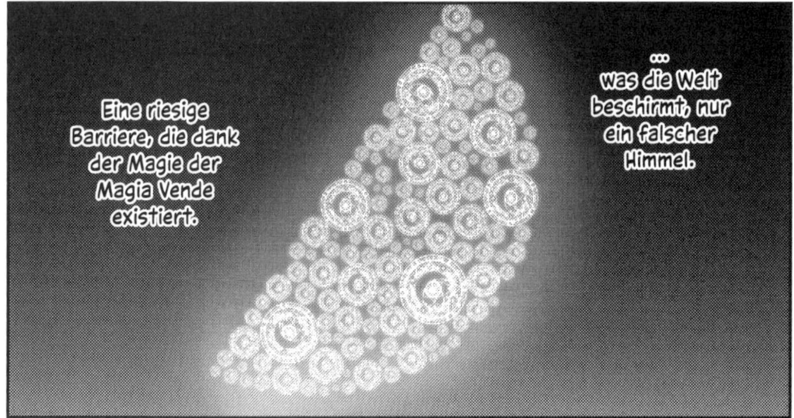

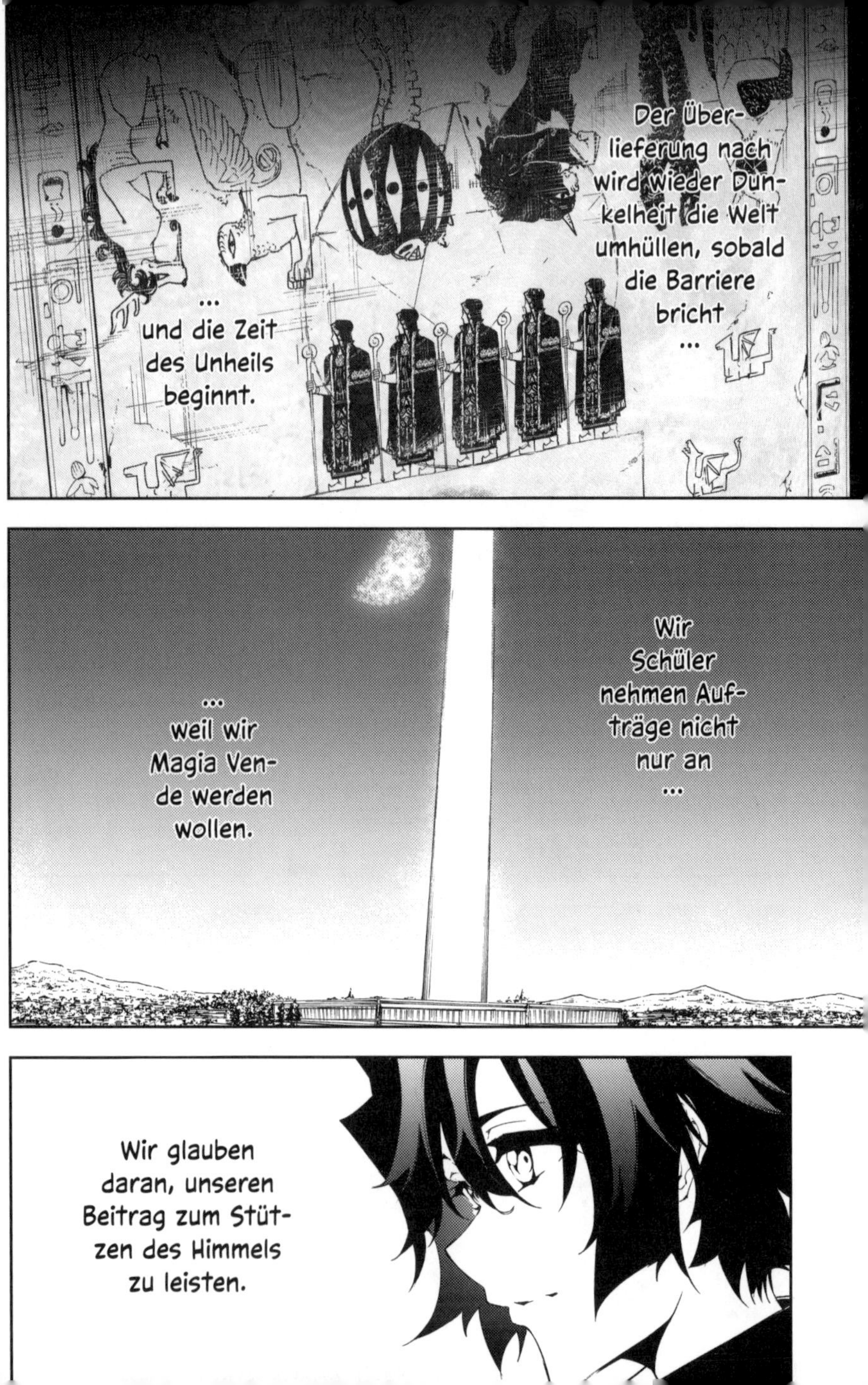

Der Überlieferung nach wird wieder Dunkelheit die Welt umhüllen, sobald die Barriere bricht ...

... und die Zeit des Unheils beginnt.

Wir Schüler nehmen Aufträge nicht nur an ...

... weil wir Magia Vende werden wollen.

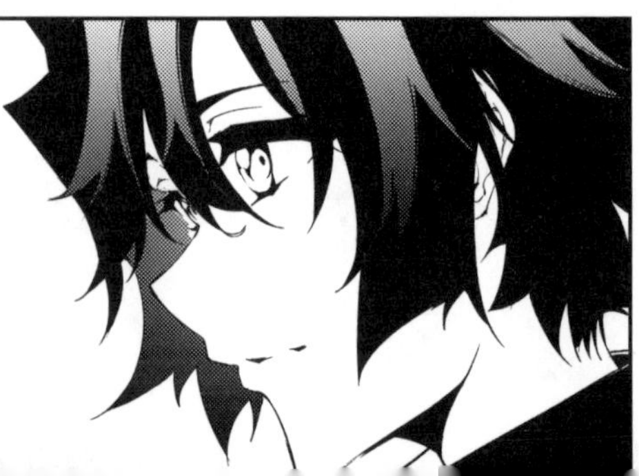

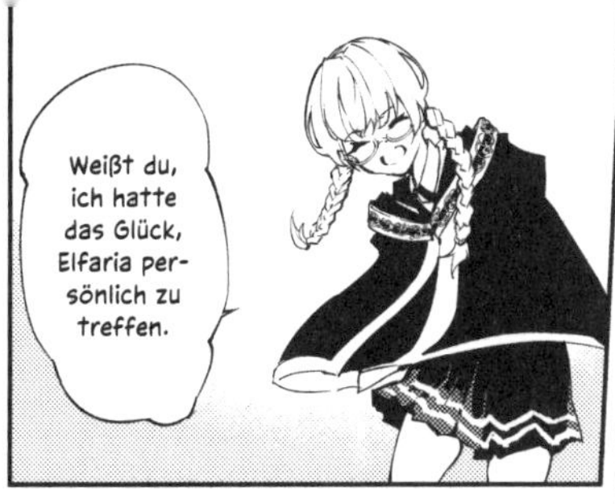
Weißt du, ich hatte das Glück, Elfaria persönlich zu treffen.

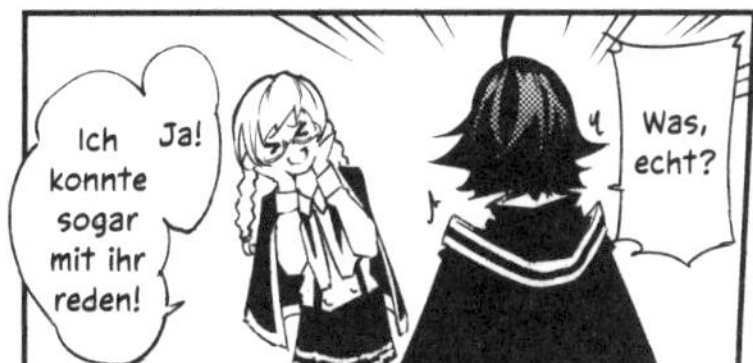
Was, echt?
Ja!
Ich konnte sogar mit ihr reden!

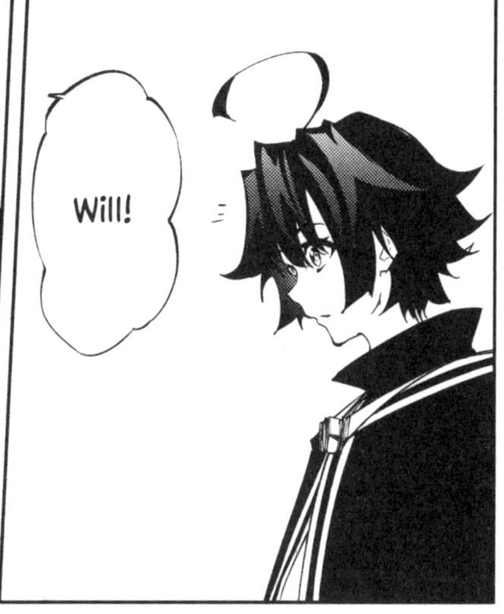
Will!

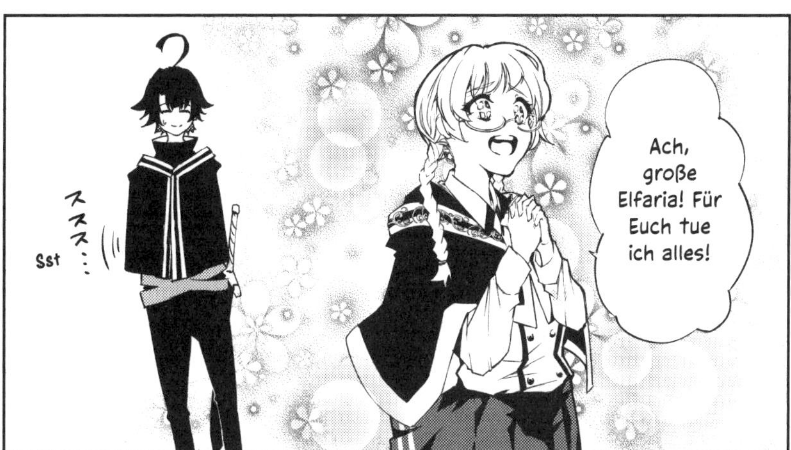
Ach, große Elfaria! Für Euch tue ich alles!
ススス…
Sst

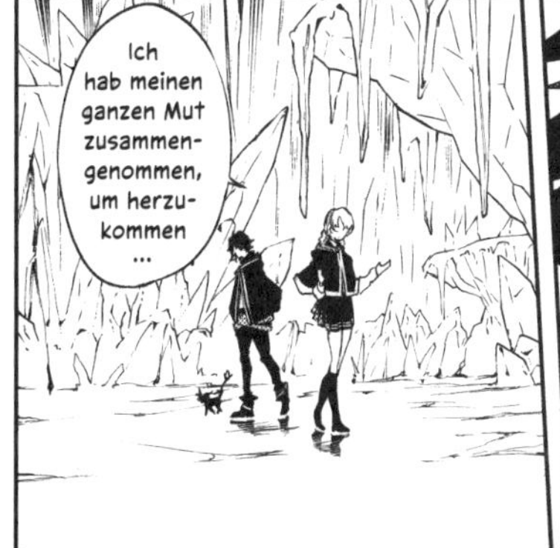
Ich hab meinen ganzen Mut zusammengenommen, um herzukommen ...

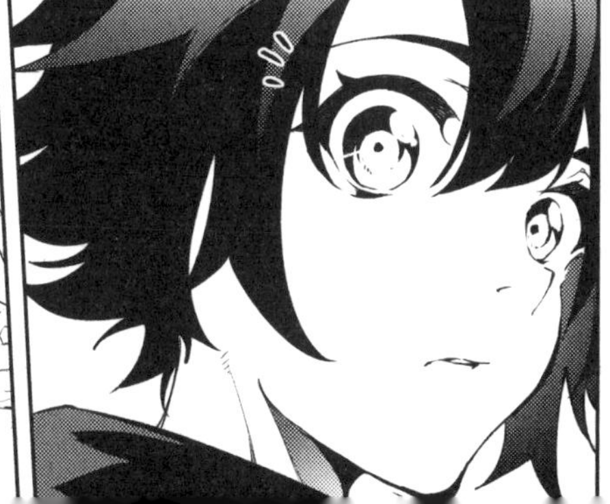

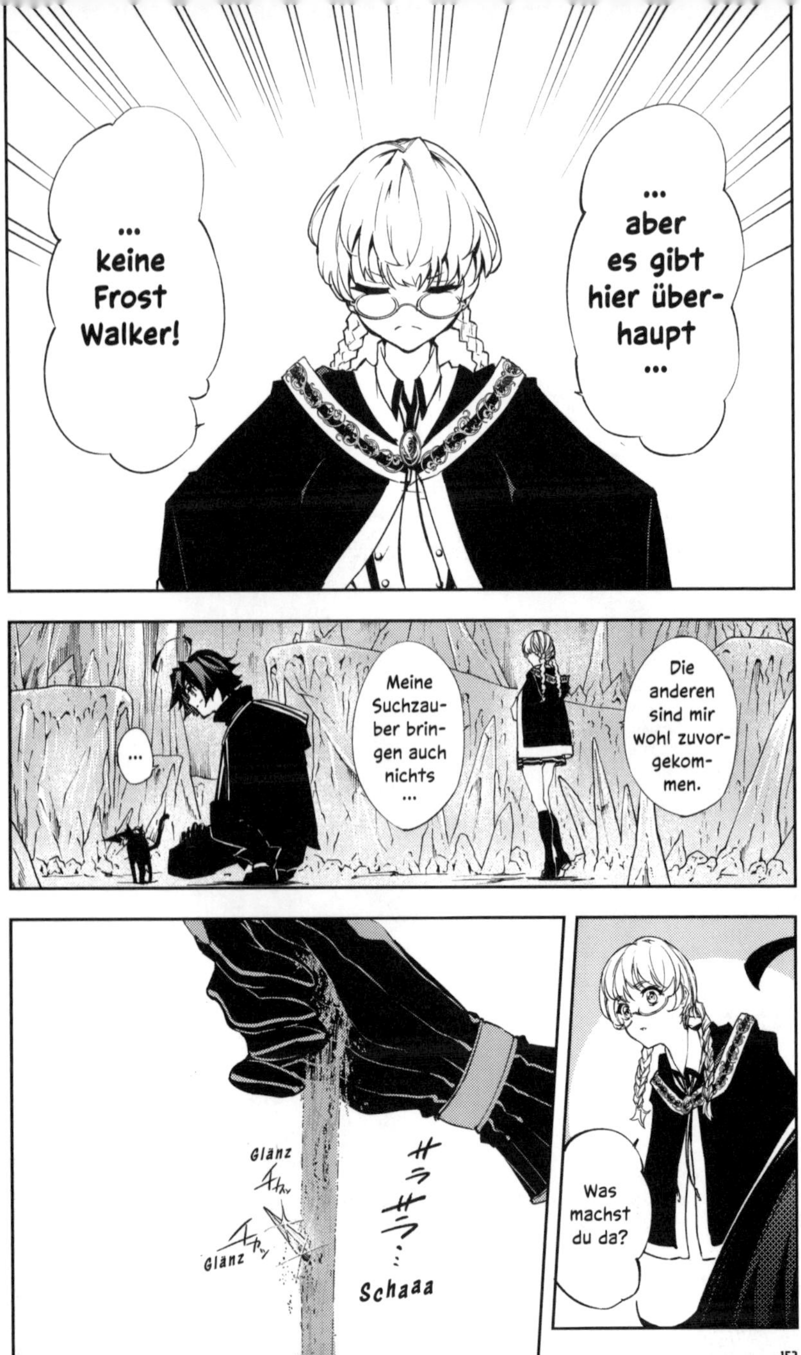

... aber es gibt hier überhaupt ...
... keine Frost Walker!

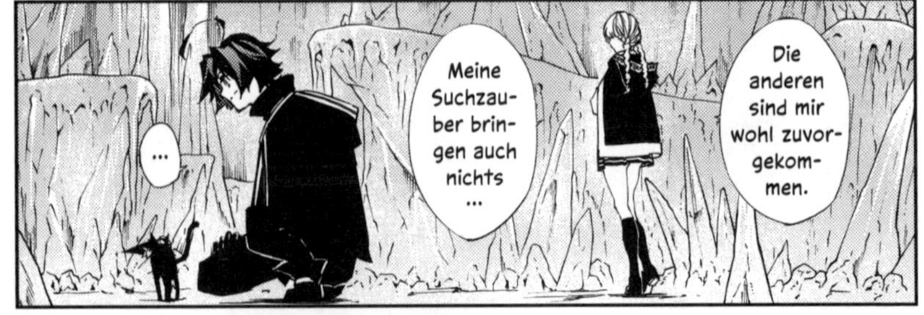

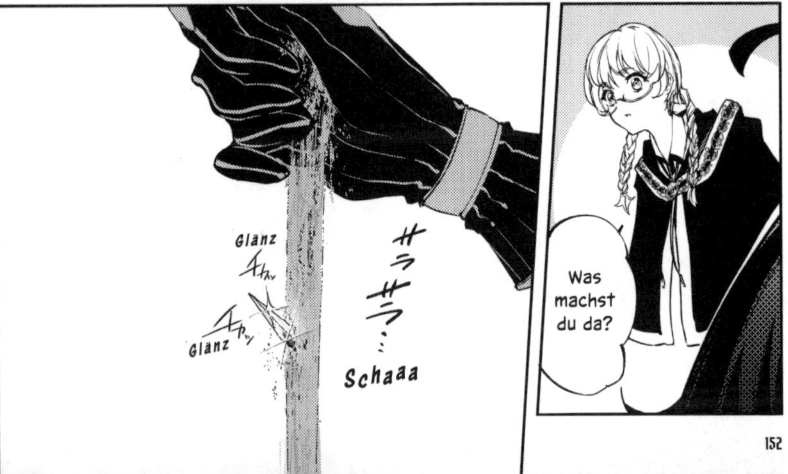

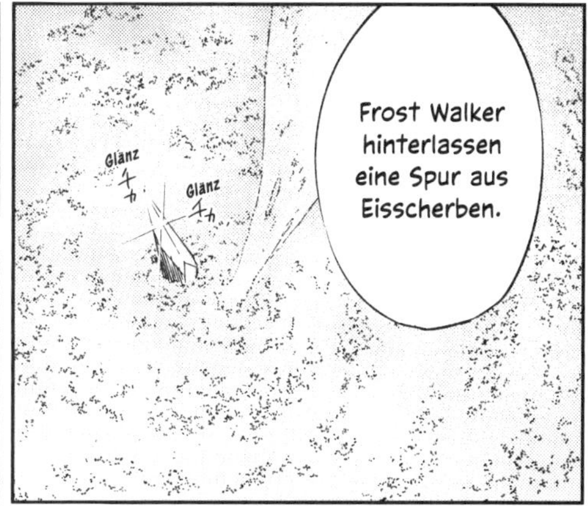
Frost Walker hinterlassen eine Spur aus Eisscherben.
Glänz
Glänz

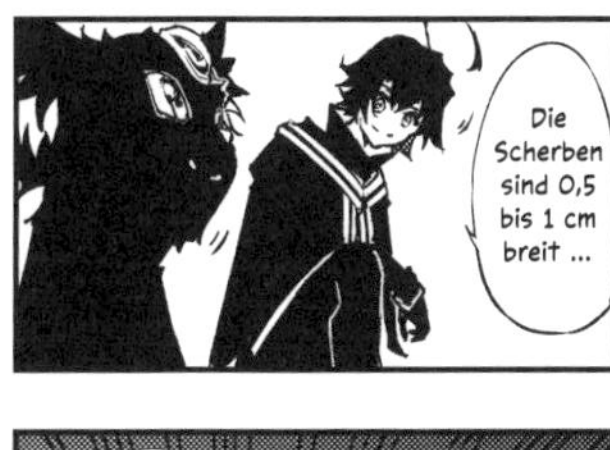
Die Scherben sind 0,5 bis 1 cm breit ...

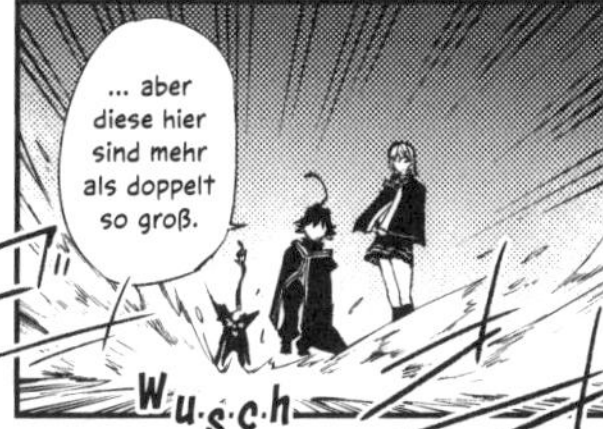
... aber diese hier sind mehr als doppelt so groß.
Wusch

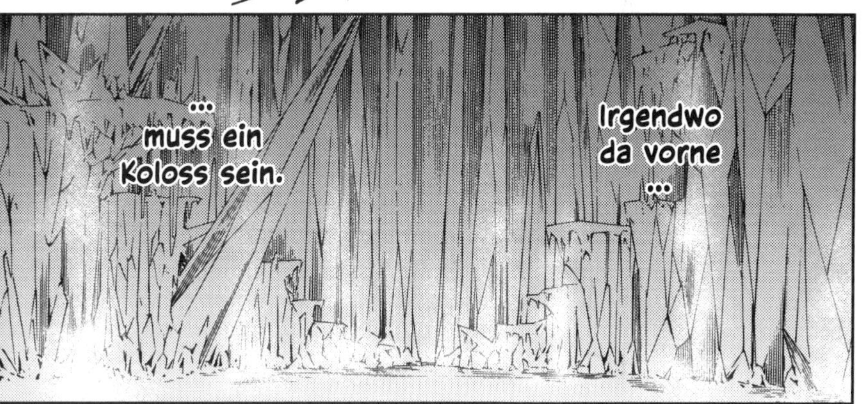
Irgendwo da vorne ...
... muss ein Koloss sein.

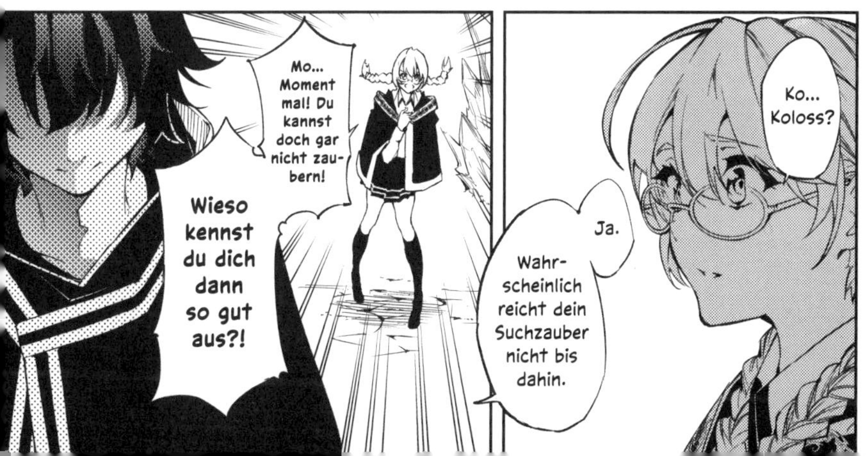
Ko... Koloss?
Ja.
Wahr-scheinlich reicht dein Suchzauber nicht bis dahin.
Mo... Moment mal! Du kannst doch gar nicht zau-bern!
Wieso kennst du dich dann so gut aus?!

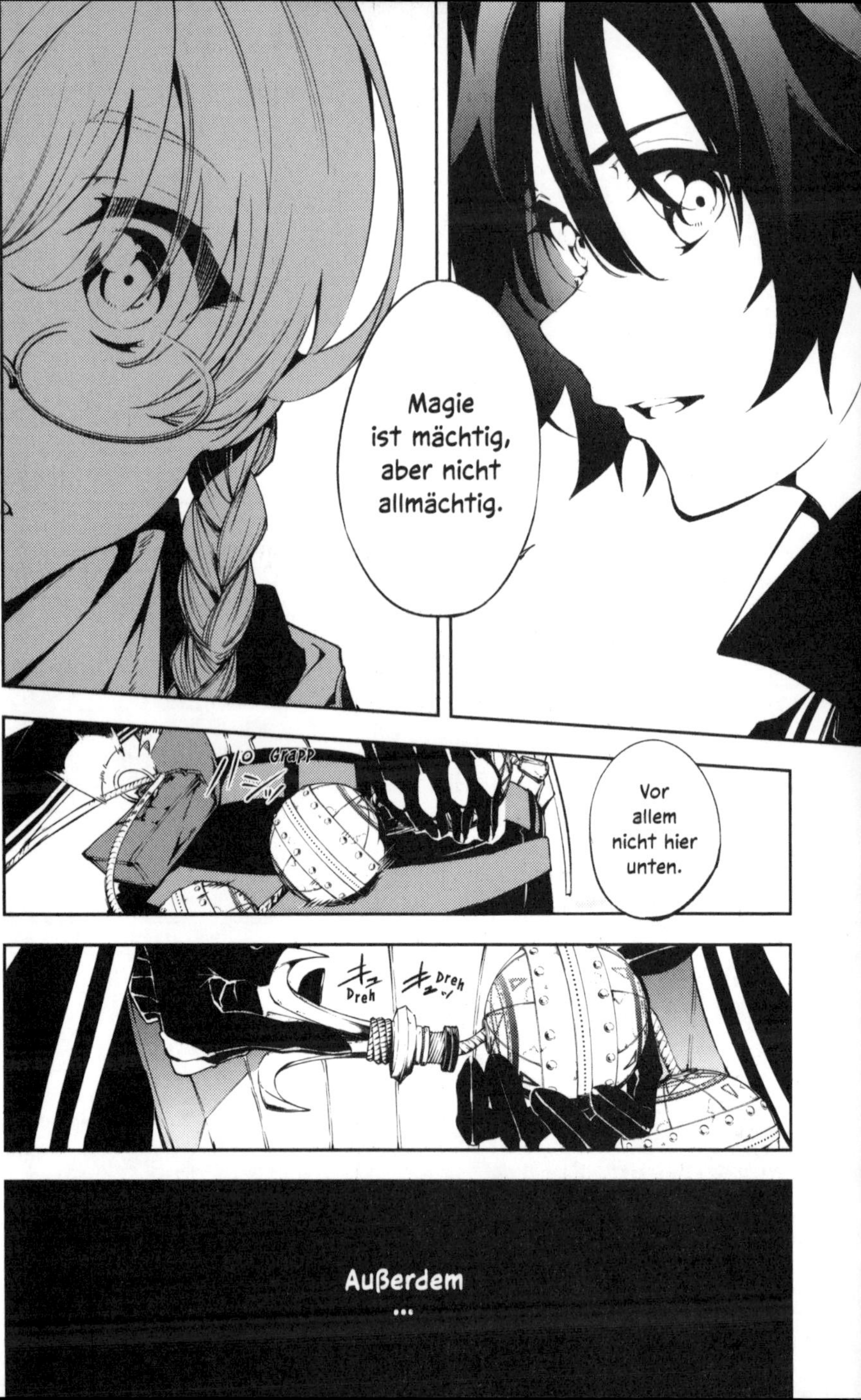

Magie ist mächtig, aber nicht allmächtig.

Grapp

Vor allem nicht hier unten.

Dreh

Dreh

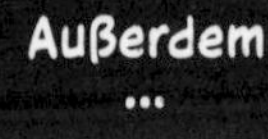

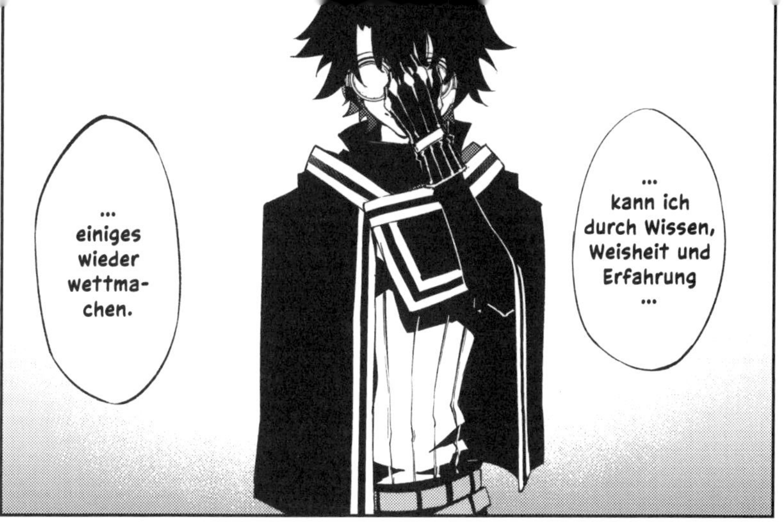
… kann ich durch Wissen, Weisheit und Erfahrung …
… einiges wieder wettma- chen.

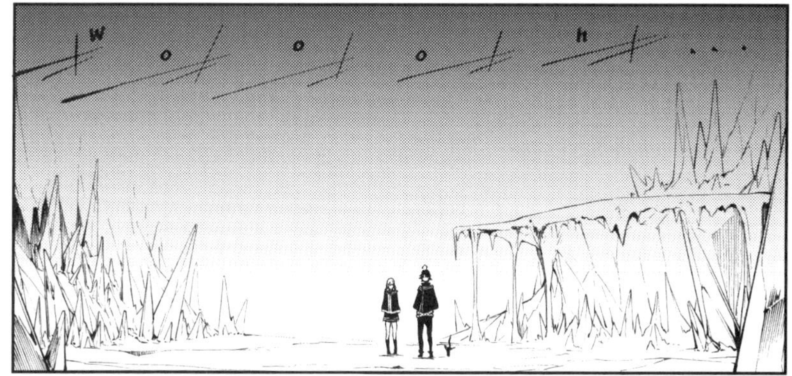
W o o o o h . . .

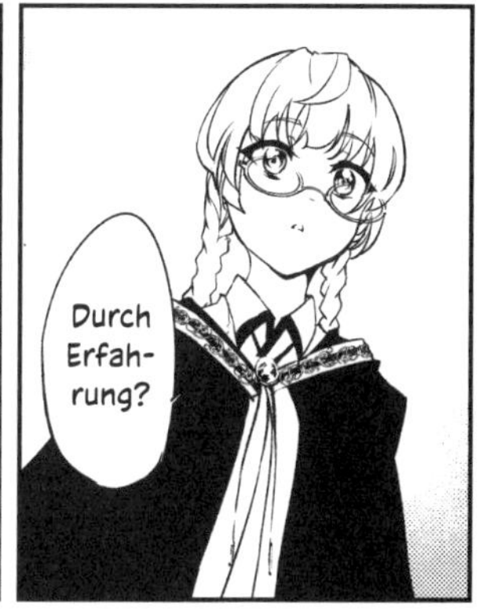
Durch Erfah- rung?

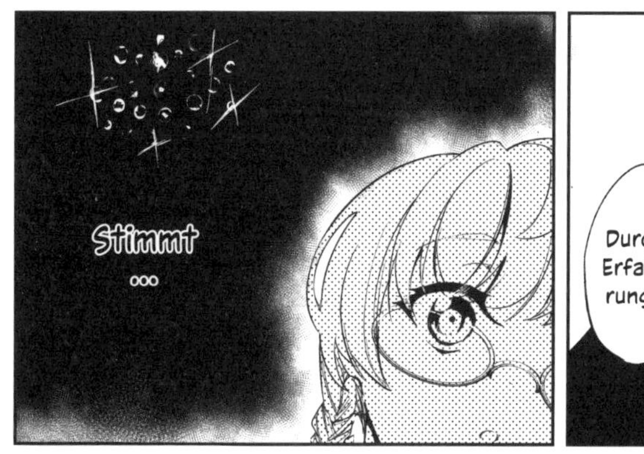
Stimmt …

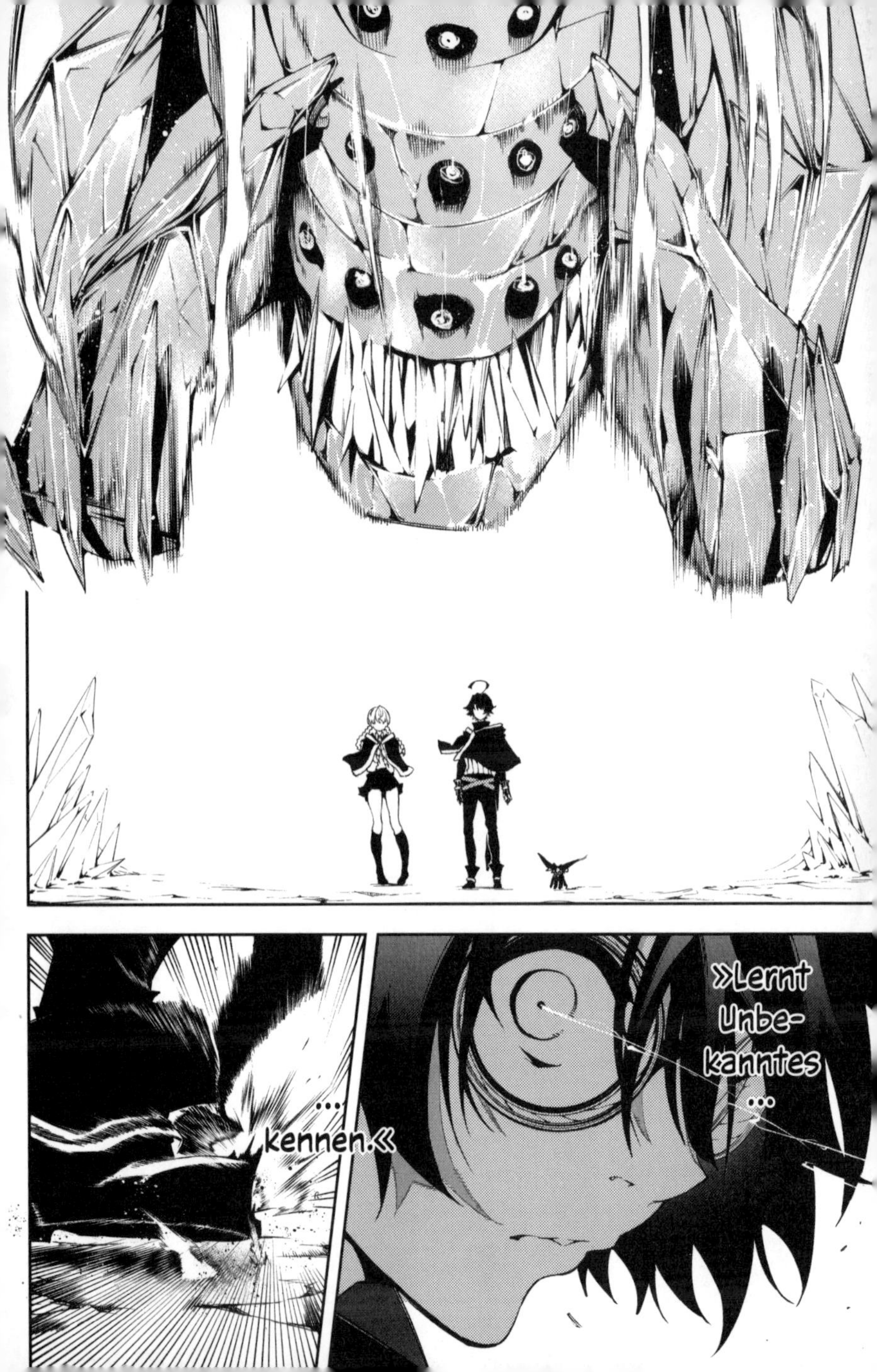

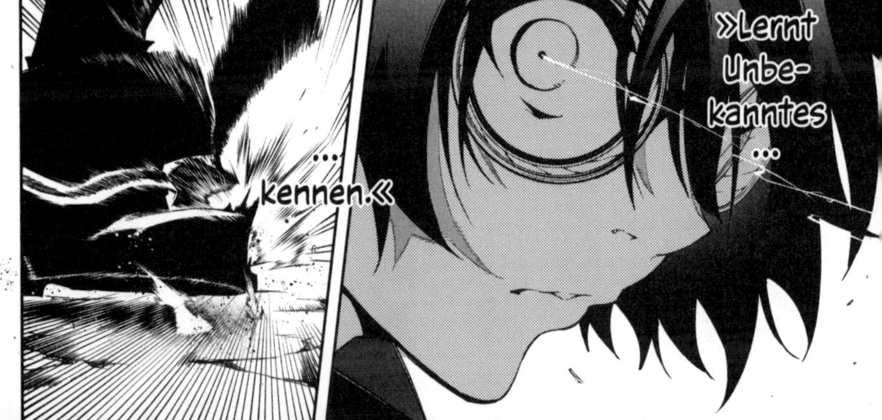
»Lernt Unbe-kanntes ...
... kennen.«

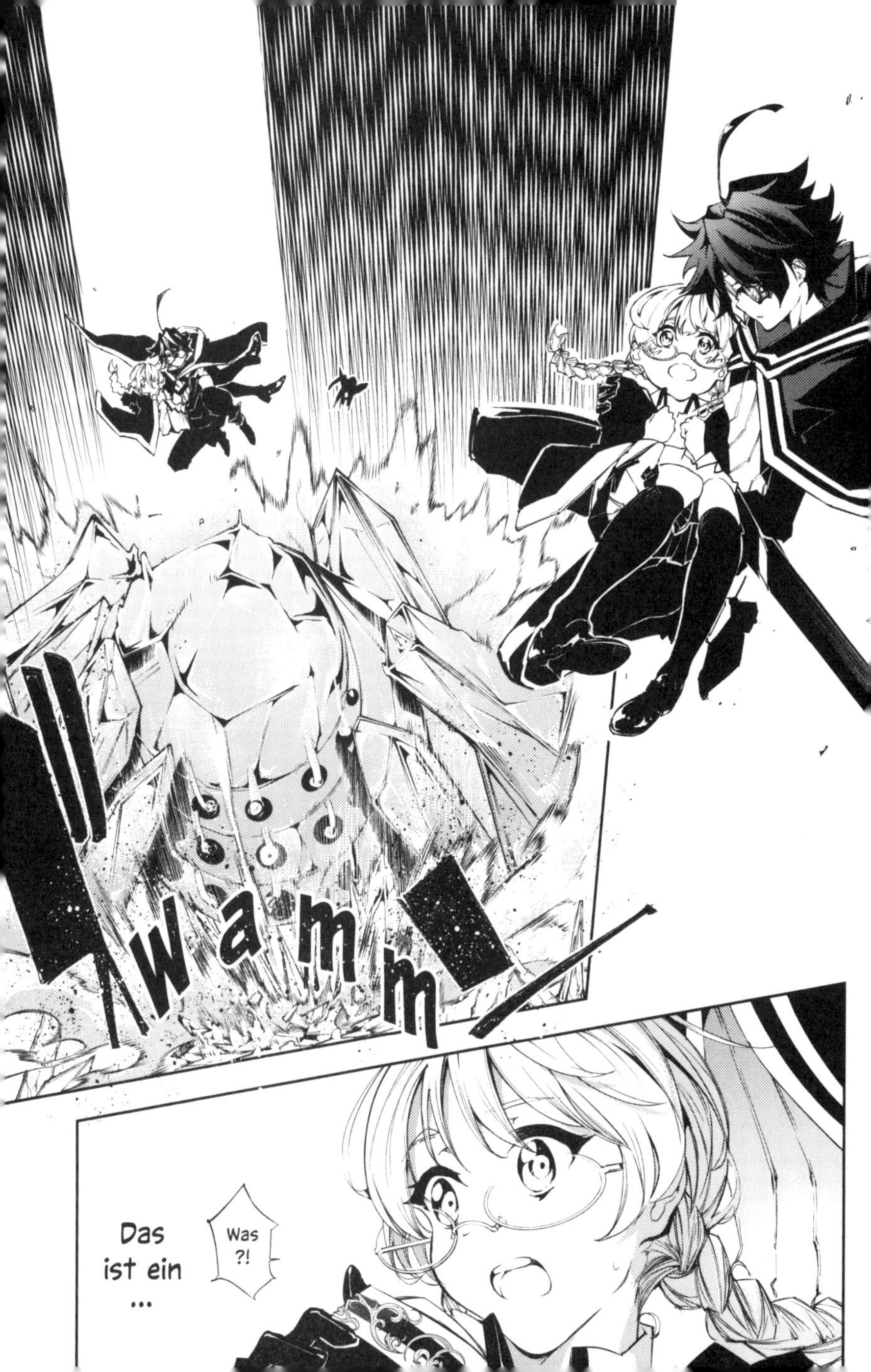
Wamm
Was ?!
Das ist ein …

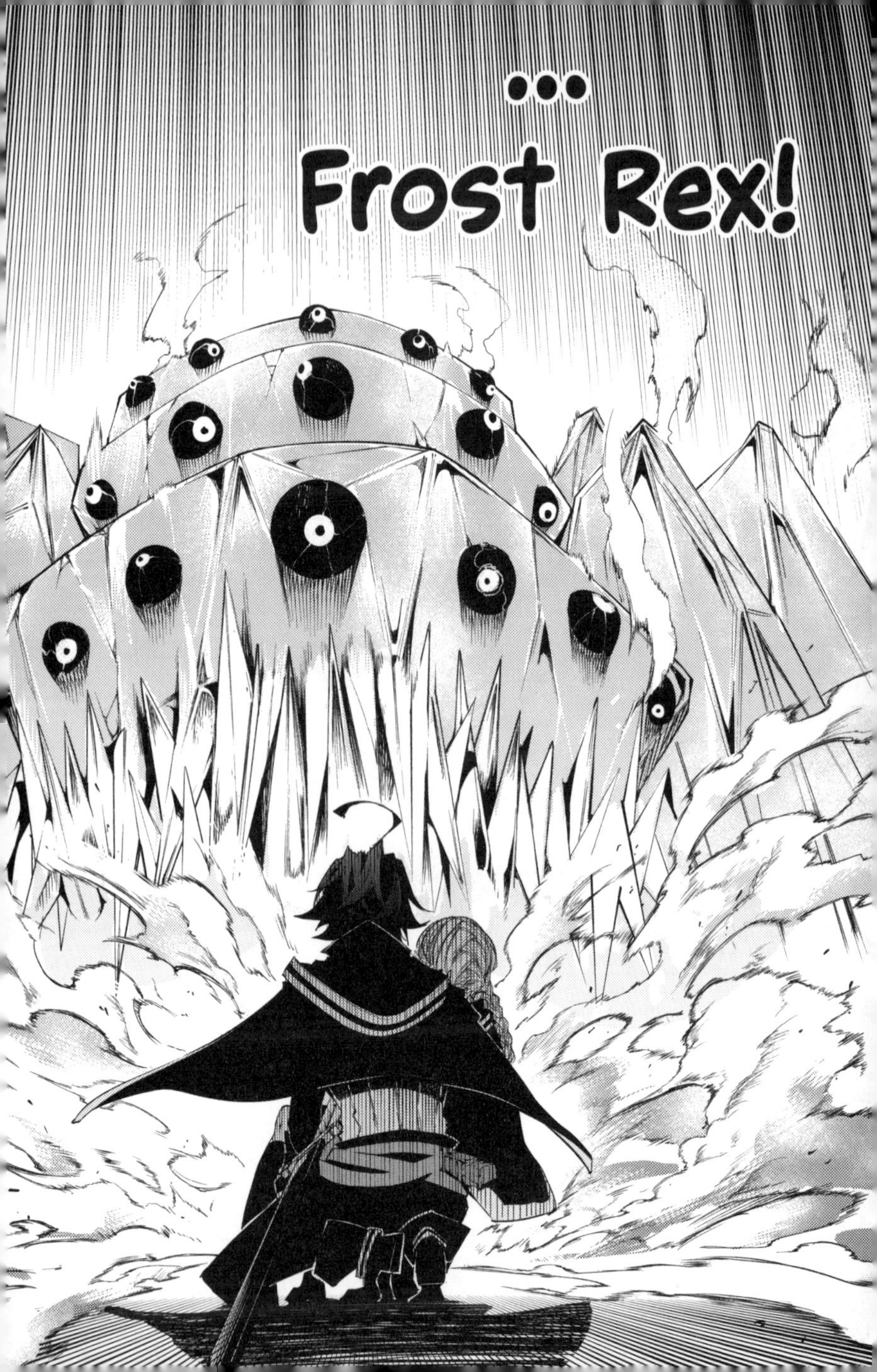
... Frost Rex!

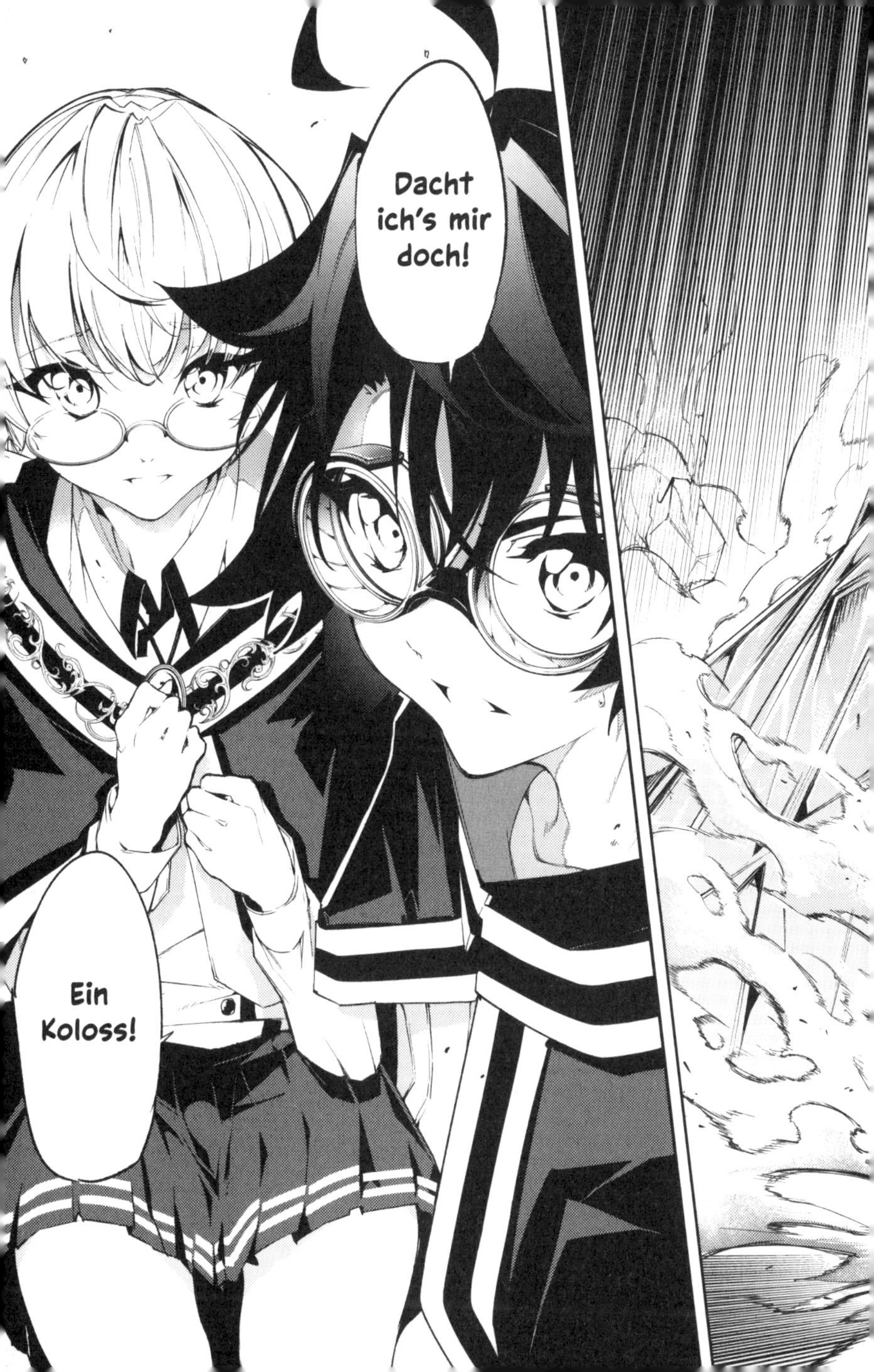
Dacht ich's mir doch!
Ein Koloss!

Wistoria

Zauberstab & Schwert

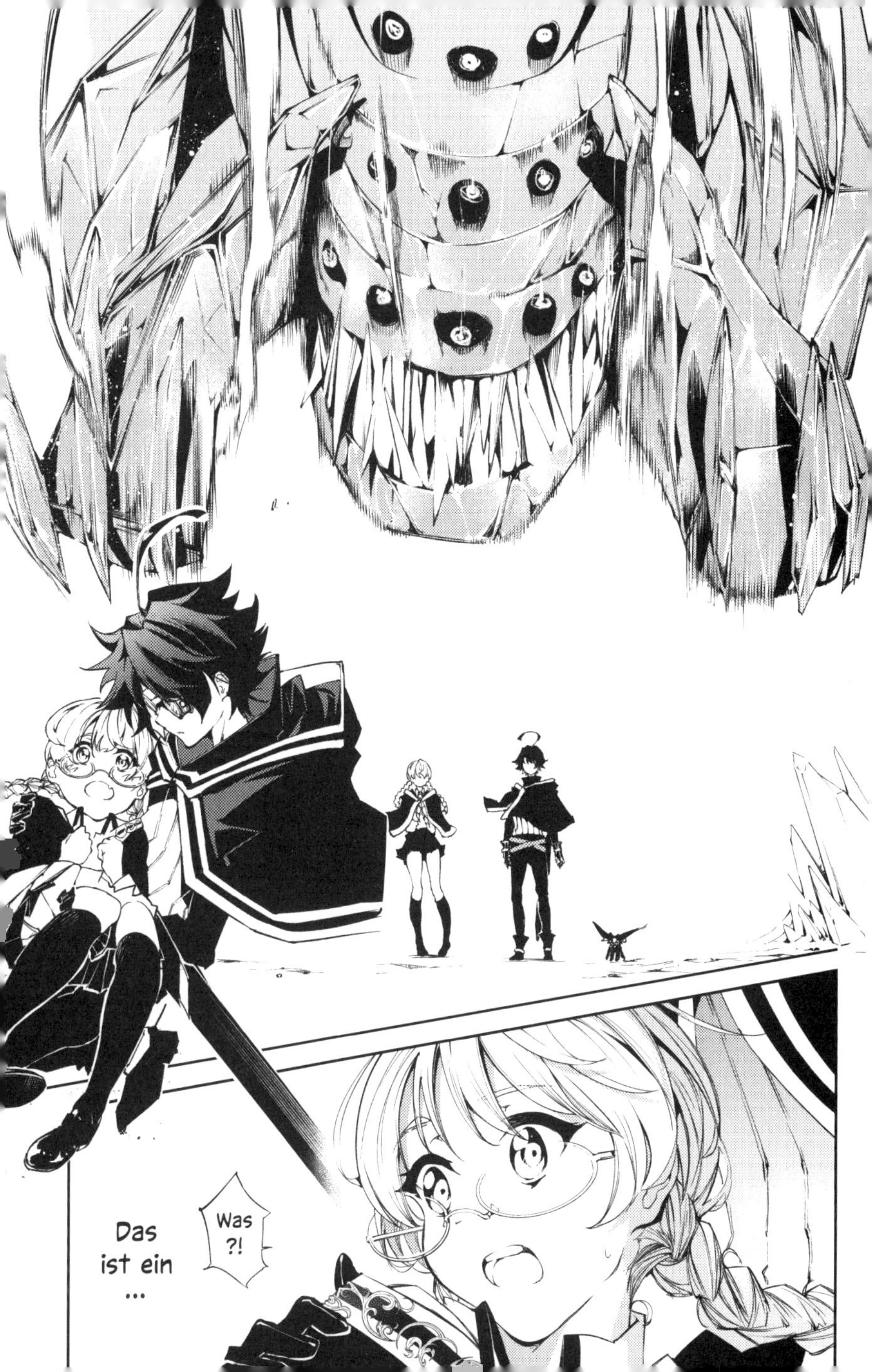
Was ?!
Das ist ein ...

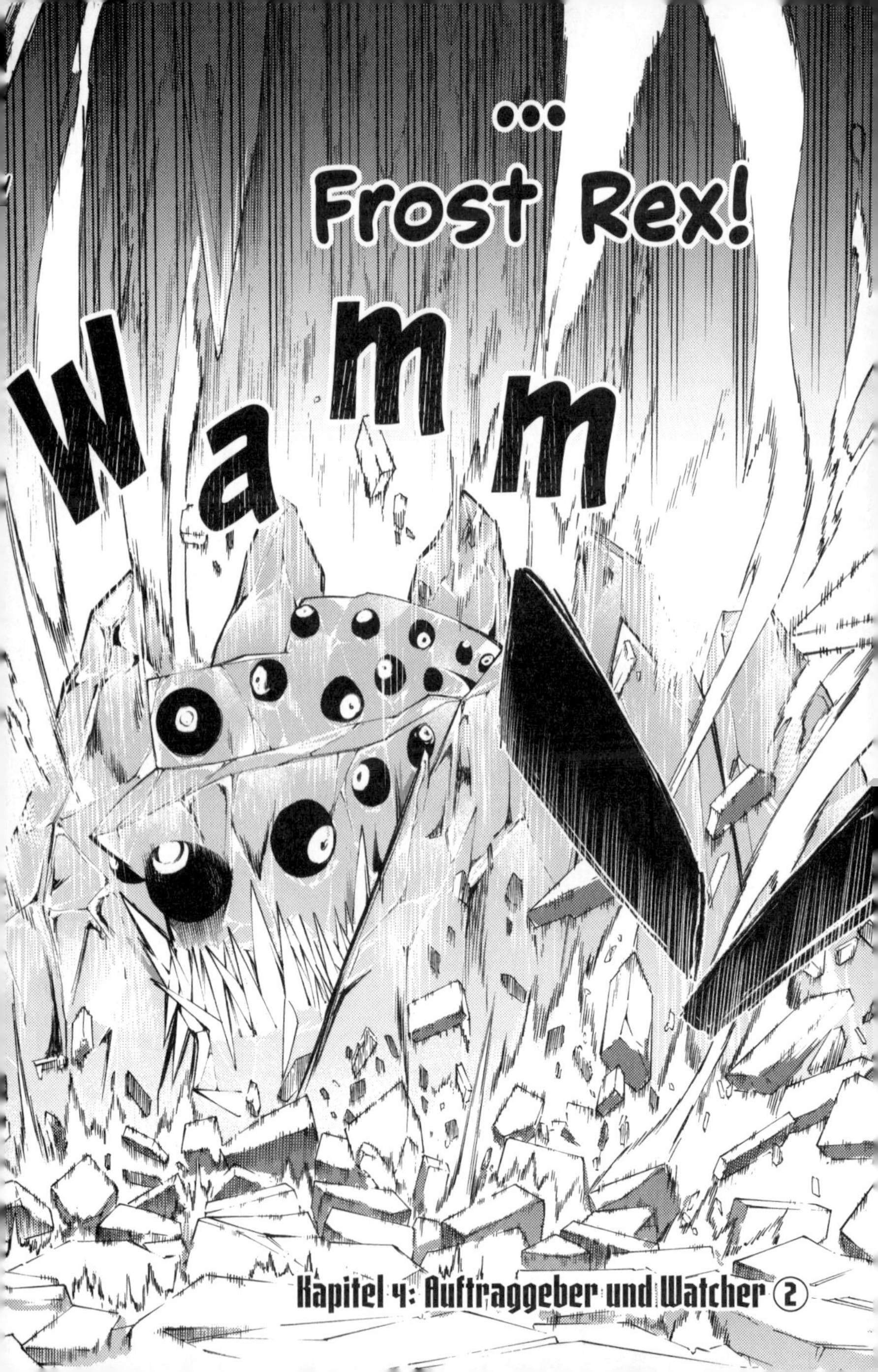
... Frost Rex!
Wamm
Kapitel 4: Auftraggeber und Watcher ②

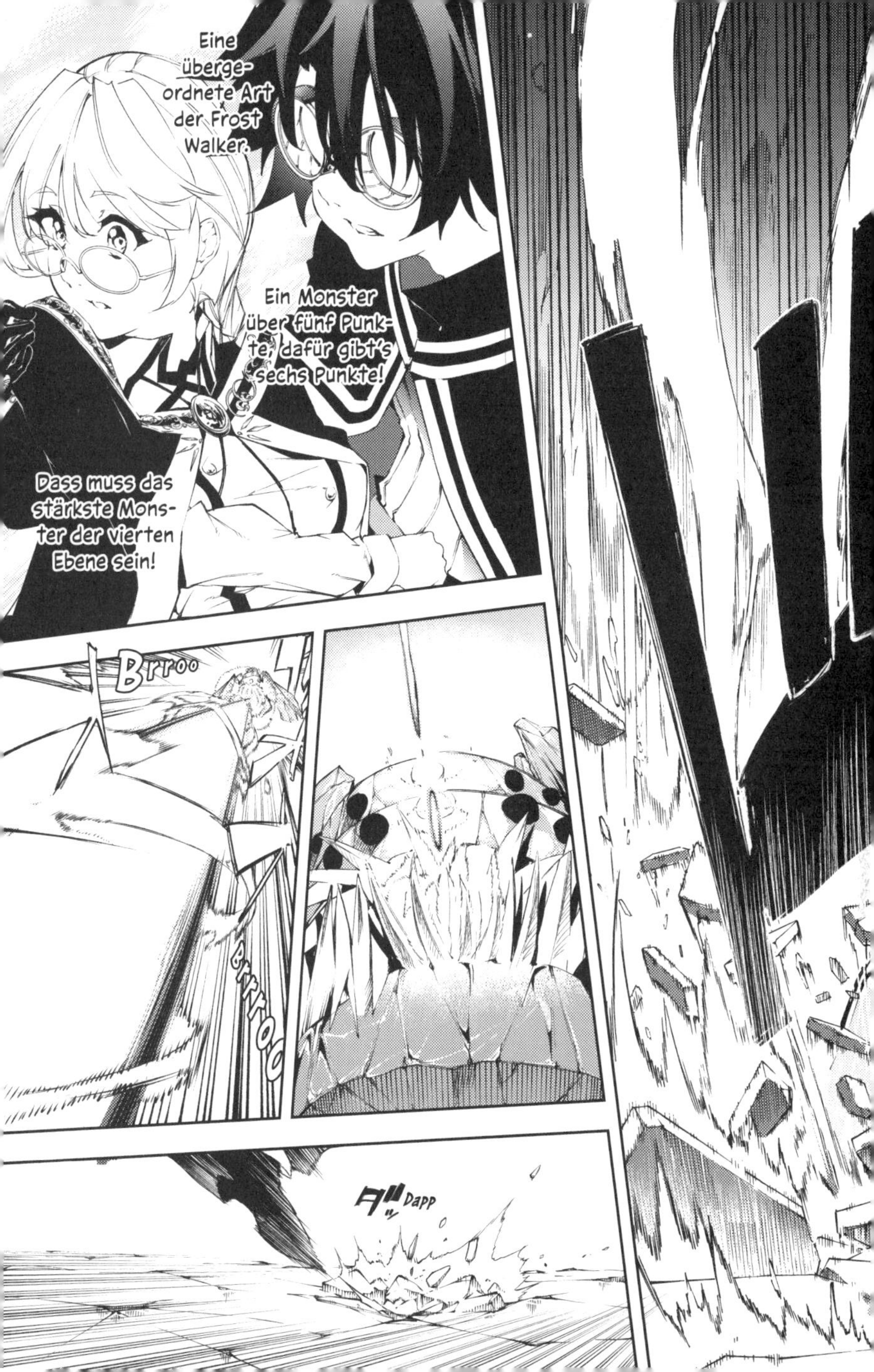
Eine übergeordnete Art der Frost Walker.
Ein Monster über fünf Punkte, dafür gibt's sechs Punkte!
Dass muss das stärkste Monster der vierten Ebene sein!
Brroo
Brrroo
Dapp

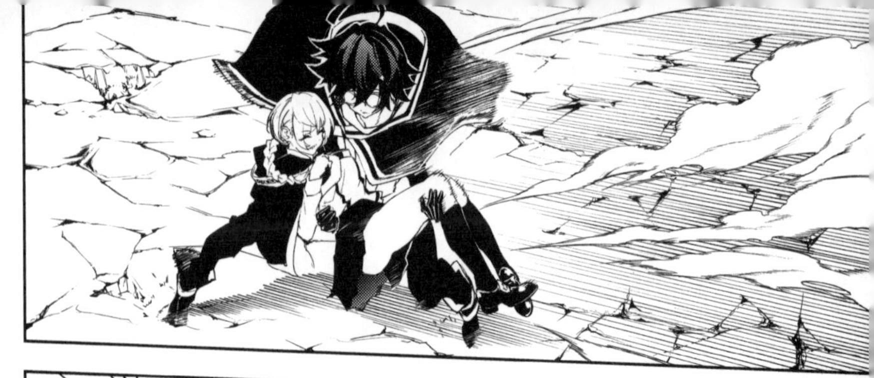

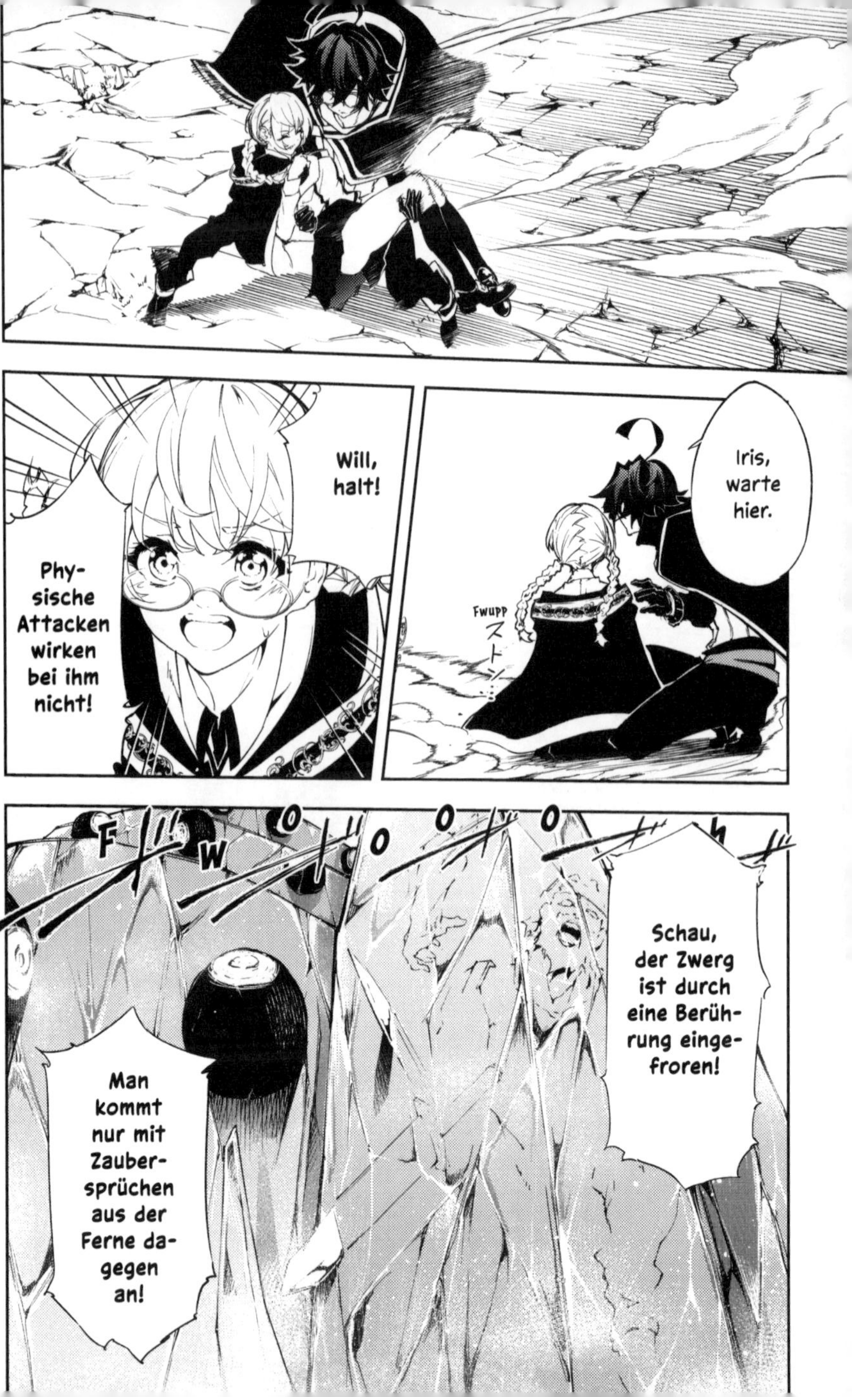

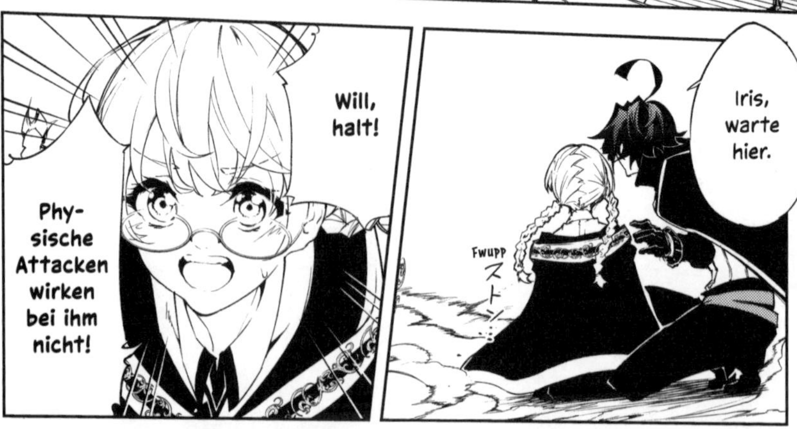

Schau, der Zwerg ist durch eine Berührung eingefroren!

Man kommt nur mit Zaubersprüchen aus der Ferne dagegen an!

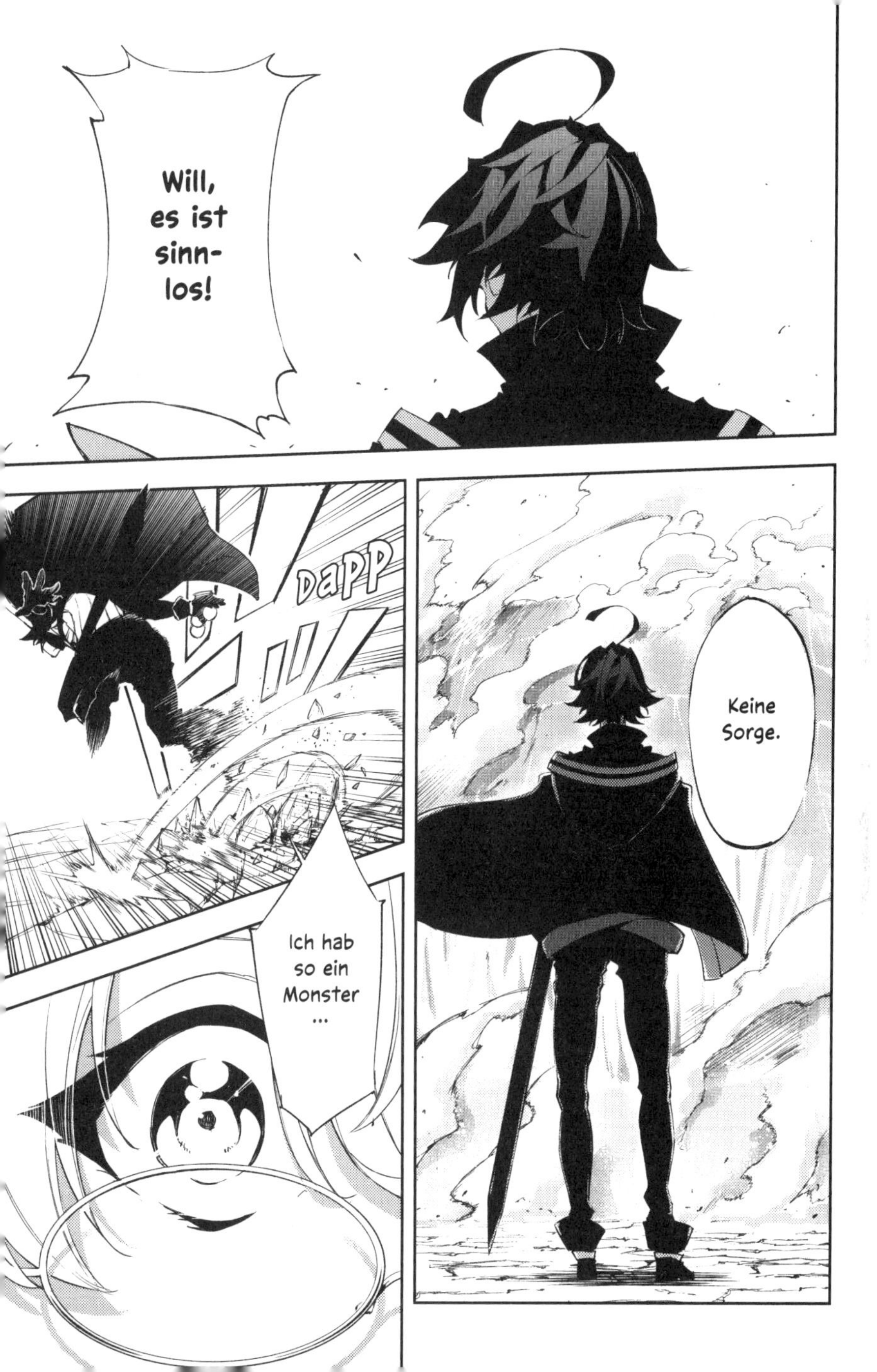

Will, es ist sinn-
los!

Keine Sorge.
DAPP
Ich hab so ein Monster ...

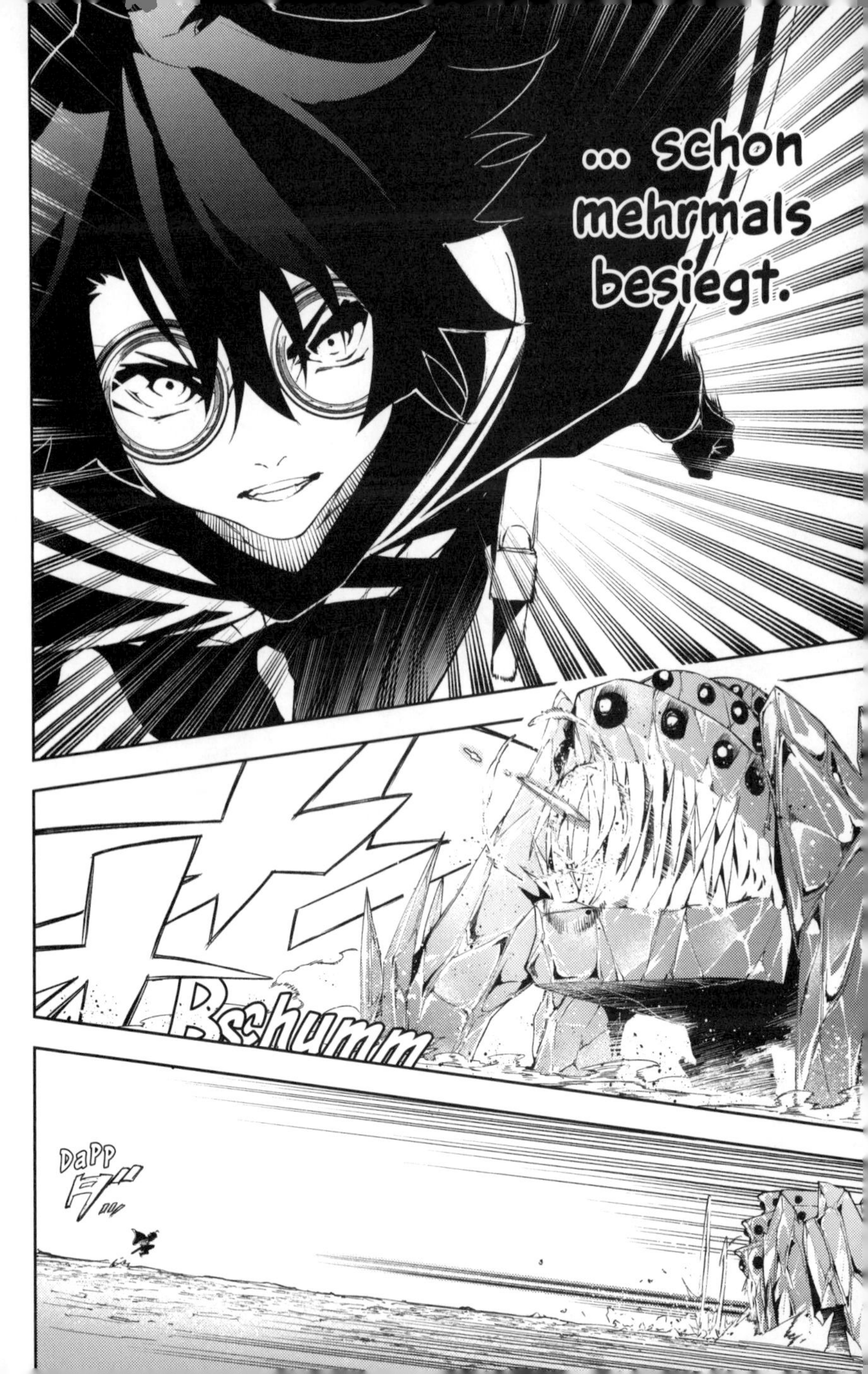
... schon mehrmals besiegt.
Bschumm
DaPP

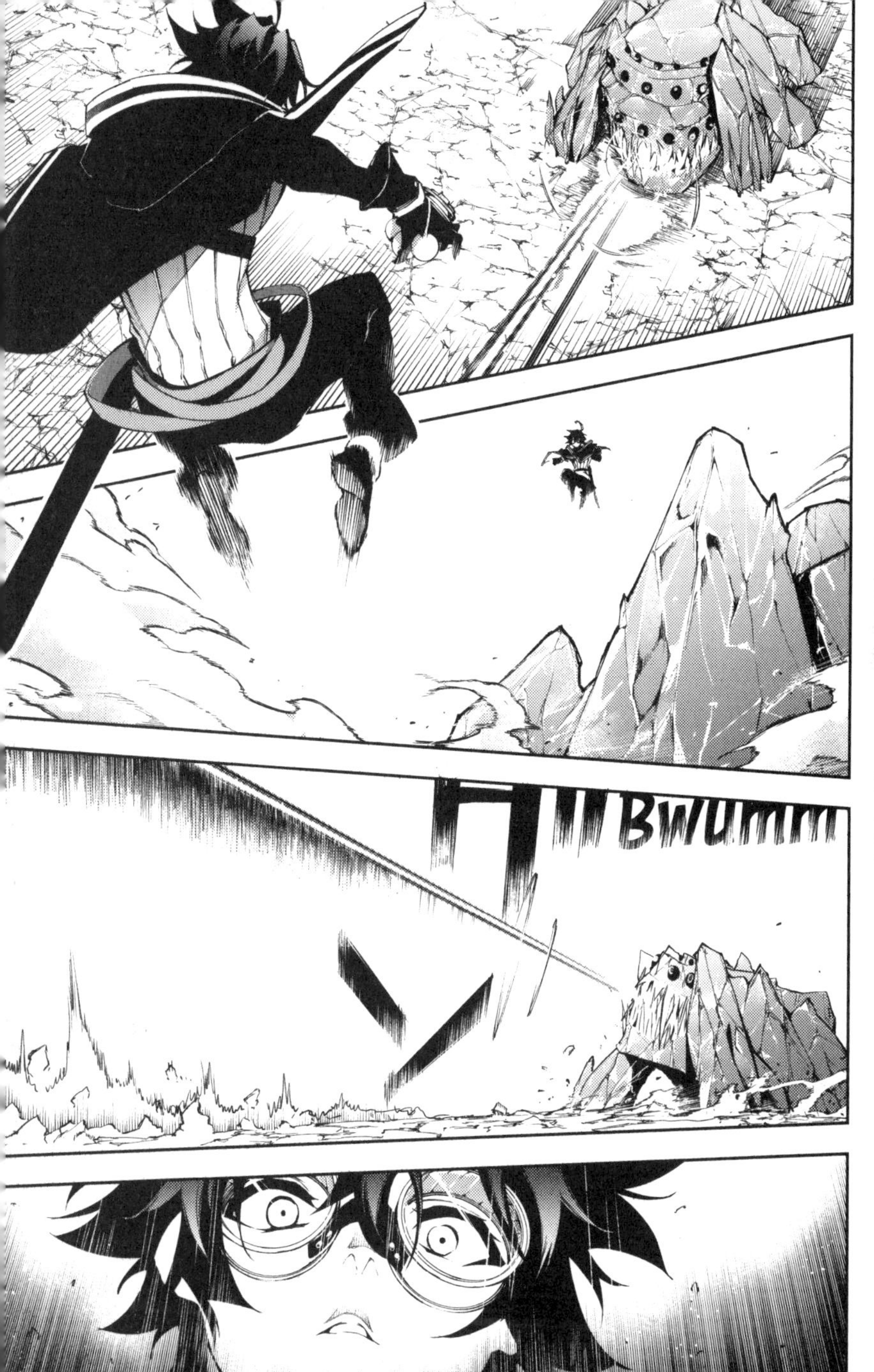
Bwummm

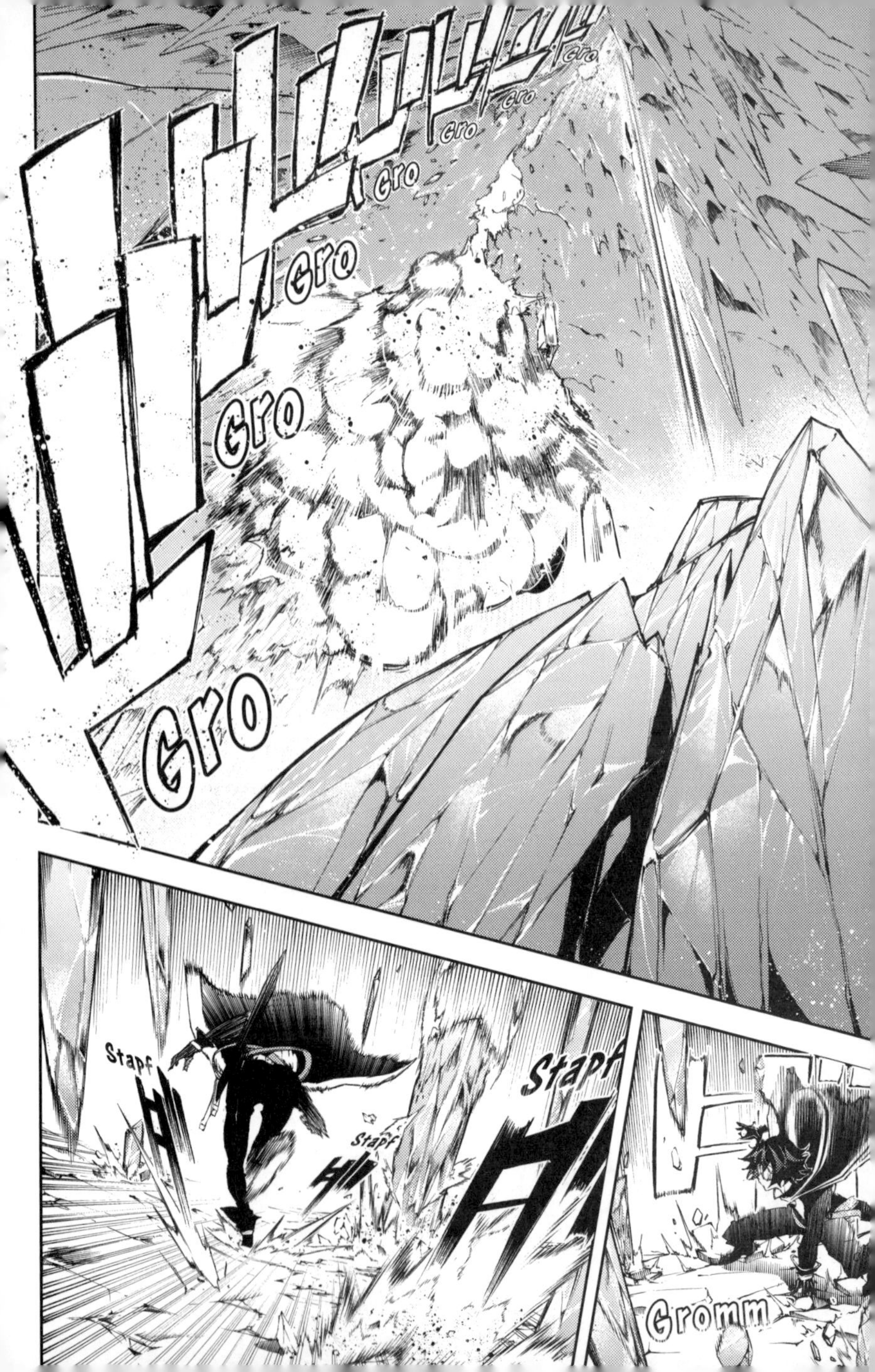
Gro
Gro
Gro
Gro
Gro
Gro
Gro
Gro
Stapf
Stapf
Stapf
Gromm

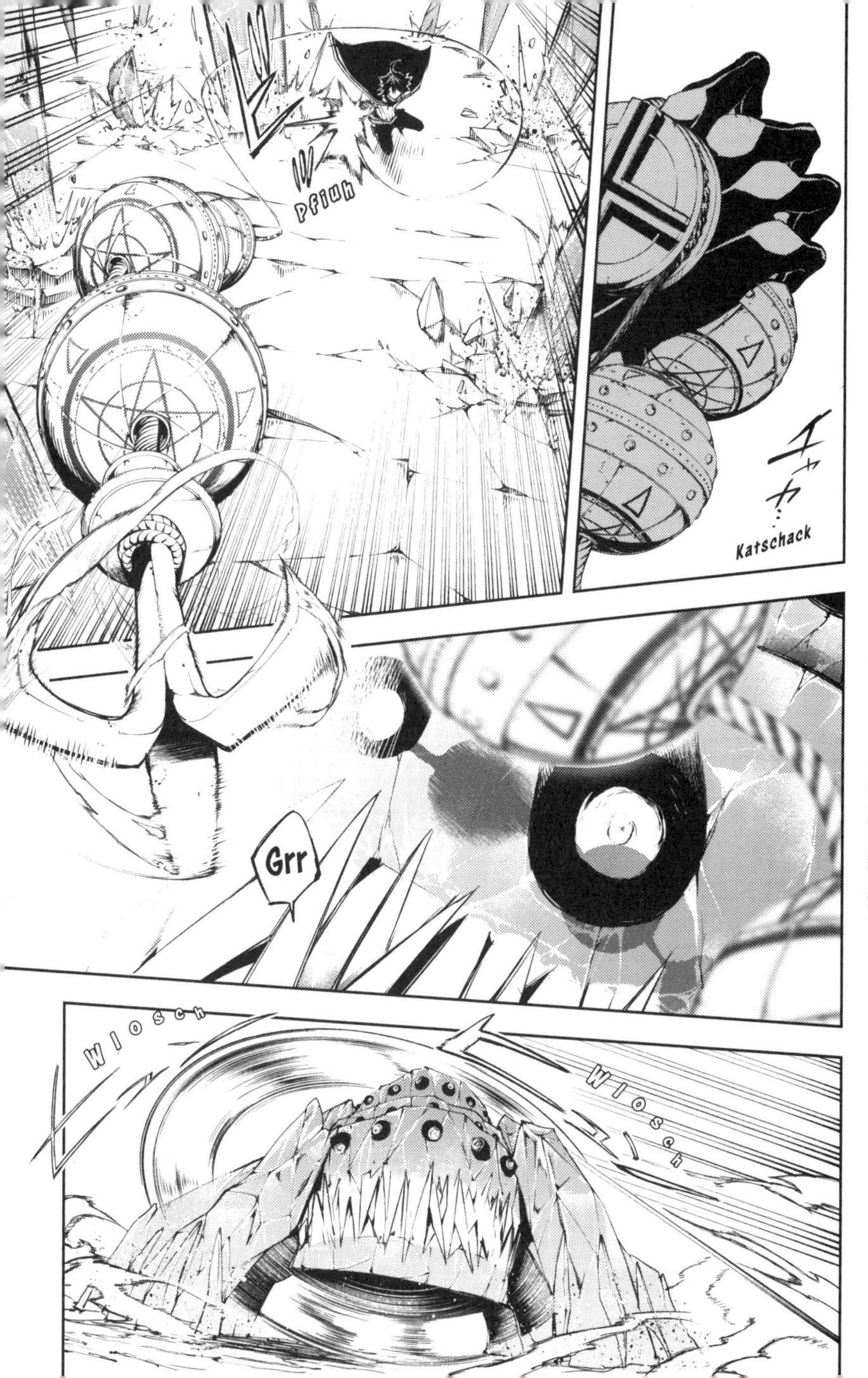
Katschack
Pfiuh
Grr
Wlosch
Wlosch

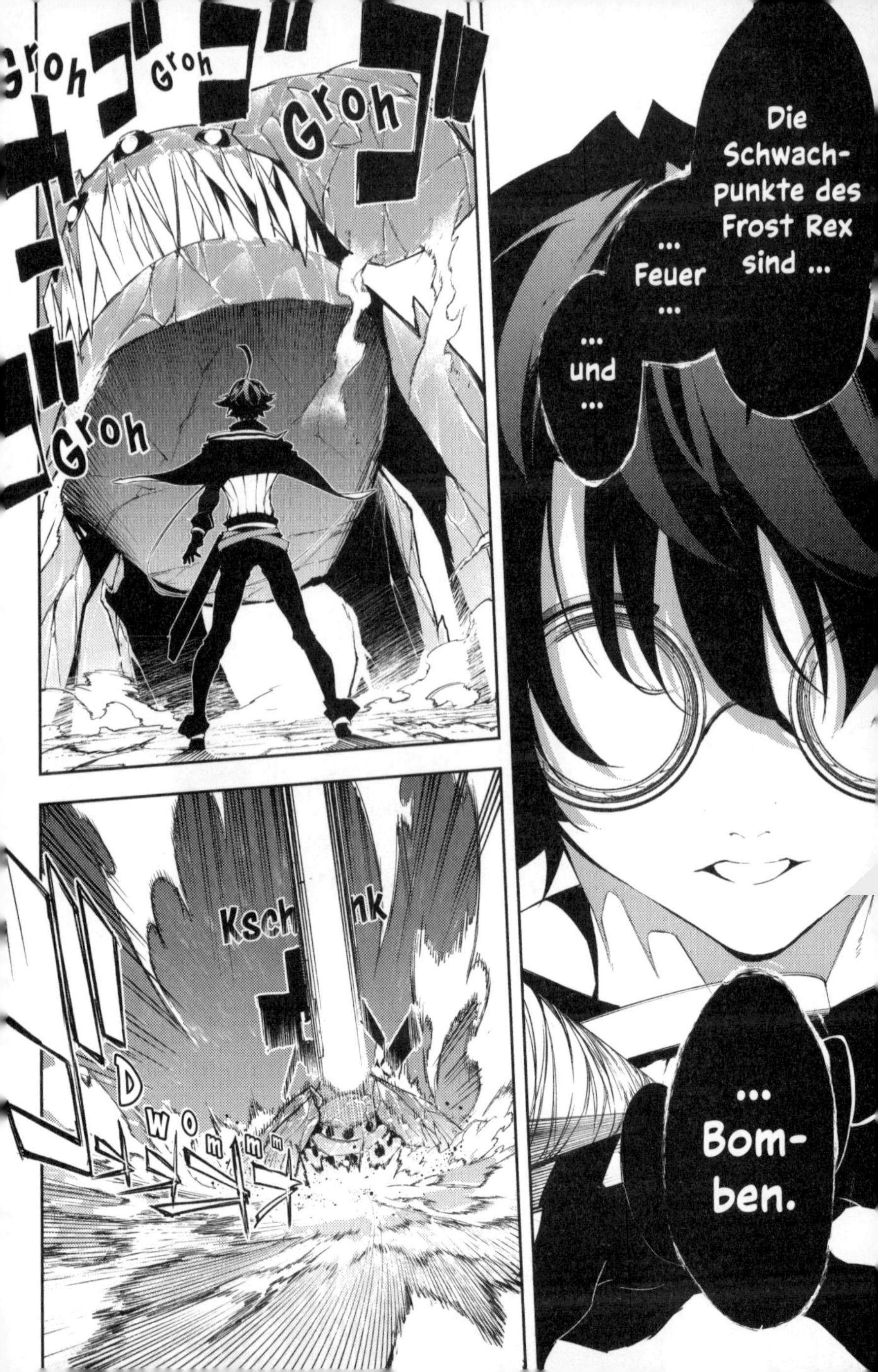
Die Schwach-
punkte des
Frost Rex
sind …
… Feuer …
… und …
Groh Groh Groh Groh
Ksch nk
Dwommm
… Bom-
ben.

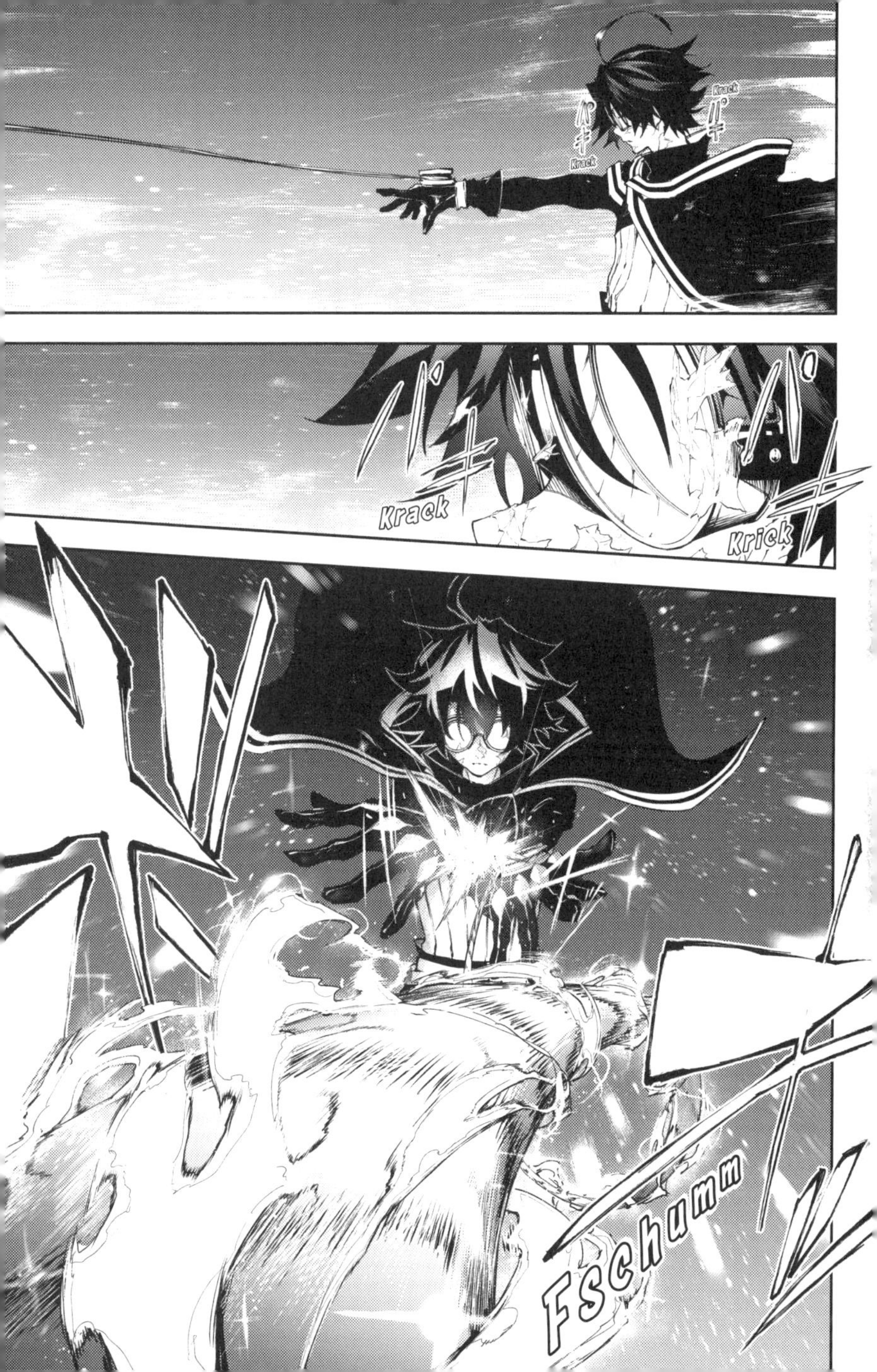

Krack
パキ
パキ
Krack
パキ
Krick
パキ
Krack
Fschumm

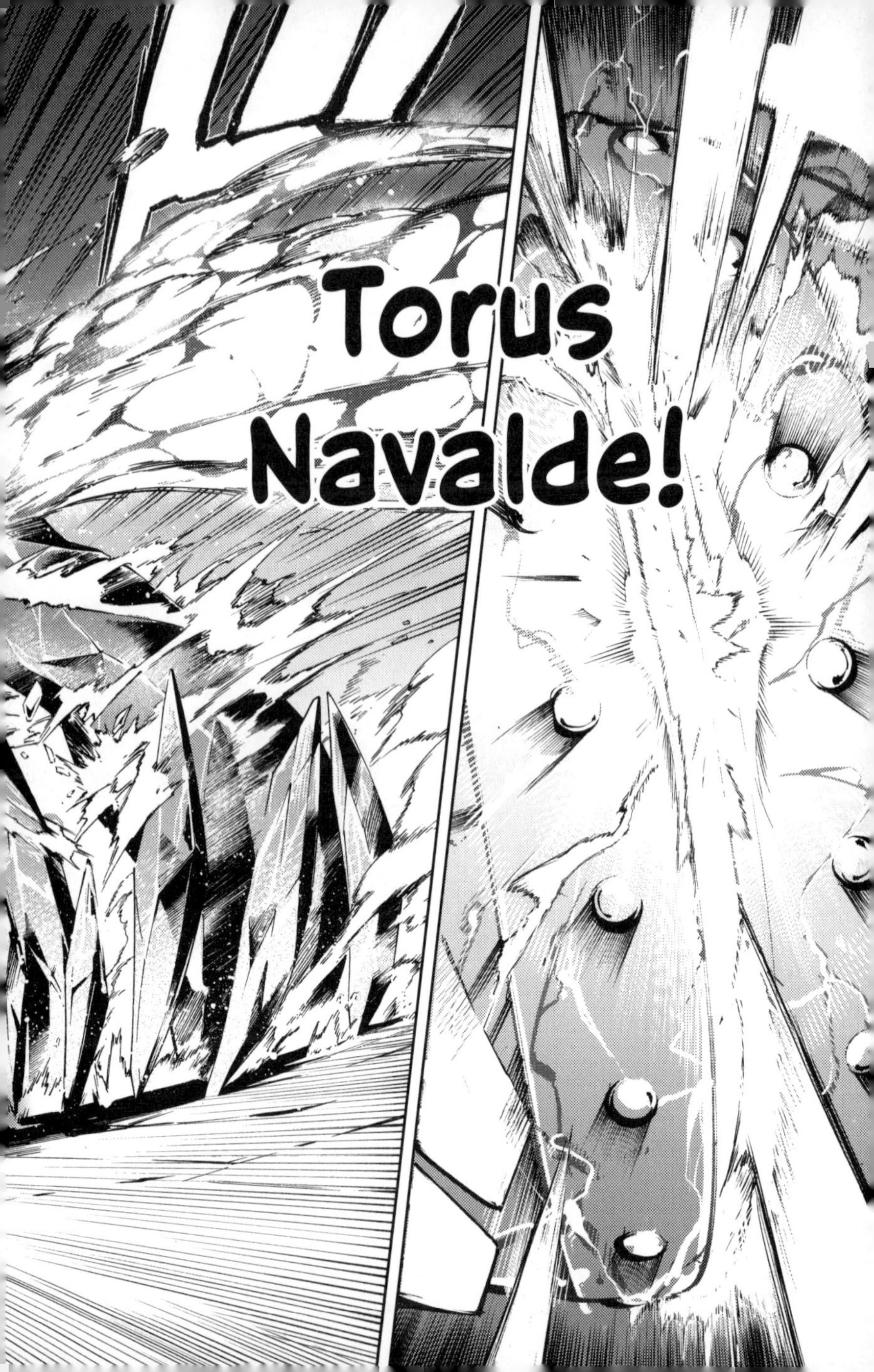
Torus
Navalde!

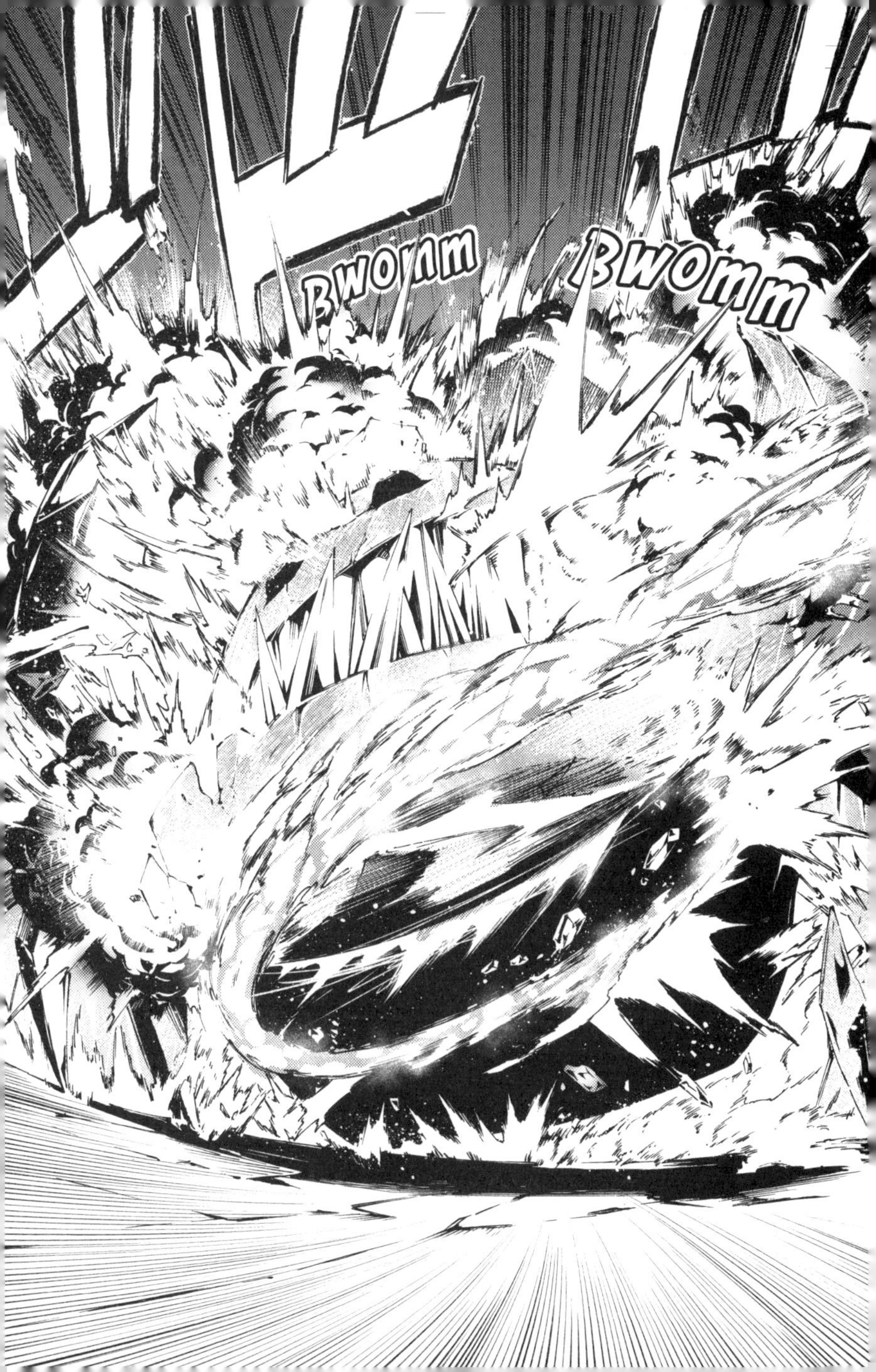

Bwomm
Bwomm

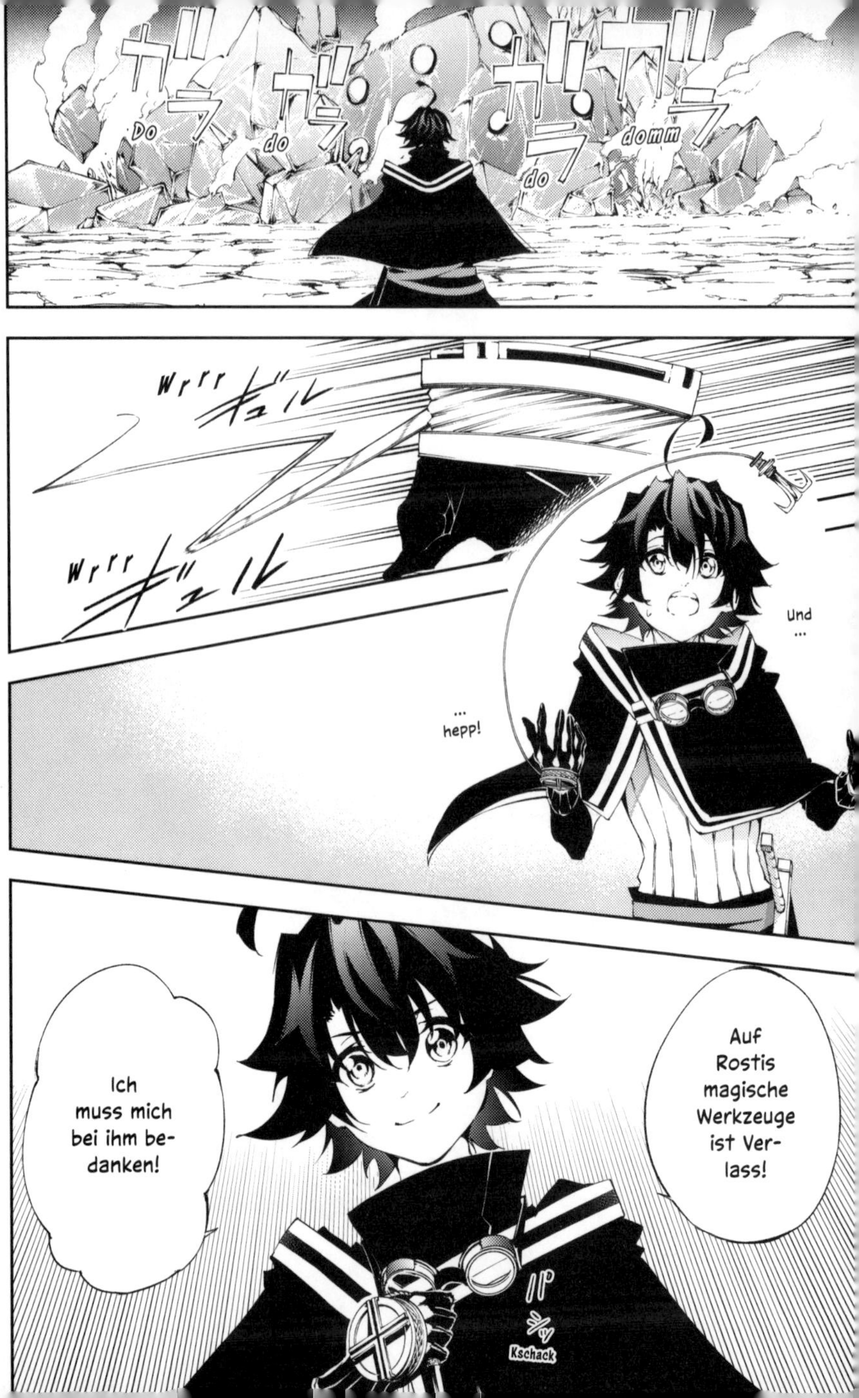

domm
do
do
Do
Wrrr
Wrrr
Und ...
... hepp!
Auf Rostis magische Werkzeuge ist Verlass!
Ich muss mich bei ihm bedanken!
Kschack

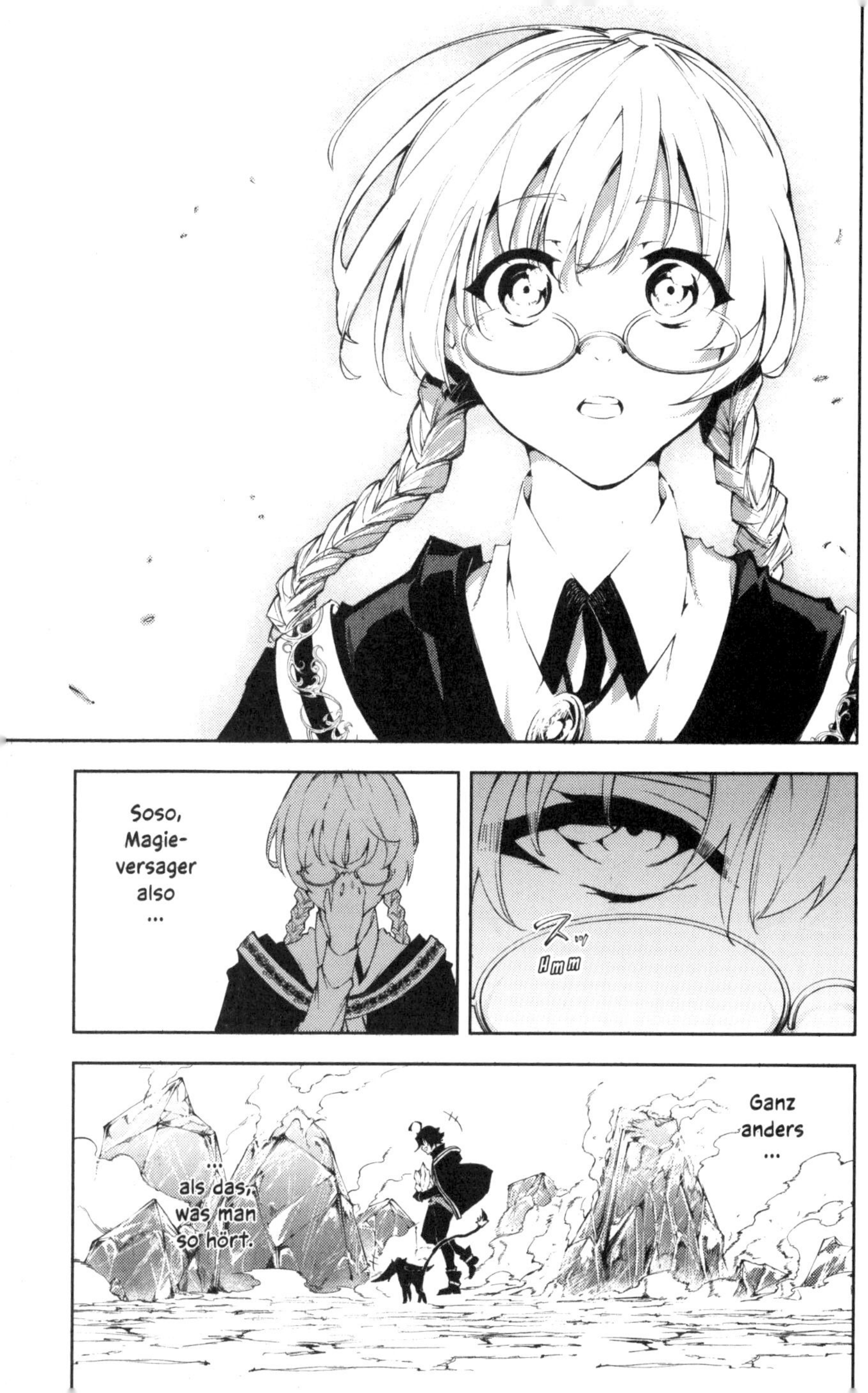

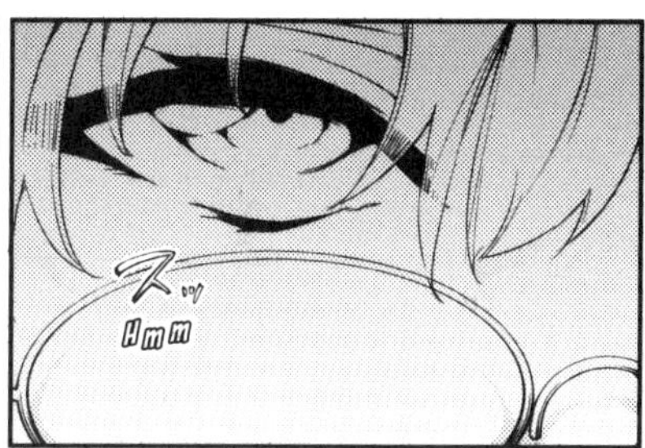
スッ
Hmm

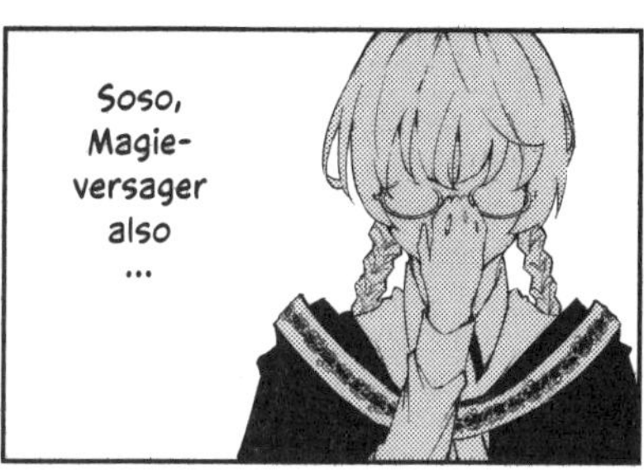
Soso, Magie-versager also ...

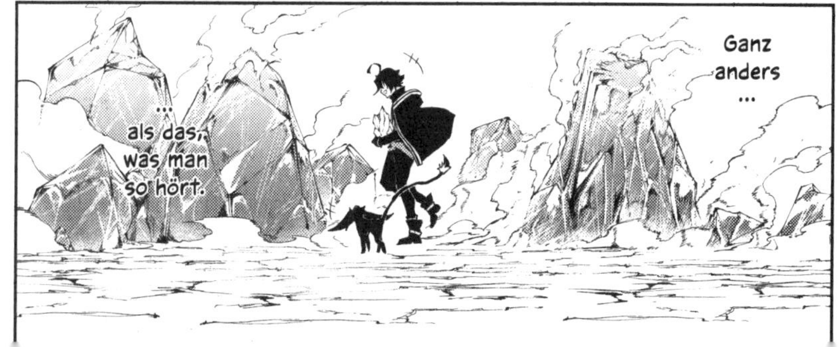
Ganz anders ...
... als das, was man so hört.

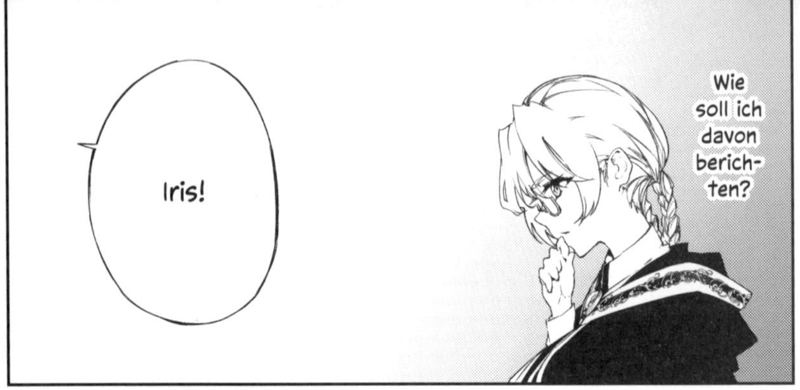
Wie soll ich davon berich-ten?
Iris!

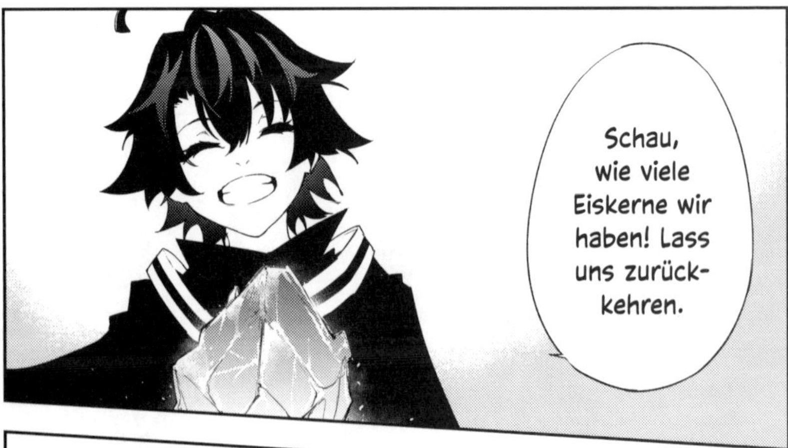
Schau, wie viele Eiskerne wir haben! Lass uns zurück-kehren.

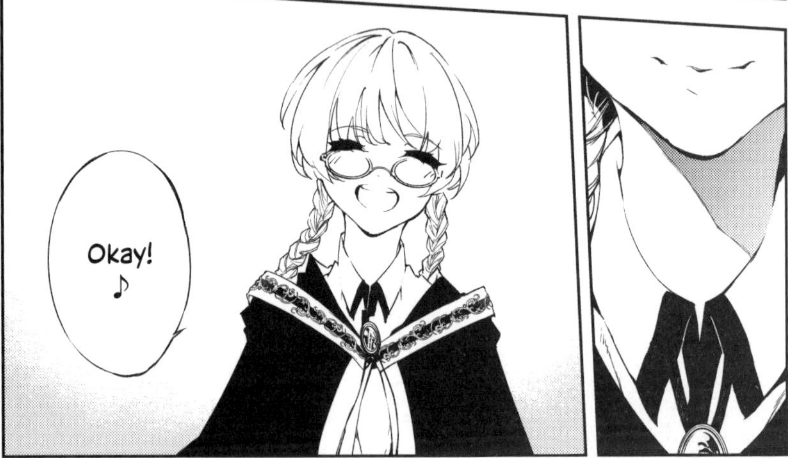
Okay! ♪

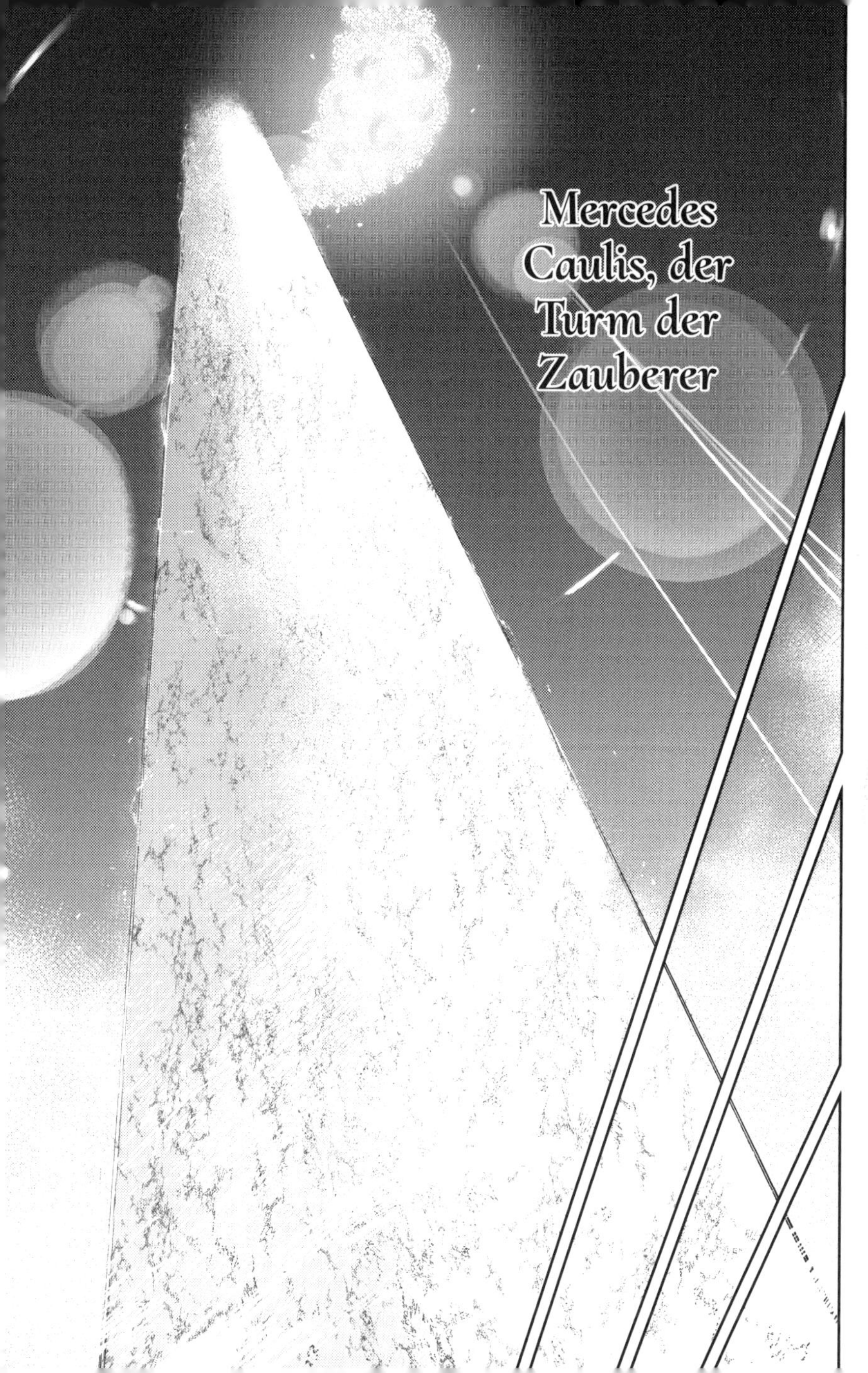
Mercedes
Caulis, der
Turm der
Zauberer

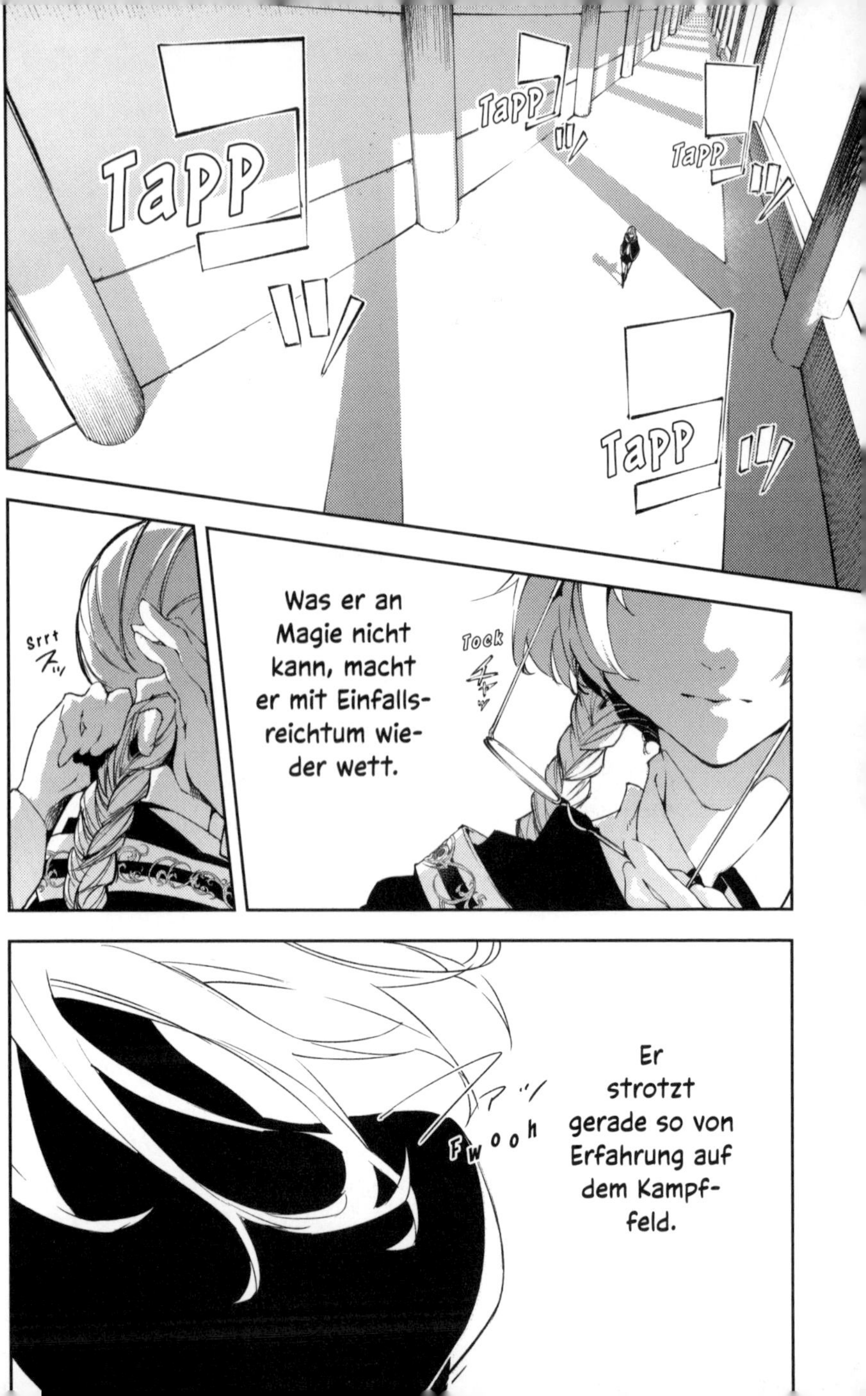

Tapp
Tapp
Tapp
Tapp

Was er an Magie nicht kann, macht er mit Einfallsreichtum wieder wett.

Tock

Srrt

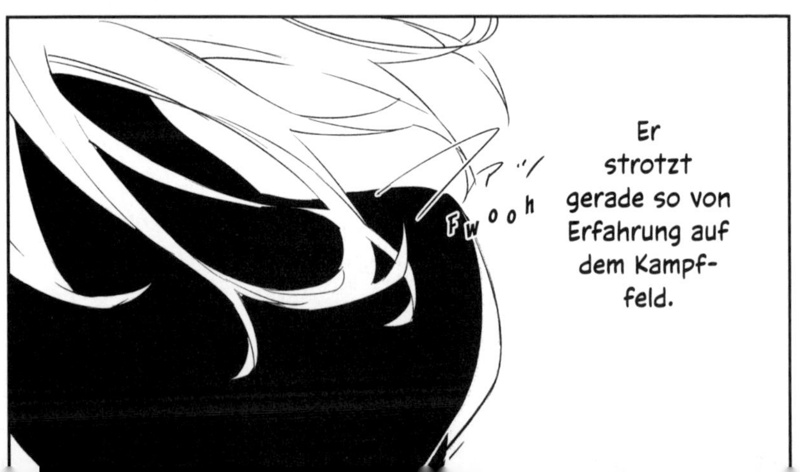

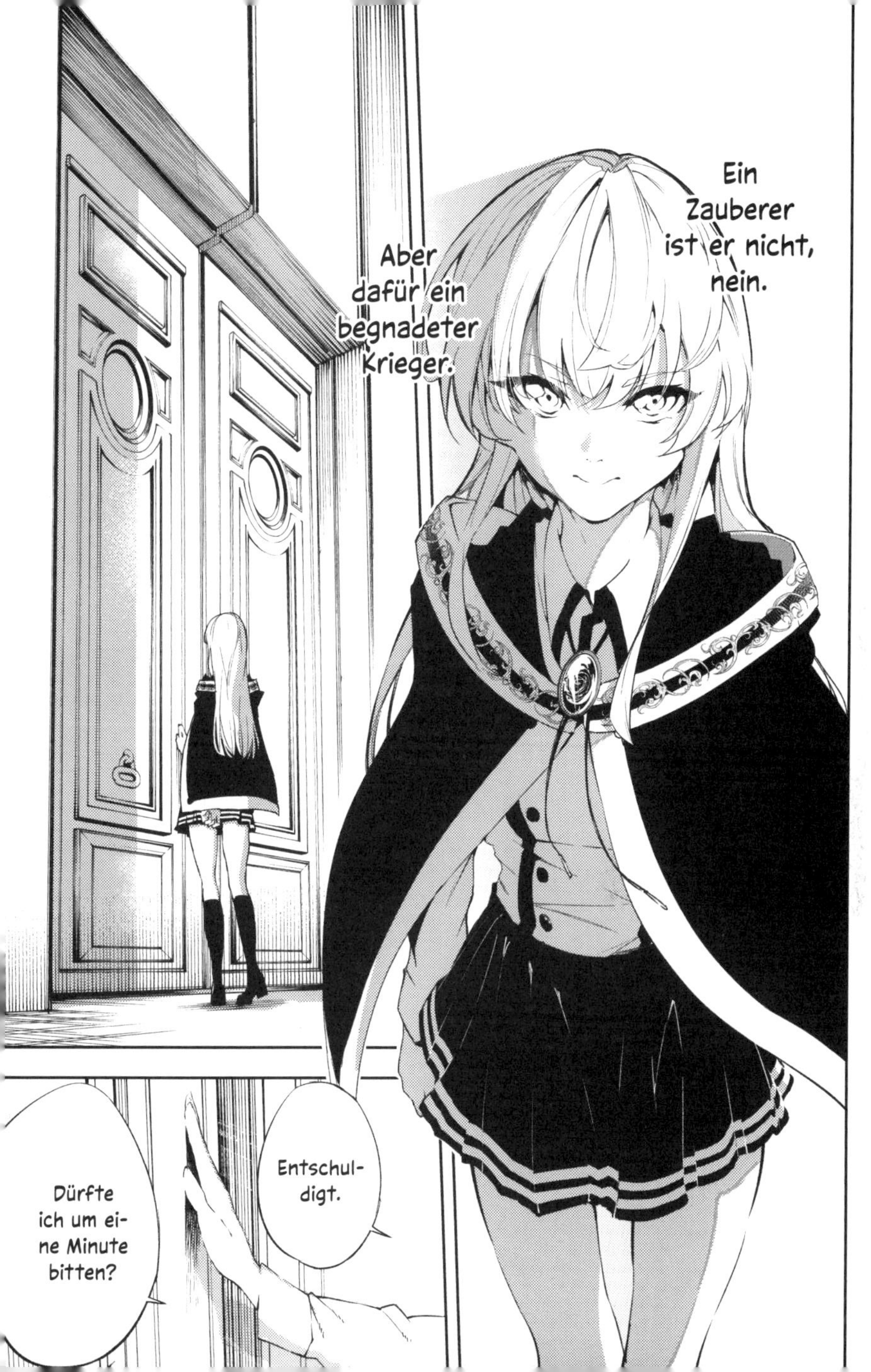
Ein Zauberer ist er nicht, nein.
Aber dafür ein begnadeter Krieger.
Entschuldigt.
Dürfte ich um eine Minute bitten?

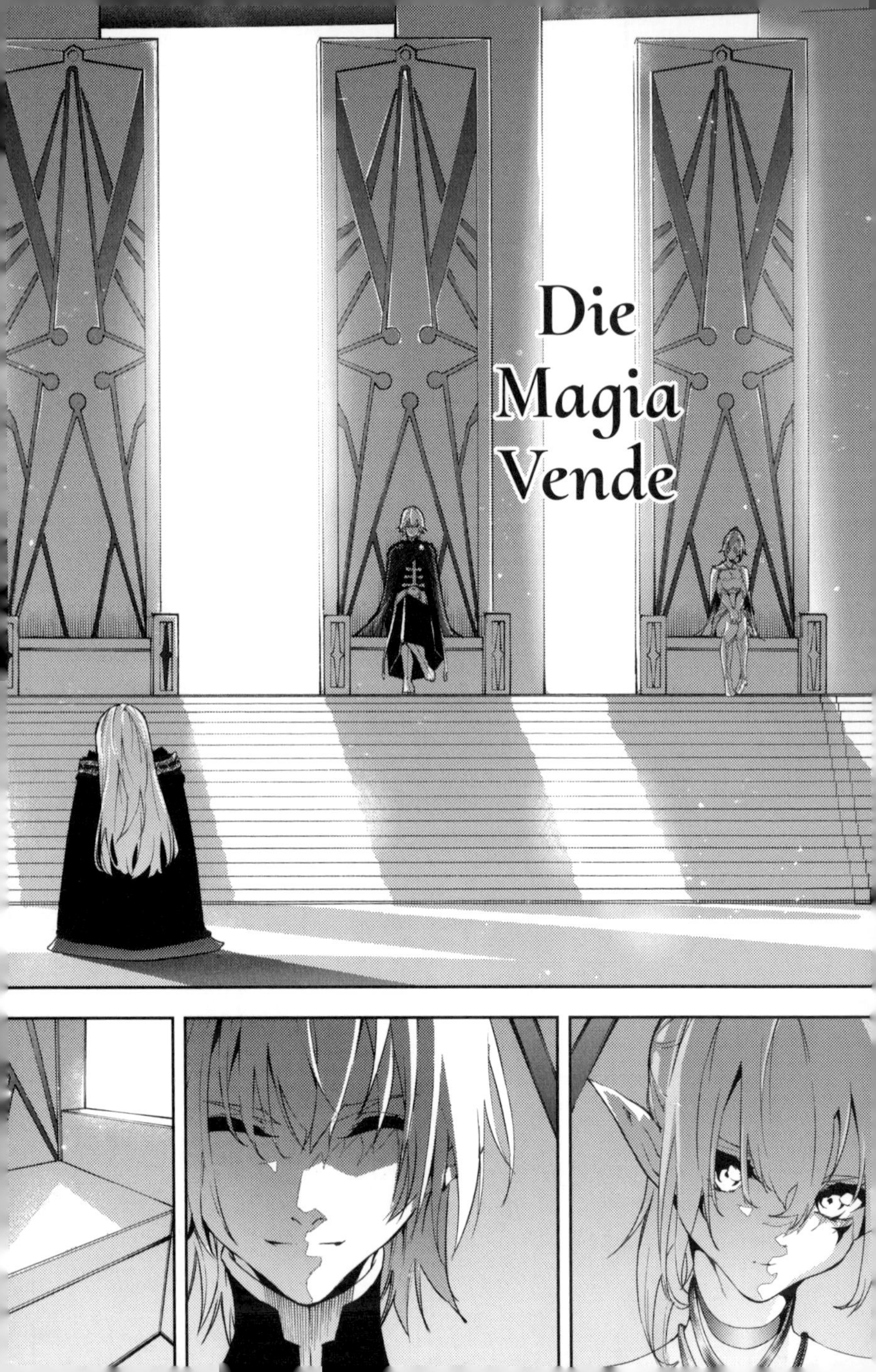
Die Magia Vende

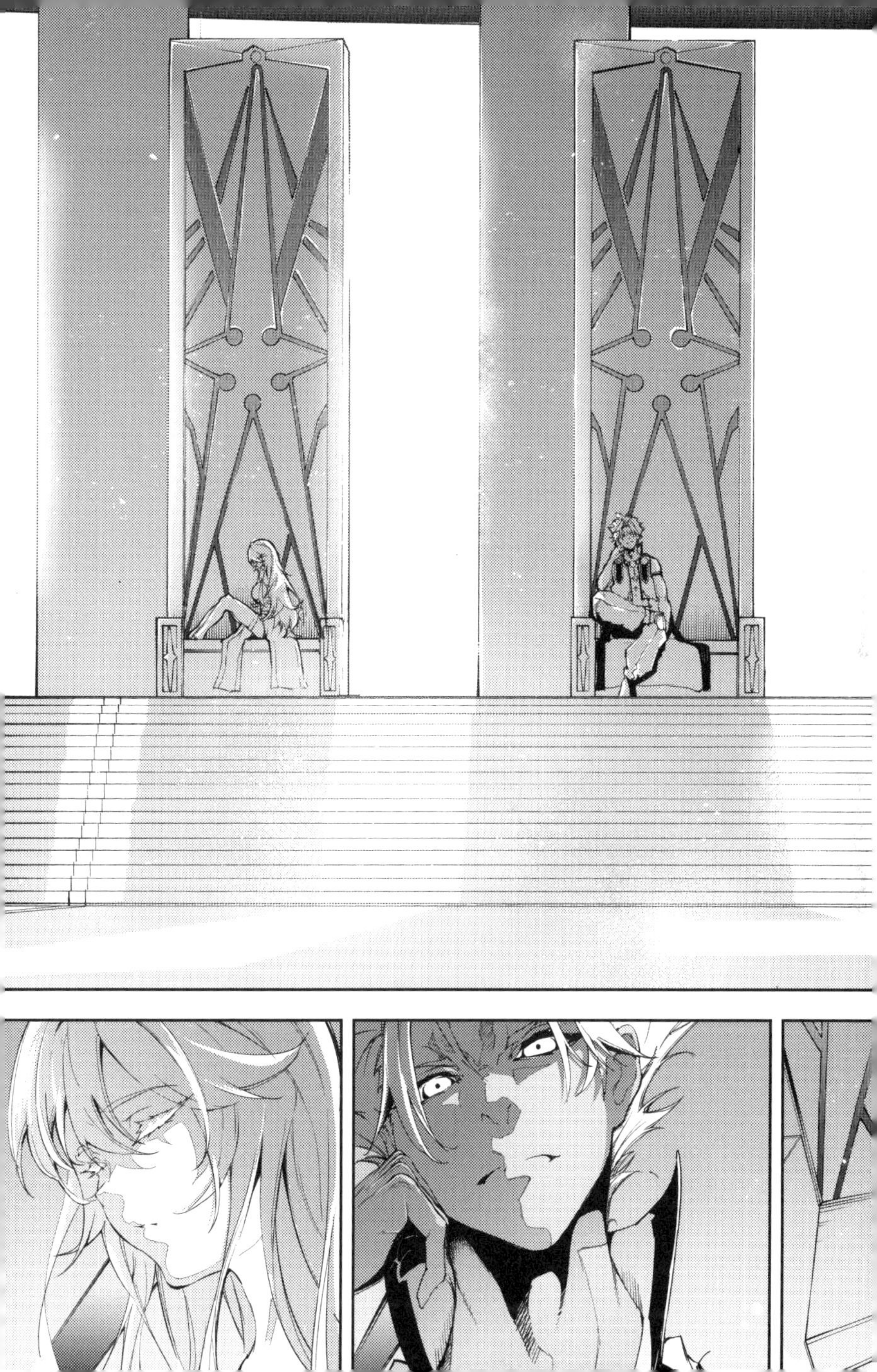

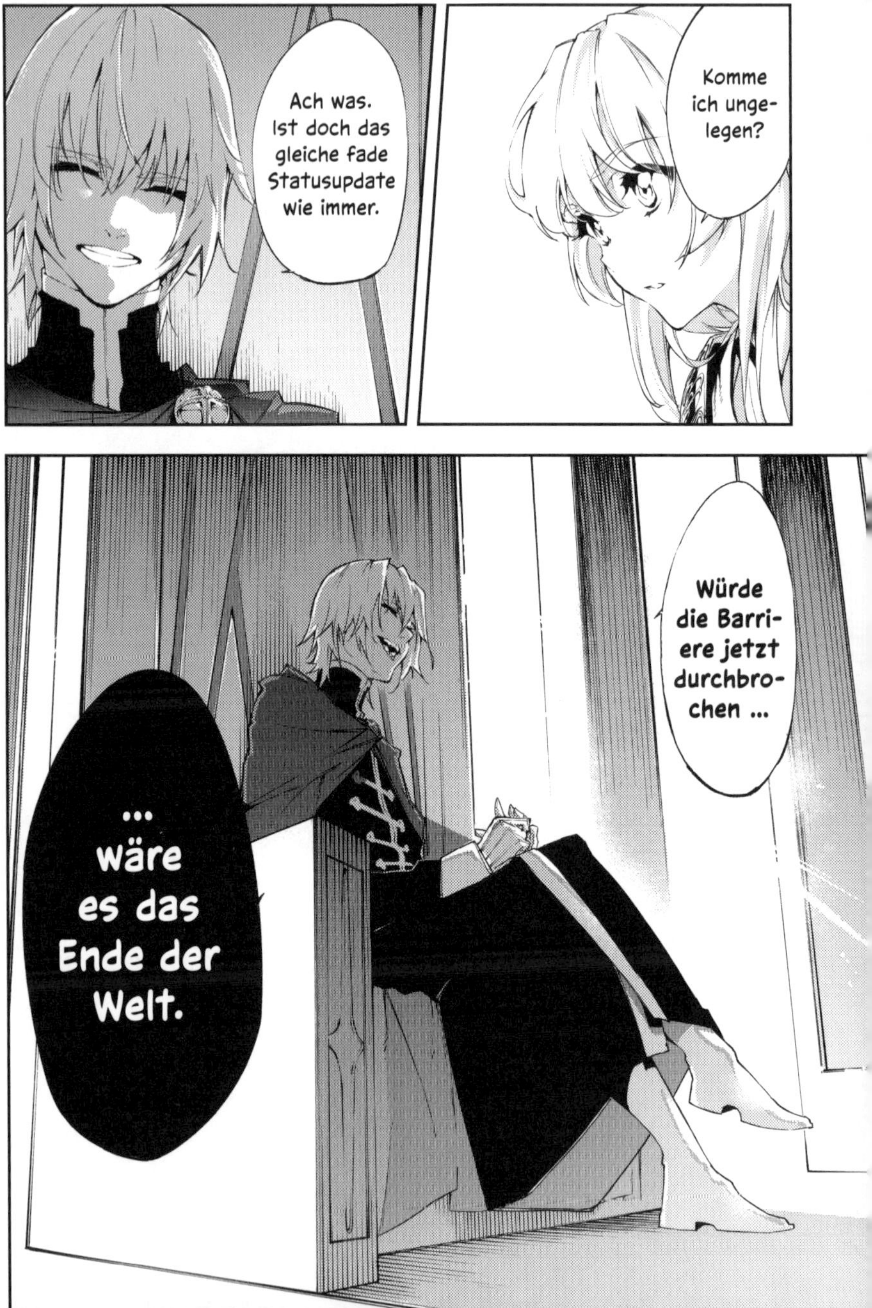

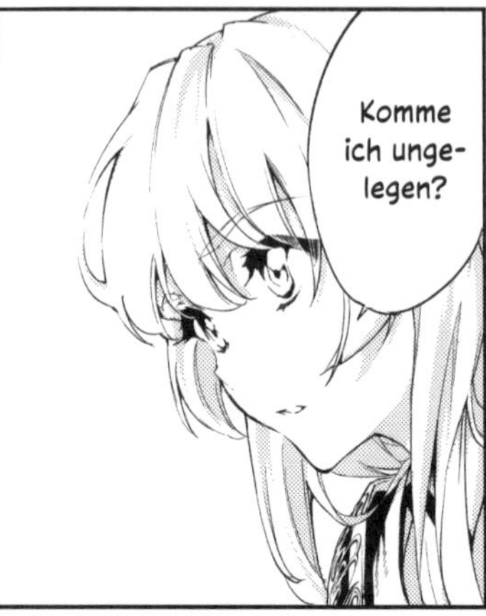
Komme ich ungelegen?

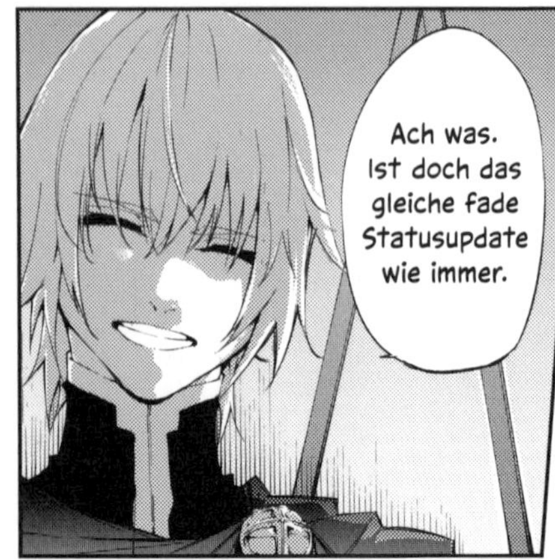
Ach was. Ist doch das gleiche fade Statusupdate wie immer.

Würde die Barriere jetzt durchbrochen ...
... wäre es das Ende der Welt.

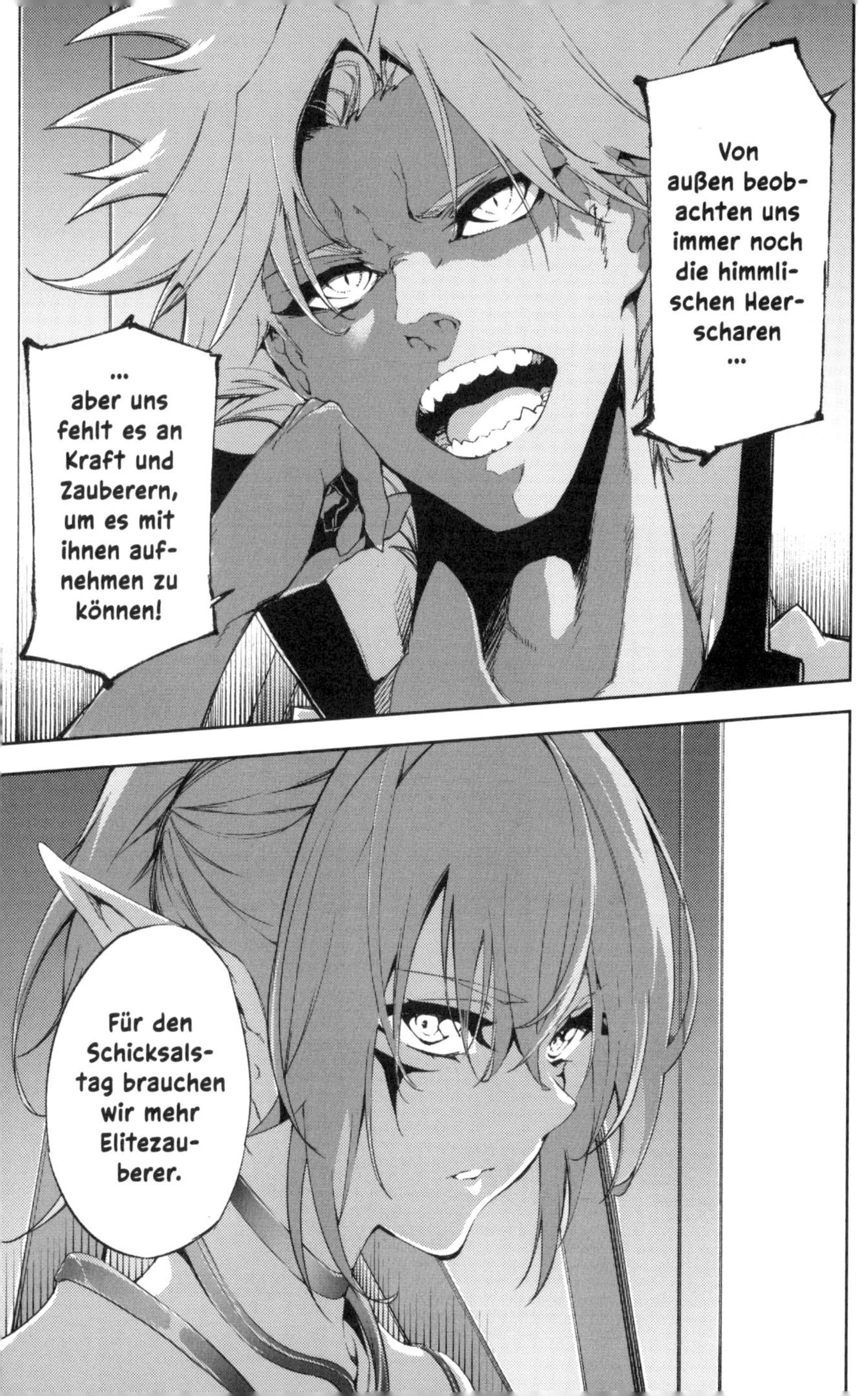

Von außen beobachten uns immer noch die himmlischen Heerscharen ...

... aber uns fehlt es an Kraft und Zauberern, um es mit ihnen aufnehmen zu können!

Für den Schicksalstag brauchen wir mehr Elitezauberer.

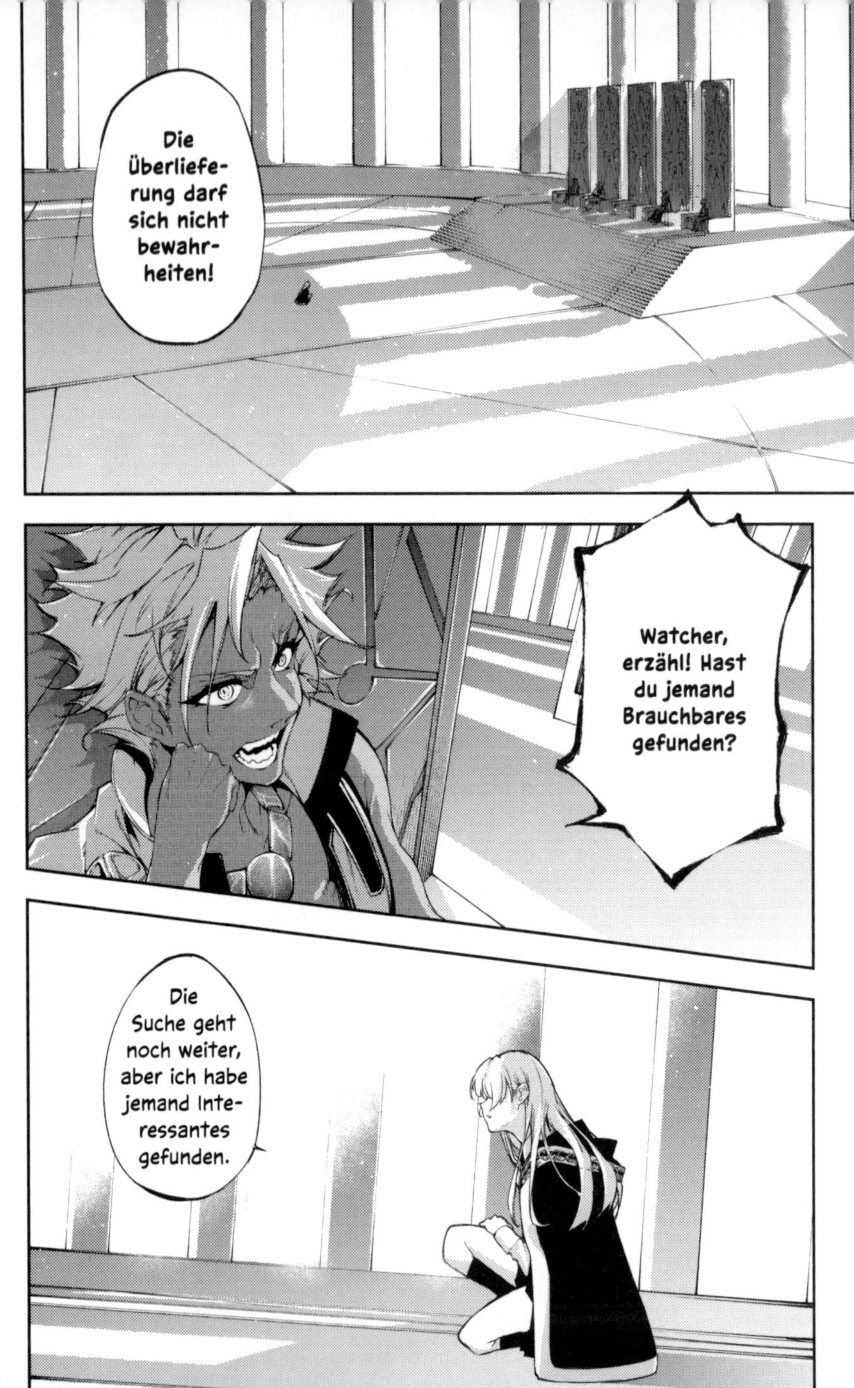
Die Überliefe-rung darf sich nicht bewahr-heiten!
Watcher, erzähl! Hast du jemand Brauchbares gefunden?
Die Suche geht noch weiter, aber ich habe jemand Inte-ressantes gefunden.

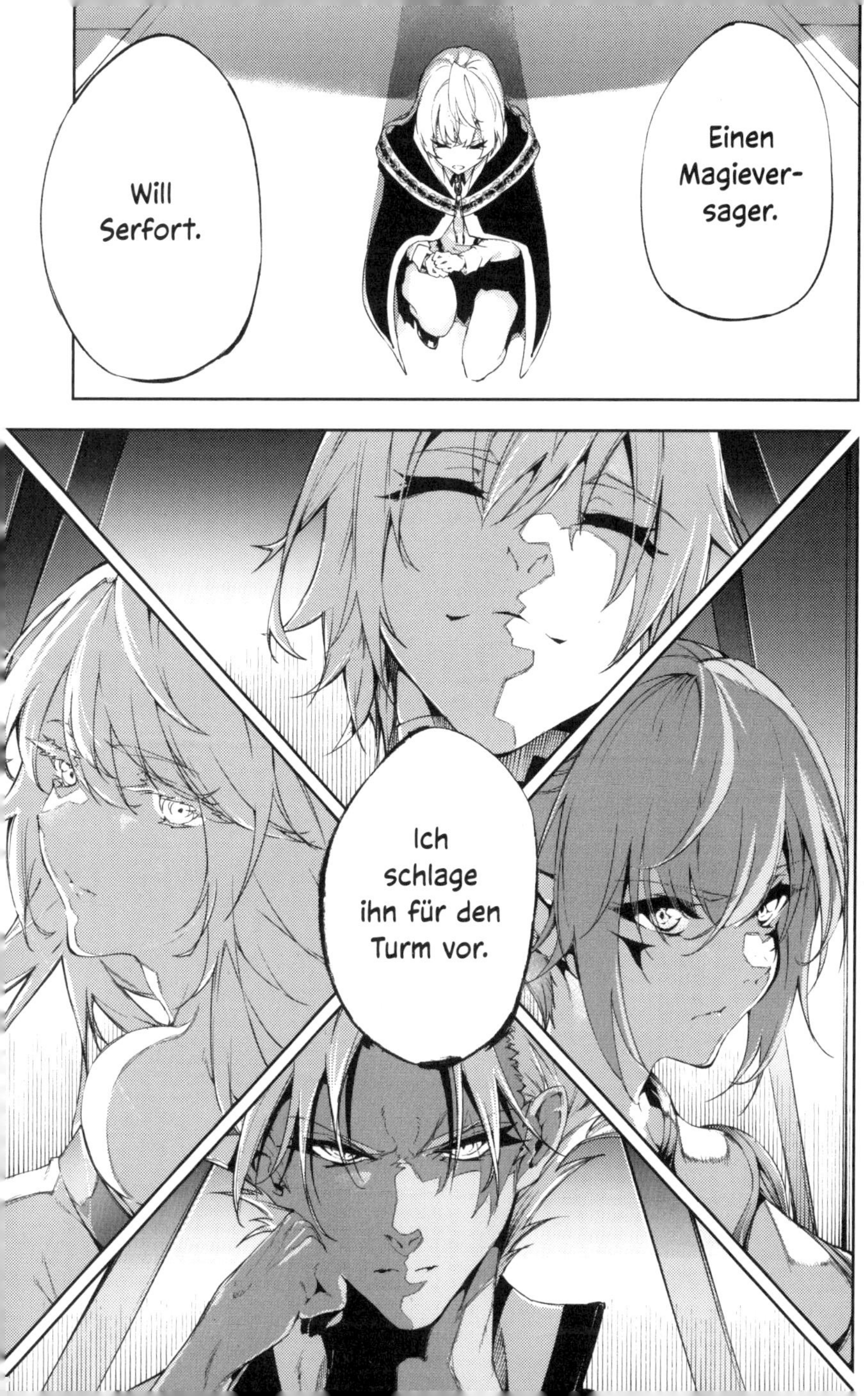

Einen Magieversager.

Will Serfort.

Ich schlage ihn für den Turm vor.

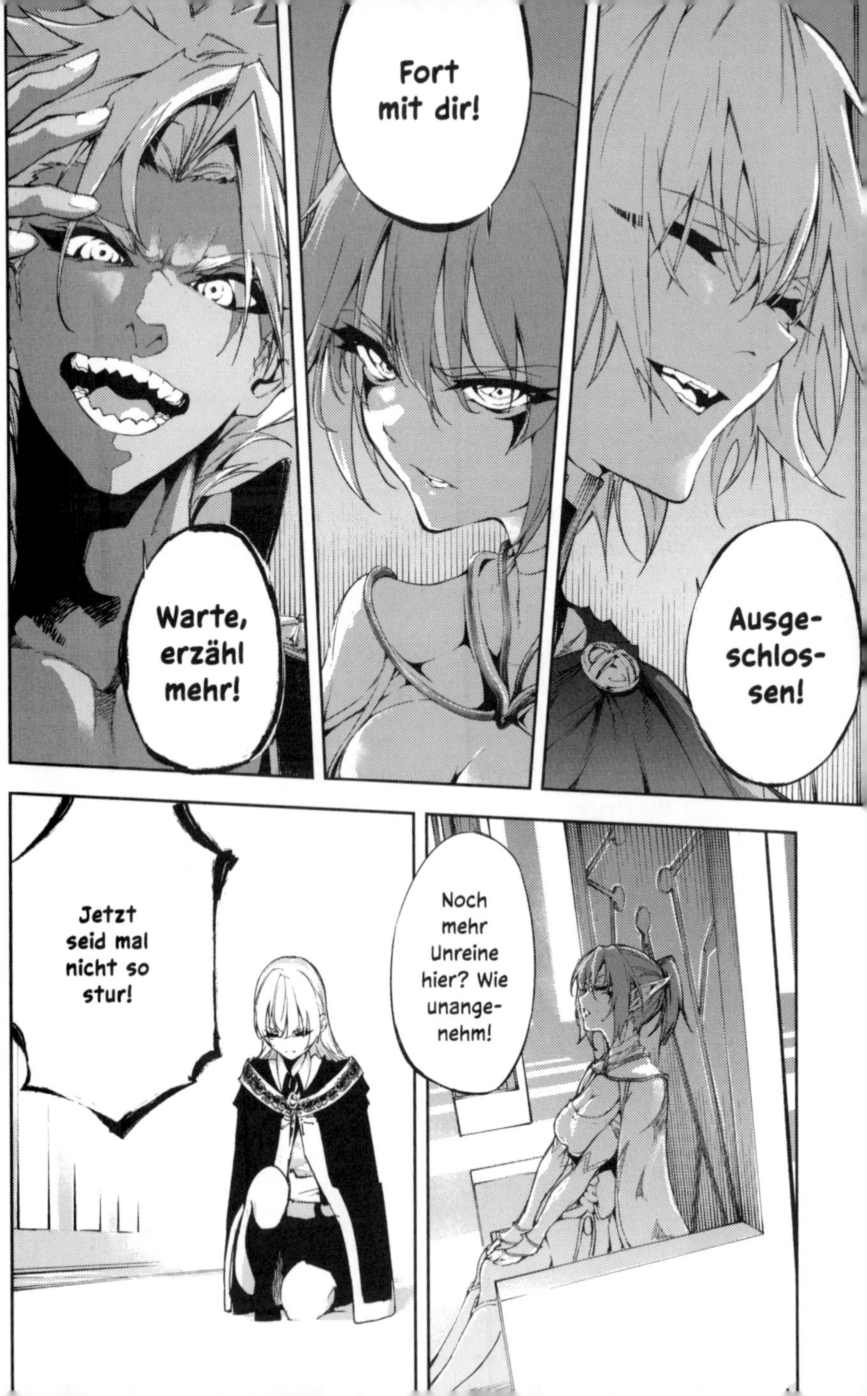

Ausgeschlossen!

Fort mit dir!

Warte, erzähl mehr!

Noch mehr Unreine hier? Wie unangenehm!

Jetzt seid mal nicht so stur!

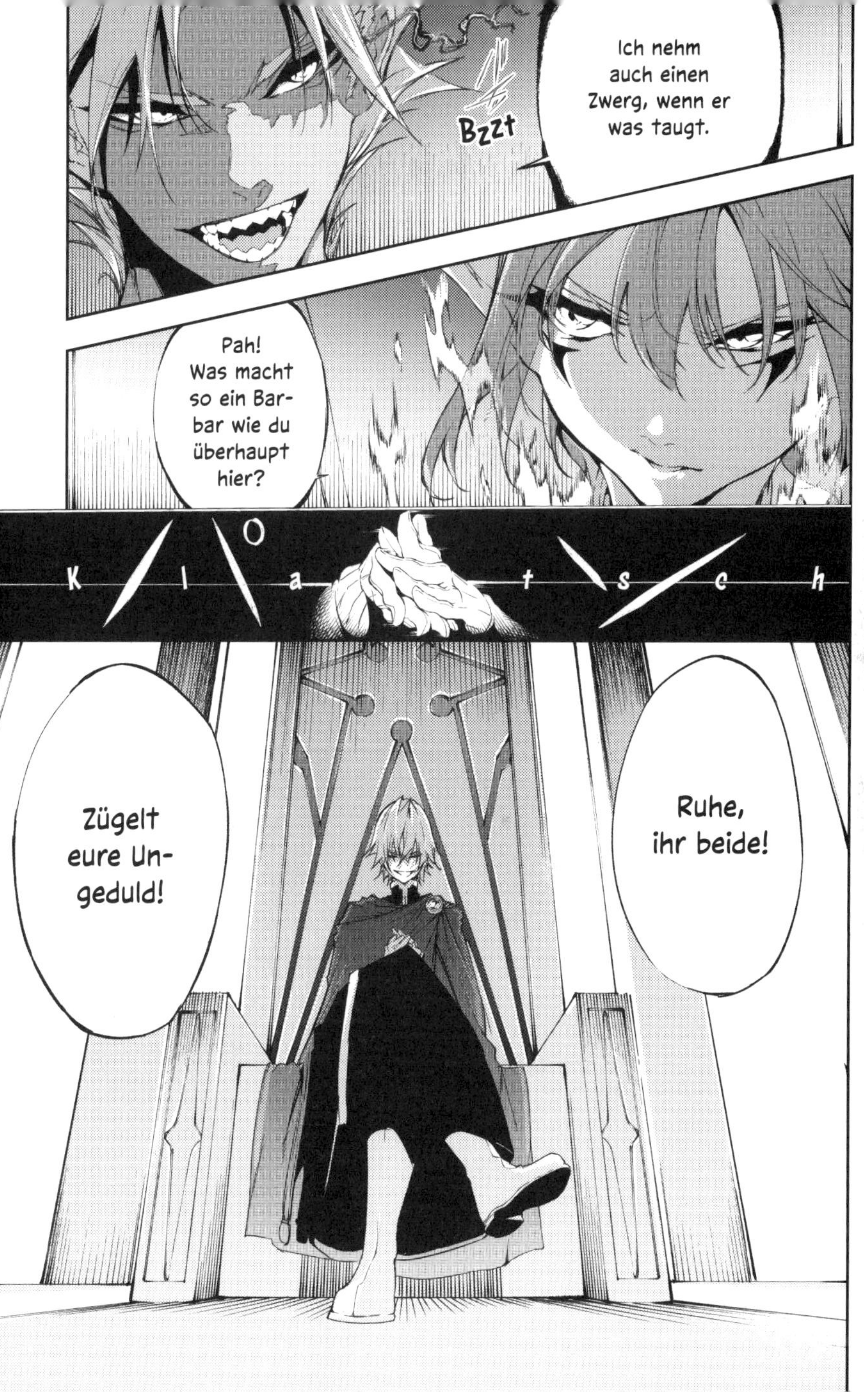
Ich nehm auch einen Zwerg, wenn er was taugt.
Bzzt
Pah! Was macht so ein Barbar wie du überhaupt hier?
Klatsch
Ruhe, ihr beide!
Zügelt eure Ungeduld!

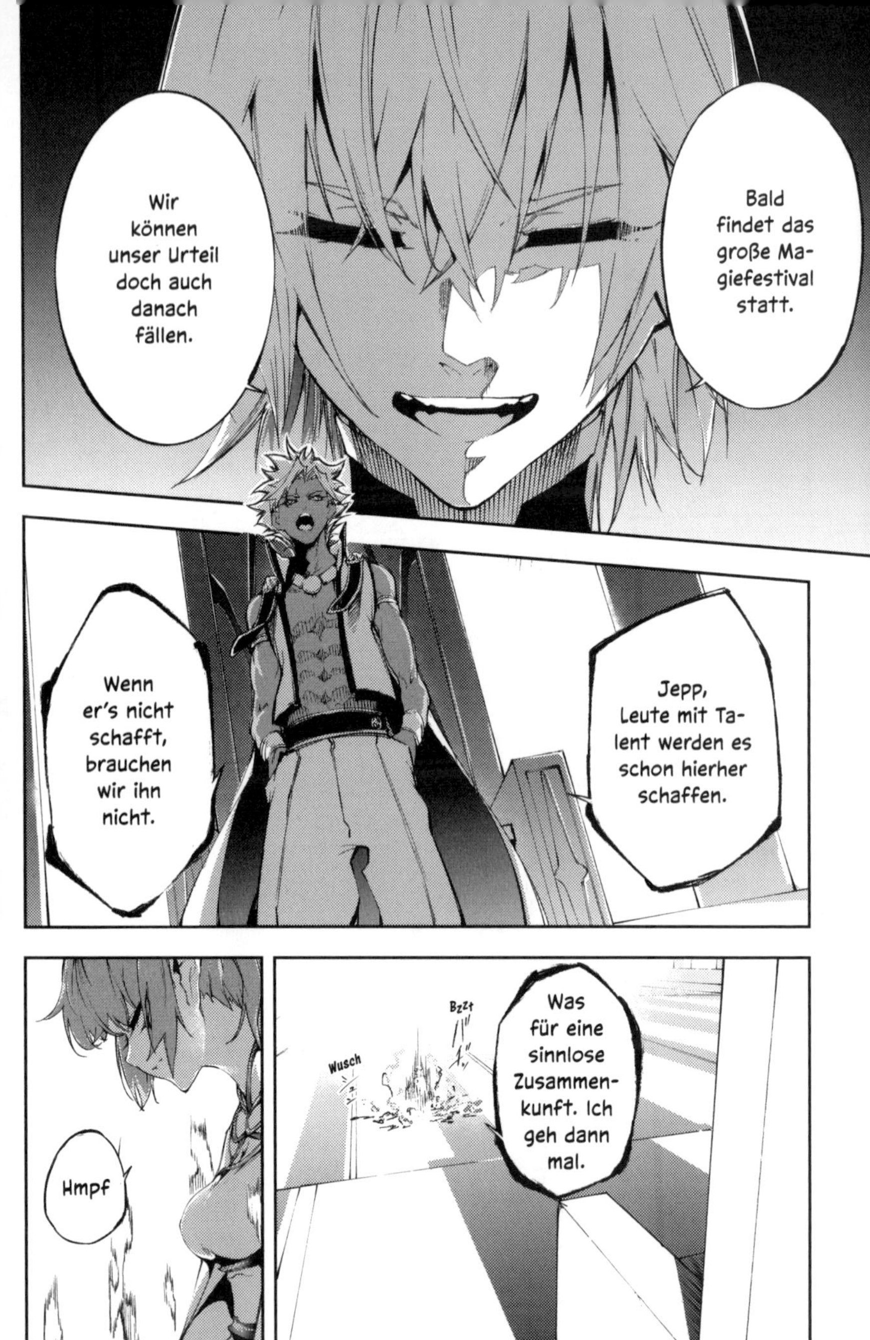
Bald findet das große Magiefestival statt.
Wir können unser Urteil doch auch danach fällen.
Jepp, Leute mit Talent werden es schon hierher schaffen.
Wenn er's nicht schafft, brauchen wir ihn nicht.
Bzzt
Wusch
Was für eine sinnlose Zusammenkunft. Ich geh dann mal.
Hmpf

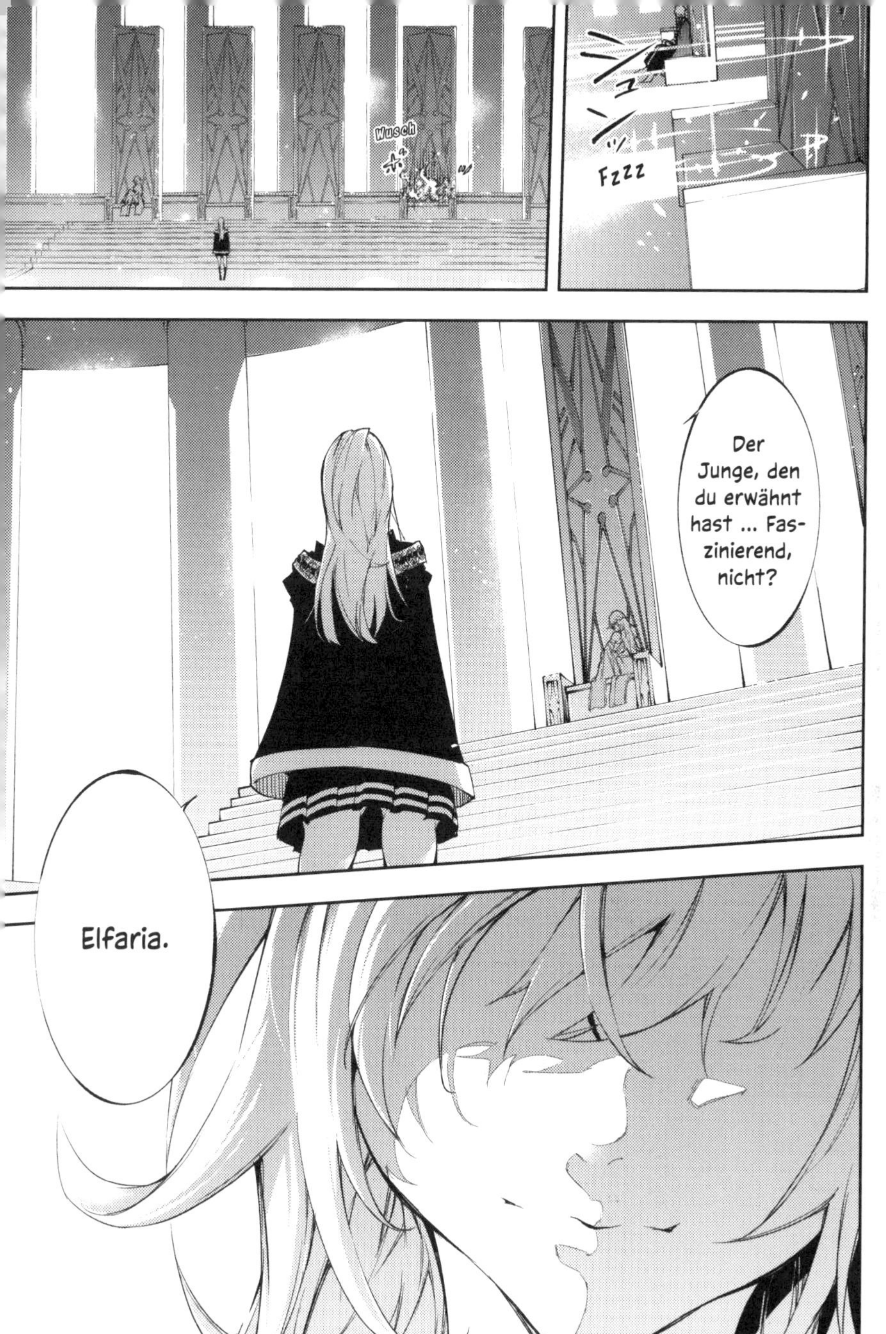
Wusch
Fzzz
Der Junge, den du erwähnt hast ... Faszinierend, nicht?
Elfaria.

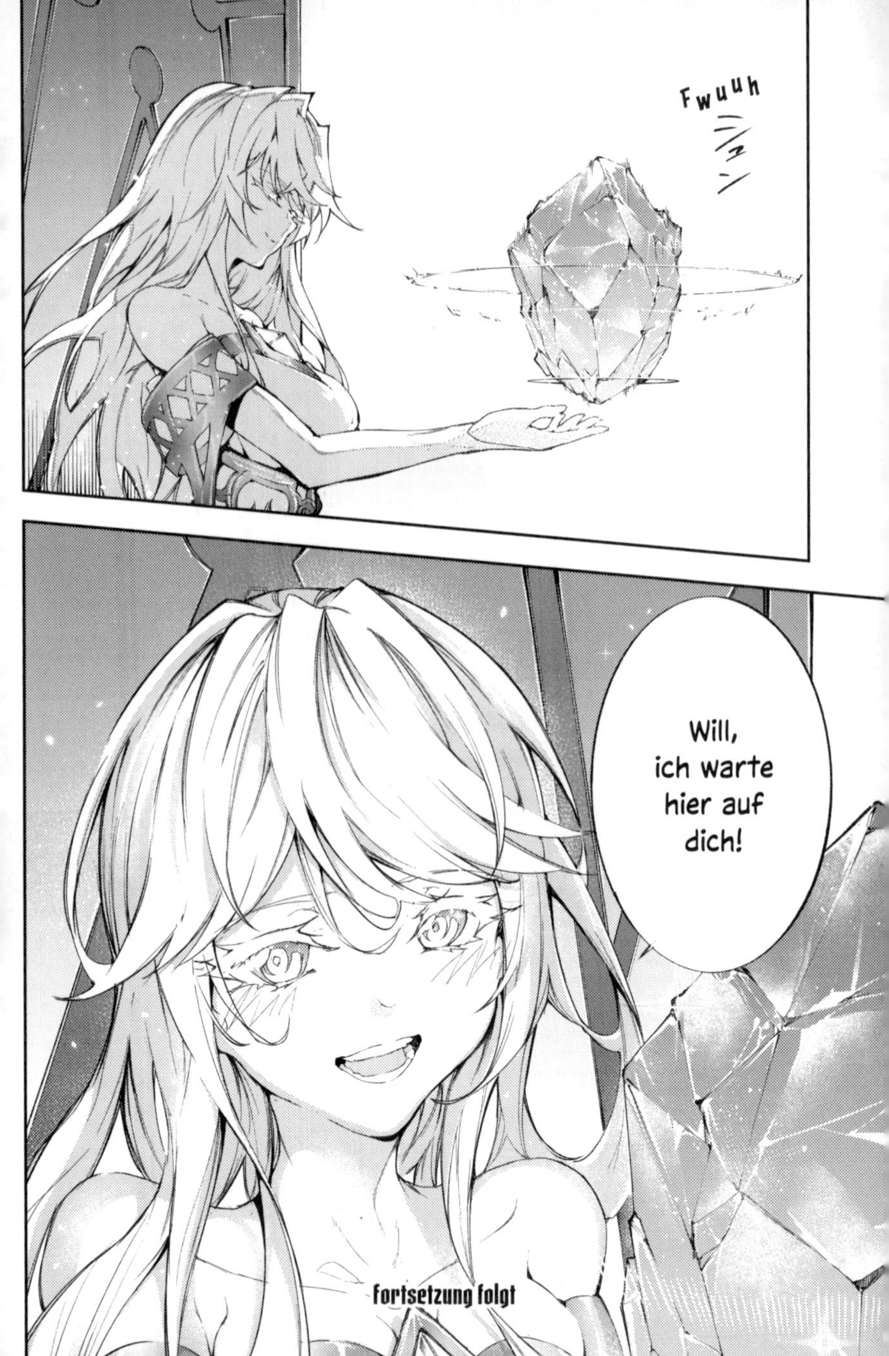
Fwuuh
Will, ich warte hier auf dich!
fortsetzung folgt

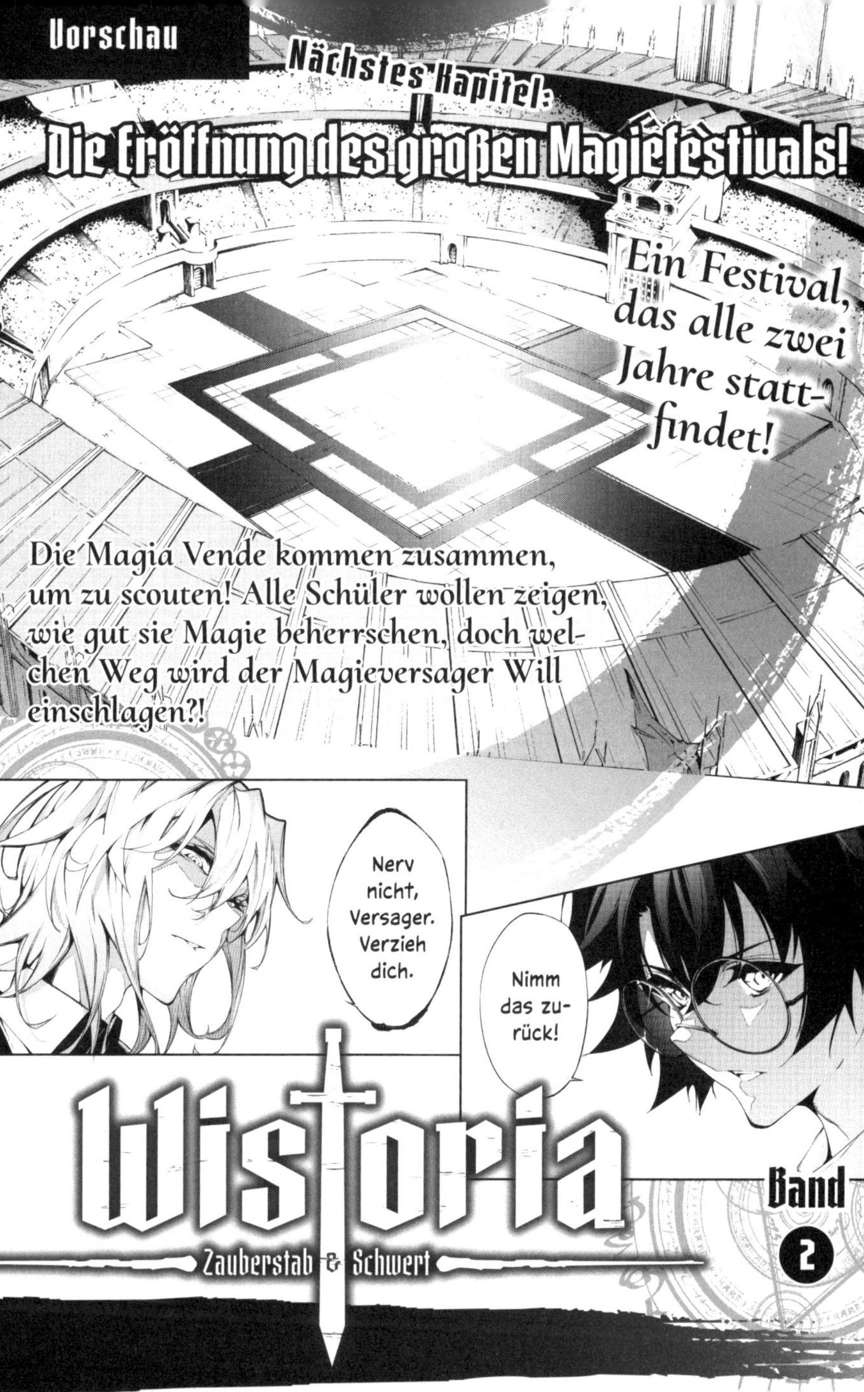

Vorschau
Nächstes Kapitel:
Die Eröffnung des großen Magiefestivals!
Ein Festival, das alle zwei Jahre stattfindet!
Die Magia Vende kommen zusammen, um zu scouten! Alle Schüler wollen zeigen, wie gut sie Magie beherrschen, doch welchen Weg wird der Magieversager Will einschlagen?!
Nimm das zurück!
Nerv nicht, Versager. Verzieh dich.
Wistoria
Zauberstab & Schwert
Band 2

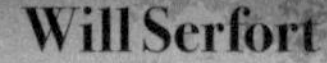

Will Serfort

Rasse: Lyzance

Alter: 16

Größe: 168 cm

Geburtstag: Am 24. des Elsamonats (24.12. in unserer Welt)

Vorlieben: Eisbonbons

Abneigungen: Mollykraut

Erste Liebe: Ein Mädchen aus seiner Kindheit

Tiefste Ebene im Dungeon: 7*

Ausrüstung: Moria-Schwert, Rostis sorgfältig hergestelltes Kampfgewand, Brille des Versprechens

Spezialfähigkeit: Schwertattacken, die Magie überwinden

Kommt aus demselben Waisenhaus wie seine Kindheitsfreundin Elfaria. Er ist zwar unfähig Magie zu benutzen, doch dafür ein Ausnahmetalent im Nahkampf.

* Von Workner geändert.

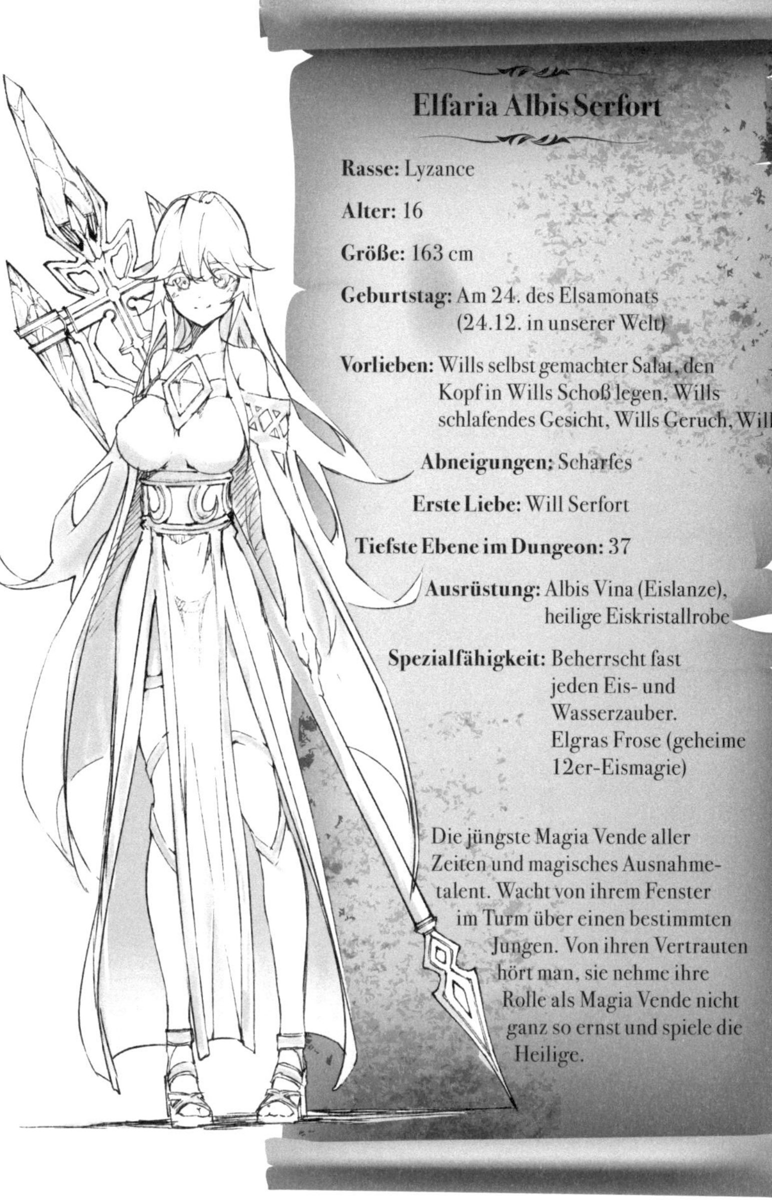
Elfaria Albis Serfort
Rasse: Lyzance
Alter: 16
Größe: 163 cm
Geburtstag: Am 24. des Elsamonats (24.12. in unserer Welt)
Vorlieben: Wills selbst gemachter Salat, den Kopf in Wills Schoß legen, Wills schlafendes Gesicht, Wills Geruch, Wills
Abneigungen: Scharfes
Erste Liebe: Will Serfort
Tiefste Ebene im Dungeon: 37
Ausrüstung: Albis Vina (Eislanze), heilige Eiskristallrobe
Spezialfähigkeit: Beherrscht fast jeden Eis- und Wasserzauber. Elgras Frose (geheime 12er-Eismagie)
Die jüngste Magia Vende aller Zeiten und magisches Ausnahmetalent. Wacht von ihrem Fenster im Turm über einen bestimmten Jungen. Von ihren Vertrauten hört man, sie nehme ihre Rolle als Magia Vende nicht ganz so ernst und spiele die Heilige.

Story: Fujino Omori

Für gewöhnlich bin ich Light-Novel-Autor. Ich hoffe, dass ihr Spaß mit *Wistoria – Zauberstab & Schwert* habt.

Artwork: Toshi Aoi

Danke, dass ihr diesen Band gekauft habt. Ich bin zwar nervös, da es meine erste Serie ist, aber ich gebe mein Bestes.

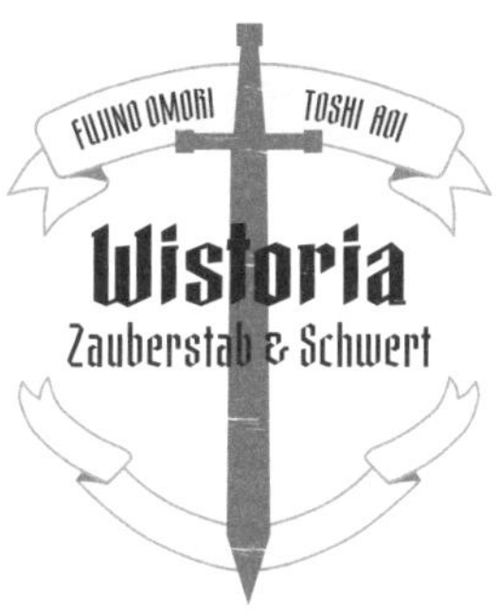

Fantasy 15 +

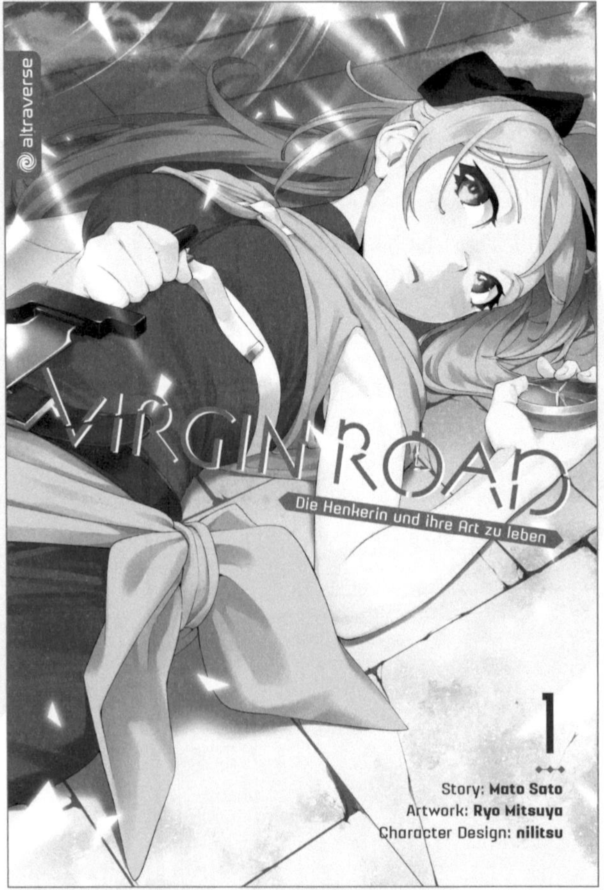

Virgin Road – Die Henkerin und ihre Art zu leben
Mato Sato | Ryo Mitsuya | nilitsu

Die junge Menou ist Henkerin, eine Auftragsmörderin im Dienst der Kirche. Als solche ist es ihre Aufgabe, sogenannte Verlorene – Menschen, die beim Übertritt in ihre Welt übermenschliche Kräfte erhalten – zu töten, bevor sie Chaos und Verderben säen können. Allerdings scheint Menous neues Ziel, die süße Akari, unsterblich zu sein …

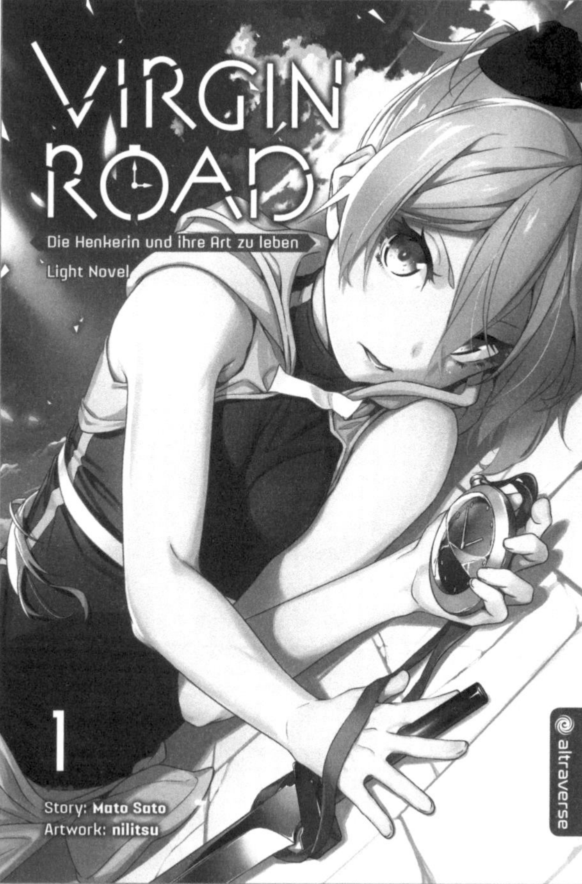

Virgin Road – Die Henkerin und ihre Art zu leben Light Novel

Mato Sato | nilitsu

Mit ihren gewaltigen Kräften bringen die Verlorenen Chaos und Zerstörung über die Welt. Menous Aufgabe als Henkerin ist es, sie hinzurichten, bevor sie sich ihrer Macht bewusst werden. Ihr neustes Ziel, die unschuldige Akari, stellt Menou jedoch vor eine besondere Herausforderung, denn das Mädchen scheint unsterblich zu sein …

Fantasy 13+

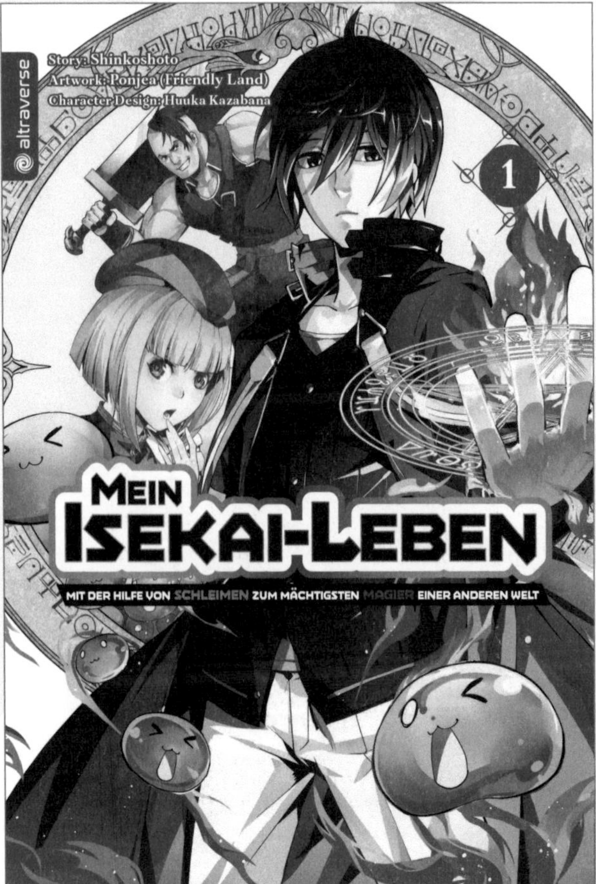

Mein Isekai-Leben – Mit der Hilfe von Schleimen zum mächtigsten Magier einer anderen Welt

Shinkoshoto | Ponjea (Friendly Land) | Huuka Kazabana

Yuji Sano hat nichts anderes als Arbeit im Kopf – zumindest bis ihn sein PC eines Tages versehentlich in eine andere Welt katapultiert. Als frischgebackener Monsterbändiger sammelt er neben einer Armee von Schleimen auch schier endloses Wissen. Doch was wird jetzt bloß aus der Arbeit, die er zurückgelassen hat?

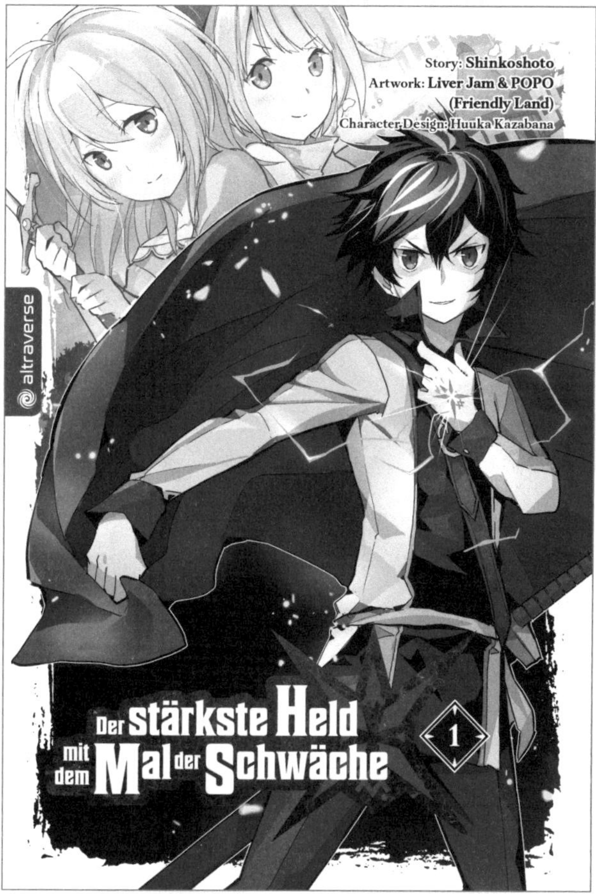

Der stärkste Held mit dem Mal der Schwäche

Shinkoshoto | Liver Jam & POPO (Friendly Land) | Huuka Kazabana

Einst gab es einen mächtigen Weisen, der sein Leben der Magie widmete. Er kam jedoch zu der Erkenntnis, dass sein Mal nicht für den Kampf geeignet war. Da ein Mensch bei seiner Geburt eines von vier Malen erhält, entschied er sich wiedergeboren zu werden. Es glückte ihm, jedoch muss er erkennen, dass die magischen Fähigkeiten der Menschen schwächer sind, als er erwartet hatte.

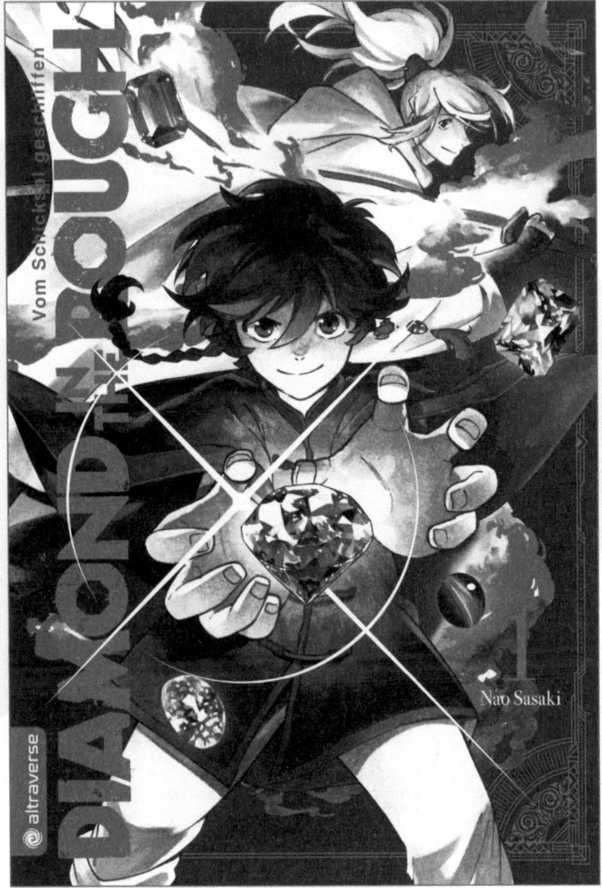

Diamond in the Rough – Vom Schicksal geschliffen

Nao Sasaki

In einer Welt, in der sich alles um Steine dreht, bestreitet Akeboshi sein Leben als reisender Erzhandwerker. In einem unterirdischen Dorf trifft er auf Kai – einen Jungen, dessen linkes Bein und seine gesamte Familie versteinert wurden. Akeboshi beschließt, dem Jungen zu helfen, ohne zu ahnen, welche Bürde er sich damit auflädt.

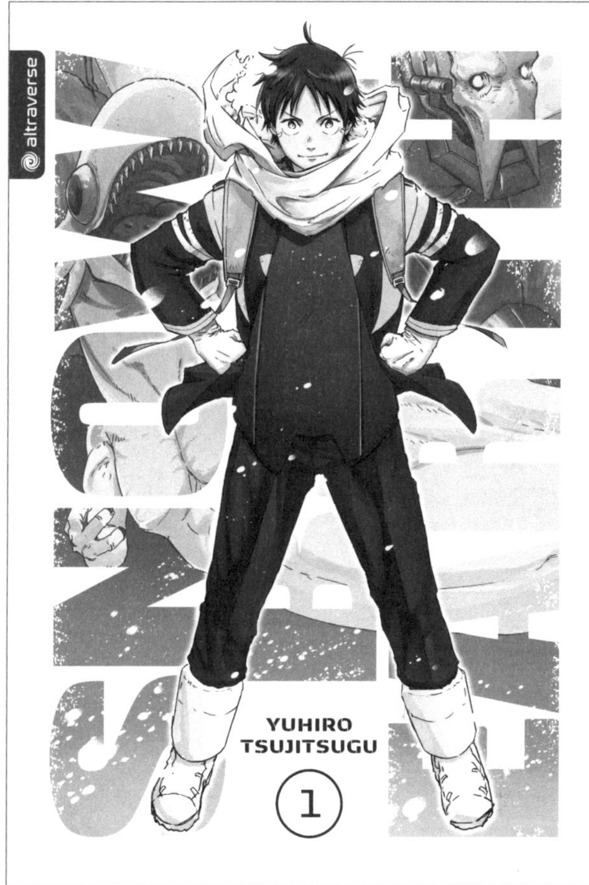

Snowball Earth

Yuhiro Tsujitsugu

Der einzige Freund des menschenscheuen Tetsuo ist ein riesiger Roboter namens Yukio. Zusammen treten die beiden gegen Bestien aus dem All an, um die Menschheit zu retten. Nach zehn Jahren ist die finale Schlacht geschlagen und es ist an der Zeit für Tetsuo, zur Erde zurückzukehren. Allerdings ist die Erde nicht mehr so, wie der Junge sie in Erinnerung hat ...

Fantasy 15 +

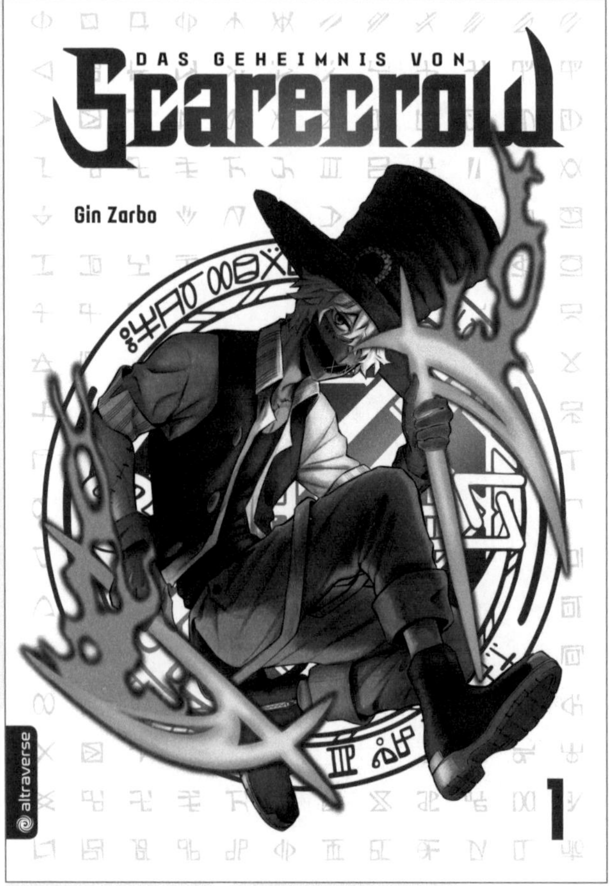

Das Geheimnis von Scarecrow

Gin Zarbo

Die Menschen stehen in einem ständigen Kampf mit den Crows, finsteren Monstern, die an riesige Krähen erinnern. Die Legende besagt, dass ihnen dabei einst die Scarecrows zur Seite standen. Engell glaubt fest daran, dass es sie gegeben hat, und macht sich auf die Suche nach ihnen. Doch als sie tatsächlich einen von ihnen findet, nimmt das eigentliche Abenteuer erst seinen Lauf ...

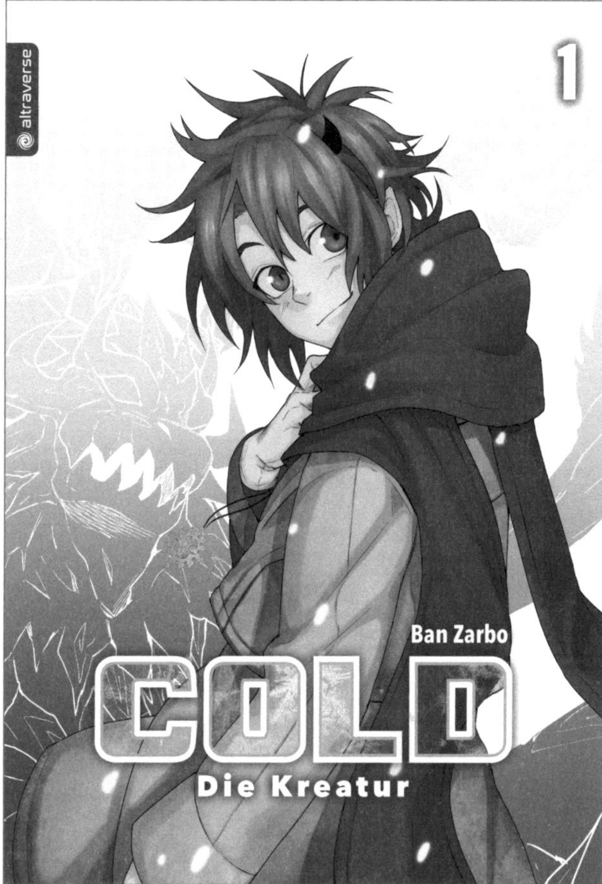

Cold – Die Kreatur

Ban Zarbo

Nach einer Klimakatastrophe hat sich die Welt in ein Meer aus Eis verwandelt. Durch die eisigen Landschaften wandern gefährliche Monster. Die Menschen haben sich in durch hohe Mauern geschützte Städte zurückgezogen und müssen sich Nacht für Nacht gegen die Monster verteidigen. Der junge Sami will unbedingt ein Mitglied der Stadtwache werden und die Welt für immer von den Monstern befreien ...

Fantasy 15 +

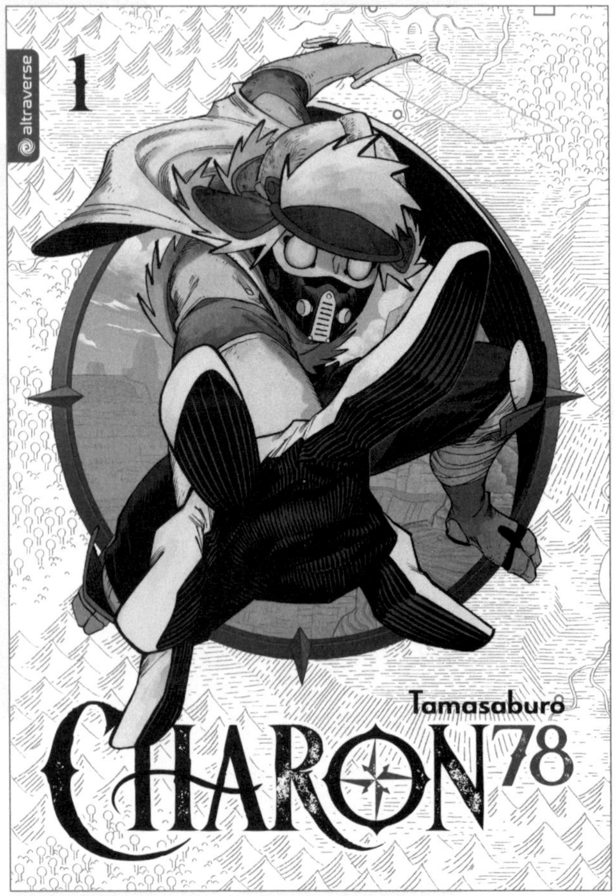

Charon 78
Tamasaburo

Die Charons sind Fremdenführer in einer Welt, durch die ein tiefer Riss von gigantischen Ausmaßen verläuft. In diesem Riss, der Acheron genannt wird, lauern vielerlei Gefahren auf Reisende. Die Natur ist unbarmherzig und weite Teile werden von unheimlichen Wesen bevölkert. Nichts ist dort so, wie es scheint.

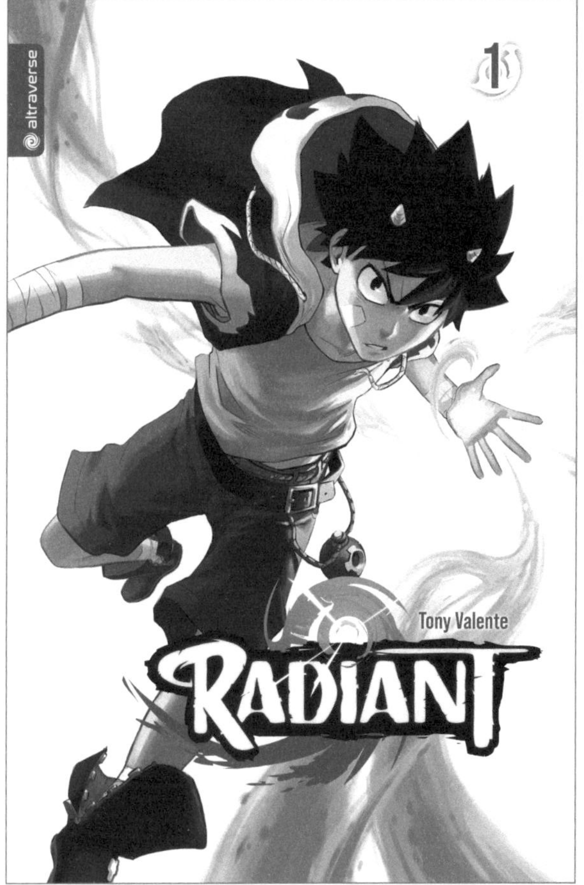

Radiant
Tony Valente

Seth ist ein junger Hexer und gehört damit zu den wenigen, die den schauderhaften Monstern namens Nemesis Einhalt gebieten können, welche das Land bedrohen. Geplagt von Vorurteilen der Bevölkerung und gejagt von der Inquisition beschließt Seth nach Radiant zu suchen, dem legendären Ursprung der Nemesis.

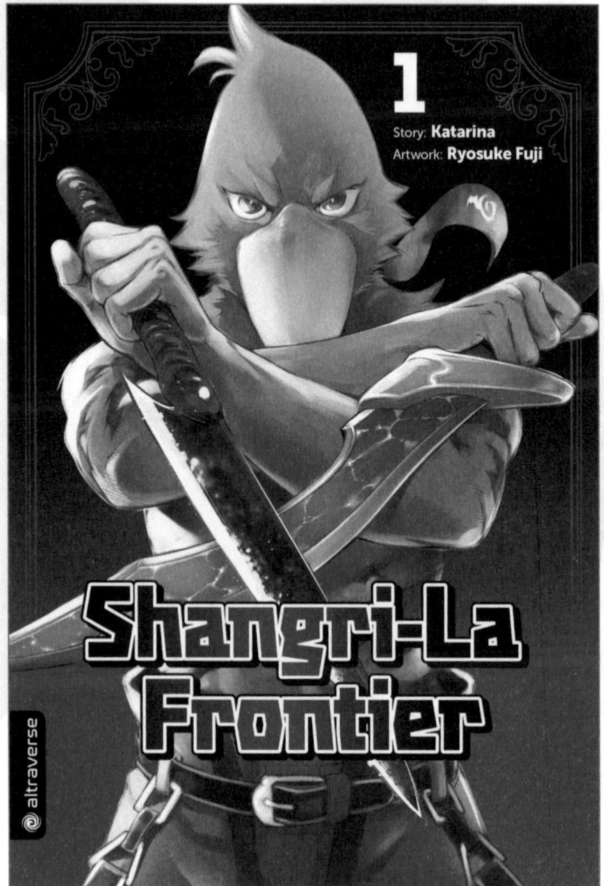

Shangri-La Frontier

Katarina | Ryosuke Fuji

Rakuro interessiert sich nur für das eine: möglichst schlechte Videospiele. Mit nichts verbringt er seine Freizeit lieber als damit, sich die Perlen schlecht produzierter Games zu schnappen und zu bezwingen. Als ihm das VR-Game *Shangri-La Frontier* nahegelegt wird, erwartet ihn in jeder Hinsicht ein episches Abenteuer.

Sci-Fi 13+

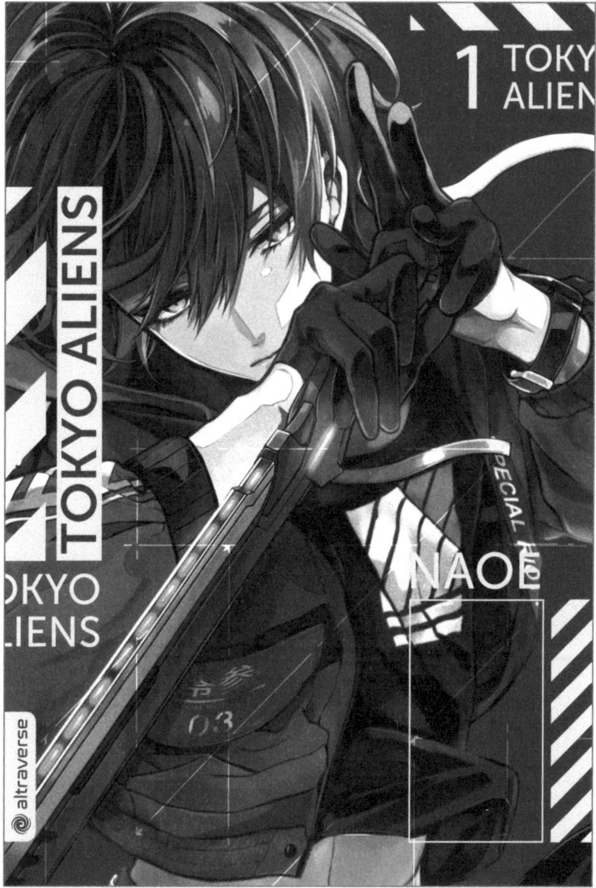

Tokyo Aliens
NAOE

Akira Gunji führt ein stinknormales Leben ... Zumindest bis ihn auf dem Heimweg von der Schule eine Oma mit Tentakeln entführt. Sie entpuppt sich als Außerirdische, und als ob das nicht genug wäre, taucht plötzlich Akiras Klassenkamerad Sho auf und will die Oma festnehmen? Akiras Leben steht mit einem Mal kopf.

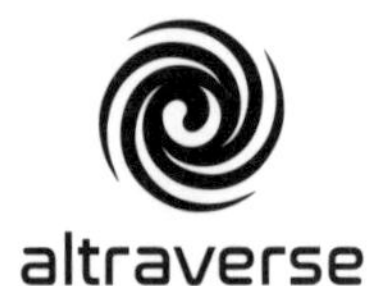

Deutsche Ausgabe / German Edition
Altraverse GmbH – Hamburg 2023
Aus dem Japanischen von Gregor Wakounig

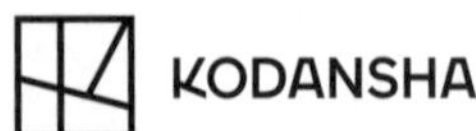

Redaktion: Anh Tu Nguyen, Esther Hornbrook
Herstellung: Esra Doğan
Lettering: Vibrant Publishing Studio

Druck: CPI books GmbH, Leck
Printed in Germany

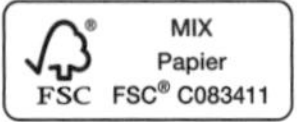

ISBN 978-3-7539-1829-7
1. Auflage 2023

www.altraverse.de